辉煌四十年

中国基础教育改革大事记

高中教育卷（上册）

总主编◎陈如平
本卷主编◎李建民　王玉国　朱忠琴

山东友谊出版社

图书在版编目（CIP）数据

辉煌四十年：中国基础教育改革大事记. 高中教育卷 / 陈如平主编；李建民，王玉国，朱忠琴分册主编. —济南：山东友谊出版社，2019.3

ISBN 978-7-5516-1770-3

Ⅰ. ①辉… Ⅱ. ①陈… ②李… ③王… ④朱… Ⅲ. ①高中－教育改革－大事记－中国 Ⅳ. ①G639.21

中国版本图书馆CIP数据核字(2018)第294084号

HUIHUANG SISHI NIAN ZHONGGUO JICHU JIAOYU GAIGE DASHIJI

辉煌四十年：中国基础教育改革大事记

GAOZHONG JIAOYU JUAN

高中教育卷

主管单位：山东出版传媒股份有限公司

出版发行：山东友谊出版社

地　　址：济南市英雄山路189号　　邮政编码：250002

电　　话：出版管理部（0531）82098756

　　　　　市场营销部（0531）82098035（传真）

印　　刷：山东临沂新华印刷物流集团有限责任公司

版　　次：2019年3月第1版

印　　次：2019年3月第1次印刷

开　　本：710mm×1000mm　1/16

印　　张：42.75

字　　数：573千字

定　　价：256.00元（上、下册）

《辉煌四十年：中国基础教育改革大事记》
编纂委员会

前　言

改革开放是中国共产党历史上乃至中国历史发展长河中的重大事件。改革开放是决定当代中国命运的关键一招，也是决定实现“两个一百年”奋斗目标、实现中华民族伟大复兴的关键一招。

2018年是我国改革开放四十周年。以1977年恢复高考、1978年扩大公派留学生为标志，我国拉开了教育改革和教育对外开放的序幕，同时为改革开放事业吹响了先声号角。四十年来，教育改革开放驰而不息、持续推进，释放出前所未有的发展活力。特别是党的十八大以来，以习近平同志为核心的党中央统筹推进“五位一体”总体布局、协调推进“四个全面”战略布局，高度重视教育事业发展，深化教育领域综合改革，为决胜全面建成小康社会，开启全面建设社会主义现代化国家新征程提供了重要支撑。中国共产党领导人民立足基本国情，坚持改革开放，成功探索出一条中国特色社会主义教育发展道路。

改革开放四十年来，我国基础教育改革发展波澜壮阔、成就斐然。九年义务教育全面普及，进入均衡发展乃至城乡一体化新阶段。从1978年到2018年，全国小学学龄儿童净入学率从94%上升到99.95%，初中和高中阶段毛入学率分别从66.4%和33.6%提高到100.9%和88.8%，高中阶段教育基本普及。学前教育毛入园率也创下81.7%的历史新高。全国新增劳动力的平均受教育年限超过13年。我国基础教育成为在读规模最大、学龄最长、体系最完整的教育，普及程度和总体发展水平已进入中高收入国家行列。从“有学上”到“上好学”，中国基础教育进入新时代。

党的十九大从新时代坚持和发展中国特色社会主义的战略高度，作出了优先发展教育事业、加快教育现代化、建设教育强国的重大部署。2018年9月10日，全国教育大会召开，习近平总书记在会上作重要讲话，明确指出，教育是民族振兴、社会进步的重要基石，是功在当代、利在千秋的德政工程，对提高人民综合素质、促进人的全面发展、增强中华民族创新创造活力、实现中华民族伟大复兴具有决定性意义。教育是国之大计、党之大计。面对中国特色社会主义进入新时代，习近平总书记强调，要努力构建德智体美劳全面培养的教育体系，形成更高水平的人才培养体系。要把立德树人融入思想道德教育、文化知识教育、社会实践教育各环节，贯穿基础教育、职业教育、高等教育各领域。习近平总书记一系列关于教育的重要论述，为整个教育领域特别是基础教育的改革创新和可持续发展，指明了前进方向。

站在新时代新起点上，总结回顾改革开放四十年来我国基础教育改革发展的辉煌成就，总结历史经验，对于坚持和发展中国特色社会主义教育发展道路，进一步取得教育改革开放和发展的新成果，具有重大意义。同时，我国基础教育改革发展的成功经验，也可为世界其他国家实现教育现代化提供鲜活案例。

《辉煌四十年：中国基础教育改革大事记》（以下简称《大事记》）系2018年度中国教育科学研究院基本科研业务费专项基金课题的重大成果。编纂《大事记》的目的在于通过对改革开放四十年来我国基础教育政策和实践的梳理，全面立体地反映基础教育改革发展的历史脉络，系统整体地呈现基础教育改革发展的过程和成就等。《大事记》选取时间节点始于1977年5月邓小平发表“两个尊重”的讲话，终于2018年9月全国教育大会召开。重点选取了改革开放四十年来基础教育改革发展的标志性事件，以纪实形式述说往事、提炼亮点，反映基础教育改革发展中的重点热点难点问题，总结基础教育改革实践的基本经验，对于全面了解和把握我国基础教育的发展历程，具有重要的史料价值和借鉴意义。

坚持以事实性史料为主，《大事记》收录的信息主要有六大类。一是政策文件类，包括党中央、国务院出台的教育方面重大政策、法律法规、规划报告等；教育部及其他国家部、委、办出台的文件和重大政策、计划等；

各省（自治区、直辖市）、地市发布的具有典型性、代表性的重大政策文件等。二是重大事件类，包括重要会议、重大活动、重大项目、重要改革经验等。三是地方经验类，主要收集具有典型性、影响力的地方改革发展经验。四是学校案例类，主要包括反映基础教育各学段改革发展的典型经验与事件。五是社会组织类，主要包括各类社会组织有关基础教育各学段的研究成果和调研报告等。六是专家学者类，主要收集国内外专家学者在学术期刊等媒体公开发表的有关基础教育的研究成果和真知灼见等。

《大事记》采用编年体形式，按照事件发生的年、月、日时间顺序编排，每年增加"改革进行时"部分，分设重要文件、重要政策、重要会议、改革亮点四大板块。书的结尾还附设索引表，便于读者快速查阅信息。希望《大事记》能够成为广大教育行政干部、学校领导和教师的案头必备工具书，用以指导各学段教育和学校的改革发展，为我国基础教育发展续写更多的辉煌篇章提供帮助。

《大事记》编委会主任由中国教育科学研究院院长崔保师担任，编委会副主任由中国教育科学研究院副院长马涛、山东友谊出版社总编辑张继红担任。《大事记》共分三卷，编纂者均为中国教育科学研究院基础教育研究所研究人员。总主编为陈如平，学前教育卷主编为易凌云、高丙成、尹国强，义务教育卷主编为方铭琳、李红恩、单志艳、牛楠森，高中教育卷主编为李建民、王玉国、朱忠琴。《人民教育》杂志原总编傅国亮、中国教育科学研究院副院长马涛、中国教育科学研究院研究员刘占兰担任总审稿专家。中国教育科学研究院科研处处长王小飞给予科研指导。编纂初期，我们还聘请若干北京等地高校的本科生、研究生搜集素材信息，他们是于泳稼、韩社佚、霍少波、王安琪、陈瑜儿、李乐巍、朱汗青、徐温迪、张建良、姜晓琳、刘明显。

由于编纂者水平有限，知识和经验不够全面，本书的缺点和疏漏之处在所难免，敬请读者提出宝贵意见和建议。

编　者

2019年2月

凡　例

一、本书对中国基础教育改革四十年的历程进行总结回顾，以事实性史料为主，梳理基础教育改革发展的历程、成就、经验等。只作客观记述，不作主观评价。

二、整个“大事记”的时间起点是1977年邓小平发表“两个尊重”的讲话，终点是2018年全国教育大会。时间跨度为41年，书名进行了取整处理。

三、收录原则：所选事件须为我国基础教育领域发生的典型性事件，类型主要包括政策文件、重要事件、地方经验、学校案例、社会组织报告、专家学者观点等。

四、编写体例：按年份编排，每一年份包含“改革进行时”和年度事件，最后附有“索引表”。“改革进行时”对本年度的重要文件、重要政策、重要会议和改革亮点进行梳理。在“重要文件”“重要政策”“重要会议”栏目中，根据文件、政策、会议的重要性进行罗列。“改革亮点”栏目主要是描述本年度改革的亮点。记述年度事件时，按事件发生的时间先后顺序排列，每一个事件为一个条目，条目标题为事件发生具体月日。正文后面附有索引表。根据学段特点和研究、关注热点，提炼出索引词。读者可根据索引表查找前文与索引词对应的条目。“索引表”中的各索引词按其第一个字的拼音首字母对应的英文字母顺序排序。

五、为便于索引，本书对每一个条目进行了编号。每一个编号的前两位数为条目所在的年份的最后两个数字，后面的数字为条目在本年度出现的次序数。以 1978 年为例，根据事件发生的时间顺序，依次编码为 7801、7802、7803……

六、技术处理：1. 书中涉及的国家机构名称，统一使用规范简称；对于名称已经发生变化或被取消的国家机构，使用其当时的简称。2. 对于一些特定时期的特定提法，本着尊重历史的原则，未做修改。比如，“有中国特色的社会主义”“有中国特色社会主义”“中国特色社会主义”的说法，按照当时的提法记述。3. 文件名在“改革进行时”部分使用全称；在正文第一次出现时，使用全称，以后出现时，根据语境使用简称。4. 同一年份，关联性很强的时间，放在一个段落里表述。5. 各文件的发布时间，以文件最后的落款时间或印发发布通知的时间为准。6. 未查询到具体发生时间的条目，所标注时间为《中国教育报》等权威媒体的报道时间，并在条目内容之首标注“据……报道”。7. 在保持事件原意的基础上，对事件中的部分标点、词句进行了改写，使之更加符合现代汉语规范。

七、资料来源：教育部组织编写的《中国教育年鉴》《中华人民共和国重要教育文献》；中央教科所（今中国教科院）编写的《中华人民共和国教育大事记（1949—1982）》；《中国教育报》《人民日报》《人民教育》等报纸期刊；教育部网站中的“教育大事记”“教育史上的今天”“教育文献”“工作要点”；等等。书中涉及的历次党代会的内容引自领导人著作和中国共产党新闻网，《政府工作报告》的内容引自《政府工作报告汇编（1954—2017）》（中国言实出版社 2017 年版）和中国政府网。

目录

1977年

改革进行时

• 重要文件

中共中央《关于召开全国科学大会的通知》

中共中央转发中共教育部党组《关于工宣队问题的请示报告》

国务院批转教育部《关于1977年高等学校招生工作的意见》

教育部、财政部《关于普通高等学校、中等专业学校和技工学校学生实行人民助学金制度的办法》

教育部《关于加强中小学在职教师培训工作的意见》

• 重要政策

教育战线率先拨乱反正

恢复高考

• 重要会议

邓小平主持召开科学和教育工作座谈会

教育部、国家出版事业管理局召开全国教材出版发行工作会议

教育部召开全国高等学校招生工作会议

教育部召开中小学师资培训座谈会

• 改革亮点

1976年10月,党中央一举粉碎“四人帮”,以党自身的力量纠正了错误。教育战线率先进行拨乱反正。1977年，在邓小平的领导和推动下，我国恢复了中断11年之久的高等学校招生统一考试制度。当年，570万名知识青年参加高考，其中27万人被录取。恢复高考制度，“改变了国家和民族的命运，是走向改革开放的一个起点”。

7701 | **5 月 24 日**

邓小平同中央两位同志谈话。针对“尊重知识，尊重人才”的问题，邓小平指出：我们要实现现代化，关键是科学技术要能上去。发展科学技术，不抓教育不行。靠空讲不能实现现代化，必须有知识，有人才。抓科技必须同时抓教育，从小学抓起，一直到中学、大学。五年小见成效，十年中见成效，十五年二十年大见成效。办教育要两条腿走路，既注意普及，又注意提高。要办重点小学、重点中学、重点大学。要经过严格考试，把最优秀的人集中在重点中学和大学。一定要在党内造成一种空气：尊重知识，尊重人才。[①] 这一重要讲话为当时教育、科技战线的拨乱反正指明了方向，“两个尊重”成为新时期党的知识分子政策表述的代表性口号。

7702 | **6 月 29 日至 7 月 15 日**

教育部在山西太原召开全国高等院校招生工作座谈会，提出继续采取前几年“群众推荐”的招生办法，并试招应届高中毕业生 4000 人至 10000 人直接上大学，占全国招生总数的 2% 至 5%。

7703 | **7 月 21 日**

党的十届三中全会闭幕，决定恢复邓小平中共中央委员、中央政治局委员、常委，中共中央副主席，中央军委副主席，国务院副总理，中国人民解放军总参谋长的职务。邓小平正式复出工作，主动要求分管教育、科学工作。

7704 | **8 月 4 日至 8 日**

邓小平主持召开科学和教育工作座谈会。8 日，邓小平作《关于科学和教育工作的几点意见》的讲话。邓小平说：我自告奋勇管科教方面的工作。我们国家要赶上世界先进水平，从何着手呢？我想，要从科学和教育着手。[②] 他重点讲了六个方面的问题：一、关于对十七年的估计问题；二、关于调动积极性问题；三、关于体制、机构问题；四、关于教育制度和教育质量

---

① 参见《邓小平文选》第二卷，人民出版社 1994 年版，第 40—41 页。
② 同上，第 48 页。

问题；五、关于后勤工作问题；六、关于学风问题。在谈到关于教育制度和教育质量问题时，他指出：“高等院校学生来源于中学，中学学生来源于小学，因此要重视中小学教育。”[①]

7705 | 8月12日至18日

党的十一大在北京举行。大会宣告“文化大革命”结束，重申在20世纪内把中国建设成为社会主义的现代化强国的目标。但大会仍然坚持“以阶级斗争为纲”“坚持无产阶级专政下的继续革命”“巩固和发展无产阶级‘文化大革命’的胜利成果”，要抓纲治国，未能从根本上纠正“文化大革命”的错误。

7706 | 8月13日至9月25日

教育部在北京召开全国高等学校招生工作会议，决定恢复高校招生的统一考试制度。可以参加高考的人员有：工人、农民、上山下乡和回乡知识青年、复员军人、干部和应届高中毕业生。对实践经验比较丰富并作出成绩或确有专长的，年龄可放宽到30岁，婚否不限（要注意招收1966、1967两届高中毕业生）。招生实行德、智、体全面衡量，择优录取的原则，政审“主要看本人政治思想表现”，政治思想表现的主要依据是：政治历史清楚，拥护中国共产党，热爱社会主义，热爱劳动，遵守革命纪律，决心为革命学习。这次会议具有转折性意义，是新中国成立以来历时最长的全国高校招生工作会议。

7707 | 8月18日

《人民日报》刊登新华社记者述评文章《人民教师应当受到尊重》。文章说：北京市九个区县先后召开中小学先进集体、先进个人代表会议，表扬和奖励优秀教师和先进集体，“这种做法，值得提倡”。在此前后，全国各地都采取召开代表会议等方式表扬和奖励优秀教师和先进集体。

---

① 《邓小平文选》第二卷，人民出版社1994年版，第54页。

7708 | **8 月 19 日**

《人民日报》发表教育部理论组的文章《教育必须大干快上》。文章提出，建设社会主义强国，迫切需要大批又红又专的人才。各级各类学校发展速度要加快，发展规模要扩大，教育质量要提高。

7709 | **9 月 3 日**

《光明日报》发表教育部理论组文章《百年大计，从小抓起》。文章指出："抓教育，首先要抓中小学"。这是摆在我们全党、全国人民面前的一件大事，是教育战线上一项具有极为深远意义的任务。

7710 | **9 月 18 日**

中共中央印发《关于召开全国科学大会的通知》，动员全党全军全国各族人民和全体科学技术工作者，向科学技术现代化进军。通知指出，"四个现代化的关键是科学技术现代化"，"科学人才的培养，基础在教育"。通知明确提出，"应当恢复技术职称，建立考核制度，实行技术岗位责任制"。

7711 | **9 月 19 日**

邓小平与教育部部长刘西尧谈教育战线的拨乱反正问题时，提出要对 1971 年《全国教育工作会议纪要》进行批判，划清是非界限。"两个估计"是不符合实际的。"教育部要解放思想，争取主动。"[①] 由此，教育战线以推翻 "两个估计"为突破口，进行拨乱反正，平反冤假错案。

7712 | **9 月**

根据邓小平中小学教育"关键是教材。教材要反映出现代科学文化的先进水平，同时要符合我国的实际情况"[②] 的指示，教育部组织编写中小学各科全国通用教材。参加编写工作的人员有 200 多人，他们是从 18 个省、自治区、直辖市选调的人员。同时，聘请知名专家学者担任编写各科教材的顾问。人民教育出版社用中央划拨的 10 万美元专款，从苏联、

---

① 《邓小平文选》第二卷，人民出版社 1994 年版，第 71 页。
② 同上，第 55 页。

美国、英国、联邦德国、法国、日本等国家购进中小学教材，供编写人员编写教材时参考。

7713 | **10月5日**

中共中央政治局讨论并原则通过教育部《关于1977年高等学校招生工作的意见》，并提出一些修改意见。

7714 | **10月12日**

国务院批转教育部《关于1977年高等学校招生工作的意见》。《意见》规定，从1977年起，对高等学校招生制度进行改革，恢复统一考试招生制度。今后实行德、智、体全面衡量，择优录取的原则，实行自愿报名，统一考试，市地初选，学校录取，省、自治区、直辖市批准的办法。凡是符合招生条件的工人、农民、上山下乡和回乡知识青年、复员军人、干部和应届高中毕业生，均可自愿报名。招收应届高中毕业生的比例占省、自治区、直辖市招生总数的20%至30%，以选优为原则，可高于或低于这个比例。10月21日，《人民日报》发表社论《搞好大学招生是全国人民的希望》。

7715 | **10月31日至11月15日**

教育部在北京召开中小学师资培训座谈会。会议提出要采取多种形式，提高现有教师的水平。争取三五年内，经过培训，使现有教学水平较低的教师，绝大多数达到合格程度。要尽快建立和健全省、地、县、公社和学校的五级师资培训机构。

7716 | **11月6日**

中共中央转发中共教育部党组《关于工宣队问题的请示报告》，批准工宣队撤出学校。这为学校恢复正常教学秩序创造了条件。

7717 | **11月18日**

《人民日报》发表教育部大批判组的文章《教育战线的一场大论战——批判“四人帮”炮制的“两个估计”》。文章指出，教育系统要拨乱反正，必须高举毛主席伟大旗帜，彻底推翻“四人帮”的“两个估计”，澄清路线是非，还历史以本来面目。

7718 | **12月7日**

《人民日报》发表评论员文章《大力发展各级各类教育事业》。文章提出，为了多出人才，快出人才，必须从我国的实际情况出发，坚持毛主席一贯提倡的“两条腿走路”、多种形式办学的方针。

7719 | **12月10日**

教育部印发《关于加强中小学在职教师培训工作的意见》。《意见》就如何开展师资培训工作提出具体要求：一是要深入揭批“四人帮”反革命修正路线的极右实质及其在教育战线的表现，正确执行党对知识分子的政策，充分调动广大教师的积极性。二是要坚持又红又专的方向，明确培训的目标和要求，所有的教师都要学会普通话，板书、批语要正确工整。三是要尽快建立和健全省、地、县、社和学校的师资培训网，各级培训机构要明确分工、相互协作，并和师范院校密切协作，搞好培训工作。四是动员各方面的力量，组织好培训师资的专职教师队伍和兼职教师队伍。五是从实际出发，鼓励教师以自学为主、业余为主的原则进修，采取学校自培、举办函授教育、举办专题讲座、举办业余大学和电视大学、举办培训班等多种形式。六是要求各级教育行政部门要在党的领导下制定教师培训的规划并建立制度保障。

7720 | **12月17日**

教育部、财政部发布《关于普通高等学校、中等专业学校和技工学校学生实行人民助学金制度的办法》。《办法》规定，国家职工被录取为研究生和工龄满五年的国家职工进入普通高等学校、中等专业学校、技工学校学习，在学习期间，工资由原单位照发，一切费用自理。对其他学生一律发放人民助学金，享受比例是：研究生享受比例按100%计算；高师、体育和民族学院学生，中等专业学校的师范、护士、助产、艺术、体育和采煤等专业，享受比例按100%计算，其他专业享受比例按75%计算。

7721 | **12月20日至28日**

教育部、国家出版事业管理局在河北涿县联合召开全国教材出版发行工作会议，讨论和制定1978年度中小学教材出版计划。会议强调，教材出版发行工作要做到“按时”“足量”供应学校，实现“课前到手，人手一册”的要求。

1978年

改革进行时

• 重要文件

国务院批转教育部《关于加强中小学教师队伍管理工作的意见》

教育部《关于办好一批重点中小学的试行方案》

教育部《全日制十年制中小学教学计划试行草案》

教育部《全日制中学暂行工作条例（试行草案）》

教育部、国家体委、卫生部《关于加强学校体育、卫生工作的通知》

教育部《关于加强和发展师范教育的意见》

教育部、国家计委《关于评选特级教师的暂行规定》

• 重要政策

重申党的教育方针

制定和修订中小学教学计划

办好一批重点中小学

恢复教育督导制度

加强和发展师范教育

评选中小学特级教师

恢复学校共青团组织和少先队组织

• 重要会议

中共中央、国务院召开全国科学大会

教育部召开全国教育工作会议

教育部召开全国外国语教育座谈会

• 改革亮点

随着党的十一届三中全会召开，全党工作重点转移到社会主义现代化上来，各级教育行政部门加快中小学教育领域各方面的恢复、调整、整顿工作。根据全国教育工作会议“关于全面部署恢复和整顿教育秩序”的精神，各地教育部门积极恢复基础教育的各项工作。

7801 | **1 月 7 日**

国务院批转教育部《关于加强中小学教师队伍管理工作的意见》。《意见》指出，中小学公办教师的管理、调配工作，应在党委一元化领导下，由县以上各级教育行政部门负责；高师、中师毕业生应全部到教育战线工作；公办教师的自然减员，应由教育部门于当年如数从民办（代课）教师中选择补充；各级教育行政部门不应占用教育事业编制；民办教师的选用、辞退、调换均需由县教育行政部门统筹规划。

7802 | **1 月 11 日**

经国务院批准，教育部发布《关于办好一批重点中小学的试行方案》。《试行方案》对办好重点中小学的目的、任务、规划、招生办法、加强领导等问题作出规定。《试行方案》提出，全国重点中小学形成“小金字塔”结构，并在经费投入、办学条件、师资队伍、学生来源等方面向重点学校倾斜，由此形成国家级、省地、地级、县级的重点学校“层层重点”的格局。规定重点中小学仍按就近入学的原则，招收新生；确定由教育部办的重点中小学包括北京景山学校、天津南开中学、上海师大二附中等共 20 所。

7803 | **1 月 18 日**

教育部发布《全日制十年制中小学教学计划试行草案》。《教学计划》明确规定：全日制中小学学制为十年，中学五年，小学五年；中学按初中三年、高中二年分段；统一秋季始业。《教学计划》对各年级“主学”“兼学”的安排、活动总量、课程设置等作出详细规定。高中全年 52 周，政治课和文化课的时间（包括复习、考试）为 34 周，“兼学”时间 8 周，寒暑假 8 周，机动时间 2 周。在“兼学”时间内，学工、学农、学军的时间安排可以集中，也可以分散。高中每周上课 29 课时，自习 6 课时，文体、科技活动 5 课时，形势教育和班级、团队活动 3 课时。家庭作业不宜过重，社会活动不宜过多，要切实保证中学生每天有 9 小时的睡眠时间。

7804 | 1月22日

教育部印发《关于教育事业两项基建投资安排的意见》。《意见》指出，鉴于中小学教职工队伍不断扩大，但住房问题没有相应解决等情况，希望各地在地方统筹安排和自筹安排的投资中，以及边疆建设、职工住宅的补助投资中，对城市中小学教职工住宅建设和边疆地区中小学校舍建设，给予较多照顾和适当安排。

7805 | 1月30日

国务院、中央军委批转教育部、国家体委、总参谋部、总政治部《关于中学和小学（高年级）学生学军的意见》。《意见》提出，学生学军要把思想政治教育放在首位，进行一定的军事训练，掌握基本军事常识和技能。学军的时间从小学四年级至高中二年级，每年一周左右，可集中进行，也可以分散安排。学军的形式以学校自己训练为主，部队大力协助。

7806 | 1月

根据邓小平指示，教育部成立巡视室。这标志着我国教育督导制度的恢复。

7807 | 1月

《人民教育》第一期发表评论文章《抓纲治教 乘胜前进》。文章指出，在新的一年里，要高举揭批“四人帮”这个纲，有计划地整顿教育、整顿学校，贯彻党的干部政策和知识分子政策；要对多快好省地发展教育事业作出规划；要真正搞好教育革命，抓好学校的政治思想、教学和科学研究、后勤等工作。

7808 | 2月11日

教育部、国家劳动总局印发《关于全国技工学校综合管理工作由教育部划归国家劳动总局的通知》，将全国技工学校综合管理工作，由教育部划归国家劳动总局主管，教育部协助。

7809 | 2月26日

五届全国人大一次会议在北京人民大会堂开幕。《政府工作报告》第四部分以“繁荣社会主义科学教育文化事业”为题，强调我们必须正确执行教育为无产阶级政治服务、与生产劳动相结合的方针，端正方向，认真搞好教育革命，加速培养德智体全面发展的有社会主义觉悟有文化的劳动者。各行各业都要高度重视和大力支持教育事业。努力办好各级各类学校。采取有力措施培训教师，加速编写新教材，充分利用各种现代化手段，提高教育质量。

7810 | **3月5日**

五届全国人大一次会议通过《中华人民共和国宪法》。《宪法》第十三条规定：“国家大力发展教育事业，提高全国人民的文化科学水平。教育必须为无产阶级政治服务，同生产劳动相结合，使受教育者在德育、智育、体育几方面都得到发展，成为有社会主义觉悟的有文化的劳动者。”第五十一条规定：“公民有受教育的权利。国家逐步增加各种类型的学校和其他文化教育设施，普及教育，以保证公民享受这种权利。国家特别关怀青少年的健康成长。”第五十二条规定：“公民有进行科学研究、文学艺术创作和其他文化活动的自由。国家对于从事科学、教育、文学、艺术、新闻、出版、卫生、体育等文化事业的公民的创造性工作，给以鼓励和帮助。”

7811 | **3月18日至31日**

中共中央、国务院在北京召开全国科学大会。中共中央副主席、国务院副总理邓小平在开幕式上发表重要讲话，号召“向科学技术现代化进军”，明确指出“四个现代化，关键是科学技术现代化”，“科学技术是生产力，这是马克思主义历来的观点”，知识分子是工人阶级的一部分，为社会主义服务的脑力劳动者是劳动人民的一部分。邓小平强调“科学技术人才的培养，基础在教育”，要全面地正确地执行党的教育方针，端正方向，真正搞好教育改革，推动教育事业大发展大提高；各级党委要认真地将教育事业作为大事来抓，各行各业都要来支持教育事业，大力兴办教育事业。应该尊重人民教师，确保教师的教学活动时间，关心他们的政治生活、工作条件和业务学习。对在教学工作中作出突出贡献的教师，应该给予表扬和奖励。[1]邓小平的重要讲话澄清了长期束缚科技和教育发展的重大理论是非问题，打开了长期禁锢知识分子的桎梏，迎来了科学的春天。大会通过《1978—1985年全国科学技术发展规划纲要（草案）》。

7812 | **4月3日**

国务院批转教育部、国家出版事业管理局发布《关于全国教材出版发行工作会议的报告》。《报告》提出，中小学教材由教育部负责统编，暂无统编教材的各课程，仍由地方组织力量，参照统编教材的编写大纲编写出版，乡土教材和补充教材，由各地自行编写出版；少数民族文字教材，参照原有的蒙、藏、维、哈、朝五种民族文字协作区，分别协商组织编写和翻译出版。

7813 | **4月14日**

教育部、国家体委、卫生部印发《关于加强学校体育、卫生工作的通知》。通知提出，继续深入揭批“四人帮”的罪行，提高对学校体育、卫生工作的认识，全面贯彻落实党的教育方针；对学校体育、卫生工作要有明确的要求，提高学校体育、卫生工作水平，建立健全各种规章制度；加强体育教师和卫生人员队伍的建设；加强党对学校体育、卫生工作的领导。

7814 | **4月22日至5月16日**

教育部在北京召开全国教育工作会议。中共中央副主席、国务院副总理邓小平出席开幕式并发表重要讲话，提出四点意见：一是提高教育质量，提高科学文化的教学水平，更好地为社会主义建设服务；二是学校要大力加强革命秩序和革命纪律，造就具有社会主义觉悟的一代新人，促进整个社会风气的革命化；三是整个教育事业必须同国民经济发展的要求相适应；四是尊重教师的劳动，提高教师的质量。[2]会议学习讨论了邓小平的讲话，

---

① 参见《邓小平文选》第二卷，人民出版社1994年版，第85—100页。
② 同上，第103—110页。

研究了《全日制中学暂行工作条例（试行草案）》修改意见（讨论稿）。

6月至9月，各省、自治区、直辖市先后召开教育工作会议。

7815 | **4月23日**

据《人民日报》报道，北京市第一中学按照学生实际文化程度调整班次。《人民日报》发表题为《按程度编班有利于提高教学质量》的署名文章。文章认为，按文化程度编班是迅速扭转由于“四人帮”的破坏而造成的困难局面，努力提高教学质量的好办法。

7816 | **5月11日**

《光明日报》发表特约评论员文章《实践是检验真理的唯一标准》。文章指出，检验真理的标准只能是社会实践，任何理论都要不断接受实践的检验。随后，全国范围内开展了一场“关于真理标准问题”的大讨论。

7817 | **6月6日**

国务院批转教育部《关于1978年高等学校和中等专业学校招生工作的意见》，对招生对象和学习年限，考试、政审和体检，录取办法，跨省招生及毕业生分配等作出明确规定。《意见》指出，中等专业学校一般招收应届初中毕业生和具有初中毕业文化程度的工人、农民、上山下乡、回乡知识青年，年龄在18岁左右，工科学制三至四年，师范、农林、卫生、财经等专业学制三年。

7818 | **7月8日**

国务院批转教育部《刘西尧同志在全国教育工作会议上的报告和总结》。4月22日，教育部部长刘西尧同志在全国教育工作会议上作报告时讲了八个方面的问题：一、新时期教育战线的任务；二、深入揭批“四人帮”，把学校整顿好；三、集中力量办好一批重点学校；四、开展科学实验，加强科学研究；五、加强教师队伍的建设；六、努力实现教学手段的现代化；七、全面贯彻教育与生产劳动相结合的原则；八、广开才路，大力选拔和培养优秀人才。5月16日，刘西尧同志作对全国教育工作会议的总结讲话，包括四个方面的要点：一、依靠全党办好教育事业；二、掀起揭批“四人帮”的新高潮，打好第三战役；三、狠抓提高，办好重点学校；四、会议讨论中提出的几个具体问题，即学校挖潜的问题、保证完成学校基建任务的问题、退还被占用的校舍问题、学校的领导管理体制问题、解决用非所学的问题、加强教师队伍的建设问题。

7819 | **7月14日**

经邓小平等中央领导批示，国务院批准恢复重建中央教育科学研究所。中央教科所是教育部直属的国家级综合性教育科学研究机构。其前身是1941年中国共产党在延安建立的中央研究院中国教育研究室，1957年1月26日，经国务院和中央书记处批准建立。

7820 | **7月26日**

教育部印发《关于学校开办教育电视有关问题的通知》，强调纠正中小学闭路电视热。

7821 | **8月19日**

中共中央办公厅转发共青团十大筹备委员会《关于红卫兵问题的请示报告》。《报告》指出，“文化大革命”中产生的红卫兵组织已经完成了它的历史使命。现在，学校共青团组织早已恢复，工作在不断加强；少先队和学生会也正在恢复。红卫兵组织的存在，使学校中学生组织重叠，学生干部负担过重，矛盾很多。学校普遍认为，红卫兵组织可以不再继续存在了。此后，各地学校中的红卫兵组织即行撤销。

7822 | **8月26日**

国家体委、教育部、卫生部联合发布《“中国青少年、儿童身体形态、机能和素质的调查研究”实施方案》。《实施方案》对课题依据和概况，调查目的、任务和预期成果，调查测试对象和范围，统一指标、方法和要求，组织领导，工作要求和步骤，经费、器材，加强宣传工作等问题，作了说明。

7823 | **8月26日**

教育部印发《关于加强学校普通话和汉语拼音教学的通知》，对教育系统推广普通话的工作作了全面部署。通知指出，普及普通话是一项长期的任务，必须继续贯彻“大力提倡，重点推行，逐步普及”的方针，制定规划，积极实施。通知要求从1978年起，五年内做到各级各类学校语文教师基本能用普通话教学，其他教师也能逐步用普通话教学；学生在课堂上和会议上基本能使用普通话。八年内做到各级各类学校基本普及普通话。中小学要把汉语拼音作为语文教学的内容，认真教好。

7824 | **8月28日至9月10日**

教育部在北京召开全国外国语教育座谈会。会议研究了加强外语教育、提高外语教育质量的方法和措施。会议确定今后一个时期发展外语教育的方针是：千方百计提高外语教育质量，切实抓好中小学外语教育这个基础，在办好高等学校专业外语教育和公共外语教育的同时，大力开展多种形式的业余外语教育。

7825 | **8月31日**

国务院批转教育部《关于退还被占用校舍的请示报告》。《请示报告》指出，任何单位占用学校的土地、房屋、家具、设备、车辆等，原则上都应无条件地退还给学校。

7826 | **9月22日**

教育部发布《全日制中学暂行工作条例（试行草案）》。《工作条例》对全日制中学的学生培养目标、教学工作、学工学农学军、教师、学校体制和行政工作等问题作出明确规定。全日制中学的学生培养目标是：要教育学生永远高举毛主席的伟大旗帜，使学生具有爱国主义和国际主义精神，具有共产主义道德品质，拥护共产党的领导，拥护社会主义，立志为社会主义事业服务，为人民服务；逐步培养学生的工人阶级的阶级观点、劳动观点、群众观点、辩证唯物主义观点；使学生在小学教育的基础上，进一步掌握语文、数学、外国语等课程的基础知识和基本技能，逐步具有自学能力和分析问题、解决问题的能力，具有一定的生产知识，养成爱科学、学科学、用科学的优良风尚；使学生的身心得到正常的发展，具有健康的体质，培养良好的生活习惯和劳动习惯。

7827 | **9月**

全国十年制全日制中小学开始使用由教育部组织编写的全国通用新教材。本学年使用的通用教材，包括各科教材的第一册，共计22种；各科教学大纲，共计15种；配合新教材教学的教参，共计16种。

7828 | **10月12日**

教育部印发《关于加强和发展师范教育的意见》。《意见》指出，为了发展教育事业和提高教育质量，必须加强中小学教师队伍建设。要力争在三五年内经过有计划的培训，使现有文化水平较低的小学教师大多数达到中师程度，初中教师和高中教师在所教学科方面分别达到师专和师范学院毕业程度。

7829 | **10月27日**

共青团十届一中全会通过决议，提出我国少年儿童组织仍恢复为中国少年先锋队名称。会议通过《中国少年先锋队队章》和《中国少年先锋队队歌》。

7830 | **11月11日**

教育部转发煤炭部《关于改变部分中等专业学校领导体制的报告》。《报告》指出，经与有关省、市协商同意，拟将部分学校改为教育部与有关省、市双重领导，以教育部为主。领导体制改变以后，教育部负责贯彻教育事业的具体方针、政策；在国家统一计划下，负责学校规划，专业设置，招生计划，分配毕业生，人员编制，劳动工资计划，教材，经费，基本建设，统配、部管物资和紧扣仪器设备供应等。省、市负责学校的政治运动，党的建设，科学研究，生产，认识工作和政治思想工作，检查督促党的方针、政策和教育事业具体方针、政策的贯彻执行，基本建设设计、施工，地方物资供应等。

7831 | **12 月 7 日**

教育部、国家计委发布《关于评选特级教师的暂行规定》。《暂行规定》指出，特级教师的评选对象，主要是中小学（包括民办和厂矿企业办的中小学）、师范学校、盲聋哑学校、教师进修学校、教学研究机构、校外教育机构的教师和幼儿园的教养员，以及原来是教学水平较高的教师，又长期从事中小学、师范、盲聋哑和幼儿教育工作，领导教学教育工作有特长的校长、教导主任和幼儿园主任。《暂行规定》对评选特级教师的业务条件和政治条件、评选方法、审批手续等作了规定，并要求各省、自治区、直辖市于 1979 年完成第一次评选工作，今后每三到五年评选一次。

7832 | **12 月 12 日**

教育部、财政部联合印发通知，规定学校的民办教师和计划内长期顶编代课教师可与公办教师一样实行一次性年终奖金。此前，5 月 7 日，国务院印发《关于实行奖励和计件工资制度的通知》。通知规定，1978 年不实行奖励和计件工资制度的全民所有制企业、事业单位，可以对职工试行一次性年终奖。

7833 | **12 月 18 日至 22 日**

党的十一届三中全会在北京召开。全会重新确立了党的马克思主义的思想路线、政治路线和组织路线，果断地停止执行“以阶级斗争为纲”和“无产阶级专政下继续革命”，批判了“两个凡是”，充分肯定完整地、准确地理解和掌握毛泽东思想科学体系的必要性，高度评价关于实践是检验真理标准问题的讨论，确定了“解放思想、开动脑筋、实事求是、团结一致向前看”的指导方针。全会作出把工作重点转移到社会主义现代化建设上来的战略决策，指出实现四个现代化要求大幅提高生产力，改变同生产力发展不适应的生产关系和上层建筑，改变一切不适应的管理方式、活动方式和思想方式，并富有远见地提出了对党和国家各个方面的工作进行改革的任务。会后，全国教育战线认真学习和贯彻全会精神，开展真理标准问题的讨论，继续澄清被“四人帮”颠倒了的思想路线上的是非，完整地准确地理解毛泽东思想；同时开展平反冤假错案等工作。各级教育行政部门根据国家工作重点转移的要求，加快中小学教育领域各方面的恢复、调整、整顿工作，并在普及中小学教育、改善中等教育结构等方面开始进行改革，使中小学教育面貌有了明显变化，教育质量有了明显提高。

1979年

改革进行时

• 重要文件

中共中央批转中共教育部党组《关于建议中央撤销两个文件的报告》

中共中央转发八部门《关于提请全党重视解决青少年违法犯罪问题的报告》

教育部、国家体委《中小学体育工作暂行规定（试行草案）》

教育部、卫生部《中小学卫生工作暂行规定（草案）》

教育部《关于办好外国语学校的几点意见》

教育部《中学生守则（试行草案）》

教育部等部门《关于在普通中学和小学班主任津贴试行办法（草案）》

• 重要政策

加强中小学思想政治教育工作

重视解决青少年违法犯罪问题

搞好中小学体育、卫生工作

办好外国语学校

普通中小学试行班主任津贴

• 重要会议

教育部等部门召开全国学校体育、卫生工作经验交流会

教育部召开全国中小学思想政治教育工作座谈会

教育部召开中小学学制改革问题座谈会

全国教育工会召开全国教育工会工作会议

教育部、中国社科院联合召开全国教育科学规划会议

• 改革亮点

加强中小学思想政治教育。为扭转"四人帮"对教育和学校风气的破坏，维护正常的学校教育教学秩序，国家重视做好青少年的思想政治教育工作，重视解决青少年违法犯罪问题，给改革开放初期中小学德育工作提出了明确的目标和任务。

7901 | **1月11日**

中共中央发布《农村人民公社工作条例（试行草案）》。《工作条例》规定，农村中学逐步做到全部公办，小学逐步做到公办为主，经济贫困地区和边疆地区的小学，逐步实行公办。

7902 | **2月12日至28日**

共青团全国军事体育工作会议在北京召开。会议提出，共青团军事体育工作要适应全党工作重点转移，提高广大青少年的健康水平，为实现四个现代化培养德、智、体全面发展的人才，为赶超世界体育运动先进水平培养后备军。为此，共青团应配合学校抓好体育课、课间操和课外体育，保证每天有一小时的体育锻炼时间，经常开展各项体育竞赛活动，每年至少召开一次田径运动会。会议提出，大力倡导群众性体育活动，每年冬春两季开展象征性长跑和环城赛跑活动，开展新长征火炬接力活动，举办全国中、小学生体育夏令营，并逐渐形成共青团的传统项目。3月12日，共青团中央印发会议纪要。

7903 | **2月19日**

中国联合国教科文组织全国委员会正式成立。其主要任务是：为中国政府、有关部门和出席联合国教科文组织大会的代表团提供有关联合国教科文组织的情况和咨询，负责协调我国有关部门涉及联合国教科文组织的工作，并负责与该组织秘书处和会员国全国委员会的联络工作。

7904 | **2月27日至3月7日**

教育部召开九省（直辖市）中小学音乐、美术教材会议。会议认为，中小学音乐和美术具有不可忽视的育人作用，必须确立其应有的地位。会议讨论了教学大纲和教材的编写问题，修订了全日制十年制学校中小学音乐、美术教学大纲草案。5月31日，教育部将这两个教学大纲草案下发给各地试行，并决定从1980年秋季节供应音乐、美术教材。

7905 | 3月19日

中共中央批转中共教育部党组《关于建议中央撤销两个文件的报告》，决定撤销1971年中共中央批转的《全国教育工作会议纪要》和1974年中共中央转发的《关于河南省唐河县马振扶公社中学的情况简报》两个文件。中央批示指出，这两个文件是在“四人帮”及其亲信一手把持下炮制出来的，是错误的。它在教育战线的危害极大，流毒很深，应当继续批判。由此而造成的冤案、错案、假案，尚未平反昭雪的，要抓紧解决。撤销两个文件有利于推动进一步拨乱反正，澄清路线是非，更大地调动广大教育工作者的积极性。

7906 | 3月23日至4月13日

教育部、中国社科院在北京联合召开全国第一次教育科学规划会议。会议指出，各级党政领导机关，特别是教育行政部门的领导干部，要首先切实解决对教育科研工作的重要性和迫切性的认识问题。教育科研工作要密切联系实际，解决教育工作前进中一些迫切需要解决的问题。要在马克思列宁主义、毛泽东思想指引下继续解放思想，坚持百花齐放、百家争鸣的方针，使教育科学日益繁荣起来。会议提出，建设教育科研基地，培养教育科研队伍。会议讨论了《1978—1985全国教育科学发展规划纲要（草案）》。

7907 | 3月29日

教育部印发《关于加强外语教育的几点意见》。《意见》提出要做好八个方面的工作：一是必须加强中小学外语教育；二是要大力办好高等学校公共外语教育和各种形式的业余外语教育，培养既懂专业又掌握外语的科技人才；三是集中精力办好一批重点外语院系，使之成为培养水平较高的外事翻译、高校专业外语师资和外国语言文学研究人才的基地；四是语种布局要有战略眼光和长远规划；五是大力抓好外语师资队伍的培养和提高；六是编选出版一批相对稳定的大、中、小学外语教材；七是加强外语教学法和语言科学的研究；八是尽快把外语电化教学搞上去。

7908 | **3 月 30 日**

邓小平代表中央在党的理论工作务虚会上发表《坚持四项基本原则》的重要讲话。邓小平指出："我们要在中国实现四个现代化，必须在思想政治上坚持四项基本原则。这是实现四个现代化的根本前提。这四项是：第一，必须坚持社会主义道路；第二，必须坚持无产阶级专政；第三，必须坚持共产党的领导；第四，必须坚持马列主义、毛泽东思想。"①

7909 | **4 月 12 日**

中国教育学会成立。这是新中国成立以来我国最早建立、规模最大的全国群众性教育学术团体。

7910 | **4 月 15 日**

中央教育科学研究所主办的《教育研究》杂志创刊。

7911 | **4 月 22 日至 28 日**

中国文字改革委员会、教育部在浙江杭州联合召开全国推广普通话工作汇报会。会议认为，学校的推广普通话工作一定要结合语文教学，把普通话教学贯彻到语文教学的全过程中去，为提高语文教学质量服务。6 月 1 日，教育部印发会议纪要。

7912 | **4 月 22 日至 5 月 7 日**

教育部在北京召开全国中小学思想政治教育工作座谈会。会议分析了中小学生特别是中学生的思想状况，提出要做好青少年的思想政治教育工作，坚定不移地贯彻党的十一届三中全会精神，坚持四项基本原则，在青少年中大力提倡勤奋学习、遵守纪律、热爱劳动、助人为乐、艰苦奋斗、英勇对敌的革命风尚，把青少年培养成为热爱社会主义祖国，忠于无产阶级革命事业，有远大革命理想，有共产主义道德品质的一代新人。9 月 5 日，教育部印发座谈会纪要。

---

① 《邓小平文选》第二卷，人民出版社 1994 年版，第 164—165 页。

7913 | 5月15日至22日

教育部、国家体委、卫生部、共青团中央联合在江苏扬州召开全国学校体育、卫生工作经验交流会议，交流做好学校体育、卫生工作的经验，讨论学校体育、卫生工作暂行规定，表彰奖励先进个人84名、先进单位275个。9月25日，教育部、国家体委、卫生部、共青团中央印发会议纪要。

7914 | 6月2日

教育部在北京召开中小学学制改革问题座谈会，邀请北京市部分教育工作者座谈中小学学制改革问题。多数代表建议将现行的十年制恢复到十二年制。会后教育部印发通知，要求各地讨论中小学学制改革问题。

7915 | 6月18日

五届全国人大二次会议在北京人民大会堂开幕。《政府工作报告》首先以“伟大的历史性转变”为标题，充分肯定过去一年所取得的历史性成就。党的十一届三中全会作出决策，从1979年起，把全国工作的着重点转移到社会主义现代化建设方面来，这是一个伟大的历史性转变。当前以及今后相当长一个历史时期的主要任务，就是有系统、有计划地进行社会主义现代化建设。《报告》提出，从1979年起集中三年的时间，认真搞好国民经济的调整、改革、整顿、提高，把它逐步纳入持久的按比例的高速度发展的轨道。根据上述方针，必须要在加快经济建设的同时，相应地加快科学、教育、文化事业的发展。中等教育要有计划地多举办各种门类的中等职业教育。继续扫除文盲和普及小学教育，切实解决工作中的具体困难，组织各方面的力量来加快完成这个任务。要十分重视发展托儿所、幼儿园，加强幼儿教育。各级各类学校，要努力提高教育质量。

7916 | 6月20日

教育部、林业部印发《关于各级学校要积极参加林业建设的通知》，要求各级各类学校师生员工要学习、宣传《中华人民共和国森林法(试行)》，学校要把植树造林和林木经营管理作为勤工俭学的一项重要内容。

7917 | **6月21日**

教育部、共青团中央、公安部转发《北京市九所工读学校的初步总结》并印发通知。通知指出，在党委领导下，以教育部门为主，共青团、公安机关积极配合取得有关部门的支持，抓紧把工读学校办起来。坚持正面教育原则，满腔热情地做违法犯罪学生的思想转化工作，同时把教学搞好。

7918 | **7月24日至8月1日**

教育部召集受教育部委托的北京、上海等九省（直辖市）教育部门负责中学语文教学的同志在北京召开了一次小型座谈会，研究如何为进一步改革中学语文教材进行调查研究的问题。

7919 | **8月7日**

教育部印发《关于部办20所重点中小学领导管理体制问题的通知》。通知指出，部办20所重点中小学由各有关省、自治区、直辖市教育行政部门领导管理，或由省、自治区、直辖市委托地、县（区）教育行政部门领导管理。

7920 | **8月17日**

中共中央转发中宣部、教育部、文化部、公安部、国家劳动总局、全国总工会等单位《关于提请全党重视解决青少年违法犯罪问题的报告》。《报告》指出，要重视和加强对青少年校外教育的领导，组织好青少年的课余、工余活动，大力恢复和办好文化馆、青少年宫、夜校、科技讲座等。《报告》强调，工读学校是一种教育挽救犯罪学生的学校，要认真办好。

7921 | **8月25日**

教育部重新制定并发布《中学生守则（试行草案）》，要求全国中学从9月1日起试行。

7922 | **9月27日**

教育部印发《关于办好外国语学校的几点意见》。《意见》指出，外国语学校是具有专业性教育的学校，主要任务是为高等院校培养外语水平较高、一般文化知识较好的学生。《意见》确定整顿和恢复“文化大革命”

前原有的 11 所外国语学校。此类学校可与高等外语院系衔接起来，办成从小学到大学“一条龙”，高中阶段可以试行文理分科。

7923 | **9 月 28 日**

党的十一届四中全会通过《中共中央关于加快农业发展若干问题的决定》。《决定》提出，中央要办好中国农业科学院和北京农业大学等几个重点的高级农业科学研究院和高等农业院校，各省、自治区、直辖市要根据农业区域规划办好一批农业科研机构、农业学院和中等农业技术学校，逐步形成门类齐全、布局合理的农业科学教学研究体系。

7924 | **9 月**

上海市中小学教育战线围绕面向全体学生，大面积提高教学质量的要求，从新学年开始，采取三项重大改革措施：恢复初、高中升学考试制度；取消好、中、差分班制度；对中学毕业生实行择优录取。

7925 | **10 月 5 日**

教育部、国家体委发布《中小学体育工作暂行规定（试行草案）》。《暂行规定》对中小学体育工作的基本任务、体育课教学、课外体育活动、体育场地和器材、体育教师等作出规定。《暂行规定》指出，中小学体育工作要面向全体学生，教育学生认真上好体育课，积极参加课外体育锻炼。

7926 | **11 月 6 日**

中共中央批转中共湖南省桃江县委《关于发展农村教育事业的情况报告》。《报告》显示，桃江县农村青壮年劳动力中高中毕业的已达 9%，基层干部中高中毕业的已达 11%。中央批示指出桃江县的三点经验：一是县委重视教育；二是坚持“两条腿走路”的方针，发挥国家办学和群众集体办学的两个积极性；三是以普及小学五年教育为重点，实行普通教育、业余教育、学前教育一起抓。11 月 20 日至 28 日，教育部、中共湖南省委在桃江县召开现场经验交流会，推广桃江县的教育经验。

7927 | **11月27日**

教育部、财政部、国家劳动总局发布《关于在普通中学和小学班主任津贴试行办法（草案）》。《试行办法》规定：原则上每个班（学生40人至50人）设班主任1名。根据现有学校布点、校舍条件不同，每个班学生人数有多有少，班主任工作量有大有小，班主任津贴应有所区别。行政人员、教研组长兼任班主任并完成本职工作任务，应发给班主任相应津贴。班主任津贴所需经费，由省、自治区、直辖市分别在教育事业费中“中学经费”和“小学经费”项的“补助工资”目内列支。

7928 | **12月6日**

教育部、卫生部发布《中小学卫生工作暂行规定（草案）》，对学校卫生工作要求和卫生工作管理作出规定。《暂行规定》要求，中学生每日学习时间（包括自习）与课外活动时间不超过7个小时，中学生每日睡眠时间应保证9个小时；建立学生健康卡片；800人以上中学要争取配备学校卫生人员1名至2名，800人以下中学可根据条件适当配备学校卫生人员或保健教师。

7929 | **12月6日至19日**

全国教育工会在北京召开全国教育工会工作会议。会议回顾了教育工会过去的工作，研究确定了教育工会的基本方针和当前任务。会议指出，新的历史时期教育工会的基本方针是：在党的领导下，与行政部门密切协作，以教学、科研为中心，团结和教育广大教工不断提高政治觉悟和业务水平，关心教工的物质文化生活，保护教工的民主权利和切身利益，调动广大教工的社会主义积极性，为提高教育质量和科研水平，培养德智体全面发展的人才，实现四个现代化而奋斗。会议提出，教育工会当前应着重开展的几项工作是：协助党组织切实贯彻知识分子政策；组织群众性的业务活动；实行民主办校；关心教工的物质、文化生活等。会议强调，当前在教育方面有三个需要全党和教育战线的同志必须明确和解决的重大问题：一是教育者必须先受教育，特别是我们从事教育工作的领导干部，应当努力学习，成为内行；二是坚持德、智、体三者并重，为“四化”造就生力军的方针；三是要以多种教学形式，满足广大青少年受教育的要求。此后，各地教育工会恢复组织活动，上海、辽宁部分中小学开展建立教代会制度的试点工作。

7930 | **12 月 25 日**

全国中学语文教学研究会在上海成立，并举办第一次年会。会议选举吕叔湘为会长，聘请叶圣陶为名誉会长。

7931 | **12 月 28 日**

国务院在北京举行授奖仪式，嘉奖全国先进单位和全国劳动模范。教育战线评出 16 个全国先进单位和 48 名全国劳动模范。

1980年

改革进行时

• 重要文件

国务院《关于实行“划分收支、分级包干”财政管理体制的暂行规定》

国务院批转教育部、国家劳动总局《关于中等教育结构改革的报告》

国务院批转吉林省革命委员会《关于开展勤工俭学工作情况的报告》

中宣部、教育部等九单位《在青少年教育工作中，各有关部门的职责和分工试行意见》

教育部《关于分期分批办好重点中学的决定》

教育部《改进和加强中学政治课的意见》

教育部、国家民委《关于加强民族教育工作的意见》

教育部《关于进一步加强中小学在职教师培训工作的意见》

教育部《关于办好中等师范教育的意见》《中等师范学校规程（草案）》

• 重要政策

明确中央和地方政府教育支出责任分工

调整改革中等教育结构

中小学学制逐渐由十年向十二年过渡

重点中学要克服单纯追求升学率

恢复开展勤工俭学

加强和改进中学政治课

加强中小学教师在职培训

办好中等师范教育

加强民族教育工作

• 重要会议

教育部召开全国教育工作会议

教育部召开全国教育工作座谈会

教育部召开全国重点中学工作会议

教育部召开中学政治课教材编写大纲讨论会

教育部召开全国中等专业教育工作会议

教育部召开全国工读学校座谈会

• 改革亮点

基础教育经费支出主要由地方负责。为改革“统收统支”中央集权的财政体制，国务院实行“划分收支，分级包干”的财政管理体制改革，政府教育财政责任主体下移。此后 30 多年，“谁办学、谁负担”成为各级人民政府教育财政责任分担的主要依据。

调整、改革中等教育结构。教育部提出“充实加强小学，整顿提高初中，调整改革高中，大力发展职业教育，努力办好重点中学”的方针，各地压缩普通高中规模，发展中等职业学校。中等教育单一化的状况有所改变。

8001 | **1月5日至23日**

教育部召开全国教育工作会议。会议认为，在过去30年的大部分时间里，我国教育工作的路线是正确的，成绩是主要的。其基本经验是：社会主义教育事业必须有计划按比例地发展；社会主义学校的办学方针必须坚持培养又红又专的人才的原则；必须正确地执行党的知识分子政策和加强党对教育事业的领导。会议并提出加强学校政治思想教育、继续普及小学教育、进行中学结构改革、办好重点中小学、加强边疆和民族地区教育、发展成人教育等八项任务。

8002 | **1月16日**

中共中央副主席、国务院副总理邓小平在中央召集的干部会议上作《目前的形势和任务》的讲话。邓小平指出：经济与教育、科学，经济与政治、法律等等，都有相互依存的关系，不能顾此失彼。经济发展和教育、科学、文化、卫生发展的比例失调，教科文卫的费用太少，不成比例。从明年、至迟从后年开始，无论如何要逐年加重这方面，否则现代化就化不了。[①]

8003 | **1月21日**

《人民日报》报道南开中学每天坚持1小时体育活动情况。南开中学是周恩来的母校。学校遵照周恩来1958年5月29日对国家体委负责同志谈话指示，坚持培养学生德、智、体全面发展，在抓好德育、智育的同时，开展体育活动，除每周增加一节体育课外，保证每天体育活动一小时以上。

8004 | **2月1日**

国务院发布《关于实行“划分收支、分级包干”财政管理体制的暂行规定》。《暂行规定》明确规定，从1980年起，国家对省、自治区、直辖市实行“划分收支、分级包干”的财政管理体制。基本原则是：在巩固中央统一领导和统一计划，确保中央必不可少的开支的前提下，明确各级财政的权利和责任，做到权责结合，各司其职，各负其责，充分发挥中央

---

① 参见《邓小平文选》第二卷，人民出版社1994年版，第250页。

和地方两个积极性。中央级的文教卫生科学事业费，归中央财政支出；地方的文教卫生科学事业费，归地方财政支出。

8005 | **2月7日**

教育部发布《关于中等专业学校确定与提升教师职务名称的暂行规定》。《暂行规定》指出，中等专业学校教师职务名称定为：副教授、讲师、教员、实习教员四级。职务名称的确定或提升，应以思想政治条件、学识水平和业务能力为主要依据，同时，对资历和教龄也必须加以照顾。同日，教育部印发《关于外国语学校确定和提升教师职务名称的通知》指出，外国语学校教师职称的确定与提升参照《暂行规定》执行。7月10日，教育部印发《关于中等专业学校确定与提升教师职称试点工作的通知》，要求各省、自治区、直辖市教育部门会同地方业务主管部门选择不同类型的中等专业学校（含中师）进行教师职称试点。

8006 | **2月25日**

国务院批转吉林省革命委员会《关于开展勤工俭学工作情况的报告》，肯定勤工俭学是全面贯彻党的教育方针的重要措施，是从我国实际出发，促进教育质量的提高和发展教育事业的必由之路。从此，各地加强对勤工俭学的领导，制定勤工俭学的管理办法或暂行规定，促进勤工俭学活动的恢复和发展。

8007 | **3月3日至14日**

教育部在山东济南召开中学政治课教材编写大纲讨论会。会议确定，从1981年秋季开始，在高中一年级、高中二年级依次开设政治经济学常识课、辩证唯物主义常识课。4月1日，教育部印发《关于委托编写中学政治课教材的通知》，分别委托华东师大、东北师大、北京师大、上海市教育局、北京市教育局负责编写上述课程的新教材和教学大纲。

8008 | **3月5日**

教育部、国家计委、国家建委、国家物资总局、财政部联合印发《关于继续加快学校基本建设的通知》，要求各地有关部门对各级学校的基本建设投资、材料供应、设备和施工力量安排，应给予照顾，并认真落实，及时解决工程建设中存在的问题。

8009 | **3月16日**

出席全国科协第二次大会的有关生物学的11个学会的代表联名提出恢复和加强生物学教学的倡议，提出要在高考中考查生物学内容，并建议把对中学生物课教师和小学常识课教师的短期培训工作，列入各学会的重要议事日程。

8010 | **3月25日**

国务院印发《关于充实和加强中国文字改革委员会的通知》。通知规定，有关普通话推广工作包括推广工作的机构，划归教育部管理；10月，原中国文字改革委员会负责普通话推广工作的专制机构普通话推广组和普通话师资培训的人员编制同时移交教育部，作为教育部的建制。教育部设立推广普通话办公室。

8011 | **4月8日**

教育科学出版社成立。其任务是：着重介绍我国教育基本理论和工作经验，介绍外国教育科学和古代教育的优良成果，普及教育科学知识，提供教育研究资料。

8012 | **4月10日至25日**

教育部在北京召开全国中等专业教育工作会议。会议提出，中等专业教育的任务是：多办、办好中等专业学校，培养德智体全面发展，又红又专的中等专业人才。会议明确中专教育的地位、作用、任务，要求切实办好一批重点中专学校。

8013 | **4月14日**

教育部、全国教育工会印发《关于组织优秀教师暑期休养的联合通知》。7月，全国大、中、小学和幼儿园的108名优秀教师代表在青岛参加暑期休养活动。

8014 | 4月

全国教育工会在上海召开部分省（直辖市）教职工代表大会试点经验交流会，形成《关于在学校建立教职工代表大会制度的试点情况报告》。同年6月，中共全国总工会党组向中央书记处提交《关于学校试建教职工代表大会制度的请示报告》。经中央批准后，全国各省、自治区、直辖市的学校普遍建立教职工代表大会制度。

8015 | 5月5日

《人民日报》发表社论《全社会都要尊师爱生》。文章指出，尊师爱生是社会主义社会应有的公德，我们党历来都是这样主张的。在整个社会营造尊师爱生的风气，才能办好我们的教育事业，造就一代又一代的社会主义新人。列宁高度评价教师的作用，把提高教师地位看作是教育工作中应该做的一件主要的事情。这对我们仍然很有教育意义。

8016 | 5月29日

北京市人民政府批转市文教办公室《关于当前中等教育结构改革的几点意见》。《意见》指出，中等教育结构改革的具体措施是：改革普通高中的课程；有计划地将部分普通高中（或高中班）改办为职业高中（或职业班）；积极举办各种门类的职业（技术）学校；重视和发展中等专业学校。

8017 | 6月3日

中共中央批转共青团中央《关于武汉市加强青少年教育活跃业余文化生活情况的报告》。《报告》指出，开展有益的、丰富多彩的业余文化活动，对于抵制资产阶级和一切剥削阶级思想的影响，促进青少年健康成长，维护安定团结，促进“四化”建设，都具有重要的意义。要充分发动群众，依靠社会各方面的力量，艰苦奋斗，挖掘潜力，因陋就简。着重在基层建立起分散的、小型的活动阵地。

8018 | 6月13日至28日

教育部在北京召开全国师范教育工作会议。会议总结了30年来师范教育工作的经验，进一步明确了师范教育在整个教育事业中的重要地位。

会议指出，师范教育的基本任务是培养教师，成为输送合格师资的巩固基地。为尽快适应教育事业发展的需要，师范教育要按重点来办。当前仍要继续进行调整、改革、整顿、提高，在提高质量的基础上稳步发展，建立一个健全的师范教育体系。会议还讨论了中小学在职教师培训工作。9 月 29 日，教育部发布经国务院批准的《关于师范教育几个问题的请示报告》。

8019 | **7 月 15 日**

中宣部、教育部、文化部、公安部、国家劳动总局、国务院知青办、全国妇联、全国总工会、共青团中央联合印发《在青少年教育工作中，各有关部门的职责和分工试行意见》。《试行意见》指出，教育部应负责在校学生的教育。要努力建设一支坚强的思想政治教育工作队伍，健全思想政治工作制度，改进政治课教学，加强班主任和辅导员的工作，充分发挥共青团、少先队、学生会的作用。学校要认真做好后进生的教育转化工作。要办好工读学校。

8020 | **7 月 23 日至 8 月 4 日**

教育部在黑龙江哈尔滨召开全国重点中学工作会议，提出要集中力量办好一批重点中学。会议指出，在当前的形势下，按照党中央关于发展我国教育事业的指导思想，集中力量办好一批重点中学，对于迅速提高中学教育质量，为社会主义四个现代化培养更多更好的人才，起示范作用，带动一般学校前进，具有重要意义。要排除一切干扰，坚决贯彻全面发展的方针，要按教育规律办事，克服单纯追求升学率的错误做法。

8021 | **8 月 17 日**

中共中央转发全国劳动就业会议通过的《进一步做好城镇劳动就业工作》。文件指出，必须积极地把一部分普通中学改为职业学校；要把职业教育作为教育体系的重要组成部分，逐步设立职业教育网；应当把职业教育纳入计划，在学校建设和经费开支上与普通教育一视同仁。

8022 | **8月22日**

教育部发布《中等师范学校规程（试行草案）》。《规程》指出，中等师范学校的任务是培养具有社会主义觉悟、辩证唯物主义世界观、共产主义道德品质，从事小学或幼儿教育工作必备的文化与专业知识、技能，热爱儿童，全心全意为社会主义教育事业服务，身体健康的小学、幼儿园师资。中等师范学校由省、自治区、直辖市教育行政部门实行统一领导，省、地两级教育行政部门分级管理。同日，教育部印发《关于办好中等师范教育的意见》。《意见》指出，中等师范教育担负着培养小学、幼儿园师资的任务，是教育工作中的基本建设，各级教育行政部门应坚持这个办学方向，努力把中等师范学校办好。《意见》要求，要根据统筹兼顾、全面规划和小学教师地方化的原则，对中等师范学校布局进行合理调整，确定和办好一批重点中等师范学校，在中等师范设置附属实验小学、幼儿园。

8023 | **8月22日**

教育部印发《关于进一步加强中小学在职教师培训工作的意见》。《意见》提出，要制定、调整培训规划；要充分发挥教师进修学校、师范院校和教研室（部）的作用；要逐步实行全国统一的教学计划，搞好进修教材建设；要结合培训工作，做好部分教师的调整工作；要加强对在职教师培训工作的领导。

8024 | **8月30日**

五届全国人大三次会议在北京人民大会堂开幕。国务院副总理兼国家计委主任姚依林作《政府工作报告》。《报告》指出，经过一年来的紧张努力，国民经济的各项工作在调整、改革、整顿、提高中取得了显著进展，科学、文教、卫生等事业有了新的发展。《报告》提出，1981年发展国民经济的主要任务是：继续贯彻执行调整、改革、整顿、提高的方针，促进工农业生产和各项事业协调地前进。要大力加强科学技术、教育卫生。由于各方面对基本建设投资的要求很多，国家财力、物力不足，必须量力而行。教育方面，要广开学路，加强高等教育，改革中等教育制度，发展职业、技术教育，继续普及小学教育。

8025 | **9月7日**

据《人民日报》报道，1980年西藏自治区高考录取的大学新生中少数民族学生第一次占多数。全自治区考进区内外高等院校的学生共416名，其中少数民族学生214名，比去年增加2.6倍。区内各高等院校录取少数民族学生168名，占录取总数的71.8%。

8026 | **9月10日**

共青团中央、教育部联合发布《关于中学共青团工作的几个具体问题的规定》。《规定》指出，中学共青团工作是学校教育的一个重要组成部分。教育部门和各中学的党组织要有一名领导同志主管团的工作，切实加强领导。要建设一支又红又专的团干部队伍，协助党组织做思想政治工作。要经常开展各种教育活动，所需经费，学校应根据具体情况给予解决。

8027 | **9月12日**

教育部印发《改进和加强中学政治课的意见》。《意见》提出，中学政治课是中学教学计划中主要课程之一，是对学生进行马列主义、毛泽东思想基础知识教育的课程。改进和加强中学政治课，是思想政治教育的重要途径之一，是贯彻德、智、体全面发展的教育方针的重要方面，是区分社会主义教育与资本主义教育的重要标志。《意见》对中学政治课的任务、各年级课程内容作出相关规定，其中，高中一年级开设政治经济学常识课、高中二年级开设辩证唯物主义常识课。同时，《意见》要求健全政治课的考试考查制度。

8028 | **9月30日**

中共广东省委、广东省人民政府发布《关于贯彻国务院批转〈海南岛问题座谈会纪要〉的决定》。《决定》提出，海南黎族苗族自治州少数民族学生助学金，在原来每年100万元的基础上，从1980年起每年增加60

万元。自治州中小学茅屋改建，从1981年起，省每年专项安排200万元，5年共1000万元，不足部分由自治州统筹解决。

8029 | **10月7日**

国务院批转教育部、国家劳动总局《关于中等教育结构改革的报告》。《报告》提出，中等教育结构改革主要是改革高中阶段的教育，要使高中阶段的教育适应社会主义现代化建设的需要。应该实行普通教育与职业、技术教育并举，全日制学校与半工半读学校、业余学校并举，国家办学与业务部门、厂矿企业、人民公社办学并举的方针。中等教育结构改革的途径包括：改革普通高中课程，逐步增设职业技术教育课；将部分普通高中改办为职业（技术）学校、职业中学、农业中学；各行各业举办职业（技术）学校，允许集体和个人办此类学校；积极发展和办好技工学校；努力办好中等专业学校。

8030 | **10月9日**

《人民日报》发表《为什么这样大量挤占教育经费？——河北省邢台等地区的调查》和评论员文章《多挤点钱办教育》。文章指出，1980年，除国务院决定增加部分教育经费外，江苏、上海等省（直辖市）都从地方财政中增拨一部分资金用于教育事业。但是，也有些同志依然认为科学教育可有可无，甚至随意挤占、挪用教育经费。文章批评了“挤教育、保生产”等把教育事业看作是消费事业，与发展生产无关的错误观点。

8031 | **10月9日**

教育部、国家民委印发《关于加强民族教育工作的意见》。《意见》指出，少数民族教育要认真贯彻执行“调整、改革、整顿、提高”的方针，并在尽快恢复和进行必要调整的基础上，积极稳步地加以发展，逐步建立适合少数民族地区的民族教育体系。为扶持和发展民族教育，采取如下措施：办好一批公办民族地区学校；适当发展和大力办好民族师范教育；加强教师队伍建设；大力加强少数民族文字教材编译出版工作；发展民族学院，加强民族地区的大专和中专教育；全国重点高校和少数民族较多的省份的一般性高等学校要积极举办民族班；对于民族地区除正常的教育经费外，要给予特殊的补贴。

8032 | **10月14日**

教育部发布《关于分期分批办好重点中学的决定》。《决定》提出，要认真总结前一段经验，统一办学的指导思想，制定克服片面追求升学率这种错误做法的规定，改善和加强重点中学的工作，分期分批把重点中学办好。《决定》要求，重点中学要改革课程设置，增设职业技术教育课，设立选修课；努力提高课堂教学质量，加强基础知识的教学和基本技能的训练，注意培养能力；要积极开展各种课外活动，开阔学生的视野，发展他们的爱好和特长。

8033 | **10月24日至31日**

教育部在北京召开全国工读学校座谈会，讨论《关于办好工读学校的试行方案》。教育部部长蒋南翔出席座谈会时指出，工读学校是不可缺少的一种办学形式，地方各级领导要加以重视，像办好重点中学那样去办好工读学校。

8034 | **11月5日**

教育部印发《关于确定和办好全国重点中等专业学校的意见》。《意见》提出，重点中等专业学校的任务是出人才、出经验，起骨干和示范作用，带动整个中等专业教育的发展和提高。同日，教育部发布《关于全日制中等专业学校领导管理体制的暂行规定》。《暂行规定》指出，对中等专业学校实行分工分级，按系统归口的管理制度。

8035 | **12月1日至13日**

教育部在天津召开全国教育工作座谈会。会议传达中央书记处关于教育工作的指示。会议强调，要进一步总结历史经验，肃清“左”倾流毒，搞好教育工作。会议提出，当前教育工作的基本任务是贯彻调整的方针，目标是促使教育事业和国民经济协调发展，提高教育质量，充实学校的领导班子和教师队伍。加强各级各类学校的思想政治工作，把思想政治工作做到教学、科研和师生生活中去。

8036—37

8036 | 12 月 3 日

中共中央、国务院发布《关于普及小学教育若干问题的决定》。《决定》指出，中小学学制准备逐步改变为十二年制。教育部应当尽快提出学制改革方案，确定统一的基本学制。今后普通教育的发展规划和年度计划、事业经费、基建投资、人员编制，由各省、自治区、直辖市党委和人民政府统筹安排、组织实施。

8037 | 12 月 31 日

国务院批转国家人事局、国家劳动总局、财政部、教育部《关于提高中等专业学校毕业生定级工资水平的请示》。《请示》提出，中等专业学校修业两年以上的毕业生，见习期满后的定级工资可在现行定级水平的基础上提高一级，以缩小中专毕业生定级工资与大学专业、本科之间的过大差距。

1981年

改革进行时

• 重要文件

国务院批转教育部《关于高等教育自学考试试行办法的报告》

国务院批转教育部《关于调整中小学教职工工资的办法》

国务院批转教育部等部门《关于办好工读学校的试行方案》

中宣部、教育部、文化部、公安部《关于开展文明礼貌活动的通知》

教育部《〈全日制五年制中学教学计划试行草案〉的修订意见》

教育部《全日制六年制重点中学教学计划试行草案》

教育部《中学生守则》

文化部、教育部《关于当前艺术教育事业若干问题的意见》

• 重要政策

调整整顿普通教育事业

确定重点中学的双重培养任务和教育目标

中学学制由五年向六年过渡

调整高中教学计划

建立高中学生档案制度

认真抓好艺术教育

整顿民办教师队伍

调整中小学教职工工资

- **重要会议**

教育部召开普通教育调整座谈会

教育部召开全国学校体育、卫生工作会议

教育部召开全国学校思想政治教育工作会议

教育部召开中小学教育问题座谈会

教育部召开中学政治课新编教材使用讨论会

教育部召开生物学教材改革座谈会

教育部等部门合召开全国学生近视眼防治工作经验交流会

教育部、全国教育工会召开教工代表大会试点汇报座谈会

教育部、国家民委召开第三次全国民族教育工作会议

- **改革亮点**

集中力量办好重点学校。教育部从1978年起加强各级重点中小学建设，1981年全国普通教育事业调整整顿方针也强调“集中力量办好重点学校”。教育部同时强调，完善各项教育制度，防止高中学校尤其是重点中学片面追求升学率，注意平衡重点中学与非重点中学之间的关系。重点中小学的成功办学对其他学校产生了示范引领作用。

8101 | 1月5日至12日

教育部、全国教育工会在北京召开教工代表大会试点汇报座谈会。会议指出，党委领导下的教工代表大会是广大教职工群众参加学校民主管理的好形式，应尽可能做到定期召开，形成制度。教工代表大会的主要职能是：审议校长的工作报告；对学校工作提出批评和建议；对干部实行监督；在学校的职权范围内，对某些涉及教工切身利害的生活福利等方面的问题作出决定；认真收集和处理教工群众的提案。3月13日，教育部印发座谈会纪要。

8102 | 1月13日

国务院批转教育部《关于高等教育自学考试试行办法的报告》，决定建立高等教育自学考试制度，在北京、天津、上海、辽宁三市一省实行高等教育自学考试试点。

8103 | 1月16日

文化部、教育部联合印发《关于当前艺术教育事业若干问题的意见》。《意见》指出，要重视培养专门艺术人才，也要注意普通教育中的美育。各级文化教育部门必须把艺术教育放在其应有的地位，加强领导，大力支持，认真抓好。

8104 | 2月2日

教育部印发《关于中等专业学校评定教师职称工作的通知》，决定1981年在全国中等专业学校开展教师职称的评定工作。通知强调，评定教师职称工作要“坚持标准，全面考核，严格掌握，保证质量，绝不能降格以求”。

8105 | 2月5日

中共中央书记处在中南海怀仁堂召开首都中小学、幼儿园教师春节座谈会。会议指出，关心下一代，关心少年儿童，就是关心我们祖国的伟大前程，就是关心全世界的伟大前程。

8106—09

8106 | **2月12日**

教育部印发《关于高中建立学生档案的通知》，对高中建立学生档案工作提出多方面要求。通知指出，学生档案的建立，对全面贯彻党的教育方针，加强学生思想政治教育和学校管理，更好地了解、考查和培养学生，以及对高等学校招生、解放军征兵、社会招工等都会发挥良好的作用。

8107 | **2月16日至25日**

教育部、国家民委在北京召开第三次全国民族教育工作会议。会议充分肯定了新中国成立以来民族教育工作的成绩，总结了民族教育的历史经验，确定了民族教育事业在调整时期的方针、任务。会议提出，今后几年民族教育工作应当抓好的几项主要工作是：一、加强各级各类学校思想政治教育；二、切实抓好中小学教育，根据少数民族地区的实际情况，制定切合实际的民族教育规划；三、调整和办好少数民族的中等专业教育和高等教育；四、大力扫除文盲，逐步发展业余教育；五、加强民族师范教育，搞好少数民族师资队伍建设。

8108 | **2月25日**

全国总工会、共青团中央、全国妇联、全国文联等九单位联合印发《关于开展文明礼貌活动的倡议》，向全国人民特别是青少年倡议，开展以讲文明、讲礼貌、讲卫生、讲秩序、讲道德和心灵美、语言美、行为美、环境美为内容的“五讲四美”文明礼貌活动。

8109 | **2月28日**

中宣部、教育部、文化部、卫生部、公安部联合印发《关于开展文明礼貌活动的通知》。通知要求，在全国开展以“五讲四美”为主要内容的文明礼貌活动。教育部门要把文明礼貌列为各类学校思想政治教育的一项重要内容，政治课要向青少年讲授道德修养和美学知识，并利用校会、班会有计划地开展这方面的教育活动。

8110 | 3月17日

教育部印发《关于在中等专业学校、盲聋哑学校班主任中试行津贴的通知》。通知提出，中等专业学校原则上以每40名学生为一个教学班。班主任津贴标准是：每周任课时数在10学时以上（含10学时）的，每月7元；每周任课时数在8学时以上的，每月6元；每周任课时数6学时以上的，每月5元。

8111 | 3月20日

教育部、总政治部联合印发通知，提出全国军事院校1981年将招收1万余名应届高中毕业生，要求各地鼓励青年学生积极报考。

8112 | 3月30日至4月11日

教育部在江苏苏州召开中学政治课新编教材使用讨论会。会议全面介绍新编教材的编写指导思想、内容、重点难点，教学中应掌握的原则和方法等。会后，各地先后传达了苏州会议内容，对教师进行了一次短期培训。

8113 | 3月31日

国务院批转教育部《关于抓紧解决中小学危房倒塌不断发生重大伤亡事故问题的请示报告》。国务院批示指出：请各地根据实际情况，认真研究落实措施，尽早解决中小学危险房屋的维修和翻建等问题。

8114 | 4月7日

教育部印发《关于拟订教育事业“六五”计划和十年设想需要研究的问题的通知》。通知提出，调整整顿普通中学，改革中等教育结构，积极发展职业技术教育；调整、整顿、提高中等专业教育；认真加强民族教育；重视和办好特殊教育。针对办学条件和主要措施落实问题，通知提出，要提高教育经费和基建投资所占比重，以适应各级教育事业发展的需要；加强教职工队伍建设；加强教材建设；加强各级各类学校实验室建设；抓紧学校校舍、体育场地、卫生设施建设；实行勤俭办学，勤工俭学。

8115 | **4月9日**

北京市人民检察院分院方工、过兴祖在《人民日报》刊文，提议中等学校应增设法律课。文章指出，遵纪守法是我国每一个公民的义务。要做到遵纪守法，需要懂得一点法律知识。当前青少年在违法犯罪者中所占的比重不小。有些青少年不懂甚至不知道我国现行法规的作用和内容。在中等学校中增设法律课，对青少年进行法律知识教育，将有助于减少青少年违法犯罪，有利于培养青少年良好的道德品质。

8116 | **4月17日**

教育部发布《全日制六年制重点中学教学计划试行草案》《〈全日制五年制中学教学计划试行草案〉的修订意见》，规定中学教育要完成“为高一级学校输送合格的新生，为社会培养优良的劳动后备力量”的双重任务。《教学计划》规定中学学制为六年，要求各省、自治区、直辖市教育厅（局）从实际条件出发，结合中等教育的调整和结构改革，作出具体规划，有计划、有准备、有步骤地将五年制过渡为六年制。

8117 | **4月21日**

国务院批转教育部、公安部、共青团中央《关于办好工读学校的试行方案》，要求各级人民政府，特别是青少年犯罪较严重的大中城市，把工读学校办好。《试行方案》规定，工读学校是对有违法和轻微犯罪行为的中学生进行特殊教育的半工半读学校。有条件的地方尽可能把工读学校办成职业技术性质的学校。

8118 | **4月24日至30日**

教育部在北京召开全国学校体育、卫生工作会议。会议要求各级教育部门和各级各类学校贯彻执行德智体全面发展的方针，克服在实际工作中忽视学生健康，轻视学校体育、卫生工作的倾向，贯彻执行大中小学的体育工作暂行规定和卫生工作暂行规定。

8119 | **5月13日至20日**

教育部在山东济南召开普通教育调整座谈会。会议提出，普通教育事业调整整顿的方针是：充实加强小学，整顿提高初中，压缩普通高中，发展职业技术教育，集中力量办好重点学校。

8120 | **5月21日至30日**

共青团中央在上海召开共产主义道德教育座谈会。会议强调，要继续深入开展道德教育，使学雷锋、树新风、“五讲四美”活动做到经常化、具体化。会议要求，今后的“五讲四美”活动，应当更多地围绕向青年进行热爱党、热爱祖国、热爱社会主义制度的教育活动。

8121 | **6月22日至27日**

中央教科所召开中小学实验工作座谈会，交流各地教育实验工作经验。与会代表畅谈党的十一届三中全会以来，教育实验的大好形势，交流了各地教育实验的情况和经验，讨论了进一步搞好教育实验的设想。

8122 | **6月27至29日**

党的十一届六中全会在北京举行。全会一致通过《关于建国以来党的若干历史问题的决议》。《决议》肯定了毛泽东的历史地位和毛泽东思想，实事求是地评价了新中国成立32年来的功过是非，彻底否定了“文化大革命”和“无产阶级专政下继续革命”的理论。《决议》肯定了十一届三中全会以来逐步确立的适合中国情况的建设社会主义现代化强国的正确道路，进一步指明了中国社会主义事业和党的工作继续前进的方向。《决议》强调，四项基本原则，是全党团结和全国各族人民团结的共同的政治基础，也是社会主义现代化建设事业顺利进行的根本保证。《决议》指出，社会主义必须有高度的精神文明。要坚决扫除长期间存在而在“文化大革命”期间登峰造极的那种轻视教育科学文化和歧视知识分子的完全错误的观念，努力提高教育科学文化在现代化建设中的地位和作用，明确肯定知识分子同工人、农民一样是社会主义事业的依靠力量。要加强和改善思想政治工作，用马克思主义世界观和共产主义道德教育人民和青年，坚持德智体全面发展、又红又专、知识分子与工人农民相结合、脑力劳动与体力劳动相结合的教育方针。

8123 | **7月28日**

教育部印发《关于试行〈高等学校学生体质健康卡片〉和〈中、小学学生体质健康卡片〉的通知》。通知规定，要把卡片作为学生档案的一部分，学籍管理的一项内容。这项制度的实行，既可以使学校掌握学生体质健康状况，据以改进学校体育、卫生工作和其他工作，又可以使接受新生的学校和用人单位比较全面地了解学生的体质健康状况，以便择优录取或录用。

8124 | **8月1日至11日**

教育部在北京召开全国学校思想政治教育工作会议。会议强调，要以《关于建国以来党的若干历史问题的决议》为教材，加强学生的思想政治工作，全面贯彻党的教育方针，积极引导学生德、智、体全面发展，走又红又专的道路。

8125 | **8月6日**

教育部、中国科协、国家体委、共青团中央、全国妇联联合印发通知，宣布成立"全国青少年科技活动领导小组"，以加强有关部门的协调与合作。

8126 | **8月12日**

教育部转发江苏省人民政府《关于地方财力用于教育事业比例的通知》。教育部建议各省、自治区、直辖市教育厅（局）根据当地的经济情况，制定一个地方财力用于教育事业的比例，报请省、自治区、直辖市人民政府批准实施。

8127 | **8月26日**

教育部发布修订后的《小学生守则》《中学生守则》。两个《守则》从1981年9月1日在全国正式施行。这次修改，注意对学生加强热爱祖国，热爱人民，热爱中国共产党的教育；加强劳动教育，使学生养成劳动习惯，爱惜劳动成果；教育学生在生活上节俭朴素，积极参加有益于身心健康的课外活动，抵制资产阶级思想和不良风气的影响。

8128 | **8月26日**

教育部印发通知，要求各地应自行研究制定切合当地实际情况的中小学教学行政费、设备购置费、旧设备维修补充费等经费定额标准。

8129 | **8月30日**

《光明日报》刊登“建议建立教师节”的读者来信。11月，在全国政协五届四次会议上，17位政协委员联名提交了《建议确定全国教师节日期及活动内容案》。12月，中共中央书记处书记习仲勋接见参加全国中小学工会思想政治工作会议的代表时，建议教育部和全国教育工会就此事写报告请示中央。

8130 | **8月**

根据中共中央关于大中小学都要增设法制教育课的指示，教育部决定新学年开始，全国初中开设法律常识课，使学生初步懂得法的概念、基础知识，提高对社会主义法制的认识，受到守法教育，增强法制观念。教育部将这一课程列为今后初中毕业生升入高一级学校政治考试的课程之一。

8131 | **9月12日至19日**

教育部在北京召开生物学教材改革座谈会。会议讨论了中学生物学教材改革的方向和编写原则；研究修改中学生物学教学大纲、初中生理卫生教学大纲。

8132 | **10月7日**

国务院批转教育部《关于调整中小学教职工工资的办法》。《办法》规定，进一步调整普通中小学、职业中学、中等专业学校、幼儿园等学校教职工的工资待遇。在现行工资标准的基础上，采取先补、后靠、再升级的办法。同日，国务院转发教育部《关于增加中小学民办教师补助费的办法》。《办法》规定，增加民办教师补助费的范围是：小学、中学、农（职）业中学中，凡经过整顿，由县一级教育行政部门发给了任用证书，或正式批准确认，并已按国家规定领取民办教师补助费的直接从事中小学教育工作的专职教师。在国家规定补助费标准的基础上，平均每人全年增加补助费 50 元。具体分配和使用原则是：按人算钱、按钱包干、专款专用。11 月 30 日，教育部发布《关于调整中小学教职工工资中若干具体政策问题的处理意见》，进一步明确调整教职工工资的范围和对象、增加工资的办法、冲销附加工资、保留工资和特级教师补贴等问题。

8133 | **10 月 11 日至 17 日**

教育部、卫生部、国家体委联合召开全国学生近视眼防治工作经验交流会。1982 年 1 月 18 日，教育部、卫生部、国家体委等十部门联合制定发布《保护学生视力工作实施办法（试行）》。《实施办法》指出，学校应把保护学生视力工作列入学校工作计划。

8134 | **10 月 26 日**

吉林省教育厅转发延边朝鲜族自治州教育局《关于〈全日制十一年制朝鲜族中小学教学计划试行草案〉的修订意见》。《修订意见》规定，要加强语文基本技能的训练，要指导学生阅读各种形式的文章。高中要侧重指导学生阅读文学作品，做好课外阅读指导。要有计划地、系统地进行写作指导，使学生正确地理解和熟练地运用朝鲜语言文字，具有现代朝文的阅读能力和写作能力。

8135 | **10 月 28 日**

教育部转发河北省关于整顿民办教师队伍的文件并印发通知。通知指出，广大民办教师是办好农村教育的一支重要力量，但是各地民办教师队伍不同程度地存在文化水平过低、超编过多、管理混乱等问题，整顿民办教师队伍已成为当前普通教育事业调整中的一项紧迫任务。各地一定要在充分调查研究和试点的基础上制定切实可行的规划和措施，有领导有组织地分批妥善进行整顿。

8136 | **11 月 18 日**

教育部印发通知，凡“文化大革命”以来参加工作的青壮年职工，其语文、数学、物理、化学的实际水平不及初中毕业程度者，一般应补课。1982 年 1 月 12 日，全国职工教育管理委员会、教育部、国家劳动总局、全国总工会、共青团中央印发《关于切实搞好青壮年职工文化、技术补课工作的联合通知》。此后，各地开展“双补”工作。

8137 | **11 月 26 日**

叶圣陶在《人民日报》发表题为《我呼吁》的评论文章。同年 10 月，中国青年杂志发表一篇《来自中学生的呼声》的调查报告，希望叶圣陶发表评论。叶圣陶在评论文章中希望教育部的领导拿出比说话更加有效的实际行动；希望各省、自治区、直辖市教育厅（局）的领导不要用摧残学生的身心来换取本地区的虚誉；希望高校的领导千万不要招收那些“死记硬背的东西太多，缺乏独立思考和丰富的想象力”的学生。尤其希望中学的领导要顶住上级领导、父母、舆论的压力，不要害怕“剃光头”；希望中学的老师处处为学生着想，保护他们的切身利益；希望父母们明白进大学是成才的一条道路，但不是唯一的道路；希望媒体的编辑不要为应试教育推波助澜；希望出版社的编辑不要出版高考试题解答之类的书。文章结尾诚恳地写道：爱护后代就是爱护祖国的未来。中学生在高考的重压下已经喘不过气来了，解救他们已经是当前刻不容缓的事，恳请大家切勿等闲视之。《我呼吁》一文反响强烈，五届全国人大四次会议就此指出，最近，叶圣陶代表发表了题为《我呼吁》的文章，批评了当前中学和一部分小学片面追求升学率的错误做法，词义恳切，表达了学生、教师、家长和广大人民群众的心声。希望有关方面认真注意这个问题，切实加以改正。

8138 | **11 月 29 日**

教育部召开中小学教育问题座谈会，讨论如何克服单纯追求升学率的现象，解决学生学习负担过重，正确处理重点学校和一般学校的关系以及加强普通教育等问题。

8139 | **11 月 30 日**

五届全国人大四次会议在北京人民大会堂开幕。《政府工作报告》指出，从事社会主义现代化建设，需要培养大量的各类各级专门人才和大批熟练的劳动者。我们教育的基本方针是明确的，这就是使受教育者在德育、智育、体育几方面都得到发展，成为有社会主义觉悟的有文化的劳动者和又红又专的人才，坚持脑力劳动与体力劳动相结合，知识分子与工人农民相结合。现在的任务是要根据现代化建设中的实际情况来进一步贯彻执行这个方针。中学教育要逐步改变普通高中过多、职业中学太少的状况，积极发展中等专业学校，大量培养技术工人和中级专门人才。要注意保护学生的身心健康和关心他们学业上的成长，不能片面追求升学率。小学教育也要切实解决学生负担过重的问题，使学生在身体、知识和品德方面得到全面的健康的成长。学校、家庭、社会要互相配合，加强对学生的思想政治工作。各级学校都要加强中国历史和地理的教学，向学生进行爱国主义教育。要加强法制教育，设置相应的课程。

8140 | **12月1日至24日**

教育部召开中学政治课教学大纲和教材修订会议。会议根据党的十一届六中全会的精神，修订了中学政治课教学大纲。

1982年

改革进行时

• 重要文件

教育部《关于当前中小学教育几个问题的通知》

教育部《关于加强中学外语教育的意见》

教育部《中等专业学校学生守则（试行草案）》

教育部《关于办好外国语学校若干问题的通知》

教育部《关于普通中学开设劳动技术教育课的试行意见》

• 重要政策

确立教育在整个社会主义现代化建设中的战略地位

保障国家企业事业组织和其他社会力量办学

加强中学外语教育

加强中学政治教育

加强中学劳动技术教育

启动高中信息技术教育试点

在中小学开展勤工俭学

• 重要会议

教育部召开全国中学外语教育工作会议

教育部召开全国中小学勤工俭学工作座谈会

教育部召开全国学校推广普通话工作会议

• 改革亮点

中小学开展勤工俭学。为了坚持马克思主义教育思想，全面贯彻党的教育方针，全国中小学加强对学生进行劳动观教育和劳动技能训练，从而培养全面发展的社会主义一代新人。

8201 | **1月1日**

中共中央批转《全国农村工作会议纪要》。《会议纪要》指出，教育是发展科学技术的基础。有关部门要调整和加强农业院校的领导班子，进一步改善办学条件。县级以及县级以下农村的中学要设置农业课程，有的可以改为农业专科学校。继续抓好各级农业领导干部和管理干部以及职工的专业培训，组织师资进修，训练各类专业技术干部。高等农业院校和中等农业学校都要拿出必要的力量承担培训任务。要积极创造条件，加强农民教育，抓紧扫盲工作，提高科学文化水平。

8202 | **1月21日**

教育部印发《关于当前中小学教育几个问题的通知》。通知指出，中小学教育是基础教育，要正确处理重点学校与非重点学校的关系，努力做到保证重点，兼顾一般。为纠正片面追求升学率倾向，通知规定，必须保证高中生每天有8小时的睡眠时间以及1小时的体育活动时间，保证假期，不要使学生的负担过重。应按有利于形成班集体的原则进行编班。有些高中学校，同一年级知识水平相差悬殊，可以从实效出发，按文化程度编班（不要叫快班、慢班），也可以按当地需要和学生志愿，办各种职业班。

8203 | **2月14日**

中共中央办公厅转发中宣部《关于深入开展"五讲四美"活动的报告》，确定每年3月为"全民文明礼貌月"。2月25日，中宣部、教育部、共青团中央、全国总工会等十六单位印发《关于动员起来，扎扎实实抓好"全民文明礼貌月"活动的联合通知》。

8204 | **2月19日**

教育部印发《关于加强普通教育行政干部培训工作的意见》。《意见》指出，建立中小学干部定期轮流离职学习的制度，对普教行政干部培训的方针和目标、学习内容和要求、学习形式与学习期限、培训工作规划、教师队伍和教材的编写等作出具体规定。

8205 | **2月27日**

教育部发布《中等专业学校学生守则（试行草案）》并印发通知。通知要求，各地要采取表扬与批评相结合、以表扬为主的方法，指导学生自觉遵守《守则》，树立良好校风，促进学生德智体全面发展。各地区、各学校可以从本地区、本学校的实际情况出发，对《守则》的条文加以补充。

8206 | **3月10日**

教育部转发上海市普陀区、向明中学全面贯彻党的教育方针，减轻学生过重负担的经验材料，并印发通知指出，上海市普陀区、向明中学的做法很好，各级教育部门要认真贯彻《教育部关于当前中小学教育几个问题的通知》精神，对学校的工作进行一次检查，注意发现好典型，以推动工作前进。

8207 | **3月25日至29日**

教育部在北京召开全国学校推广普通话工作会议。会议指出，推广普通话是教育部门的重要任务之一，应作为建设社会主义精神文明的一项重要内容来提倡、宣传。推广普通话的方针是“大力提倡、重点推进、逐渐普及”。会议指出，教育战线必须做好以下工作：一是提高认识、加强领导，做到组织、经费落实，层层有人抓；二是从基础抓起，从幼儿园和小学一年级抓起；三是抓好师资培训工作，师范院校学生在校必须学会汉语拼音和普通话；四是推动和配合各有关部门、各行业做好社会的推广普通话工作。

8208 | **3月**

国家出版事业管理局成立教材办公室。办公室负责督促、检查各类教材的出版发行工作，协助安排调剂印刷生产力量，以及协调各有关方面的关系，保证各类教材的及时供应。

8209 | **4月2日**

教育部举行全国中小学勤工俭学工作座谈会。教育部副部长张承先出席会议并讲话指出，教育与生产劳动相结合，组织学生参加生产劳动，进行劳动教育，坚持脑力劳动与体力劳动相结合，这是关系坚持社会主义方向，培养无产阶级革命事业接班人的一个大问题。

8210 | **4月9日**

中共中央政治局委员、中央书记处书记胡乔木视察北京市朝阳区工读学校并作出指示：把工读学校办成两个部分，一部分是工读学校，一部分是普通职业学校，要让学生用职业学校名义毕业。

8211 | **4月14日**

教育部办公厅转发北京市教育局《解决小学生课业负担过重问题的几项决定》。《决定》提出：一、不搞升学率排队，不以此评定学校工作好坏；二、学校只进行期中期末考试及平时考查，教育行政部门不得搞统考；三、学校必须面向全体学生，对全体学生负责；四、严格按教学大纲、教学计划教学，保证课外活动时间；五、编印教学参考资料要保证质量，严格按出版部门的规定办理；六、保证学生的睡眠和每天一小时体育活动时间，留适量的家庭作业，假期内不搞补习班。

8212 | **5月5日**

教育部、共青团中央联合发布《关于在中学中评选三好学生的试行办法》。《试行办法》强调，“三好”学生应具备以下条件：思想品德好、学习好、身体好。《试行办法》要求评选工作既不能过严过苛，也不能盲目追求数量，防止不正之风，切实保证三好学生的质量。

8213 | **5月27日至6月3日**

教育部在北京召开全国中学外语教育工作会议。会议总结了新中国成立以来中学外语教育的经验，研究了加强中学外语教育，提高教学质量的问题，讨论了中学外语教育的指导思想、课程开设、语种设置、师资培训、教材建设、教学方法和教学条件等问题，并提出了措施。7月30日，教育部印发《关于加强中学外语教育的意见》。《意见》指出，中学外语课是一门重要的工具课。中学外语教育是整个外语教育的基础。中学是学习外语的重要阶段。提高外语教育质量，必须从中学抓起。

8214—18

8214 | **6月9日**

教育部发布《县办农民技术学校暂行办法》。《暂行办法》指出，农民技术学校是属于农业（包括林、牧、副、渔、工等）中等专业教育性质的学校，其任务是为农村人民公社、生产大队、生产队培养具有相当于中等农业科学技术水平的人才。

8215 | **6月12日**

教育部印发《关于保证中小学生每天有1小时体育活动的通知》。通知要求，中小学要每天组织学生做眼保健操和课间操（或早操）；每周上好2节体育课；凡没有体育课的当天，都要安排1次课外体育活动。

8216 | **7月4日**

中共中央副主席、中央军委副主席邓小平《在军委座谈会上的讲话》中指出："搞社会主义精神文明，主要是使我们的各族人民都成为有理想、有道德、有文化、守纪律的人民。"[①]1983年1月，总政治部根据党的十二大关于社会主义精神文明建设的有关提法，将"四有"内容调整为"有理想、有道德、有文化、有纪律"。新"四有"的提出，多次得到邓小平的肯定。新"四有"成为新时期党和政府青年工作的指导原则和社会主义精神文明建设目的的概括表述。

8217 | **7月11日至15日**

全国教育工会在北京召开由十六省、自治区、直辖市的代表参加的"五讲四美、为人师表"活动经验交流会。会议强调，要对教师进行职业道德教育，其核心是热爱学生、教书育人。

8218 | **7月19日**

教育部印发《关于开好高中地理课的通知》。通知要求，各级教育行政部门和学校要重视地理课的教学；采取有效措施搞好地理教师的培养、培训工作；高考文史类的地理考试，从1984年起将增加对高中地理知识的考查。

---

① 《邓小平文选》第二卷，人民出版社1994年版，第408页。

8219 | 7月30日

教育部印发《关于办好外国语学校若干问题的通知》。通知提出，要明确中学外语教育的要求；语种设置要有战略眼光和长远打算；要建设一支合格的师资队伍；要加强教材建设，改进教学方法；要积极改善外语课教学条件；要切实办好外国语学校。

8220 | 8月1日至10日

教育部、国家计委、国家经委、财政部在北京召开全国中小学勤工俭学工作会议。会议分析了全国中小学勤工俭学的形势、开展勤工俭学的意义，并就进一步开展勤工俭学活动，加强领导和管理等问题进行了研究。会议讨论制定了《全国中小学勤工俭学暂行工作条例》和《全国中小学勤工俭学财务管理暂行办法》。

8221 | 8月9日

中共中央政治局委员、中央书记处书记万里、胡乔木在北京人民大会堂同全国农村优秀教师赴京参观团成员进行座谈。来自河北、江苏、安徽、湖北、山西、福建等省的农村优秀教师发言，反映了农村教育工作的情况和问题并提出了建议。万里、胡乔木在讲话中指出：一定要把农村教育工作搞好。

8222 | 9月1日

党的十二大在北京举行。会议宣布，我们已经在指导思想上完成了拨乱反正的艰巨任务，在各条战线的实际工作中取得了拨乱反正的重大胜利，实现了历史性的伟大转变。中国共产党在新的历史时期的总任务是：团结全国各族人民，自力更生，艰苦奋斗，逐步实现工业、农业、国防和科学技术现代化，把我国建设成为高度文明、高度民主的社会主义国家。到20世纪末，我国经济建设总的奋斗目标是：在不断提高经济效益的前提下，力争使全国工农业的年总产值翻两番。在今后二十年内，一定要牢牢抓住农业、能源和交通、教育和科学这几个根本环节，把它们作为经济发展的战略重点。会议指出，必须大力普及初等教育，加强中等职业教育和高等教育，发展包括干部教育、职工教育、农民教育、扫除文盲在内的城乡各级各类教育事业，培养各种专业人才，提高全民族的科学文化水平。党的十二大确立了教育在社会主义现代化建设中的战略地位。

8223 | **9月4日**

第一期全国中学政治课骨干教师进修班开学。该班由教育部委托北京师范大学负责组织，学习时间暂定为半年，学员共51人。由28个省、自治区、直辖市推荐的1名至2名具备大学文化程度、教龄在20年以上的政治课骨干教师参加学习。

8224 | **9月14日**

中宣部同意教育部恢复出版《教师报》，并将其改名为《中国教育报》。其办报宗旨是：加强对党的教育方针、政策、路线的宣传，更好地贯彻党的教育方针，及时指导工作，交流经验，搞好师生员工的思想政治教育，不断提高教育质量，充分发挥教育在建设高度物质文明和精神文明中的重要作用。

8225 | **10月18日**

共青团中央、教育部印发《关于加强中等专业学校共青团工作的意见》。《意见》要求，各级团组织必须加强对中等专业学校共青团工作的领导，进一步健全组织，选配好团干部。

8226 | **10月19日**

教育部印发《关于普通中学开设劳动技术教育课的试行意见》。《试行意见》指出，劳动技术教育是中学教育不可缺少的组成部分。开设劳动技术教育课的目的，在于培养德、智、体全面发展的一代新人。通过劳动技术教育课，培养学生的劳动观点，形成劳动习惯，同时，使学生初步学会一些基本生产技术知识和劳动技能，既能动脑，又能动手，为毕业后升学和就业打下一些基础。中学劳动技术教育课的内容，包括工农业生产、服务性劳动及公益劳动等。劳动技术教育课，要对学生进行劳动观点的教育，使他们认识到劳动是人类生存的第一个基本条件，劳动人民是物质文明和精神文明的创造者，从而把劳动看成是光荣的事，养成劳动习惯，热爱劳动，热爱劳动人民。农村中学，还要进行热爱农村、建设家乡和农村政策的教育。

8227 | **10月26日至31日**

教育部、全国教育工会、城乡建设环境保护部在湖南长沙召开改善城市中小学教职员工住房条件经验交流会。会议指出，要提高对教育及教师作用的认识，关心、改善他们的生活和工作条件，采取行之有效的措施，逐步解决他们的住房困难。12月31日，国务院办公厅批转了这个会议的情况报告，并指出，希望县级以上各级人民政府予以关心，把这一问题列入日程，采取行之有效的措施逐步解决中小学教师的住房问题。

8228 | **11月26日**

五届全国人大五次会议在北京人民大会堂开幕。《政府工作报告》指出，不断提高全体人民受教育的程度和科技文化水平，既是保证现代化物质文明建设的重要条件，又是加强社会主义精神文明建设的重要内容。“六五”期间，继续改革中等教育结构，发展各门各类的中等职业学校，特别是农林牧副渔、医护、财贸、政法、文教等方面的职业学校。普通中学也要适当增设职业技术教育课程。要创造必要的条件，把部分农村普通高中改为农业职业中学。各级各类学校都要努力全面地提高师资水平和教育质量，逐步改善教学条件。凡是教育事业发展得好的省、自治区、直辖市以及地、市、县和基层组织，凡是积极为教育事业作了贡献的教师、教育行政人员和其他人员，都要加以表扬；对教育工作不热心的干部，要给予批评；对挪用教育经费、妨碍教师工作甚至侮辱伤害教师的人员，要严加处分。要在全社会造成普遍重视教育工作的风气，使人人都认识这是我国现代化事业的根本基础。

8229 | **12月4日**

五届全国人大五次会议审议通过《中华人民共和国宪法》。《宪法》第十九条规定：“国家发展社会主义的教育事业，提高全国人民的科学文化水平。国家举办各种学校，普及初等义务教育，发展中等教育、职业教育和高等教育，并且发展学前教育。国家发展各种教育设施，扫除文盲，对工人、农民、国家工作人员和其他劳动者进行政治、文化、科学、技术、业务的教育，鼓励自学成才。国家鼓励集体经济组织、国家企业事业组织和其他社会力量依照法律规定举办各种教育事业。国家推广全国通用的普通话。”

8229

1983年

改革进行时

• 重要文件

中共中央、国务院《关于加强和改革农村学校教育若干问题的通知》

国务院批转教育部等部门《全国中小学勤工俭学暂行工作条例》

教育部等部门《关于改革城市中等教育结构、发展职业技术教育的意见》

教育部《关于进一步提高普通中学教育质量的几点意见》

教育部《关于全日制普通中学全面贯彻党的教育方针、纠正片面追求升学率倾向的十项规定（试行草案）》

• 重要政策

邓小平提出教育“三个面向”

普通教育继续贯彻“调整、改革、整顿、提高”方针

加强和改革农村学校教育

继续推进城市中等教育结构改革

继续办好重点中学，加强一般中学建设

纠正片面追求升学率

改善城市中小学教职工住房条件

开设计算机选修课，加强实验教学

• 重要会议

教育部召开全国普通教育工作会议

教育部召开全国学校体育卫生工作会议

教育部召开中学数理化教学要求讨论会

教育部、全国教育工会召开全国“五讲四美”为人师表活动先进代表会议

• 改革亮点

邓小平提出“三个面向”。针对北京景山学校全体师生希望指明学校前进方向的请求，邓小平给景山学校题词：“教育要面向现代化，面向世界，面向未来。”“三个面向”成为新的历史时期我国教育改革发展的指导方针。

8301 | **1月**

邓小平为《中国教育报》题写报名。3月3日，《中国教育报》试刊第一期出版并发行。7月7日，《中国教育报》正式出版，周一刊，每逢星期四出版，一份全国性的教育工作的专业报纸诞生。

8302 | **1月**

教育部在北京五中、上海中学、天津一中、杭州一中等建立中学计算机教学试验基地。7月，教育部在北京师范大学附属实验中学建立中学计算机教学试验基地。8月，教育部召开专门会议，初步研究确定中学计算机教学的主要内容是：学习最基本、最易学习和使用的basic语言。根据不同要求，计算机选修课内容可以有所侧重，作为职业选修课，可以侧重程序操作；作为提高性的选修课，可以侧重思维能力的训练。

8303 | **1月**

共青团中央印发《关于1983年深入开展“五讲四美三热爱”活动的意见》。2月，共青团中央、中宣部等二十四单位印发《1983年继续开展“五讲四美三热爱”活动的意见》。中共中央在第二个“全民文明礼貌月”到来之际，宣布成立中央“五讲四美三热爱”活动委员会。

8304 | **2月20日**

国务院批转教育部、国家计委、国家经委、财政部《关于进一步开展勤工俭学活动的请示》《全国中小学勤工俭学暂行工作条例》。《请示》就勤工俭学提出四点意见：一、继续统一和提高对勤工俭学活动的认识；二、勤工俭学主要任务是为教学服务，坚持正确育人方向；三、认真执行暂行工作条例，加强对校办工厂、农场的管理，提高经济效益；四、各级领导和有关部门要把勤工俭学列入议事日程。《暂行工作条例》指出，开展勤工俭学活动，实行教育与生产劳动相结合，是坚持马克思主义教育思想，全面贯彻党的教育方针，培养德、智、体全面发展的有社会主义觉悟的有文化的劳动者的有效途径之一，是学校教育工作的组成部分。

8305 | 2月22日

教育部邀请北京市教育行政人员、中小学校长和特级教师座谈如何坚决而有效地改革中小学教育。与会代表认为，中小学校有其自身特殊性，改革要做到三个有利于：一是有利于全面贯彻党的教育方针；二是有利于调动广大教职工的积极性；三是有利于从实际出发，办出高质量、有特色的社会主义学校来。教育改革可以先试点，不要一哄而起。

8306 | 2月23日

教育部发布《中等师范学校学生守则（试行草案）》并印发通知。通知提出，要对学生进行《守则》教育，要坚持理论联系实际和正面教育的原则，采取表扬与批评相结合、以表扬为主的方法，循循善诱，教育和引导学生自觉遵守《守则》。

8307 | 3月3日

教育部部长何东昌在《中国教育报》发文，阐明教育改革的指导思想。文章指出，教育是社会主义精神文明建设的重要组成部分，又必须为以经济建设为中心的社会主义现代化建设服务；改革的目标是建设有中国特色的、适应现代化建设需要的社会主义的教育体系；教育的建设不能脱离我国的基本国情；教育改革将是全面的，系统的。要勇于改革、实事求是。

8308 | 3月24日

据《中国教育报》报道，国务院办公厅批转教育部、城乡建设环境保护部、全国教育工会《关于全国改善城市中小学教职工住房条件经验交流会情况的报告》，向各地提出要求，要求各地高度重视改善中小学教职工住房条件，落实资金，加强管理，多渠道筹资。

8309 | 4月1日

邓小平给北京育才学校题词："勤奋学习，遵守纪律，热爱劳动，助人为乐，艰苦奋斗，英勇对敌。"

8310 | **4月1日至5日**

教育部、全国教育工会在北京举行全国“五讲四美”为人师表活动先进代表会议。党和国家领导人胡乔木等人出席开幕式。教育部部长何东昌宣布，这次受表彰的857名优秀教师，要作为部一级的先进人物对待，享受省一级劳动模范的待遇。会议强调，教师队伍在整个知识分子队伍的形成过程中起着“工作母机”的作用，我们党和国家比以往任何时候都更加重视知识和知识分子，不断提高教师的社会地位。

8311 | **4月5日**

教育部、公安部转发山东省公安厅、教育厅和贵州省公安厅、教育厅《关于维护学校秩序的通告》，要求各地教育、公安部门对社会人员破坏学校教学秩序的现象给予高度重视，保证学校正常工作秩序不受干扰，坚决依法惩处侵入学校进行流氓犯罪的犯罪分子。

8312 | **4月20日**

中央“五讲四美三热爱”活动委员会转发公安部、教育部、劳动人事部、文化部、全国总工会、共青团中央、全国妇联《关于做好有违法或轻微犯罪行为青少年帮助教育工作的几点意见》。

8313 | **4月**

教育部印发《关于延长全日制中学假期时间的通知》。通知决定，从1984年暑假开始，全日制中学延长假期，由10至11周延长为12周。城市的全日制中学，暑假一般从7月5日开始到8月31日结束，9月1日开学。寒假起止日期应考虑每年春节日期早晚，进行安排。农村和县镇中学安排好农忙假。

8314 | **5月6日**

中共中央、国务院印发《关于加强和改革农村学校教育若干问题的通知》。通知指出加强和改革农村学校教育、提高农村文化水平的重要性和紧迫性；提出农村学校的任务，主要是提高新一代和广大农村劳动者的文化科学水平，促进农村社会主义建设。通知强调，要普及初等教育、改革中等教育结构；有关高校要为农村培养和输送专门人才，为农村各类学校培训师资；要建设一支稳定、合格的教师队伍，对民办教师应逐步实行社队统筹工资制；要坚持“两条腿走路”的方针，多渠道解决经费问题；要落实党的十二大精神，抓好农业和教育科学两个战略重点。

8315 | **5月9日**

教育部、劳动人事部、财政部、国家计委联合印发《关于改革城市中等教育结构、发展职业技术教育的意见》。《意见》提出，城市中等教育结构改革，主要是改革高中阶段的教育，使之适应社会主义现代化建设多方面的需要，适应经济体制、产业结构、劳动就业等变化的需要。实行普通教育与职业技术教育并举，全日制学校与半工半读学校、业余学校并举，国家办学与业务部门、厂矿企事业单位、集体经济单位办学并举的方针。民主党派、群众团体以及个人办学，应给予鼓励。城市高中阶段教育的学制、结构和办学形式都要实行多样化。改革的主要途径是：一是将部分普通高中改办为职业中学、职业（技术）学校或在普通高中设职业班，这类学校和班，可由教育部门自己办；也可以与其他业务部门、企事业单位联合办，隶属关系不变。二是发动各行各业举办职业中学、职业（技术）学校或举办学制长短不一的职业技术培训班。三是普通高中要有计划地增设职业技术教育课，努力使今后的中学毕业生不仅具有一般的普通文化知识，还能初步掌握一点建设本领。还可举办职业技术教育中心。四是改革和办好中等专业学校和技工学校。

8316 | **5月20日至29日**

教育部在陕西西安举行全国学校体育卫生工作会议。会议总结交流了两年来开展学校体育卫生工作的情况，对开创学校体育卫生工作的新局面和要抓好的几项关键性工作进行了讨论。8月27日，教育部印发会议纪要。

8317 | **5月24日至30日**

教育部在北京召开全国第二次教育科学规划会议。会议总结了1979年4月全国第一次教育科学规划会议以来的科研工作，进一步明确教育科学研究工作的指导思想和今后的方针任务。会议认为，应建立中央与地方相协调、专业队伍和群众团体相结合的教育科研体制；要在全国哲学社会科学规划领导小组的领导下，成立全国教育科学规划领导小组（办事机构设在中央教育科学研究所），负责全国教育科研的组织协调工作，确定国家教育科研重点项目，组织评选及奖励优秀成果。31 日，教育部印发会议纪要。

8318 | **6 月 6 日**

六届全国人大一次会议在北京人民大会堂开幕。《政府工作报告》指出，过去五年，我们的国家取得了很大的成就，各个领域都发生了巨大的变化。长期存在的轻视知识和歧视知识分子的错误倾向逐步得到纠正，教育科学文化事业有了新的发展。到 1982 年底，各级各类学校在校学生总计达 2.07 亿人。关于今后五年的教育工作主要任务，《报告》强调，应该十分重视智力开发，把以发展教育和科学技术为重点的文化建设放在十分重要的地位，这是实现经济振兴的必要前提。大力提高人民的科学文化、思想觉悟和道德水平，可以为整个经济和社会的发展，为社会主义物质文明和精神文明的建设，提供强大的原动力。各级人民政府必须坚决克服轻视文化建设的错误倾向，把智力开发提到重要日程上来。要进一步抓紧中等教育结构的改革，有计划地发展职业技术教育。五年内使职业高中在校学生数占到整个高中学生总数的 40% 以上。要大力培养中、小学师资，帮助他们提高教学水平，在全社会养成尊重教师的良好风气。必须注意编写好教材，改进教学方法，不断提高教育质量。

8319 | **7 月 18 日**

教育部召开的全国普通教育工作会议在北京开幕。教育部部长何东昌在会上指出，今后一段时间内，普通教育战线必须继续贯彻“调整、改革、整顿、提高”的方针，加快调整、改革的步伐，抓紧普及初等教育和进行中等教育结构改革，加强干部、教师队伍的建设，全面提高教育质量。 7 月 27 日，中共中央政治局委员、中央书记处书记万里在中南海会见全体会议代表并讲话指出，教育是战略问题，重视教育与否，是考核一个地方党委对现代化的理解和领导水平的标准之一；抓教育首先要抓教师，要千方百计加强师范教育，提高教师水平；中小学教师是知识分子队伍中重要组成部分，要提高他们的社会地位和待遇，要给他们评定职称。

8320 | **8月1日**

教育部印发《关于改进加强中学历史和地理课教学的通知》。通知要求中学改进、加强历史和地理课教学；强调要充分认识开设历史、地理课的重要性，必须严格按照教学计划开设历史、地理课。

8321 | **8月10日**

教育部印发《关于进一步提高普通中学教育质量的几点意见》。《意见》强调，中学教育是基础教育，不仅要为高一级学校输送合格的新生，当前更要注意着重为“四化”建设培养大批优秀的劳动后备力量。《意见》提出，要从实际出发，改革教学，适当调整教学计划和教学内容，改进教学方法，建立、健全升留级和毕业制度，有条件的地方可以试行初、高中毕业会考。《意见》强调，要正确处理重点中学和一般中学的关系。重点中学和一般中学应互相学习、互相促进、互相帮助、共同提高。

8322 | **8月17日至26日**

教育部在北京召开中学数理化教学要求讨论会。会议指出，普通中学教育要全面地面向社会主义现代化建设的需要，必须实现五个方面的转变：一是从只面向升学转变为同时还要面向培养大批优良的劳动后备力量；二是从单一的普通中学教育体系转变为普通中学教育与职业技术教育并行的、相互沟通的教育体系；三是从存在违背教育、教学规律片面追求升学率的倾向转变为真正按教育、教学规律办事，扎扎实实地、大面积地提高教育质量；四是从“一刀切”转变为统一性和多样性相结合，使学生都在原有的基础上逐步提高；五是从只为高校理工科打基础、输送新生转变为同样要面向人文科学、哲学社会科学。

8323 | **8月22日**

教育部印发《关于中小学教师队伍调整整顿和加强管理的意见》。《意见》对中小学的编制标准和合格教师的质量标准进行规定。《意见》指出，高中教师应具备高等师范学校（或其他高等学校）本科毕业的学历或同等学力。

8324 | **8月24日**

教育部印发《关于学习贯彻〈关于加强爱国主义宣传教育的意见〉的通知》，要求全国各级各类学校（包括幼儿园）要采取多种多样的方式，向青年和少年儿童广泛、深入、持久地进行爱国主义教育。

8325 | **8月31日**

教育部印发《关于组织大、中学教职工、学生学习〈邓小平文选〉的通知》，要求大、中学教职工和学生正确认识、学习《邓小平文选》。

8326 | **9月15日**

第二期全国中学政治课骨干教师进修班开学。进修班学习期限由半年改为一年。本期培训学员55名，他们来自29个省、市、自治区。教育部副部长彭珮云到会讲话指出，中学教师特别是政治课教师应当关心全国思想战线的形势，切实担负起保护青少年不受精神污染的重大责任。

8327 | **9月26日**

全国教育科学规划领导小组成立，办公室设在中央教科所科研规划处。9月29日，教育部部长何东昌在中央教科所发表《有中国特色的社会主义教育需要有中国特色的教育科学》的讲话。

8328 | **10月1日**

邓小平给北京景山学校题词："教育要面向现代化，面向世界，面向未来。"①

8329 | **10月8日至12日**

教育部和中国物理学会在陕西西安召开全国中学学生物理实验教学经

① 《邓小平文选》第三卷，人民出版社1993年版，第35页。

验交流会。会议进行了经验交流和专题讨论，举办了各省、自治区、直辖市选送的优质实验仪器展览。11 月 5 日，教育部印发会议纪要。

8330 | **10 月 19 日至 25 日**

中国教育学会学校管理研究会成立大会暨首届学术年会在西安市举行。年会就当前中小学的办学思想、领导体制、科学管理等问题，开展了讨论和经验交流。

8331 | **11 月 12 日**

教育部印发《关于颁发高中数学、物理、化学三科两种要求的教学纲要的通知》。通知指出，对高中数学、物理、化学适当调整内容，实行基本要求和较高要求两种教学要求。学校可从实际出发，确定采用哪种要求的教学纲要。

8332 | **11 月 14 日至 20 日**

教育部在山东青岛召开全国勤工俭学工作情况报告交流会。教育部副部长张文松出席闭幕式并讲话指出，抵制和清除精神污染，保护青少年健康成长，是当前迫切需要解决的问题，也是一个长期的斗争。勤工俭学的首要目的是对青少年进行劳动教育，要使青少年从小养成劳动观点、劳动习惯。必须彻底干净地清除、收缴毒害学生的淫秽书刊、手抄本。

8333 | **12 月 5 日**

教育部印发《关于组织高中学生学习〈邓小平文选〉具体安排的通知》。通知要求，各中学把学习《邓小平文选》作为中学思想政治教育的重要内容，切实抓好。

8334 | **12 月 9 日**

教育部印发《关于加强中小学实验教学和实验室建设的意见》。《意见》提出，重视实验教学在学校教育中的地位和作用，加强对实验教学和实验室建设的领导；坚持“两条腿走路”，采取多种形式集资，积极进行实验室建设；从实际出发，制定实验室建设规划，明确奋斗目标；加强实验队伍建设。

8335 | **12月15日**

国家标准局批准《学校课桌椅功能尺寸》标准。标准的适用范围为小学、初中、高中普通教室使用的木制及铁木课桌椅。用其他材料制作的课桌椅可参照标准执行。

8336 | **12月16日至26日**

教育部召开部分省、自治区、直辖市中学思想政治教育工作汇报会。会议交流了中学思想政治工作的情况和经验，讨论了当前工作的主要问题。教育部副部长彭珮云出席会议并讲话指出，教育战线应该坚定不移地贯彻党的十二届二中全会精神，做好抵制和清除精神污染的工作。为了做好这方面的工作，中小学可以用“加强社会主义精神文明建设，保护青少年不受精神污染”的提法。

8337 | **12月31日**

教育部发布《关于全日制普通中学全面贯彻党的教育方针、纠正片面追求升学率倾向的十项规定（试行草案）》。《规定》指出，要全面贯彻党的教育方针，既要为高一级学校输送合格的新生，当前还要着重注意培养大批优良的劳动后备力量；要正确指导和全面评价学校工作；要严格按计划开设课程；要加强对学生的思想政治教育工作；要减轻学生过重的学习负担；要保证学生的睡眠、休息和课外体育、文娱、科技活动时间；要加强平时对学生学习情况的了解，不要频繁地考试；要保证学校正常的教学秩序。

1984年

改革进行时

• 重要文件

国务院《关于筹措农村学校办学经费的通知》

中共教育部党组《关于全日制普通中学学校领导班子调整工作的意见》

中共教育部党组《关于中等专业学校领导班子调整工作的几点意见》

教育部、全国教育工会《中小学教师职业道德要求（试行草案）》

教育部《关于高中建立学生档案的暂行规定》

中组部等部门《关于制止不适当地抽调中小学干部和教师问题的通知》

• 重要政策

农村增加教育事业费附加

全日制普通高中实行党支部领导下的校长负责制

实行高中毕业会考

在高中学校开展计算机教育试验

• 重要会议

全国人大教科文卫委员会召开教育立法座谈会

中国教育学会召开第一次全国教育学术讨论会

教育部召开全国农村学校勤工俭学经验交流会

• 改革亮点

农村增收教育事业费附加。为了增加农村普及初等教育的经费来源，国务院决定在农村征收教育费附加。此举是多渠道增加教育经费的改革举措之一。

全日制普通高中实行党支部领导下的校长负责制，启动学校领导体制改革。高中建立学生档案，作为评价学生的参考材料。“计算机要从娃娃抓起”，全国中小学尤其是高中学校出现开设计算机选修课的热潮。

8401 | **1月3日**

据《中国教育报》报道，江西省试行《中小学党支部书记和校长任课制度暂行规定》。《暂行规定》要求，中小学校长、党支部书记，必须按质按量完成规定的每学年授课任务，完全中学和千人以上初级中学的党支部书记和正副校长，每周至少应任课3节，分管教学的校长或副校长，每周任课不得少于6节；未完成这项任务的校长、党支部书记，其所在的学校不得被评为先进单位，本人也不能被评为先进工作者或模范工作者。

8402 | **1月6日**

由北京、辽宁、广东、江西、河北、湖南、福建等七省（直辖市）电教部门人员组成的普教电教教材编制协作组，在北京举行电教教材编制会议。会议指出，电教教材编制工作是电化教育的一项基本建设，要求在小学教材方面要有突破，中学教材要填空补齐。

8403 | **1月12日**

中共教育部党组印发《关于中等专业学校领导班子调整工作的几点意见》。《意见》指出，中等专业学校实行党委领导下的校长负责制，党委（总支）设正、副书记1名至2名，行政设正、副校长2名至3名；规模小于600人的学校，党政领导总人数为3名至4名，大于600人的学校为4名至5名。领导班子成员要力求年富力强，平均年龄尽可能在50岁以下，45岁以下的应占1/3左右。

8404 | **1月19日**

中宣部、总政治部、教育部、共青团中央印发《关于进一步开展学习华山抢险战斗集体的活动的通知》。通知介绍了1983年5月1日华山抢险事件，强调要在全国范围内广泛深入开展学习、宣传华山抢险集体的活动。

8405 | **1月27日**

《人民日报》全文转载中共中央政治局委员、中央书记处书记胡乔木在中央党校主办的《理论月刊》第二期上发表的《关于人道主义和异化问题》

一文。文章对于近几年来我国理论界围绕人道主义和异化问题所展开的争论，以马克思主义的历史唯物主义观点，作出了科学的分析和回答，深刻地揭示出这一场争论的实质。2月7日，教育部印发《关于学习胡乔木同志重要文章〈关于人道主义和异化问题〉的通知》，要各地各部门认真学习并把这篇文章同整党、清除精神污染的工作密切结合起来。

8406 | **2月7日**

据《中国教育报》报道，共青团中央学校部决定在全国中学开展“活跃的中学生活”活动，要求通过各种课外兴趣小组的活动，培养中学生健康的兴趣和爱好，促进其理想的确立。

8407 | **2月22日**

教育部发布《关于高中建立学生档案的暂行规定》。《暂行规定》明确要求，学生临时档案是为上一级学校选拔合格新生，为社会选用优良劳动后备力量的参考材料。临时档案的内容包括：学年评语表；考试（考查）成绩登记表；体质测试表、体育锻炼情况表；健康检查表；毕业生登记表；

高中毕业生家庭情况调查表等。

8408 | **2月**

上海市属重点学校大同中学教育科学研究组的六名骨干教师前往安徽贵池胜利中学（为解决上海驻贵池县小三线人员子女的学习而成立的中学，1979年成立，1986年终止）任教。上海市教育局为办好所有的学校，使重点中学发挥示范、辅导作用，从1981年起进行“重点”带“一般”的试点工作。

8409 | **3月3日**

中共教育部党组印发《关于全日制普通中学学校领导班子调整工作的意见》。《意见》提出普通中学领导成员的人选标准，强调革命化、年轻化、知识化和专业化；要求普通中学实行党政分工，实行党支部领导下的校长负责制。领导成员间的年龄，要注意拉开距离，如校长的年龄在50岁以上，副校长一定要配备50岁以下和40岁左右的年轻同志。新提拔的正、副校长，年龄一般应在40岁以下。规模在18个班至24个班的中学，校级领导一般不要超过3名，校长、副校长、党支部书记各1名；规模小的学校可以少一点；规模较大的学校一般不要超过4名。

8410 | **3月3日**

据《中国教育报》报道，浙江教育厅印发通知，决定1984年3月15日以前在全日制中学举办的往届毕业生全日制升学复习班全部停办。

8411 | **3月6日**

教育部、卫生部、国家计委印发《关于改进和加强中学生理卫生知识教育的通知》。通知要求，中学要有计划地讲解人体结构、生理卫生知识，重视对青少年进行生理卫生教育。高中可以结合人口教育讲座等进一步加强这方面的教育。

8412 | **3月31日**

教育部发布《1984年普通高等学校招生规定》。《规定》指出，实行"根据志愿，按比例投档"的录取方法。数学（理工农医类）、物理、化学、英语、俄语等科，按中学教学的较高要求在试卷中增加若干附加题，每科附加题合计为10分，不计入总分，但重点高等学校录取时应适当参考。全国统一考试时间为7月7日至9日。

8413 | **4月15日**

全国优秀班主任发奖大会在中南海怀仁堂举行。全国有2914人获奖。有关领导向全国优秀班主任代表发布金质奖章和证书。教育部部长何东昌到会讲话指出，优秀的班主任就是教育专家。有中国特色的教育学，要从总结优秀的教师、班主任和校长的经验中逐步形成。

8414 | **5月4日**

教育部办公厅印发《关于坚持正面教育、严禁体罚和变相体罚学生的通知》。通知强调，对学生坚持正面教育，是所有教育工作者必须遵循的一条重要的教育原则，教师要面向全体学生，对全体学生负责，不要偏爱一部分人，歧视另一部分人；各级各地教育行政部门和学校要采取多种形式，组织教师学习党的教育方针和科学的教育方法，严禁体罚和变相体罚学生。

8415 | **5月15日**

六届全国人大二次会议在北京人民大会堂召开。《政府工作报告》指出，过去一年，国民经济在继续贯彻执行调整、改革、整顿、提高的方针中稳步前进，科学教育文化卫生体育事业进一步发展。普通高等学校、各类成人高等学校、中等专业学校的招生规模继续扩大。与此同时，各种函授刊授学校、广播电视学校、职工轮训学校和农民技术学校大量兴办，职工自己组织的读书活动蓬勃开展，无论城市和农村都正在掀起学习文化科学技术的热潮。《报告》强调，严肃而又正确地反对和抵制精神污染是我国一项长期的根本性的任务，要充分发挥知识分子在社会主义现代化建设中的作用。《报告》提出，在新的一年里，我们要继续根据社会主义物质文明和精神文明建设一起抓的方针，艰苦奋斗，更加扎扎实实地做好各方面的工作。而在各项工作中，中心任务仍然是要把经济建设继续推向前进。《报告》指出，适应经济建设的需要，各级人民政府应当把教育体制和科研体制的改革，列入重要议事日程，作为一项战略任务来抓。

8416 | **5月22日**

教育部转发《北京市社会力量办学试行办法》。《试行办法》指出，社会力量办学是社会主义教育事业的组成部分，是国家、集体和企事业办学的重要补充。

8417 | **6月9日**

据《中国教育报》报道，浙江省教育厅决定从1984年起，举行全省80所重点中学的三年制高中毕业会考。

8418 | **6月16日至18日**

广东省对126所重点高中的毕业生和新会、三水、广宁3个县的全体初中毕业生试行毕业会考。本次会考科目是教学计划要求开设的所有必修课，命题坚持以教学大纲和教材内容为依据，着重考查学生的基础知识、技能和分析、解决问题的能力。

8419 | **6月19日**

据《中国教育报》报道，财政部决定，从7月1日起，免征中小学校办企业的能源交通重点建设基金。

8420 | **7月5日至12日**

教育部在上海大同中学召开中学数学实验教材实验工作会议，总结、讨论数学教材改革实验的意义、价值和经验。9月1日，教育部办公厅印发会议纪要。

8421 | **7月24日**

据《中国教育报》报道，山东省将60所普通中学改办为农业技术中学。此前，山东省已将183所普通中学改办为农村各类技术中学。新改办的农业技术中学，每所学校的开办费由省里补助5万元，地市补助3万元。专业教学经费每班每年为4000元。

8422 | **7月26日**

教育部印发《关于加强中小学教师普通话培训工作的通知》。通知要求，采取有效措施，进一步加强在职中小学教师（包括幼儿教师）的普通话培训。

8423 | **7月27日至8月1日**

中国教育学会召开第一次全国教育学术讨论会。会议指出，邓小平同志提出的“三个面向”是新时期教育工作的战略方向，是教育改革的指针。

8424 | **7月31日**

据《中国教育报》报道，教育部中学司印发通知提出，在中学政治课课程设置的改革方案未确定和实施之前，今后高中三年级政治课一般应继续安排《邓小平文选》的选学。

8425 | **8月3日至9日**

教育部中学司召开第二次中学计算机教学试验工作会议。会议讨论今后在中学开展计算机教育的工作方针及中学计算机教学的目的和要求、师资配备、基地建设等问题，提出计算机教学试验工作首先应在城市重点中学和条件较好的中学逐步开展。9 月 1 日，教育部办公厅印发会议纪要。

8426 | **8 月 11 日**

据《中国教育报》报道，辽宁、河北、北京、上海等十个省（直辖市）的一些中学开设人口教育课。课程内容包括马克思主义人口理论、中国的人口政策、计划生育原理、人口统计、人口控制与中国现代化的关系等。

8427 | **8 月 13 日至 20 日**

教育部在吉林召开全国农村学校勤工俭学经验交流会。会议指出，要把勤工俭学纳入整个教育改革的轨道，通过勤工俭学活动，加强劳动教育，改革农村教育，为农村经济建设培养大批具有新素质的生产者和经营者。11 月 12 日，教育部印发会议纪要。

8428 | **8 月**

国务院批准教育部设视导室，负责巡视、检查和指导全国各地的普教工作。

8429 | **9 月 10 日**

中宣部、中共教育部党组印发《关于加强和改进中等专业学校当前思想政治工作的几点意见》。《意见》要求，中等专业学校思想政治工作要在马列主义、毛泽东思想指导下，对全体师生员工进行爱国主义、集体主义、社会主义、共产主义教育，反对和抵制精神污染，不断提高全体师生员工的思想政治觉悟，形成良好的校风，保证培养德智体全面发展的中级专门人才和其他各项任务的完成，把学校建成社会主义精神文明的坚强阵地。

8430 | **9 月 18 日**

据《中国教育报》报道，江西省景德镇市人民政府决定，今后社会招工和大专院校招生要与现行职业中学（班）和普通高中分开对口进行，并形成制度。

8431 | **9月22日**

教育部印发《关于改进和加强中专、中师政治理论课的意见》，对中专、中师政治理论的课程设置提出明确要求。

8432 | **10月13日**

教育部、全国教育工会发布《中小学教师职业道德要求（试行草案）》。《要求》指出，教师是“人类灵魂的工程师”，从“热爱祖国、献身教育，遵循规律、教书育人，钻研业务、精益求精，热爱学生、诲人不倦，遵纪守法、团结协作，以身作则、为人师表”等六个方面，对教师的职业道德修养提出原则要求。

8433 | **10月20日**

党的十二届三中全会在北京召开，讨论通过《中共中央关于经济体制改革的决定》。《决定》指出，要采取有力措施提高知识分子的社会地位，改善他们的工作条件和生活待遇；科学技术和教育对国民经济的发展有极其重要的作用。随着经济体制的改革，科技体制和教育体制的改革越来越成为迫切需要解决的战略性任务。中央将专门讨论这方面的问题，并作出相应的决定。

8434 | **10月27日**

全国人大教科文卫委员会在北京召开教育立法座谈会，着重讨论教育立法的必要性和迫切性、教育立法与教育改革的关系、教育立法的规划、为教育立法需要落实的组织措施等问题。

8435 | **11月10日**

中组部、中宣部、中共教育部党组印发《关于制止不适当地抽调中小学干部和教师问题的通知》。通知要求，1982年以来抽调到教育系统以外单位工作的中小学干部和教师，除调到县以上领导班子以及确实不适宜从事教育教学工作，且经县以上教育行政部门批准外，都应调回学校。

8436 | **11月20日**

共青团中央、教育部印发通知，要求各地团委和教育部门认真组织中小学生和广大青少年观看电影《高山下的花环》。该影片根据李存葆的同名小说改编，真实地反映了我军在对越自卫反击战中的伟大爱国精神和革命英雄主义气概，展现了可歌可泣的英雄事迹。

8437 | **11月24日**

教育部、财政部印发《关于在全日制普通中等专业学校建立学校基金制度几项原则意见的通知》。通知指出，要积极改革学校管理制度，扩大学校自主权。凡是有条件建立学校基金的全日制普通中等专业学校，在不增加国家财政开支和人员编制的前提下，可以建立学校基金制度。学校基金的主要来源有：完成国家指令性计划外，接受委托代培任务所得收入，扣除人员经费和其他经费后的净收入；校办工厂、农场实现的纯利润；学校在上级下达任务并核拨经费之外，承担的科研、设计、实验、技术推广、服务、咨询等任务所得收入，扣除有关费用后的净收入；其他预算外净收入和经上级批准从预算节余经费中结转的经费。

8438 | **11月27日**

教育部发布《中小学公用经费参考定额》，分别规定小学、初中、高中生均公用经费中各项目定额，包括每生每年公务费、设备购置费、业务费、修缮费等的数额。

8439 | **11月**

上海市教育局召开上海市重点中学教育改革研讨会。会议提出，中学改革，重点中学应走在前面，要先一步、高一层。普通教育一定要为多出人才、快出人才、出好人才打下坚实基础。

8440 | **12月11日**

教育部、国家计委印发《关于落实中央关于在内地为西藏办学培养人才指示的通知》。通知指出，内地中学每年招收1300名至1500名藏族学生，着重为西藏培养中等专业技术人才。在11月23日召开的全国计划会议上，教育部与有关省（直辖市）初步商定：在北京、兰州（或西安）、成都筹建三所西藏学校，力争1986年开始招生；在上海、天津、辽宁等16省（直辖市）的中等以上城市各选条件好的一两所中学举办西藏班，从1985年起招生。

8441 | **12月13日**

国务院印发《关于筹措农村学校办学经费的通知》。通知要求，对农村学校在逐年增加国家对教育基本建设投资和教育事业费的基础上，要充分调动农村集体经济组织和其他各种社会力量办学的积极性，开辟多种渠道筹措农村学校办学经费。除国家拨给的教育事业费外，乡（镇）人民政府可以征收教育事业费附加，并鼓励社会各方面和个人自愿投资在农村办学。这些经费，要实行专款专用，任何部门和单位不得挪用和平调。通知强调，要采取有效措施，逐步改变中小学教师生活待遇偏低的状况，使教师这个职业成为最受人羡慕的职业之一。

8442 | **12月23日**

教育部、国家计委、全国教育工会联合召开的南方地区解决中小学教职工住房问题经验交流会闭幕。会议指出，解决中小学教职工住房问题，也是教育改革的一项重要内容，要像解决校舍问题一样，国家、企业、集体、个人一起上，调动各方面积极性，多渠道筹集资金。

8443 | **12月27日**

教育部印发《关于中等师范学校和全日制中小学教职工编制标准的意见》。《意见》提出不同类型学校教职工编制参考标准。《意见》规定各省、自治区、直辖市教育厅（局）可自行确定编制标准，并报教育部备案。

8444 | **12月27日**

教育部发布《1985年高考复习范围》。文件规定，高考命题必须符合高等学校选拔新生的要求，同时又有利于中学教学；命题范围不要超出中学教学大纲，试题难度的要求不超过中学使用统编教材所能达到的程度。高中按两种要求进行教学的数学、物理、化学和外语（限于英语和俄语两个语种），高考命题范围不要超出基本要求，高考附加题命题范围不要超出较高要求。

8445 | **12 月**

《周恩来教育文选》由教育科学出版社出版，并在全国新华书店发行。

1985 年

改革进行时

• 重要文件

中共中央《关于教育体制改革的决定》

中共中央《关于改革学校思想品德和政治理论课程教学的通知》

中共中央《关于进一步加强青少年教育预防青少年违法犯罪的通知》

国务院《关于确定每年 9 月 10 日为“教师节”的议案》

教育部《全国中小学教材审定委员会工作条例（试行）》

• 重要政策

实施教育体制改革

确定每年 9 月 10 日为“教师节”

调整中等教育结构，大力发展职业技术教育

上海市率先试行高考单独命题和考试试点

把基础教育的责任交给地方

• 重要会议

中共中央、国务院召开全国教育工作会议

教育部召开高考科研讨论会

教育部召开全国中学生思想政治教育工作会议

中宣部等五部门举行庆祝第一个教师节大会

• 改革亮点

教育体制改革拉开序幕。中共中央召开全国教育工作会议，讨论确立了党的工作重点转移到社会主义现代化建设以后的教育发展问题，作出教育体制改革的决定，绘制了教育改革发展蓝图。《中共中央关于教育体制改革的决定》成为指导我国教育改革发展的纲领性文件，中等教育结构调整拉开帷幕。

8501 | **1月1日**

据《中国教育报》报道，教育部作出决定，1985年春季开学后，高中一年级要先用两个月的政治课教学时间，高二、高三两个年级在上年的时事政策教育时间内，对学生进行党的十二届三中全会精神的时事政策教育。教育部委托北京市教育学院等单位编写《高中时事政策教育参考材料》，供高中一年级学生和高中政治课教师使用。

8502 | **1月8日**

中共中央书记处讨论教育体制改革的有关问题。2月5日，教育部在北京召开座谈会，征求对教育体制改革的意见。3月16日，中共教育部党组向中共中央书记处汇报教育体制改革文件起草情况。

8503 | **1月10日至16日**

教育部在广东广州召开高考科研讨论会。会议就高校招生体制改革、委托培养、定向招生、推荐保送以及考试科学化等问题进行了讨论论证。会后，教育部决定，在广东省进行标准化考试试验（数学、英语两科），在上海市进行高中毕业会考后高考科目设置的试验。

8504 | **1月11日**

教育部发布《全国中小学教材审定委员会工作条例（试行）》。《工作条例》规定，中小学教材建设实行编写和审查分开。人民教育出版社负责编写，各省、自治区、直辖市教育部门，有关学校、教师和专家均可参加编写，教育部成立全国中小学教材审定委员会负责审查新编教材。审查通过的教材，由教育部推荐各地选用。

8505 | **1月14日**

教育部、劳动人事部、财政部、总参谋部、总政治部、总后勤部联合印发《关于高等院校、高级中学进行军事训练试点问题的通知》。通知规定，学生军事训练一般在大学、高中一、二年级进行，还要利用假期安排10天左右的集中训练。军事课是学生的必修课，考试成绩计入学生成绩册。教学内容参照教育部、总参谋部、总政治部发布的《高等院校军事课教学大纲》《高级中学和相当于高级中学军事课教学大纲》实施。

8506 | **1月21日**

六届全国人大常委会第九次会议同意国务院《关于确定每年9月10日为“教师节”的议案》，将每年的9月10日定为教师节。

8507 | **1月25日**

中宣部、教育部、全国教育工会印发《关于今年春节期间开展慰问教师活动的通知》，要求各地根据自己的实际情况，开展慰问教师的活动。

8508 | **2月1日**

教育部学生司复函上海市高等学校招生委员会，同意上海地区1985年度试行单独命题，以探索如何在全市高中毕业会考的基础上举行高等学校入学考试。

8509 | **2月2日至6日**

中国教育学会中学政治课教学研究会在北京成立。研究会旨在研究中学政治课教学改革的理论问题和实际问题，为提高中学政治课的教学质量和教学研究水平服务。

8510 | **3月10日**

“北京市优秀教师和他（她）的学生”座谈会召开。中共中央政治局常委、中纪委第一书记陈云为座谈会和正在北京大规模开展的尊师重教活动题词：“‘四化’需要人才，人才需要教育，教育需要教师。”

8511 | **3月11日至12日**

共青团中央学校部、全国学联办公室邀请部分省（直辖市）共青团和学联负责人在北京召开勤工助学活动情况和经验座谈会，提出开展勤工助学活动必须坚持以培养人才为中心，要在学生完成正常学习任务的前提下进行。

8512 | **3月27日**

六届全国人大三次会议在北京人民大会堂开幕。《政府工作报告》指出，

1985 年是贯彻党的十二届三中全会决定的第一年。进一步做好改革工作，是巩固和发展当前经济大好形势的需要，是保证整个改革顺利进行和国民经济持续稳定发展的关键所在。当前，指导改革的行动方针应该是：坚定不移，慎重初战，务求必胜。《报告》强调，同经济体制改革相密切联系的科技体制和教育体制的改革，是对我国现代化建设具有战略意义的两件大事，也要有领导有计划地展开。

8513 | **3 月 28 日**

教育部、财政部印发《关于中央部门部属高等学校举办函授和夜大学实行收费的通知》。通知指出，从 1985 年 9 月 1 日起，中央部门部属高等学校举办的函授和夜大学实行收费制度。凡师范院校专为培训中小学师资招收的中小学教职工函授、夜大学班，其经费由国家预算拨给，不收费。

8514 | **4 月 4 日**

教育部印发通知，决定在部分高校试行招收中学免试保送学生的办法。保送生无须参加高考，经学校推荐，即可进入大学就读。不同省份的保送生政策略有区别，一般省级优秀学生、高中阶段在全国中学生学科奥林匹克竞赛省级赛区中获得奖项以及获得全国决赛奖项的应届高中毕业生，以及一些外国语学校的学生都是保送的对象。

8515 | **4 月 5 日**

教育部印发《关于职工高中文化教育若干问题的暂行规定》。《暂行规定》提出，要使已经具有初中毕业水平和同等学力的职工（含干部），经过系统学习，达到简易高中毕业的水平，以适应生产或工作的需要，并为职工学习技术、业务或接受高等教育打下基础。《暂时规定》还对课程设置、课时安排和教材，招生，办学形式等作出具体规定。

8516 | **4 月 9 日**

据《中国教育报》报道，上海市教育局、共青团上海市委对“三好”学生评选提出新规定，增加“富有开创精神，在某一方面有突出的才能并取得显著成绩，其他方面能够达到中学生基本要求的，也可评为校、区(县)、市三好学生”的评选条件。

8517 | **5月4日**

教育部发布《关于1985年全国普通高等学校招生会议的报告》《1985年普通高等学校招生规定》《关于1985年普通高等学校试行招收保送生的意见》。《招生规定》特别提出，中专和中师可推荐德智体一贯优秀的应届毕业生报考本地对口的院校或专业，但数量应控制在本校应届毕业生总数的1%左右（中专和中师的其他应届毕业生不能报考）。具有3年以上实践经验的优秀青年，经所在单位推荐，报考政法、财经或文科其他一些专业以及管理、哲学等专业，年龄可放宽到28周岁（1957年9月1日后生），婚否不限。《意见》提出保送办法是：保送生选报大学和专业的权利必须得到切实保证，中学、大学不准强迫或诱使考生改变志愿；在考生自愿、班主任和任课教师推荐的基础上，由中学根据长期考核，确定保送名单并张榜公布；大学接受保送生的人数一般应控制在计划招生总数的3%以内；保送工作应在高中毕业考试结束后进行。

8518 | **5月15日至20日**

中共中央、国务院在北京召开全国教育工作会议。这是党的工作重点转移到社会主义现代化建设后，教育战线召开的一次空前的盛会。会议讨论了《中共中央关于教育体制改革的决定（草案）》，研究了实施教育体制改革的步骤和措施。19日，邓小平出席第三次全体会议，发表《把教育工作认真抓起来》的讲话，指出：中央提出要以极大的努力抓教育，并且从中小学抓起，这是有战略眼光的一着。如果现在不向全党提出这样的任务，就会误大事，就要负历史的责任。我们不是已经实现了全党全国工作重点的转移吗？这个重点，本来就应当包括教育。一个地区，一个部门，如果只抓经济，不抓教育，那里的工作重点就是没有转移好，或者说转移得不完全。[①]

---

① 参见《邓小平文选》第三卷，人民出版社1993年版，第120—121页。

8519 | **5月27日**

中共中央发布《关于教育体制改革的决定》。《决定》提出，教育体制改革的根本目的是提高民族素质，多出人才，出好人才；把发展基础教育的责任交给地方，有步骤地实行九年制义务教育；调整中等教育结构，大力发展职业技术教育；改革高等教育的招生计划和毕业生分配制度，扩大高等学校办学自主权；加强领导，调动各方面因素，保证教育体制改革的顺利进行。《决定》提出，根据大力发展职业技术教育的要求，我国广大青少年一般应从中学阶段开始分流：初中毕业生一部分升入普通高中，一部分接受高中阶段的职业技术教育；高中毕业生一部分升入普通大学，一部分接受高等职业技术教育。在小学毕业后接受过初中阶段的职业技术教育的，可以就业，也可以升学。凡是没有升入普通高中、普通大学和职业技术学校的学生，可以经过短期职业技术培训，然后就业。要充分发掘现有中等专业学校和技工学校的潜力，扩大招生，并且有计划地将一批普通高中改为职业高中，或者增设职业班，加上新办的这类学校，力争用五年左右时间，使大多数地区的各类高中阶段的职业技术学校招生数相当于普通高中的招生数，扭转目前中等教育结构不合理的状况。

8520 | **5月28日**

全国学生军训试点工作会议召开。会议决定，从1985年9月开始，在全国52所高等学校和102所高级中学进行军训试点。

8521 | **6月4日至9日**

教育部在北京召开全国中学生思想政治教育工作会议。会议提出，爱国主义和共产主义是对中学生进行思想政治教育的中心内容，要从小给他们打下良好的思想基础。共产主义教育必须与“四化”建设、改革的实践密切结合，与中学生的思想特点密切结合。

8522 | **6月9日**

经北京市教育局批准，北京市第八中学试办完成中等教育的少儿班。

少儿班第一届招生30余人，最大年龄10岁，学制四年。学生毕业后，直接报考大学少年班，考不取的，可在本校继续学习两年。

8523 | **6月9日至15日**

中宣部、司法部在北京召开首次全国法制宣传教育工作会议。会议指出，学校应当成为普及法律知识的基本阵地。会议讨论了《关于向全体公民基本普及法律常识的五年规划》。

8524 | **6月18日**

六届全国人大常委会第十一次会议在北京人民大会堂闭幕。会议通过关于设立国家教育委员会和撤销教育部的决定，任命李鹏为国家教育委员会主任（兼），免去何东昌的教育部部长职务，任命何东昌、杨海波、朱开轩等为国家教委副主任。

8525 | **6月22日**

国家教委举行全体干部职工大会。会议强调教育在“四化”建设中的战略地位和进行教育改革的重要意义，详细阐明国家教育委员会的任务。

8526 | **7月7日至9日**

1986年全国全日制普通高等学校招生考试在各地举行。全国共有176万余名考生参加考试，计划招收学生56万人。

8527 | **7月12日**

根据《中共中央关于教育体制改革的决定》精神，经国务院批准，国家教委、国家计委、劳动人事部联合印发《关于进行地区人才需求预测和制订十五年教育发展规划工作的安排意见》。《安排意见》要求各省、自治区、直辖市在研究长远发展战略和制定“七五”计划的基础上，用两年时间，从人才需求和预测入手，以2000年末为目标，制定出本地区教育发展的十五年规划。

8528 | **7月30日**

据《中国教育报》报道，北京大学加强与中学教育的衔接。主要举措有：每年邀请2000名高中学生到校参观；派出教师或学生为中学作专题报告或讲座；派出教师参加中学教材的编写或审订工作；和一些中学合作，在校内为中学生举办天文、生物等学科夏令营，邀请校内一些专家为中学生举办讲座，辅导中学生进行有关实验，并为中学生提供食宿条件。

8529 | **8月1日**

中共中央印发《关于改革学校思想品德和政治理论课程教学的通知》，要求各级学校贯彻执行理论联系实际的方针，以“三个面向”为指导思想，对现行思想品德和马克思主义政治理论课的课程设置、教学内容和教学方法进行改革。通知指出，在高中阶段，要进行初步的经济学和其他社会科学的教育，使学生正确认识人生的意义以及个人和社会、权利和义务、主观和客观、自由和必然、幸福和牺牲、革新和传统、成功和失败、感情和理智、环境和毅力、精神和物质、先进性和群众性、理想和现实、现象和本质、中国和世界等一系列相互关系，初步学习运用马克思主义的观点、方法分析和观察社会现象，逐步树立为建立高度民主、高度文明的社会主义现代化国家和实现共产主义事业而奋斗的远大理想。中学的语文课、历史课、艺术课和课外活动，要按照各自的特点继续注意同思想理论课互相密切配合。

8530 | **8月29日至9月1日**

国家教委在天津召开北京、天津、上海、山东、江苏、广东、浙江、辽宁八省（直辖市）主管教育工作的副省（市）长会议，检查各地贯彻《中共中央关于教育体制改革的决定》的情况。会议指出，各级党政部门要努力提高对教育在社会主义现代化建设中的战略地位和作用的认识；必须抓改革；千方百计解决教育战线存在的实际问题；持之以恒，长期贯彻《中共中央关于教育体制改革的决定》。

8531 | **8月30日**

国务院工资制度改革小组、劳动人事部印发《关于高等学校、中等专业学校、中小学教职工工资制度改革问题的通知》，发布《中等专业学校教职工工资制度改革实施方案》《中小学教职工工资制度改革实施方案》《关于教师教龄津贴的若干规定》。

8532 | 9月10日

中宣部、国家教委、共青团中央、全国教育工会等单位在北京人民大会堂举行庆祝第一个教师节大会。会议指出，尊重教师，应成为一种社会风气，成为一种社会公德，成为社会文明的一种标志。

8533 | 9月12日

国家教委、劳动人事部发布《全日制普通中等专业学校人员编制标准（试行）》。《编制标准》要求，根据学校规模（在校生人数）按一定的比例关系，确定教职工人数和专任教师数量。

8534 | 9月18日至23日

中国共产党全国代表会议在北京召开。党的全国代表会议通过了《中共中央关于制定国民经济和社会发展第七个五年计划的建议》。《建议》指出，“七五”期间是全面改革我国经济、科技、教育等管理体制的关键时期。必须按照“先培训、后就业”的原则改革劳动就业制度，大力发展职业技术教育，使多数地区各类高中阶段职业技术学校的招生人数相当于普通高中的招生人数，同时发展初中阶段职业技术教育和短期培训。五年内，中专和职业技术学校总共要培养毕业生800多万人，比“六五”期间增长1.5倍。要加强对在职干部、工人和农民的培训，加快他们的知识更新，提高他们的素质。

8535 | 10月1日

据《中国教育报》报道，“六五”期间，在“调整、改革、整顿、提高”方针的指导下，中等教育结构得到初步调整。1985年中等专业学校招生数可达64.5万人，在校学生153.7万人，分别超过“六五”计划规定的29%和23%。中专和农业、职业中学学生同普通中学生的比例，已由1980年的3.1∶100提高到1984年的6.7∶100，中等教育结构单一的状况有所改变。

8536 | 10月4日

中共中央印发《关于进一步加强青少年教育预防青少年违法犯罪的通知》。通知提出，全社会都要关心和教育青少年；大力加强对青少年的理想、道德、纪律和法制教育；积极开展群众性的、健康有益的文体活动，丰富青少年的业余、课余生活；为青少年提供更多更好的精神产品，满足青少年的求知欲望。

8537 | **10月5日至8日**

国家教委在北京召开中学思想政治课改革设想报告会。会议指出，把学生培养成为有理想、有道德、有文化、有纪律的公民是中等学校思想政治课的总目标。

8538 | **10月29日**

据《中国教育报》报道，北京市将一部分普通高中改为职业高中，恢复和发展中专、中技学校，使职业技术学校招生数超过普通高中。北京市城乡职业高中已发展到178所，加上中专和技工学校，全市职业技术学校1985年的招生人数已近4万，超过普通高中的招生数。

8539 | **11月1日**

共青团中央、全国青联、全国学联联合印发《关于“一二·九”运动五十周年纪念活动的通知》，要求各地开展“一二·九”纪念活动，使广大青年学生真正受到一次生动活泼的爱国主义教育和理想、纪律教育。

8540 | **11月12日**

国家教委在北京召开全国中小学师资工作会议。中共中央政治局委员、国务院副总理万里出席闭幕式并讲话指出，各级党政领导都要重视师资队伍建设，要用15年左右的时间在我国建设起一支德才兼备、合格稳定的教师大军。

8541 | **11月17日至20日**

国家教委在北京召开十二省贯彻《中共中央关于教育体制改革的决定》汇报会，检查落实情况。强调，贯彻《决定》要从实际出发，坚持实事求是原则；不要攀比，不搞高指标。

8542 | **11月18日**

国家教委印发《关于普通中学贯彻执行〈中共中央关于改革学校思想品德和政治理论课程教学的通知〉的几点意见》，决定用三年左右的时间，在部分省、直辖市的少数中学进行思想政治课的改革实验，在科学实验的基础上确定新的课程设置方案，并编出示范性的教学大纲和教材。进行这项改革实验的学校（班级）的高中毕业生不参加全国统一高考的政治课的考试，参加学校所在的省、直辖市单独命题考试，成绩计入全国统一高考成绩总分。

8543 | **11 月 22 日**

六届全国人大常委会第十三次会议通过《关于在公民中基本普及法律常识的决议》，决定从 1986 年起，争取用五年左右时间，有计划、有步骤地在一切有接受教育能力的公民中，普遍进行一次普及法律常识的教育，并且逐步做到制度化、经常化。《决议》提出，普及法律常识的重点对象，是各级干部和青少年。学校是普及法律常识的重要阵地。大学、中学、小学以及其他各级各类学校，都要设置法制教育的课程，或者在有关课程中增加法制教育的内容，列入教学计划，并且把法制教育同道德品质教育、思想政治教育结合起来。

1986年

改革进行时

• 重要文件

国务院《征收教育费附加的暂行规定》

中共中央办公厅、国务院办公厅《关于进一步加强中小学危房修缮和改造的通知》

中央职称改革工作领导小组转发国家教委《中学教师职务试行条例》《关于中小学教师职务试行条例的实施意见》

国家教委《中小学教师考核合格证书试行办法》

国家教委《“七五”期间全国中小学勤工俭学发展规划要点》

国家教委《普通中等专业学校设置暂行办法》

国家教委、国家体委《关于开展课余体育训练，提高学校体育运动技术水平的规划（1986—2000）》

• 重要政策

基础教育实施地方负责、分级管理

征收教育费附加

加强中小学的校舍建设和危房改造

实行教师考核合格证书制度

加强中小学体育、卫生、艺术、劳动技术教育工作

• 重要会议

国家教委召开全国中小学教材委员会审定委员会成立大会

国家教委召开全国中学计算机教育工作会议

国家教委召开全国中学劳动技术课教育工作座谈会

• 改革亮点

《中共中央关于教育体制改革的决定》发布后，高中阶段教育改革方向和重点任务通过“七五”计划得到进一步确认。按照基础教育“地方负责、分级管理”的原则，围绕实现重点任务，全国从教师质量提升、校长任职、课程建设等多方面推进高中教育改革。

8601 | **1月6日至13日**

国家教委、国家语委在北京联合召开全国语言文字工作会议。会议指出，语言文字工作关系社会主义精神文明和物质文明建设，关系整个民族文化水平的提高。会议提出，要进一步推行《汉语拼音方案》，使语言文字在社会主义现代化建设中更好地发挥作用。

8602 | **1月17日**

上海市人大法制委员会决定起草《上海市青年少年教育、保护条例》（暂名），并委托共青团上海市委牵头组成《条例》起草办公室。

8603 | **1月29日**

中组部、国家教委印发《关于停止在调整中小学和中等师范学校领导班子中对50多岁的校长采取不正确的“一刀切”做法的通知》，纠正干部任职年龄“一刀切”的做法。

8604 | **1月31日**

国家教委、中央绿化委联合印发《关于学校开展校园绿化和营造学校林的通知》，号召全国各级各类学校的师生员工积极开展绿化校园活动。

8605 | **2月21日**

国家教委印发《关于加强在职中小学教师培训工作的意见》。《意见》为贯彻落实《中共中央关于教育体制改革的决定》提出的“争取在五年或者更长一点的时间内使绝大多数教师能够胜任教学工作”的任务，对师资培训的任务和要求、渠道和形式、质量、办学条件等提出了要求。

8606 | **2月27日**

国家教委印发《关于加强中小学体育师资队伍建设的意见》，明确学校体育的任务和培养体育师资的要求，加速培养中小学体育新师资。《意见》指出，目前全国急需培训的高中体育教师约2万名。

8607 | 3月4日至10日

国家教委召开1986年度教育工作会议。会议指出，1986年教育战线的中心任务是继续贯彻《中共中央关于教育体制改革的决定》。会议强调，各级教育部门要从实际情况出发，分别研究和制定本地的教育发展战略，而不要简单地攀比指标，或照搬别的教育部门的做法。

8608 | 3月10日

国家教委印发《关于基础教育师资和师范教育规划的意见》，确立了中师、师专、大学本科三级师范教育学制。《意见》提出，综合大学和有条件的其他高等院校要把为中等教育培养师资作为重要任务之一；中学教师的来源要多样化；职业高中的通用专业要规范化，其专业基础理论课应尽可能有现有高师专业毕业生承担。

8609 | 3月25日至4月1日

国家教委在天津召开中学思想政治课改革实验教学大纲讨论会。会议拟定中学思想政治课改革实验教学大纲初稿，将在承担实验任务的40所中学试行，经过3年有计划的实验，最后确定课程设置方案并编写出全套教材和参考书，争取于1989年暑假后在全国初中一年级和高中一年级新生中使用。会议要求做好课程内容设置、编写教材、培训教师等相关工作。

8610 | 3月25日至4月12日

六届全国人大四次会议在北京人民大会堂召开。《政府工作报告》指出，“六五”期间，中等教育的结构调整开始取得成效，职业技术教育发展很快普及初等教育的工作有了进展。《报告》指出，“七五”期间，要坚持把科技进步和智力开发放在重要的战略地位，更好地发展科学教育事业。必须切实加强基础教育，积极推进九年制义务教育。各级各类教育的发展，要在适应“四化”建设需要进一步合理调整教育结构的同时，特别要注意提高教育质量。各级各类学校都要认真贯彻执行德育、智育、体育、美育全面发展的方针，并根据各自的特点适当加强劳动教育，坚持把提高教学质量、培养合格人才放在首位，在这个基础上因地制宜、稳步地发展数量。

8611 | **4月12日**

据《中国教育报》报道，北京市将实行高中毕业会考和高中一年级单科结业考试制度。高一结业考试的目的在于加强结业科目的教学，纠正部分学校和学生高考考什么就教什么、学什么的现象。

8612 | **4月14日**

国家教委批准成立全国中小学教材审定委员会和各学科教材审查委员会。其主要任务是：负责审定全国中小学各学科教学大纲，经省、自治区、直辖市教育部门、重点高等学校审查推荐的教材，人民教育出版社、中央级科研单位和全国性学术团体编写的教材，包括教科书、习题集、练习册、教学挂图、音像教材、教学软件、选修教材等，以及供教师用的教学指导书、教学参考书。9月22日至29日，国家教委在北京召开全国中小学教材审定委员会成立大会。

8613 | **4月18日**

中宣部、国家教委、共青团中央、全国教育工会联合印发《关于开展1986年教师节庆祝活动的通知》。通知要求各地落实邓小平关于“每年给知识分子解决一点问题，要切切实实解决，要真见效”的指示，做好1986年教师节的工作。

8614 | **4月19日**

中顾委主任邓小平在北京人民大会堂会见包玉刚、王宽诚、霍英东、李兆基等香港知名人士，赞扬他们为国家教育事业所作的贡献。邓小平指出，教育是一个民族最根本的事业。四个现代化的实现要靠知识、靠人才。政策上的失误容易纠正过来，而知识不是立即就能得到的，人才也不是一天两天就能培养出来的，这就要抓教育，要从娃娃抓起。尊重知识、尊重人才，是长远的根本大计。①

① 中国共产党新闻网·《邓小平思想年谱·1986年》。

8615 | **4月26日至28日**

中国教育学会勤工俭学研究会成立大会暨第一届年会在广西临桂召开。该研究会的成立标志我国勤工俭学工作从实践迈向理论研究。

8616 | **4月28日**

国务院发布《征收教育费附加的暂行规定》。《暂行规定》强调，教育费附加专用于改善中小学办学条件，以单位或个人实际缴纳的产品税、增值税、营业税的税额为计征依据，附加率为1%。

8617 | **5月12日**

中共中央、国务院批转中共国家教委党组、中共中直机关党委、中共中央国家机关党委《关于1986年选派讲师团工作的报告》。《报告》提出，派讲师团的办法将从中央推广到地方，并形成一项制度坚持下去。

8618 | **5月17日**

国家教委、国家计委、国家经委、财政部、轻工业部、国家出版局和国家物价局联合印发《关于中小学课本定价和供应问题的通知》，决定降低中小学课本定价。通知指出，从1986秋季起，全国通用的中小学课本定价由每印张0.085元降为0.08元。今后，全国通用的中小学课本定价，由国家教委会同国家出版局统一规定，经过家物价局会签同意后下达。

8619 | **5月19日**

中央职称改革工作领导小组转发国家教委《中学教师职务试行条例》《小学教师职务试行条例》《关于中小学教师职务试行条例的实施意见》。两个《试行条例》规定教师职务设置原则、各级教师职责、任职条件、考核和评审等相关问题。《实施意见》提出，中小学教师人数多，分布面广，情况复杂，在中小学实行教师职务聘任或任命制度，是一项关系到几百万教师切身利益、难度较大、政策性很强的工作，各级教育行政部门要予以高度重视，扎扎实实把这件事办好。

8620 | **5月23日至27日**

国家教委中学教育司在福建福州召开全国中学计算机教育工作会议。会议讨论确立我国中学计算机教育的工作方针，并决定在教学大纲中增加部分计算机应用软件内容，在有条件的地区和学校逐步开展计算机辅助教学。

8621 | **5月24日**

据《中国教育报》报道，北京市110所普通中学开设劳动技术课，其中有73所中学已把劳动技术课正式列入课表。为了开展好劳动技术教育，北京市教育局规定，必须把劳动和劳动技术教育纳入区（县）教育局和学校的工作议事日程，定期检查，表彰先进；对不安排学生劳动或达不到每学年组织学生劳动两周的学校，要及时批评指导，督促落实；把开设劳动技术课（列入课表，并正式开课），作为评先进单位的条件之一，把学生劳动和劳动技术课的考核成绩，作为评选“三好”生的条件之一；把使用效果较好的劳动技术课教学大纲和教材，以及在劳动技术教育中贡献突出的干部、教师的经验，纳入区（县）教育成果，并进行评奖。

8622 | **6月4日**

国家教委在江苏南京召开全国中小学、中等专业学校职称改革工作会议，部署在省、自治区、直辖市开展试点工作。

8623 | **6月5日**

国家教委印发《关于制订职业高级中学(三年制)教学计划的意见》。《意见》提出，职业高级中学的任务是培养中级技术工人、具有中级技术水平的农民、中等管理人员、技术人员和其他从业人员。职业高级中学学生的培养目标是：有理想、有道德、有文化、有纪律，热爱社会主义祖国和社会主义事业，具有为国家富强和人民富裕而艰苦奋斗的献身精神；具有实事求是、勤于思考、勇于创造的科学精神；具有良好的职业道德、职业意识、职业纪律、职业习惯、忠于职守的敬业精神；掌握直接从事某一专业、工种必需的文化基础知识和素养、专业技术知识和操作技能；有健康的体魄。

8624 | 6月7日

国家教委、国家出版局印发《关于中小学教学改革实验教材出版、印刷、发行问题的通知》，强调要加强对改革实验教材的领导，尽可能在经费、纸张供应、印刷等方面给予支持帮助。

8625 | 6月11日至15日

国家教委在江苏苏州召开全国中学劳动技术教育工作座谈会。会议认为，对青少年进行劳动技术教育，是马克思主义教育思想的基本内容之一；在普通中学开好劳动技术课，必须要具备一定的办学条件。要加强劳动技术课的教学研究和科学研究。

8626 | 6月18日

国家教委发布《中学思想政治课改革实验教学大纲（初稿）》。《教学大纲》提出，中学思想政治课改革实验的课程设置方案是：初中一年级上公民课、初中二年级上社会发展简史、初中三年级上中国社会主义建设常识课、高中一年级共产主义人生观课、高中二年级上经济常识课、高中三年级上政治常识课。初、高中毕业年级均需要安排一定时间进行学生毕业前的思想教育。法律常识教育采取集中与分散相结合的办法进行安排；各年级均有此项教育内容，适当集中在初一、初三和高三开课。

8627 | 6月18日

中共中央办公厅、国务院办公厅联合印发《关于进一步加强中小学危房修缮和改造的通知》。通知要求，各级党委和人民政府必须高度重视中小学的校舍建设，把它作为一件大事来抓。

8628 | 6月

《人民教育》第七、八期合刊发表了编辑部文章《探讨农村中小学教育改革的方向和措施》。文章提出，当前着重围绕三个问题进行讨论：一、农村中小学教育不适应农业生产发展需要的主要表现是什么？二、为了使农村中小学教育适应农业生产发展的需要，使学生具有热爱农村、热爱劳动的思想，学到的知识和本领在农业生产中“用得上”，学校的办学指导思想、培养目标需要进一步明确哪些问题？从教育结构到学制、课程设置、教学内容、教学方法、考试方法，需要做哪些改革？三、衡量一所农村中小学办得好坏的标准是什么？

8629 | **7月24日**

国家教委印发《“七五”期间全国中小学勤工俭学发展规划要点》。《规划要点》提出，“七五”期间开展勤工俭学工作总的奋斗目标是：进一步搞好勤工俭学工作，使教育效益和经济效益在“六五”的基础上有显著提高。全国中小学勤工俭学的开展面提高到80%左右；勤工俭学的总产值和纯收入以每年7%至9%的速度递增；争取到1990年，大中城市能建成1个至2个技术设备先进，工种与教师、教材配套的示范性的劳动技术教育中心。

8630 | **7月25日**

北京大学、清华大学、上海交通大学、复旦大学、天津大学、南开大学、北京二十六中学等十六所大、中学校的学生会和研究生会联合向各地的大、中学生发出开展援救非洲灾民活动倡议书。

8631 | **8月11日至15日**

第三届全国中学生运动会在辽宁鞍山举行。国家教委副主任何东昌发表《加强中小学的体育教育，为提高全民族的健康水平打好基础》的讲话，强调一个真正重视和懂得教育的人，应当也是重视体育的人。

8632 | **8月26至30日**

国家教委在上海召开全国工读教育工作会议。会议指出，办工读教育是教育部门义不容辞的责任，社会各界也要大力支持、配合。

8633 | **9月6日**

国家教委发布《中小学教师考核合格证书试行办法》，宣布在我国实行中小学教师考核合格证书制度。《试行办法》规定教师取得证书的具体办法，教师考核合格证书暂设教材教法考试合格证书和专业合格证书两种。不具备国家规定的合格学历的中小学教师（包括农职业中学文化课教师），都须取得教师考核合格证书。凡不具备国家规定合格学历的中小学教师，工作满一年以上者，可申请参加教材教法考试合格证书的考试；工作满二年以上并已取得教材教法考试合格证书者，可申请参加专业合格证书的文化专业知识考试。取得教材教法考试合格证书标志着教师初步学习并掌握了所教学科的教学大纲、教材及基本的教学方法。教材教法考试合格证书分高中教材教法考试合格证书、初中教材教法考试合格证书和小学教材教法考试合格证书三种。取得专业合格证书，标志着教师具有担任某一学科教学所必须具备的文化专业知识和能力，并能基本胜任所教学科的教学工作。专业合格证书分高中教师专业合格证书、初中教师专业合格证书和小学教师专业合格证书三种。

8634 | **9月6日**

国家教委、中央教育行政学院举办普通中学教育思想研讨班。参加普通中学教育思想研讨班的学员是来自北京、上海、天津、辽宁、江苏、浙江、福建、湖北等九省（直辖市）的普通中学和教育行政部门的领导干部，共94人，其中中学校长68人。

8635 | **9月10日**

中宣部、国家教委、共青团中央、全国教育工会在中南海召开大会，热烈庆祝教师节，表彰为我国教育事业作出卓越贡献的先进个人和先进集体。国务院副总理兼国家教委主任李鹏发表《坚持改革，大力发展基础教育》的讲话。大会宣布国家教委《关于表彰基础教育先进县的决定》和国家教委、全国教育工会《关于表彰全国教育系统先进个人和先进集体的决定》，表彰100个基础教育先进县、1000位先进个人和100多个先进集体的代表。

8636 | **9月10日**

中国中小学幼儿教师奖励基金会在北京成立。9月18日，基金会召开第一次理事长扩大会议。会议指出，成立基金会的根本目的是提高中小学幼教师的地位，改善他们的工作和生活条件。

8637 | 9月28日

党的十二届六中全会通过《中共中央关于社会主义精神文明建设指导方针的决议》，阐明了社会主义精神文明建设的战略地位、根本任务和基本指导方针。《决议》指出，社会主义精神文明建设包括思想道德建设和教育科学文化建设两方面内容。社会主义精神文明建设的根本任务，是适应社会主义现代化建设的需要，培养有理想、有道德、有文化、有纪律的社会主义公民，提高整个中华民族的思想道德素质和科学文化素质。

8638 | 10月7日至12日

国家教委在辽宁大连召开全国中学外语教育改革工作会议。针对全国中学外语教学的实际情况，会议提出，要立足当前，着眼未来；区分层次，分类指导；讲求实效，保证质量，分期分批地提高中学外语教学水平。

8639 | 10月16日

国家教委邀请音乐界、美术界著名专家、学者举办座谈会。会议指出，美育是培养有理想、有道德、有文化、有纪律的社会主义公民的必修课。全社会都要重视艺术教育。国家教委将成立艺术教育委员会，以加强对学校美育工作的宏观规划和指导。

8640 | 10月18日

国家教委发布《普通中等专业学校设置暂行办法》。《暂行办法》对普通中等专业学校的定位、设置原则、设置标准、审批程序等相关内容作了规定。

8641 | 10月22日

国家教委印发《关于开展中小学和中等专业学校教师职称改革试点工作的通知》。通知要求，试点工作的完成日期可以适当延长，试点面应控制在国家教委向国务院请示中规定的范围之内。

8642 | 11月11日

国家教委、国家体委联合发布《关于开展课余体育训练，提高学校体育运动技术水平的规划（1986—2000）》。《规划》对课余体育训练的指导思想、课余体育训练的主要任务和目标、课余体育训练的主要措施等作了规定。

8643 | 11月11日

劳动人事部、国家教委发布《技工学校工作条例》。《工作条例》规定，技工学校是培养技术工人的中等职业技术学校，是国家职业技术教育事业的重要组成部分，属于高中阶段的职业技术教育。

8644 | 11月25日

共青团中央发布《青年宫、青少年宫管理工作条例（试行）》。《工作条例》指出，青年宫、青少年宫的工作内容包括思想品德教育活动、学习辅导活动、文化娱乐活动、科学技术知识普及活动、文学艺术教育活动、体育活动、生活指导活动。

8645 | 12月2日

国家教委、卫生部联合发布《关于学校卫生保健人员有关政策性问题的规定》，对学校卫生保健人员的系列、职称、津贴待遇等政策性问题作出规定。《规定》指出，各级各类学校内从事卫生保健工作者，凡属医学院毕业或已获得医士（护士）以上职称者，为卫生技术人员，属于学校内的卫生技术人员系列。凡专职、兼职保健教师，是从事学校卫生保健、卫生教育的专业教师，则属于教师系列。

8646 | 12月7日至12日

国家教委召开全国学生体质、健康调研工作总结与论文报告会。会议指出，各级教育部门和学校要积极运用学生体质调研的科学成果，大力改革和加强学校体育卫生工作。

8647 | **12 月 16 日**

国家教委、中国民航总局印发《关于民航飞行专科学校 1987 年招收飞行学生的通知》。通知规定，自 1987 年开始，民航飞行专科学校招收飞行学员，参加全国普通高等学校招生统一考试。

8648 | **12 月 18 日**

中国红十字会总会、国家教委印发《关于在学校中积极开展红十字青少年活动的通知》，希望有条件的学校积极建立红十字组织，开展红十字青少年活动。截至 1986 年底，全国有 5691 所大中小学建立了红十字组织，发展 53 万名青少年会员。

8649 | **12 月 20 日**

国家教委函复上海市教委，同意上海市关于 1988 年开始试行的高考改革方案。从 1988 年开始，上海高考自行命题，试行“3+1”方案。

8650 | **12 月 24 日**

国家教委、国家出版局、国家工商行政管理局印发《关于进一步贯彻执行〈关于严禁擅自编写出版、销售学生复习资料的规定〉的通知》，强调过去由出版社出版的中小学生用的复习资料、辅导材料等，一律不得重印。通知指出，为适应中小学教学需要，人民教育出版社可以编写出版与教科书配套的教师用教学参考书和补充习题集。

8651 | **12 月 28 日**

国家教委艺术教育委员会在北京成立。艺术教育委员会是国家教委领导下的咨询机构，其主要职责是：在学校艺术教育的方针、政策、发展规划、规章制度等重大问题上向国家教委提供咨询，协助国家教委指导、督促、检查各级各类学校艺术教育的实施，推动学校美育教育的发展。国家教委副主任彭珮云出席成立大会并讲话指出，要广泛深入地宣传在学校中加强美育的重要意义以及美育的方针任务；对学校艺术教育状况认真进行一次比较全面、比较系统的调查研究；要大力加强师资队伍的建设。

8652 | **12 月**

国家教委督导工作座谈会提出，从 1987 年起，我国将在普通中等和初等教育中逐步试行督导制度。国务院已经批准国家教委设立督导司。

8652

1987年

改革进行时

• 重要文件

国务院《关于提高中小学教师工资待遇的通知》

国家教委、财政部《关于农村基础教育管理体制改革若干问题的意见》

国家教委《关于进一步加强对企事业中小学领导的意见》

国家教委《全国中小学教材审定委员会工作章程》

国家教委《关于社会力量办学的若干暂行规定》

国家教委《中学生体育合格标准的试行办法》

国家教委《全日制普通中学劳动技术课教学大纲（试行稿）》

共青团中央等单位《关于在中学开展实践教育活动的意见》

国家教委《普通高等学校招收少数职业技术学校应届毕业生的暂行规定》

• 重要政策

改革农村基础教育管理体制

启动农村和城市教育综合改革实验

实行中小学教材审定审查制度

提高中小学教师工资标准

鼓励社会力量办学

加强中学劳动技术课教育

• 重要会议

国家教委召开中学思想政治课改革实验工作会议

国家教委召开十一个中等城市办学方向研讨会

• 改革亮点

开展农村和城市教育综合改革。党的十三大把教育事业置于重要地位，把经济建设转到依靠科技进步和提高劳动者素质的轨道上来。为系统、全面地总结教育改革经验，国家开展农村和城市教育改革实验。实验区的建立，促进教育事业与经济建设、社会发展紧密结合，促进了教育事业的发展。

8701 | **1月4日**

国家教委中学司向各省、自治区、直辖市教委、教育厅（局）以及各普通中学印发通知，要求学期结束前，学校要普遍对学生进行一次形势教育；寒假期间组织学生参加社会实践活动；发挥学生会和团队的作用。

8702 | **1月17日至19日**

1986届中央机关讲师团在北京召开工作会议。会议指出，讲师团要大力加强思想政治工作，当前主要围绕进行坚持四项基本原则的教育，开展反对资产阶级自由化思潮的斗争，不断提高认识和觉悟；要继续端正教育思想，认真贯彻德、智、体、美、劳全面发展的教育方针，纠正目前存在的重视智育，忽视德育、美育及劳动教育的错误倾向；要提高教育质量，抓好备课环节；要在已有的实践基础上搞好调查研究工作。

8703 | **1月**

北京市教育局发布《北京市中小学学生学籍管理暂行办法》。《暂行办法》规定，外地高中学生迁入本地就读的必须持学生本人本市常住户口登记卡和原就读学校出具的转学证明和本人档案等。

8704 | **2月8日至15日**

国家教委在北京召开1987年度教育工作会议。会议期间，中共中央书记处听取国家教委汇报，并对当前的教育工作作出重要指示。会议指出，1987年教育战线上要抓好两件事：一是反对资产阶级自由化，二是继续进行教育领域的各项改革。

8705 | **2月10日**

国家教委发布经过修订的全日制中小学18个学科的教学大纲。1987年春季开始执行新教学大纲。

8706 | **2月11日**

中小学教师专业合格证书考核工作会议结束。会议决定，不具备合格学历的中学教师专业合格证书文化专业知识考试，将于1987年8月由国家教委统一命题。小学、幼儿园教师考试题目和时间由地方确定。实行考核合格证书制度和职务任命（聘任）制，是中小学教师管理制度的一项重大改革。

8707 | **2月17日**

中国中小学幼儿教师奖励基金会第一次理事会在北京举行。会议提出对广大青少年进行爱国主义教育的建议，号召全社会支持基础教育事业的发展，为提高整个中华民族的政治、文化素质作出贡献。会议通过中国中小学幼儿教师奖励基金会的章程、基金募集和管理使用办法及奖励优秀教师的试行条例。

8708 | **2月26日至27日**

国家教委在北京召开制定全国学校艺术教育总体规划的工作安排讨论会，初步落实总体规划的制定工作。会议披露，国家教委有关部门正在制定全国学校艺术教育总体规划。

8709 | **2月28日**

全国中学计算机教育研究中心成立，设北京和上海两部，分别挂靠在北京师范大学和华东师范大学。

8710 | **3月3日**

国家教委印发《关于转发〈国家教委督导工作座谈会纪要〉的通知》。国家教委要求各地积极创造条件，把各级督导机构逐步建立起来，积极进行督导工作试点。县一级的督导工作可选一些有条件的地方进行试点，不要操之过急。

8711 | **3月3日至9日**

国家教委在北京召开中学思想政治课改革实验工作会议，对一年来中学思想政治课改革实验的情况进行总结。国家教委副主任何东昌指出，中学思想政治理论课改革实验工作，关系几千万中学生的健康成长。我国每年有一千多万名初高中生毕业，他们的思想道德素质如何是关系社会主义“四化”建设顺利进行的一件大事，要引起各级领导的高度重视。

8712 | **3月5日**

国家教委、国家计委发布《全日制普通中等专业学校校舍规划面积定额（试行）》。本定额适用于国务院各部门，全国各省、自治区、直辖市以招收初中毕业生，学制为四年的新建全日制普通中等专业学校。

8713 | **3月6日**

国家教委发布《全日制普通中学劳动技术课教学大纲（试行稿）》。国家教委提出，劳动技术教育是全面贯彻党的教育方针的需要，是中学教育不可缺少的组成部分，旨在让学生树立“人民群众是生产劳动的主体，是社会历史的创造者”的观点，养成艰苦朴素、遵守纪律、关心集体、爱护劳动工具、珍惜劳动成果的优良品质。《教学大纲》对劳动技术课的教学目的、教学内容的设置原则、课时安排等作出规定。劳动技术课的时间，初中每学年2周，每天按照4课时安排，3年共计144课时；高中每学年4周，每天按6课时安排，3年共计432课时。

8714 | **3月11日**

《中国教育报》编辑部邀请北京、天津15所中学校长就在中学如何进行坚持四项基本原则教育召开座谈会。与会校长一致认为，中学时代要为学生树立坚定正确的政治方向打好基础；要加强和改革思想政治课，使马克思主义的基本观点在学生思想上扎根；中学生要适当参加社会实践，了解社会了解国情。

8715 | **3月15日至21日**

中国教育报社、人民教育杂志社、中国高等教育杂志社召开宣传报道工作会议。会议的主要议题是根据中央关于坚持四项基本原则、反对资产阶级自由化的有关文件精神，讨论和落实1987年的宣传报道计划。中共国家教委党组书记、国家教委副主任何东昌出席会议并讲话指出，党的教育方针包括办学方向、培养学生的基本途径和培养目标三方面，我们的办学方向是教育为社会主义建设服务；培养学生的基本途径是教育同社会实践相结合，社会实践包括生产劳动，但不限于生产劳动；我们的培养目标是培养德智体美劳全面发展的“四有”人才。这三个方面要求要体现在教育的各个环节。当前，要改变忽视政治的倾向。教师要关心学生的全面成长，教师育人。

8716 | **3月24日**

国家教委发布《普通高等学校招收少数职业技术学校应届毕业生的暂行规定》。《暂行规定》指出，在国家核定的培养职业技术师资的招生计划中，安排从中等职业技术学校招收少数优秀应届毕业生升入普通高等学校学习，毕业后分配到中等职业技术学校任教。

8717 | **3月25日**

六届全国人大五次会议在北京人民大会堂开幕。《政府工作报告》指出，1986年是开始执行第七个五年计划并取得显著成就的一年，围绕经济建设这个中心，科技、教育、思想、文化领域取得许多可喜成果。普及九年制义务教育，改善中等教育结构，发展职业技术教育以及提高普通高等教育和成人高等教育质量等方面，取得了程度不同的新进展。《报告》强调，各级人民政府要采取切实有效的政策和措施，努力提高全民族的思想道德素质和科学文化素质，为现代化建设和全面改革提供强有力的精神动力和智力支持。各级各类学校特别是高等学校担负着教育人、塑造人的光荣使命，更要注意加强和改进思想政治工作。要坚持理论联系实际，改革教育内容和教学方法，给教师积极提供了解实际情况的方便条件，有领导、有组织地引导学生参加社会实践，扩大视野，丰富实际知识。各级人民政府都要很好地关心和支持教育工作，继续努力改善广大教师的工作和生活条件。切实加强和认真改进学校的行政管理和后勤工作。要全面贯彻国家的教育方针，努力提高受教育者各方面的素质，培养和造就一代又一代有理想、有道德、有文化、有纪律的社会主义新人。

8718 | **3月26日**

据《中国教育报》报道，北京市教委工作部对中学进行坚持四项基本原则、反对资产阶级自由化正面教育工作进行部署，要求普通高中要把学生参加生产劳动与社会服务活动列入课程，并规定从1988年起，报考高等院校的高中毕业生都应该有参加劳动的证明。

8719 | **3月28日**

北京市教育局召开全市中小学美育工作会议。会议强调，对学生进行美育是全体教师的任务，中小学应把美育工作渗透到学校工作的各个环节中去。会议宣布，北京市教育局1987年将拨专款100万元用于推动中小学美育工作的开展。

8720 | **4月3日至6日**

国家教委体育卫生司召开全国十省（直辖市）学生近视眼防治工作研讨会。会议指出学校从校长、班主任到任课教师，都要认真抓防治学生近视眼的工作，要人人抓、经常抓、科学地抓。

8721 | **4月8日**

国家教委召开关于卫星电视教育工作的新闻发布会。发布会披露，我国首次开通的卫星电视教育专用频道各项工作进展顺利，1987年全国半数以上的县域有望收看卫星电视教育节目。

8722 | **4月8日**

北京市高等师范学校首次提前招生，报名人数达两万人，重点中学学生报名人数比往年大大增加。

8723 | **4月17日**

国家教委发布《成人中等专业学校暂行条例》。《暂行条例》对成人中等专业学校的建校条件、办学形式与学习年限、建校审批程序、招生、证书和学历等作出明确规定。

8724 | **4月18日**

据《中国教育报》报道，我国有90多件教育法规被废止或失效。国务院法制局开展的新中国成立以来规模最大的一次清理教育法规的工作，目前已全面完成。这次清理教育法规的范围，包括1949年至1984年底，经国务院（含政务院）发布或批准发布的130多件教育行政法规和法规性文件。继续有效的只有近 1/3，其他 90 余件法规已不适用。

8725 | **4 月 19 日**

共青团中央、国家教委、中国科协、农牧渔业部联合印发《关于在中学开展实践教育活动的意见》。《意见》要求全国各地通过实践教育活动更好地帮助中学生了解社会，确立理想，学习劳动技能，增强对社会需要的适应能力。

8726 | **4 月 22 日**

国家教委印发《关于进一步扩大中学思想政治课改革实验的通知》。通知要求各级教育行政部门提高对思想政治课改革实验的认识，做好全面规划，加强领导，以保证这项改革实验的顺利进行。从 1987 年秋季开始，各省、自治区都要选择一些学校在初一、高一两个起始年级开始改革实验，分别开设公民课和共产主义人生观课。有条件的地方，还可选择少数高三班级开设政治常识课。1988 年秋季起，高一年级要普遍开设共产主义人生观课并试用新教材，高三年级要普遍开设政治常识课并试用新教材。1987 年、1988 年秋季，高二年级仍继续开设辩证唯物主义常识课，少数试点学校可以开设经济常识课；1989 年秋季要普遍开设经济常识课并试用新教材。到 1989 年秋季，高中三个年级将基本上实施新的课程设置方案并试用新教材。

8727 | **5 月**

国家教委学生司和中学司联合召开研讨会。会议指出，各省、自治区、直辖市何时举行普通高中毕业会考，要看何时具备条件，具备条件的地方，经国家教委批准后可以试行。

8728 | **5 月**

国家教委、浙江省教委联合督导组对浙江省宁波市慈溪、象山两县的普通教育工作进行督导。这是国家教委建立督导司后，首次开展试点工作。

8729 | **6 月 15 日**

国家教委、财政部联合印发《关于农村基础教育管理体制改革若干问题的意见》。《意见》指出，把发展基础教育的责任交给地方，是为建立适合我国国情的基础教育管理体制而采取的一项重大步骤；科学地划分地方各级政府的职责权限，是搞好农村教育体制改革的关键；省、地（市）、县、乡四级都要明确各自的职责，省、地（市）要加强对农村基础教育的领导，应把县、乡两级职责权限的划分作为工作重点。《意见》要求，从实际出发，科学地划分地方各级人民政府管理基础教育的职责权限，要充分发挥县在管理农村基础教育方面的重要作用；扩大乡一级管理农村学校的职责权限；要注意发挥村在解决危房、改善办学条件、提高教师待遇等方面的作用。认真贯彻落实《国务院关于筹措农村学校办学经费的通知》精神，搞好农村教育事业费附加的征收工作。

8730 | **6月20日**

上海市八届人大常委会第二十九次会议通过《上海市青少年保护条例》。这是新中国成立以来第一部比较全面地保护青少年权益的地方综合性法规。

8731 | **6月27日**

国家教委印发《关于坚决制止学校向企业乱摊派的通知》。通知要求各地教育行政部门认真检查一下所属学校贯彻落实《国务院关于坚决制止向企业乱摊派的通知》的情况，要划清多渠道筹措办学资金和乱摊派的界限。

8732 | **6月27日**

《中国教育报》报道《发挥当地草编生产优势——浙江省贤江中学因地制宜开展劳技教育》，介绍了浙江省慈溪县贤江中学利用草编开展劳技教育，既增强学生的劳动观念和动手能力，又为当地农村发展家庭副业和商品经济服务。

8733 | **7月4日**

国家教委印发《关于进一步加强对企事业中小学领导的意见》，要求国务院有关部委、地方和军队有关业务部门进一步健全教育管理机构，加强对企事业办学的宏观指导。

8734 | **7月8日**

国家教委发布《关于社会力量办学的若干暂行规定》。《暂行规定》指出，社会力量办学是对国家办学的补充，应予以鼓励和支持。社会力量办学均须根据学校的类别、层次，按审批权限，经有关教育行政部门批准，未经批准不得办法。

8735 | **7月8日**

城乡建设环境保护部、国家教委联合印发《关于加强学校房屋建设管理，严防倒塌事故的紧急通知》。通知要求各地城乡建设主管部门会同教育主管部门于1987年底前，对1985年以来新建的中小学校舍进行一次结构安全检查，及时采取措施排除安全隐患。

8736 | **7月9日**

据《中国教育报》报道，上海市获得国家教委批准，从1988年开始，进一步改革普通高校招生考试制度。高中9门学科（政治、语文、数学、外语、物理、化学、生物、历史、地理）全面实行会考，高考只考相关科目，高考科目原则上不超过3门。

8737 | **7月16日**

国家教委印发《关于职业中学专业课教师职务聘任工作的补充意见》。《补充意见》要求在1987年上半年试点的基础上，下半年逐步展开，年底完成学校数的50%左右，首次教师职务聘任工作在1988年内完成。

8738 | **8月10日**

全国首次教育厅（局）长教育思想讲习班在北京师范大学开学。国家教委副主任杨海波出席开学仪式并讲话。杨海波强调，教育必须为社会主义建设服务；坚持四项基本原则，坚持德智体美劳全面发展的方针，培养适应社会主义“四化”建设的人才；促进教育与生产、科学实验的结合；基础教育要根据实际情况坚持改革、开放、搞活；加强基础教育、普及义务教育关键在领导。

8739 | **8月13日**

国家教委印发《关于在中小学严格制止宣扬凶杀、色情、迷信等有害书刊流传的通知》。通知要求，严格制止宣传凶杀、色情、迷信等有害书刊在中小学流传。

8740 | **9月7日**

江西省教委发布《关于纠正中小学片面追求升学率倾向的若干规定》。《规定》提出，全日制普通中学一律不准办高、初中毕业生的升学补习班，这类补习班由当地教育行政部门统筹规划，统一组织社会力量和离、退休人员举办。少数缺额教师需请在职教师兼课的，必须经当地教育行政部门批准，由教育行政部门统一选聘。业余兼课时数每周不超过两晚，每晚不超过两课时。

8741 | **9月8日**

首都优秀教师代表座谈会在北京人民大会堂举行。会议强调，深化教育改革是当前教育战线的一项迫切任务，深化教育改革首先要端正教育思想，培养社会主义建设各项事业需要的、德才兼备的合格人才。教师们一致认为，教育工作者责任重大而光荣，一定要既教书又育人。

8742 | **9月27日**

国家教委发布《中学生体育合格标准的试行办法》。《试行办法》规定，体育不合格的学生，不得被评为“三好”学生；毕业时，经补考仍不合格者，只发结业证书，不得报考高一级学校。一个班的体育合格率，应作为评先进集体的条件之一。

8743 | **9月**

中共上海市委副书记、上海市市长江泽民在《上海教育》第9期发表题为《国将兴，必贵师而重傅》的文章。江泽民在文章中指出了教师工作的重要意义，提出全社会都应十分尊重教师的劳动。

8744 | **10月7日**

国家教委召开中国教育电视播出一周年座谈会，宣布正式成立中国教育电视台。

8745 | **10月10日**

国家教委发布《全国中小学教材审定委员会工作章程》。《章程》规定，今后凡编写可供全国通用的中小学教材、包括教科书、习题集、练习册、印象教材，以及供教师使用的教学参考书，都必须经全国中小学教材审定委员会审定或审查；少数民族地区使用的教材，各地区使用的乡土教材、补充教材也应由省、自治区、直辖市的专门机构审查。国家教委同时印发《中小学教材审定标准》《中小学教材送审办法》。

8746 | **10月21日**

国家教委等五部门印发《关于在普通中学开展社会实践活动若干问题的通知》。通知指出，社会实践活动的内容主要包括社会活动和社会生产劳动两个方面。开展社会实践活动的时间为：初中每学年一周，高中每学年两周。

8747 | **10月25日至11月1日**

党的十三大在北京召开。会议第一次系统地阐明了社会主义初级阶段的理论，确定今后经济建设、经济体制改革和政治体制改革的基本方针，确定在改革开放中加强党的建设的基本方针，并在总结丰富实践经验的基础上进行创造性地理论概括。会议指出，党的十三大的中心任务是加快和深化改革。会议强调，要把发展科学技术和教育事业放在首要位置，使经济建设转移到依靠科技进步和提高劳动者素质的轨道上来。会议指出，从根本上说，科技的发展，经济的振兴，乃至整个社会的进步，都取决于劳动者素质的提高和大量合格人才的培养。百年大计，教育为本。必须坚持把发展教育事业放在突出的战略位置，加强智力开发。随着经济的发展，国家要逐年增加教育经费，同时继续鼓励社会各方面力量集资办学。要坚持教育为社会主义现代化建设服务的方针，按照实际需要，改善教育结构，提高教育质量，克服教育脱离实际和片面追求升学率的倾向。必须进一步造成尊重知识、尊重人才的社会环境，继续改善知识分子的工作和生活条件，努力做到人尽其才，才尽其用。要充分发挥广大工人、农民、知识分子的积极性和创造性，对一切为现代化建设作出优异成绩的人们都要给予奖励。必须下极大的力量，通过各种途径，加强对劳动者的职业教育和在职继续教育，努力建设起一支素质优良、纪律严明的劳动大军。在充分发挥我们自己的科技人员的作用的同时，还要积极开展国际人才交流的工作。

8748 | **10 月 28 日**

国务院办公厅转发国家教委《关于教育部门勤工俭学管理机构有关问题的请示报告》。《请示报告》指出，各级教育部门对所属的为管理学校勤工俭学服务的专业公司，要加强领导和管理，模范遵守国家的法令和政策，继续办好。对于个别地方假借教育部门的名义办的一些实质上并非为教育是服务的公司，应按国家有关规定予以清理、撤销。

8749 | **10 月**

国家教委在北京召开中学思想政治课改革实验教学大纲修订工作会议。会议确定从 1988 年秋季起，我国高中、初中将陆续开设一些新的思想政治课程，并试用新的教材。

8750 | **11 月 16 日**

国家教委、国务院西藏经济工作咨询小组联合转发《关于内地对口支援西藏教育实施计划》。《实施计划》指出，支援的重点是：为西藏各类学校培养、培训师资和管理人员，积极支援、培养西藏建设急需的各类专业技术人才。对西藏现有学校的支援，先由西藏自治区学校归口业务部门提出具体计划，由国务院有关部门落实对口支援的院校。主要任务是为上述九所中等专业学校培养、培训师资和定期选派专业课教师讲课，并适当资助改善这些学校的办学条件。教育对口支援的主要任务是：选派初中、高中骨干教师讲课；帮助培训中学教师和教育行政管理人员；对中学实验室建设进行技术指导等。

8751 | **11 月 18 日至 22 日**

国家教委在湖北沙市召开十一个中等城市办学方向研讨会，启动城市教育综合改革工作。会议强调，中等城市教育发展方向是：在切实保证义务教育质量，提高青少年素质的基础上，主要培养为本市经济和社会发展服务的中、初级人才。会议指出，中等城市教育改革要从改善教育结构、改革教育体制入手，要发展中专、技校。

8752 | **11月28日**

国务院印发《关于提高中小学教师工资待遇的通知》。通知提出，从1987年10月起，将中小学教师和幼儿园教师现行的工资标准提高10%。各省、自治区、直辖市也可以在不超过工资标准提高10%的增资总额范围内，根据本地区实行情况，将增资总额的大部分用于提高工资标准，小部分用于调整中小学教师内部的工资关系。中等专业学校、技工学校和中等、初等成人教育学校的教师可以参照执行。

8753 | **12月7日至10日**

全国首届中小学卫生保健会议在江西鹰潭召开。会议认为，当前我国中小学生身体状况不佳，学校卫生保健工作较薄弱，完善学校卫生保健制度是当务之急。

8754 | **12月8日**

国家教委印发《关于开始有计划地进行中小学教师〈专业合格证书〉文化专业知识考试的通知》。通知决定从1988年起，开始有计划地进行中小学教师专业合格证书文化专业知识考试。

8755 | **12月13日**

国家教委召开的全国中小学实验室及仪器工作会议结束。会议指出，从我国国情出发，因地制宜，多方集资，采取多种形式加强中小学实验室及仪器设备工作，是提高基础教育教学质量的重要一环。

8756 | **12月21日至26日**

国家教委在北京召开全国电化教育工作会议。会议指出，今后一个时期，我国电化教育的方针是：通过深化改革，根据可能和需要，在保证质量、提高效益的前提下，适应为社会主义现代化建设对专业人才多样化的需要，适应学校提高教学质量的需要。

8757 | **12 月 28 日**

国家教委、财政部发布《社会力量办学财务管理暂行规定》。《暂行规定》指出，社会力量举办的各级各类学校是我国教育事业的组成部分，是国家办学的补充。《暂行规定》对社会力量办学的财务体制、经费来源、经费支出、日常财务管理等作出具体规定。

8758 | **12 月 31 日**

经国务院批准，国家教委、国家体委、卫生部、国家民委、国家科委、财政部印发《关于中国学生体质、健康状况调查研究结果和加强学生体育卫生工作的意见》。调查结果表明，通过对 7 岁至 22 岁大、中、小学生的身体形态、机能、素质共 20 项指标及 9 种疾病，按照科研的要求，抽样进行了统一检测，发现自 1979 年以来，我国青少年儿童生长发育迅速，并有提前的趋势。意见提出，逐步使学生体质、健康调研工作制度化、科学化。

8759 | **12 月 31 日**

国家教委发布《编制普通中等专业学校跨省招生计划的试行办法》。《试行办法》对招生来源的种类、编制计划的原则、编制计划的程序等作了明确规定。

1988 年

改革进行时

• 重要文件

中共中央《关于改革和加强中小学德育工作的意见》

国家教委《中学德育大纲（试行稿）》

国家教委《中学生日常行为规范（讨论稿）》

国家教委《普通高等学校招收保送生的暂行规定》

国家教委《关于全日制普通中学端正办学方向、纠正片面追求升学率倾向的督导评估的几点意见》

人事部、国家教委、财政部《关于提高中小学班主任津贴标准和建立中小学教师超课时酬金制度的实施办法》

• 重要政策

改革和加强中小学德育工作

规范中小学生日常行为

综合治理和纠正片面追求升学率倾向

中小学管理体制改革试点

实行教师职务聘任制度

加强班主任工作管理

建立普通高等学校保送生制度

• 重要会议

国家教委召开全国中小学德育工作会议

国家教委召开全国中小学教师职务聘任工作会议

国家教委、国家体委、卫生部召开全国学校体育卫生工作会议

国家教委等部门召开全国中小学生勤工俭学工作会议

• 改革亮点

纠正片面追求升学率倾向。为了认真纠正片面追求升学率的倾向，促进教育更好地为社会主义现代化建设服务，国家呼吁全社会开展“端正教育思想，深化教育改革”的大讨论，通过加强督导评估和综合治理来纠正片面追求升学率倾向。纠正“片追”倾向，对青少年的身心健康和教育改革与发展意义重大。

8801 | **1月12日**

劳动人事部、国家教委发布《提高中小学教师工资标准的实施办法》，提出提高中小学教师工资待遇的具体实施办法。

8802 | **1月14日至16日**

国家教委在广西南宁举行全国中小学教师职务聘任工作会议。会议指出，实行教师职务聘任制，一定要有利于教师队伍建设，有利于教育方针的全面贯彻，有利于调动教师的积极性。这次实行教师聘任不是“末班车”，今后要转入经常化、制度化。会议强调，把工作实绩作为考评教师的主要依据，通过评审工作，使各级领导、社会各方面更加理解和重视中小学教师队伍建设，更加关心教师的疾苦。

8803 | **1月21日**

中央职称改革工作领导小组、国务院工资制度改革小组、财政部、国家教委印发《关于适当增加中小学教师高中级职务限额和下放权力理顺工作关系的通知》。通知提出，在各省、自治区、直辖市职称改革工作领导小组领导下，各省、自治区、直辖市职改办与教委、教育厅（局）职改办联合对已下达各地（市）的职务限额进行一次检查；各省、自治区、直辖市职称改革工作领导小组要进一步将中小学职改的权力下放给教育部门，放手让它们根据中小学的特点和实际情况开展工作。

8804 | **1月22日**

全国人大教科文卫委员会和国家教委举办新闻发布会，呼吁全社会开展“端正教育思想，深化教育改革”的大讨论，认真纠正片面追求升学率的倾向，促进教育更好地为社会主义现代化建设服务。新闻发布会宣布成立“端正教育思想，深化教育改革”研究与对策领导小组。

8805 | **1月27日**

国家教委印发《关于实施〈中学生体育合格标准的试行办法〉的意见》，提出应把实施《试行办法》的情况作为评估一个学校教育工作的重要内容。全国从1988年9月起，统一在普通中学高中阶段（各年级）实施《试行办法》。

8806 | **1月30日**

中国教育学会第六次全国秘书长会议召开。会议指出，教育经费的解决要寻求多种渠道，目前有五个渠道：财政拨款、征收教育事业费附加、社会集资办学、开展勤工俭学活动、建立人民教育基金。

8807 | **2月1日**

国家教委发布《中小学学生近视眼防治工作方案（试行）》。《工作方案》指出，要加强保护视力的宣传教育，制定有关保护视力的规章制度，并在学校认真执行。采取切实措施，积极开展矫正学生近视眼的工作。积极创造条件，改善学习环境条件。

8808 | **2月2日**

国家教委发布《普通高等学校招收保送生的暂行规定》。《暂行规定》明确规定招收保送生的条件：综合表现优秀的高中应届毕业生，“三好”学生或优秀学生干部中政治思想表现突出、学习成绩优秀、社会活动能力较强的学生优先；德智体全面发展，学习成绩优秀，志愿献身教育事业，并具备从事教师工作素质的高中及中等师范学校的优秀应届毕业生；德智体全面发展，各课学习成绩优良，在国际中学生学科奥林匹克竞赛集训的优秀高中应届毕业生。

8809 | **2月3日至5日**

国家教委在北京召开1988年度教育工作会议。会议主要讨论今后一个时期教育发展的方针、任务及工作安排。针对高中阶段教育，会议指出，要着力解决片面追求升学率问题，大力发展我国中等职业技术教育，改革中专教育的办学体制，招生、毕业生分配制度等。

8810 | **2月14日**

国务院工资制度改革小组、劳动人事部印发《关于中小学教师职务工资标准问题的通知》，决定提高中小学教师工资标准。

8811 | **3月9日**

国家教委、财政部发布《关于加强普通教育经费管理的若干规定》。

《规定》要求各级财政、教育部门安排教育经费预算，应根据地方财力，逐步实行定额加专项的办法，以保证教育事业发展的需要。《规定》指出，教育行政部门在安排所属单位和学校预算时，须认真执行勤俭办学的方针，实行“经费包干、结余留用、超支不补、自求平衡”的原则，学校有权统筹安排使用教育经费。

8812 | **3月14日**

国家教委发布《普通中等专业学校招生暂行规定》。《暂行规定》对普通中等专业学校报名、政治思想品德考核、身体健康状况检查、考试、招生来源计划、录取等作出详细规定。

8813 | **3月21日**

国家教委印发《关于加强中小学实验室和仪器设备工作的若干意见》。《意见》要求各级教育事业经费及征收的教育费附加中要有一定比例用于实验室建设，其中教学仪器购置费一般不低于各级教育事业经费的2%，并逐年有所增加。

8814 | **3月21日**

国家教委发布《加强中学实验教学的暂行办法》。《暂行办法》指出，中学实验教学是全面实施理科教学大纲和提高理科教学质量的重要环节，是加强中学实践教育环节的重要内容；各级教育行政部门和学校均应充分认识实验教学的重要性，采取切实可行的措施加强对实验教学工作的指导。

8815 | **3月21日**

国家教委发布《中小学校实验室工作的规定》。《规定》对实验室的任务、实验室的建设、实验室的管理、实验室人员的岗位职责与待遇作了详细规定。

8816 | **3月21日**

国家教委发布《1988年至1995年全国中小学校实验室发展规划要点》。《规划要点》提出，学校实验室建设要适应全国普及九年制义务教育的进度，还要和中等教育结构改革的进度同步。《规划要点》强调，要把各学科实验教学条件和实验开出率作为各级教育主管部门验收学校合格与否的一项重要内容。

8817 | **3月25日**

七届全国人大一次会议在北京人民大会堂开幕，国务院代总理李鹏作《政府工作报告》。《报告》指出，通过教育体制的改革，促进了各类教育事业的发展。《报告》指出，党的十三大规划了我国社会主义现代化建设的宏伟蓝图。今后的五年，是落实党的十三大精神，实现新旧体制转换和第二步经济发展战略的关键性五年。要加快科学技术和教育事业的发展和改革，把经济建设切实转到依靠科技进步和提高劳动者素质的轨道上来。各级人民政府、各地方各部门和各行各业，都必须坚持把发展科学技术和教育事业放在首要位置上。《报告》强调，我国教育事业的根本任务是为社会主义建设培养合格的劳动者和各类专门人才。各级各类学校要努力使学生在德、智、体、美各方面得到发展，并适当加强劳动教育。各级人民政府要更加关心和重视教育事业，像抓经济工作那样抓好教育工作。教育发展计划应当成为经济和社会发展总体规划的重要组成部分。国家和地方都要逐步增加教育经费，提倡和鼓励社会力量集资办学、捐资办学。大力加强基础教育，因地制宜地实施九年义务教育，是提高教育水平和全民族素质的基础，应当成为教育工作的重点。继续加强教师队伍的建设，提高中小学教师的社会地位，改善办学条件。各级人民政府和教育部门要采取切实措施，引导学校端正办学思想，努力纠正片面追求升学率的倾向。还要充分重视家庭教育，以便同学校教育相配合，帮助青少年健康成长。为了满足社会多方面的需求，要在城市和乡村进一步开展职业技术教育和成人教育，扩展专业培训的内容，提倡继续教育，鼓励自学成才。在企业里要坚持职工岗位培训制度，提倡干什么学什么，不断提高劳动者的技术水平和工作能力。在农村中，必须继续抓紧扫除青壮年文盲的工作。把农村教育与普及科学知识和推广农业先进技术结合起来，对促进农村经济的发展具有重要意义。

8818 | **4月5日**

国家教委、国家计委等八部门发布《关于农业中等专业学校招收农村青年不包分配班的若干规定》。《规定》对招生工作、经费、户口和粮食关系、毕业生的从业方向、教学和管理制度的改革等问题作了明确规定。

8819 | **4月25日**

国家教委在江苏无锡召开全国中小学生勤工俭学工作会议。会议宣布1987年我国中小学勤工俭学收入19亿元，相当于当年国家增加的中小学经费6.4亿的3倍，成为补充教育经费的重要途径。

8820 | **5月5日**

据《中国教育报》报道，黑龙江省成立重点中学教育研究会。旨在研究重点中学以及普通中学如何端正教育思想，克服片面追求升学率倾向，提高教育质量和管理水平等理论和实践问题，并配合教育行政部门和有关单位开展调查研究、科学实验和咨询服务活动等。

8821 | **5月11日**

国家教委印发《关于全日制普通中学端正办学方向、纠正片面追求升学率倾向的督导评估的几点意见》。《意见》指出，有关的上级领导部门不得以各种形式对校长和教师施加压力，不得对下级教育部门、学校下达升学指标，不得搞升学考试名次排队，不得单纯以升学率高低对学校和教师进行奖惩。

8822 | **5月21日**

国家教委发布《小学生日常行为规范（征求意见稿）》和《中学生日常行为规范（讨论稿）》。两个《行为规范》是国家对中小学生日常行为提出的基本要求，目的在于加强对中小学生的基本道德教育和文明行为训练，为把学生培养成为有理想、有道德、有文化、有纪律的新一代打下良好的基础。

8823 | **5月24日**

国家教委召开机关全体工作人员会议。国务委员兼国家教委主任李铁映在会上指出，国家教委不仅是个教育管理部门，还应该是振兴教育事业的委员会。会议对今后一段时期国家教委的工作作了部署：一是要立即着手制定教育发展规划；二是要进行教育立法，特别是要制定教育基本法，通过立法，保障教育规划的实施；三是要加强对学生的思想品德教育问题；四是要进行教育体制的改革；五是要进行教学改革，包括改革专业设置、教学内容、教学方法等。

8824 | **5月26日**

国家教委办公厅发布《中小学安全手册》。《手册》介绍了有关校舍、环境、交通、校外集体活动、饮食卫生以及体育等方面的安全教育和防范措施的要求、常识以及应注意的事项，并选编了部分案例。

8825 | **5月30日**

中国儿童心理卫生指导中心在南京成立，其宗旨是促进我国儿童身心全面健康发展。

8826 | **6月1日**

共青团中央、农业部、中国科协联合印发通知，提出以农村为重点，在全国中学生中组织开展“播千乡星火，育百万能手”中学实践教育活动。

8827 | **6月1日至5日**

国家教委在北京召开全国中小学德育工作会议。这次会议根据党的十三大确立的基本路线、方针、政策和理论观点，进一步明确中小学德育工作的基本指导思想，制定加强德育工作的重要措施，交流加强德育工作的经验，推动中小学加强和改革德育工作。国务委员兼国家教委主任李铁映作了题为《改革加强德育工作，培养造就“四有”新人》的总结报告，指出要以有理想、有道德、有文化、有纪律为中小学德育的培养目标，要把爱国主义教育作为理想教育的起点。

8828 | **6月4日**

国家教委艺术教育委员会举行年会，讨论《全国学校艺术教育总体规划》，总结和研究艺术教育委员会的工作。会议指出，中小学的艺术教育要符合社会主义精神文明建设的指导方针，要有利于青少年的成长。

8829 | **6月18日**

据《中国教育报》报道，浙江省人民政府决定从1986年起在全省实行普通高中会考合格证书制度。从1987至1988学年度高一年级开始，全省普通高中不再分文理科，学生按学年分别参加各学科考试，各门学科成绩全部合格者发给浙江省普通高中会考合格证书；从1990年开始，全省高考科目将减少到3科至4科。

8830 | **6月20日**

国家教委发布《学校电化教育工作暂行规程》。《暂行规程》指出，学校应积极采用现代化教学手段，开展电化教育，促进教育改革，提高教育质量和教学效率。《暂行规程》对学校电化教育的任务、组织建设、教师、教材建设、电教器材等作出规定。

8831 | **7月9日**

据《中国教育报》报道，湖北省教委决定从1988年秋季起全省普通高中新招学生一律编排学号。无统一编号的普通高中生，不承认其学籍，不发给普通高中毕业证书，不能作为应届生报考高一级学校。

8832 | **7月14日**

国务委员兼国家教委主任李铁映在甘肃甘南藏族自治州举行的西藏、四川、甘肃、青海、云南五省（自治区）藏族教育研讨会上指出，各级党政部门要重视支持藏族教育，大力发展藏族地区的教育事业。

8833 | **8月16日**

据《中国教育报》报道，山东省胶南县改变重点高中录取新生办法，全县所有高中全部实行划片招生。根据全县24个乡镇所处地理位置，以全县6所高中为中心，按学校规模和周围乡镇人口数分别就近确定招生数额。胶南县在实行高中划片招生办法后，从师资、经费、领导班子等方面加强一般高中建设。

8834 | **8月20日**

国家教委发布《中学德育大纲（试行稿）》，并就此印发通知。《大纲》

反映了党和国家对中学生的思想政治道德素质的基本要求，是中学德育工作的依据，也是各级教育部门对学校德育实行科学管理的指南。通知要求，从 1988 年新学年开始选择在部分学校试行，取得经验后于 1989 年逐步在面上推开。

8835 | **8 月 20 日**

国家教委发布《中学班主任工作的暂行规定》。《暂行规定》对中学班主任的地位和作用、任务和职责、工作原则和方法、条件和任免、待遇和奖励、领导和管理等作出明确规定。

8836 | **8 月 22 日至 24 日**

国家教委、国家体委、卫生部在江苏南京联合召开全国学校体育卫生工作会议。会议总结交流近几年来全国学校体育卫生工作的经验，研究和制定今后一个时期的方针政策。会议指出，教育的根本目的是提高民族素质，为社会主义建设培养德、智、体全面发展的合格人才。学校的体育教育是教育的重要组成部分，要改善和加强学校体育工作。目前，学校的卫生工作在整个卫生工作中是比较薄弱的环节，各级领导要统筹安排，在人员和经费上给予必要的支持。

8837 | **8 月 24 日**

国家教委、国家计生委印发《关于在中学开展青春期教育的通知》。通知提出，青春期教育包括性生理、性心理、性道德教育三个方面，以社会主义道德教育为核心；开展青春期教育，必须争取社会的支持和家长的配合，要有时间保证。当前开展青春期教育要做好三件工作：选定试点后，要认真做好师资培训工作；国家教委要尽快拟定青春期教育的教学大纲，并编出一套较好的教材；青春期教育在我国处于试验阶段，试验中要加强科学研究。

8838 | **8 月 31 日**

国家教委邀请北京市部分中小学校长和教育行政干部就新学年工作进行座谈。会议指出，新学年必须贯彻党的教育方针，减轻学生负担；要制止中小学生流失；要组织落实中小学生日常行为，规范班风，开展道德行为训练；要加强学校管理，建立良好校风校貌；中小学创收要有利于调动全体教职工的积极性，有利于教书育人。

8839 | **9月9日**

国务院总理李鹏、国务委员兼国家教委主任李铁映来到正在进行工资总额包干改革试点的北京第六十二中学慰问师生。这所普通中学实行校长负责制，进行工资总额包干改革，打掉了平均主义大锅饭，调动了教师的积极性，学校出现了生机。

8840 | **9月12日**

北京景山学校在北京人民大会堂召开座谈会，纪念邓小平同志为该校题词“教育要面向现代化、面向世界、面向未来”五周年。会议指出，邓小平同志“三个面向”的指示是我国改革开放时期教育改革的一个重要指导思想。在新的历史时期，教育要为商品经济的需要和发展培养人才。为解决好这个问题，在理论上、实践中需要遵照“三个面向”的指示进一步探索、改革，以实现“四化”、振兴中华。

8841 | **9月14日**

国家教委、人事部印发《关于建立督导机构问题的通知》。通知指出，各县级以上人民政府应在其教育行政部门内建立教育督导机构或配备专职教育督导人员。

8842 | **9月22日至24日**

国家教委在北京召开座谈会，介绍北京市中小学教育改革试点情况。北京市中小学实行内部体制改革后，打破了平均主义大锅饭，体现了多劳多得的社会主义分配原则，工作做得多、工作质量又好的教职工，收入有较大提高，激发和调动了教职工的积极性，促进了教育教学质量的全面提高。

8843 | **10月17日**

国家教委印发《关于社会力量办学几个问题的通知》。通知指出，社会力量办学属地方教育事业，主要应为本地区经济建设和社会发展服务。社会力量举办面向社会招生的各级各类学校或教学管理机构，均须由其所在地教育行政部门根据国家有关规定和程序审批，并纳入地方教育行政部门统一管理。未经地方教育行政部门批准不得办学，其他部门或单位无权审批这类学校。今后不再举办和审批跨省（直辖市）设分校招生的学校。对已经举办了分校或其他教学管理机构的学校要进行整顿。

8844 | **10月19日至22日**

国家教委在湖北武汉召开《中华人民共和国教育法（草案）》《中华人民共和国教师法（草案）》起草研讨会。会议认为，为了提高全国人民对"百年大计，教育为本"的认识，落实教育的战略地位，迫切需要制定出适合我国国情的教育法，以法治教，用法律形式理顺教育内部和外部的关系，正确规定经济和教育的关系，巩固教育改革的成就，促进教育事业的发展。

8845 | **10月24日**

国家教委发布《社会力量办学教学管理暂行规定》。《暂行规定》指出，社会力量举办的、未取得发布国家学历证书资格的、面向社会招生的各级各类学校及其分校、部分以及独立设置的培训中心、各类培训班、辅导班、进修班等从事教学活动的组织等，均应根据有关规定，按办学规模、层次、教学形式等，设立教务或教学管理机构，建立健全教学管理制度，逐步开展教学研究活动。

8846 | **11月14日**

国家教委发布《全国中小学勤工俭学财务管理办法》。《管理办法》对固定资产的管理、流动资金管理、成本核算、收益分配和使用、财会队伍、财务监督等问题作了明确规定。

8847 | 11月18日至20日

国家教委、国家计委、财政部、劳动部在北京召开全国中小学勤工俭学工作会议。会议强调指出，勤工俭学要作为一个长期的方针坚持下去，不是权宜之计，把基础教育和职业技术教育结合起来，把系统的科学文化知识和必要的劳动技能结合起来，使教育更好地为社会主义建设服务。

8848 | 12月10日至14日

国家教委中学司召开部分省（直辖市）中学管理体制改革工作座谈会。会议指出，中小学要分期分批实行校长负责制，政府、教育行政部门要把学校所必需的管理权下放给学校，使校长有自主管理学校的权力。校党支部的保证监督和教代会的民主管理的目的在于保证校长决策的正确，保证各项方针政策得以认真贯彻执行。

8849 | 12月12日

人事部、国家教委、财政部发布《关于提高中小学班主任津贴标准和建立中小学教师超课时酬金制度的实施办法》。《实施办法》规定，各地在建立中小学教师超课时酬金制度时，应规定教师的课时定额标准。提高班主任津贴标准和建立超课时酬金制度所需经费，按单位的隶属关系，分别由中央和地方财政负担。

8850 | 12月17日

据《中国教育报》报道，甘肃省近几年控制普通高中发展规模，大力发展职业技术教育，经过农村中等教育结构的调整，全省职业技术学校已有186所，在校生已占高中阶段学生总数的32%，农村中等教育结构单一的状况已初步得到改变。甘肃省的教育改革实验表明，在实施一定年限的基础教育之后，普通教育只要适时地引入职业技术教育因素，并且在一定阶段互相结合，就有利于提高劳动者素质，有利于对学生因材施教，学有所长。

8851 | **12月25日**

中共中央印发《关于改革和加强中小学德育工作的通知》。通知指出，中小学德育工作必须适应全面深化改革的新形势；要进一步明确中小学德育工作的指导思想；要实事求是地确定中小学德育工作的任务和内容；要改革中小学德育工作的方式方法，注重实效；要建立校长负责德育工作的体制，加强德育工作队伍的建设；要加强对中小学德育工作的领导。

1989年

改革进行时

• 重要文件

国务院批转国家教委、财政部、人事部、国税总局《关于进一步发展中小学勤工俭学若干问题的意见》

国家教委《关于在中小学语文、历史、地理等学科教学中加强思想政治教育和国情教育的意见》

国家教委《全国学校艺术教育总体规划（1989—2000年）》

国家教委《关于加强全国中小学校长培训工作的意见》

国家教委等九单位《关于全国各类文化设施向中小学免费或优惠开放的意见》

国家教委《普通高等学校招生全国统一考试标准化实施规划》

国家教委等部门《关于清理整顿中小学收费项目有关问题的通知》

• 重要政策

改善和加强中小学思想政治教育和国情教育

加强中小学艺术教育工作

多渠道筹措教育经费、改善办学条件

加强中小学校长培训工作

试行建立普通高中毕业会考制度

高考实行标准化考试

• 重要会议

联合国教科文组织召开面向21世纪教育国际研讨会

国家教委、财政部召开全国筹措教育经费、改善办学条件山东现场会

国务院教育工作研讨小组召开教育经费与教师工资待遇研讨会

• 改革亮点

多渠道筹措教育经费，改善办学条件。为解决教育经费短缺问题，在国家增加教育投入的同时，改革教育体制，多渠道筹措教育经费。要从单纯依靠国家办教育转到依靠人民办教育，从单纯依靠财政拨款转到多渠道集资，闯出一条行之有效、适合我国国情的办学新路。

8901 | 1月1日

江西省开始对省内各级机关、团体、企业、事业单位基本建设，征收中小学校舍修建附加费。各部门、各单位均按年度基建投资总额的5%征收附加费，楼堂馆所项目加收5%。

8902 | 1月6日至9日

全国中小学图书馆工作会议在北京召开。会议指出，随着经济的发展，要不断改善和提高办学条件。建设好书库、阅览室，是实施义务教育的必备条件之一。

8903 | 1月7日

据《中国教育报》报道，我国高考改革取得重要成果，已出台改革项目十几个。自1982年以来，我国普通高等学校的招生考试已发生很大变化。“学校录取、招办监督”的录取体制，扩大了高等学校招收新生的自主权。在招生计划的编制上，高等学校可以在国家方针政策的指导下，根据社会的实际需要和自身办学条件，编制招生来源计划，并招收定向生、委培生、联合培养的学生和自费生，从而打破了过去在招生中全部按国家指令性计划招生的旧的计划体制。此外，从1983年在浙江省部分中学、1985年开始在上海全面试行的高中会考和合格证书，1985年开始在广东省试行的标准化考试，其经验有助于纠正普通中学文理偏科的现象，有利于保证绝大多数学生的基本质量和中学生德智体等各方面的和谐发展及个性发展，同时也有利于高校对人才的选拔。

8904 | 1月15日

国务院批转国家教委、财政部、人事部、国家税务局《关于进一步发展中小学勤工俭学若干问题的意见》。《意见》指出，中小学开展勤工俭学应采取多种形式；各级人民政府和有关部门应制定优惠政策和采取具体措施，帮助中小学办好一批勤工俭学基地，并将其生产经营活动纳入有关经济部门的管理范畴，在人财物、产供销等方面统筹安排，予以支持。

8905 | 2月12日至17日

国家教委在北京召开1989年度教育工作会议。会议就发展和改革教育事业战略决策的有关问题，认真听取与会同志的意见和建议，并部署国家教委1989年的工作。会议指出党的十一届三中全会以来，教育的问题主要还是教育经费紧张，教育结构不合理，教育脱离社会经济发展需要；必须充分认识教育对推动社会的巨大作用；积极研究和制定教育发展战略，实施义务教育是整个教育的奠基工程，必须以更大的决心抓紧抓好；努力深化教育改革，教育改革的出发点和落脚点，就是要充分调动学校办学和教师教书育人的积极性，使学校具有主动适应社会经济发展需要的能力；努力提高教师的待遇和地位，振兴民族的希望在教育，振兴教育的希望在教师，教师担负着教书育人的神圣职责，理所当然地应当受到全社会的尊敬和爱戴。

8906 | 2月16日

国家教委办公厅印发《关于教育科学优秀成果评奖活动的安排意见》。为提高广大教育工作者和社会人士从事教育科学研究的积极性，推动教育科学在我国教育改革与发展实践中发挥更大的作用，国家教委决定组织评选奖励优秀成果活动。《安排意见》就评奖的指导思想、评选范围、评选标准、组织、申报和推荐办法、评审和奖励等作出安排。

8907 | 2月27日

国家教委印发《关于成人中等专业学校招生工作改革的若干意见》。《意见》指出，成人中等专业学校的招生工作应考虑成人在职的特点，要改进招生办法，方便成人入学。

8908 | 2月27日至3月2日

国务院教育工作研讨小组在北京召开教育经费与教师工资待遇研讨会。国务委员兼国家教委主任李铁映指出，各级领导都有一个转变观念的问题，但是更重要的是建立一种机制，走制度法规化的道路，这是教育发展中亟待解决的根本问题。

8909 | **2月28日**

据《中国教育报》报道，国家教委副主任朱开轩在全国考试管理干部培训班上讲话时指出，推广上海市在普通高中会考的基础上，改革高考制度的做法，已列入国家教委工作重点。朱开轩希望1989年再有几个省份开始试行，争取用三年左右的时间全面展开。同时，为了保证考试改革的顺利进行，国家教委将着手组建教育考试院。

8910 | **3月2日**

国家教委、国家计委、民政部、财政部、人事部、劳动部、卫生部、中国残联联合印发《关于发展特殊教育的若干意见》。《意见》指出，发展特殊教育要贯彻普及与提高相结合，以普及为重点的原则。发展特殊教育的基本方针是着重抓好初等教育和职业技术教育，积极开展学前教育，逐步发展中等教育和高等教育。发展特殊教育应遵循地方负责，中央给予指导帮助，有关部门分工协作，社会各界积极支持的原则，在各级人民政府的统一领导下，以教育部门为主，民政、卫生、劳动、计划、财政和残联等部门和组织紧密配合，各司其职，共同做好特殊教育工作。

8911 | **3月20日**

七届全国人大二次会议在北京人民大会堂开幕，国务院总理李鹏作题为《坚决贯彻治理整顿和深化改革的方针》的《政府工作报告》。《报告》指出，1988年是我国实行改革开放的第十年，社会主义现代化事业继续向前发展。科技、教育、文化、卫生和体育等事业取得了新的成就。《报告》强调，从根本上说，推动科技进步和提高经济效益，乃至整个社会主义现代化目标的实现，都取决于劳动者素质的提高和专门人才的培养。近年来我国教育事业发展较快，涌现出一批重视教育并取得显著成绩的地区和部门。但从总体上看，我国教育事业是落后的，教育发展和改革还不适应社会主义建设的需要。各级人民政府、各部门和各行各业都要进一步提高对教育的认识，高度重视教育的长期重要战略地位。1989年，在紧缩各方面财政开支的情况下，国务院决定对教育经费不仅不减少，而且有较大幅度的增加。

政府的教育经费将达到374亿元，比去年增加50亿元，增长15.4%。从长远看，解决教育经费不足的问题，只靠增加政府财政拨款是不够的。必须通过改革，使教育事业成为全民的事业、全民的责任，增加全社会对教育的投入。在继续增加政府财政拨款并明确各级人民政府财政所必须负担的教育经费比例的同时，要积极改革办学体制，发展社会力量办学，开辟筹措教育经费的新渠道。《报告》指出，发展教育事业，要从我国的实际情况出发，合理规划发展的速度、规模和重点，确定适当的结构层次比例，不断提高教育的投资效益和社会效益。发展教育要在加重地方人民政府责任的同时，赋予地方人民政府更大的统筹权和决策权。要努力适应社会主义建设的需要，进一步调整教育结构，搞好教育改革，把不断提高教育的普及程度同发展职业技术教育密切结合起来，使教育更好地为提高劳动者素质服务。各级人民政府要进一步修订好实施义务教育的规划并建立目标责任制，推进义务教育的实施。要抓紧安排实施为广大农村培养中、初级科技人才和提高农村劳动者素质的“燎原计划”。城市要探讨企业和学校结合发展职业技术教育的办法，进一步贯彻执行“先培训、后就业”的原则，积极进行中等专业和技术教育的改革。

8912 | **3月23日**

邓小平会见乌干达总统穆塞韦尼时谈话指出：“我们最近十年的发展是很好的。我们最大的失误是在教育方面，思想政治工作薄弱了，教育发展不够。”[①]

8913 | **3月24日**

国务委员兼国家教委主任李铁映就教育问题答中外记者提问。李铁映指出，邓小平同志说我们在十年中最大的失误是在教育方面发展不够，这是对我国十年建设和改革的一个准确、正确的总结；我国教育发展不够的原因是多方面的，许多问题不完全是教育部门所能担负的，特别是体制方

① 《邓小平同志论教育》，人民教育出版社1990年版，第176页。

面的一些问题，需要进行综合配套改革；解决教育经费问题，要从改革入手，改革教育体制，多渠道筹措教育经费；基础教育是关系民族素质的重大教育，贯彻执行《义务教育法》是教育战线也是国家的重要任务，我们还准备制定其他有关教育的法规有《教育基本法通则》《教师法》《职业技术教育条例》《未成年人保护条例》，我们一定要使教育走向以法治教、以法促教的法制化道路。

8914 | **4月1日**

经国家机构编制委员会审议并原则批准，国家教委开始按新的机构设置运行。国家教委是国务院主管全国教育工作的职能部门，担负振兴教育，改革教育，综合管理教育的任务。国家教委负责掌握教育工作的大政方针；统筹规划教育事业的发展；指导、组织和协调各地、各部门有关教育的工作；统一部署和指导教育改革，努力提高劳动者的素质，培养德智体美全面发展的各级各类专门人才，为社会主义物质文明和精神文明建设服务。

8915 | **4月3日**

国务院总理李鹏答中外记者提问。关于“十年来最大失误是教育发展不够”的提问，李鹏指出，邓小平同志讲教育发展不够是指我们的教育与经济发展和改革开放的需要不适应，教育上的失误不仅是指教育本身，而且是指对人民的政治教育薄弱了。

8916 | **4月8日**

中央政治局第十七次全体会议研究讨论《中共中央关于教育发展和改革若干问题的决定（草案）》。会议讨论了教育在现代化建设中的重要地位和教育经费、教师待遇、思想品德、教育发展战略、教育立法、教育改革的问题，提出了发展和改革教育的具体措施。4月17日，中共中央在北京人民大会堂召开各民主党派和无党派人士座谈会，征求对该《决定（草案）》的意见。

8917 | **4月12日**

国家教委宣布，1989年全国普通高等学校招生工作将正式执行体育不合格的学生不得报考的规定。

8918 | **4月20日**

据《中国教育报》报道，云南省决定实行高中会考。云南省继续采取措施改革招生工作，以适应边疆地区经济和社会发展的需要。一是普通高中实行会考。1988年入学的高中学生，不再分文、理科班教学，实行分科结业会考。学生分别参加各个学科的会考，成绩合格者领取云南省普通高级中学会考合格证书，作为日后报考高等学校和就业的依据。二是师范专科学校举办预科班，实行定向分配培养乡级初中师资。从1989年起，全省师专适当降低分数录取乡级初中所在地的农村考生，补习一年高中文化课程后转入专科学习。这类考生被录取时，须与学校、乡人民政府办理手续，保证毕业后回乡任教。三是中等师范学校面向小学民办教师招生，提高在职小学教师的质量；职业学校师资培训实行按需招生，定向分配。四是财贸学院实行文、理科兼收，增强学生毕业后对社会需求的适应能力。

8919 | **5月6日**

国家教委办公厅印发《关于加强中小学安全工作的几项要求的通知》，对中小学安全工作提出相关要求。

8920 | **5月15日**

国家教委发布《普通中学劳动技术课教学器材配备目录（试行）》，为普通中学配置劳动技术课教学器材提供参照。

8921 | **5月19日**

国家教委、国家物价局、财政部印发《关于清理整顿中小学收费项目有关问题的通知》。通知指出，各省、自治区、直辖市人民政府要在1989年7月以前对中小学现有收费项目、标准进行一次全面清理。学校收取的全部费用应纳入学校财务收支，作为教育事业费的补充，专款专用，不得挪作他用，也不得用于教职工奖励、福利方面。各地教育、物价、财政和审计部门要对学校收费工作加强管理和监督。

8922 | **5月26日**

国家教委委托中国教育电视台开办的《教育信息》栏目正式开播。该栏目旨在充分发挥电教手段的优势，及时地把党和人民政府有关教育方面的方针、政策、法规、制度等信息传播给基层的教育行政部门和学校。

8923 | **5月27日**

国家教委召开全国教育电视大会，就中小学教育工作开展五项督导、检查作出具体部署。根据国务院总理李鹏在七届全国人大二次会议所作的《政府工作报告》中提出的“在治理整顿中确保科技和教育的发展”的方针，国家教委对全国各省、自治区、直辖市的基础教育工作，进行一次督导检查，重点有五个方面，即“五查”：查教育经费增长和教师经济待遇的落实情况；查校舍中危房改造的情况；查中小学学生流失的制止情况；查乱收费的纠正情况；查《中共中央关于改革和加强中小学德育工作的通知》的贯彻情况。

8924 | **5月29日**

国家教委召开办公会议，分析当前高等学校的形势，研究1989年高等学校的招生、分配工作和在校学生完成学业等问题。会议明确提出，高校应届生如期毕业，高考时间不变。

8925 | **6月1日**

国家教委、文化部、广播电影电视部、国家体委、中国科协、全国总工会、共青团中央、全国妇联、总政治部联合印发《关于全国各类文化设施向中小学免费或优惠开放的意见》。《意见》要求，对青少年儿童有教育意义的一切地方，如博物馆、展览馆等，要减免收费，对中小学生开放。影剧院等营利性的文化设施，每年也应安排一部分时间免费或低费为中小学生服务。

8926 | **6月12日**

教育部、国家体委 、卫生部、国家民委、国家科委联合发布《全国学生体质、健康状况监测实施方案》。《实施方案》对学生体质、健康调研与监测制度作了具体规定，明确每 3 年进行一次小样本监测，每 10 年至 12 年进行一次较大规模的学生体质、健康调查研究。

8927 | **6 月 21 日**

国家教委发布《三年制中等师范学校教学方案（试行）》，要求从本地经济、文化的发展需要和九年制义务教育对小学教师的要求出发，有计划、有步骤地组织实施《教学方案》。

8928 | **6 月 27 日**

国家教委发布《普通高等学校招生全国统一考试标准化实施规划》。《实施规划》从目标、步骤、措施三个方面对高考标准化问题作了说明。

8929 | **7 月 26 日**

国家教委印发《关于试行普通高中毕业会考制度的意见》。《意见》提出，三年内在全国试行普通高中会考制度，于 1994 年开始实行新的普通高等学校招生考试及录取办法。

8930 | **9 月 6 日至 8 日**

首届全国优生优育优教讨论会在北京召开。会议指出，儿童少年是我们中华民族的希望和未来。提倡优生、优育、优教，目的就在于创造必要的条件，把我们的新一代人培养成为有理想、有道德、有文化、有纪律的人。

8931 | **9 月 14 日**

据《中国教育报》报道，江苏省张家口市突破农村普通中学的办学模式，在普通高中实行高二分流，举办“短、平、快”的职业技术班。具体做法是：在普通高中学生学完二年文化基础知识后，由学生自愿报名，重新分流编班，三分之一左右进入职业班学习。职业班的专业设置与当地乡镇企业的需求紧密结合，由学校与工厂签订办班合同，并由工厂资助一定的办学经费。学生毕业后，既发普通高中的毕业证书，又发职业技术教育的结业证书，由挂钩工厂择优录用。

8932 | **9 月 16 日**

据《中国教育报》报道，云南省加强中学生共产主义理想教育。中共云南省委书记普朝柱在同各地市党委宣传部负责人、省属中专、重点中学的党委书记和校长座谈讨论中学思想政治教育时说，加强对学生进行共产主义理想教育很重要，中学这一阶段是确立人生观、世界观的关键时期。中学政治课必须改革，党组织、校行政、共青团、工会、学生会都要做好思想政治工作。

8933 | **9 月 21 日**

北京市人民政府印发《鼓励和促进社会力量办普通中小学的试行意见》。《试行意见》指出，凡干部职工较多，在北京居住又相对集中的单位，提倡其办普通中小学，干部职工达到 3000 人以上的可办小学，人数达到 5000 人以上的可以办中学；社会力量办中小学可以采用自办、承办和合办现有市立中小学等形式；社会力量自办、承办和合办中小学必须执行国家教委和市教育行政部门发布的学制、教学计划、教学大纲等有关规定；将一定比例的教育费附加返还给厂矿企业所办的中小学，返还的教育费附加用于改善办学条件；教育行政部门对社会力量办的中小学在行政管理和教育教学业务上积极地给予指导，在基建、购置设备、师资队伍建设等方面有关部门将给予支持帮助。

8934 | **10 月 7 日**

国家教委决定在上海华东师范大学建立国家教委中学校长培训中心。

8935 | **10 月 11 日**

国家教委在江苏南京召开全国中学人口教育会议。会议总结了中学人口教育十年的经验。十年来，全国已有 9000 所中学的 900 万名学生接受了人口教育，今后五年工作重点是农村和少数民族地区中学的人口教育。

8936 | **10 月 14 日**

国家教委和河南省人民政府在河南郑州召开二十四省、自治区、直辖市中小学教职工住房会议。会议显示，城市中小学教师人均住房 5 平方米，1983 年以来全国共筹集 21 多亿元，建成中小学教职工住房 19 万套，但全国中小学教职工缺房户仍占三分之一。会议交流了近年来解决中小学教职工住房问题的经验，讨论修改了国家教委计划建设司起草的《中小学教职工住房暂行条例（草案）》，对1988年在解决中小学教职工住房工作中取得显著成绩的省份进行奖励。

8937 | **10月16日**

中宣部文艺局、教育局举行座谈会，向社会推荐反映中学生生活的彩色故事片《豆蔻年华》。该影片反映了青年学生在新的社会变革时期，对人生价值的理解与追求，给人以高尚情操的教育。

8938 | **11月6日**

国家教委发布《全国学校艺术教育总体规划（1989—2000年）》。针对高中阶段艺术教育问题，《总体规划》提出的目标是：在各级师范院校和较多的高级中等学校、中等专业学校、普通高等学校中普遍增设艺术选修课，进行高中和大学阶段的艺术教育，从而为建设具有中国特色和时代精神的社会主义学校艺术教育体系打好基础。

8939 | **11月8日**

国家教委印发《关于在中小学语文、历史、地理等学科教学中加强思想政治教育和国情教育的意见》。《意见》要求对中小学生进行思想政治教育和国情教育，应该突出讲解当前国际、国内阶级斗争的形势和特点等四个方面内容；通过各科教学活动进行灌输和渗透；局部调整现行高中教学计划、大纲和教学内容，加强语文、历史、地理等学科的教学。

8940 | **11月8日**

国家教委发布《中学体育器材设施配套目录》，为开展中学体育教学和学校建设提供依据。

8941 | **11月27日至12月2日**

联合国教科文组织在北京召开面向21世纪教育国际研讨会。会议指出，教育是面向未来的事业，谁能把握住21世纪的教育，谁就能在21世纪处于主动地位。11月30日，国务院总理李鹏会见出席面向21世纪教育国际研讨会的全体代表和观察员并发表讲话指出，中国的教育方针可以概括为三个方面：一是教育要面向现代化、面向世界、面向未来；二是要强调德智体全面发展；三是教育必须为社会主义建设服务，建设必须依靠教育。

8942 | **11 月 30 日至 12 月 2 日**

国家教委在江苏南京召开学校艺术教育工作会议。会议的主要任务是研究如何贯彻落实《全国学校艺术教育总体规划（1989—2000 年）》。国家教委副主任何东昌到会发表讲话指出，现在是抓学校德育、美育的好时机，要加强学校艺术教育工作，把艺术教育与思想政治教育很好地结合起来，要坚定地把德育工作放在学校教育的首位，不要形势一开始好转就又放松了。

8943 | **12 月 17 日至 24 日**

国家教委、财政部联合在山东召开全国筹措教育经费、改善办学条件山东现场会。会议认为，山东省从单纯依靠国家办教育转到依靠人民办教育，从单纯依靠财政拨款转到多渠道集资，闯出一条行之有效、适合我国国情的办学新路。会议指出山东省及全国各地筹措教育经费的经验是：一是各级党政领导一把手重视教育；二是依靠群众办教育；三是各部门协同配合；四是制定了改善办学条件的规划。

8944 | **12 月 19 日**

国家教委印发《关于加强全国中小学校长培训工作的意见》，决定进一步加强中小学校长培训工作。《意见》指出，培训将以业余、自学、短期脱产为主，配合高质量的辅导。各地应有计划、有步骤地开展这项培训工作，逐步使岗位职务培训规范化。

8945 | **12 月 23 日**

七届全国人大常委会第十一次会议在北京举行。会议指出，要坚持教育的社会主义方向。基础教育是提高民族素质的奠基工程。当前要注意把保证教育质量作为工作的重点。要根据积极发展、按需施教、灵活多样、注重实效的方针，发展职业技术教育。

8946 | **12月27日**

国家教委、劳动部、人事部、国家体改委、全国总工会印发《关于开展岗位培训若干问题的意见》。《意见》指出，岗位培训是对从业人员按岗位需要进行的以提高政治思想水平、工作能力和生产技能为目标的定向培训。有条件的地区、部门和企事业单位要进行资格培训试点。通过试点，取得经验，逐步展开。

8947 | **12月31日**

国家教委、国家计委印发《关于计划单列市教育计划单列问题的通知》。通知指出，计划单列市的各级各类教育计划由市计委（计经委）和市教委（教育局、第二教育局）根据国家计委、国家教委编报教育事业长远规划和年度计划的要求编制，经与所在省计划、教育部门协商后，直接上报国家计委、国家教委，同时抄报本省计委、教委（高教局、教育厅）。国家对计划单列市的教育事业计划及有关专项拨款单列户头，直接下达。

1990年

改革进行时

• 重要文件

中共中央、国务院《关于坚决制止乱收费、乱罚款和各种摊派的决定》

国家体委、国家教委《国家体育锻炼标准施行办法》

国家教委《现行普通高中教学计划的调整意见》

国家教委、国家体委《学校体育工作条例》

国家教委、卫生部《学校卫生工作条例》

国家教委《关于在普通高中实行毕业会考制度的意见》

• 重要政策

正式建立普通高中毕业会考制度

调整普通高中教学计划

加强中小学德育和学生体育工作

开展全国中小学校长岗位培训试点

开展农村学校勤工俭学

• 重要会议

国家教委召开全国城市中小学德育工作经验交流会

国家教委召开全国城市教育综合改革实验工作会议

国家教委、财政部、国家计委、农业部召开全国多渠道筹措教育经费、改善办学条件先进单位表彰大会

国家教委召开 1990 年全国普通高中会考总结会

• 改革亮点

开展学习雷锋、学习赖宁等活动，加强中小学德育工作；纠正中小学生流失、纠正乱收费等，优化中小学育人环境；出台体育、卫生等方面的标准、条例等，进一步健全中小学的各项制度。

9001 | **1月16日至20日**

国家教委在北京召开1990年度教育工作会议。会议指出，到20世纪末，我国基础教育发展总的目标是：坚持社会主义方向，面向21世纪，初步形成以九年义务教育为主体的，与高等教育、职业技术教育和成人教育相协调的，适应社会主义现代化建设需要的基础教育体系。会议重点研究了如何加强学校的思想政治工作和基础教育工作。

9002 | **1月23日**

国家体委、国家教委发布《国家体育锻炼标准施行办法》。《施行办法》对《标准》中的部分项目和评分评级标准进行了适当的修改和调整，其科学性、实用性和适应性得到进一步加强。

9003 | **2月6日**

据《中国教育报》报道，浙江省在20余所中学试行《浙江省高中学生思想政治品德考核办法改革方案》。1990年，浙江省将把中学生的思想品德考核结果作为高等学校选拔和录取新生的重要依据，以利于全面贯彻“德智体全面衡量，择优录取”的招生原则。

9004 | **2月12日**

国家教委发布《〈中学生体育合格标准的试行办法〉实施情况检查结果公报》，通报对部分地区高中毕业生进行体育合格标准实施情况的检查结果。

9005 | **2月15日**

国家教委印发《关于重申贯彻〈关于减轻小学生课业负担过重问题的若干规定〉的通知》。通知指出，一些地方、一些学校并未认真贯彻执行国家教委1988年印发的《关于减轻小学生课业负担过重问题的若干规定》。在新学期开学之际，各级人民政府和教育行政部门十分有必要在1990年上半年，对规定的执行情况进行一次全面检查。

9006 | 2月21日

国家教委办公厅印发《关于内地西藏班高中、中师学生有关经费标准问题的通知》，对内地西藏班学生初中毕业升入高中和中等师范学校后的有关经费标准作出规定。

9007 | 2月27日

国家教委办公厅印发《关于对中学〈世界历史〉教材在教学中进行若干改动的通知》。通知指出，高中《世界历史》（下册）现代部分第九章中的“人民民主力量的壮大”一目和第十章中的“社会主义国家改革潮流的兴起”一目，在教学中删去，不再讲授。

9008 | 3月5日至9日

由联合国儿童基金会、联合国教科文组织、联合国开发计划署、世界银行联合举办的世界全民教育大会在泰国召开。会议强调了全民基础教育的重要性，动员和组织国际社会有关各方在全球范围内为实现全民教育目标而采取协调一致的行动。国务委员兼国家教委主任李铁映率中国代表团参会并发表讲话指出，必须把教育放在优先发展的战略地位。

9009 | 3月8日

国家教委印发《现行普通高中教学计划的调整意见》。《调整意见》指出，实施《调整意见》可分两步：第一步先在部分有条件的省、自治区、直辖市或在省、自治区、直辖市内选择一些地方，从1990年秋季入学的高中一年级新生开始实行。这些地方仍然使用现行教材，但在使用时应根据重新修订的教学大纲对教材进行调整。第二步在其他各省、自治区、直辖市从1991年秋季入学的高中一年级新生起实施《调整意见》。

9010 | 3月12日

经国务院批准，国家教委、国家体委发布《学校体育工作条例》。5月14日，国家教委、国家体委联合印发《关于实施〈学校体育工作条例〉的通知》。《学校体育工作条例》共9章31条，对体育课教学、课外体育活动、课余体育训练等问题作出了明确规定。

9011 | **3月20日**

七届全国人大三次会议在北京人民大会堂开幕，国务院总理李鹏作题为《为我国政治经济和社会的进一步稳定发展而奋斗》的《政府工作报告》。《报告》强调，1990年是九十年代的第一年，是治理整顿和深化改革的极为重要的一年，要在治理整顿和深化改革中推动科学技术进步，保证教育事业稳步发展。《报告》指出，发展教育事业的根本目的在于提高民族素质，为社会主义建设培养各类人才。各级各类学校必须切实纠正忽视德育的倾向，贯彻教育为社会主义建设服务，教育与生产劳动相结合，德智体全面发展的方针，始终把坚定正确的政治方向放在首位。中小学校要根据学生的年龄特点，由浅入深，有步骤地进行爱国主义、集体主义、社会主义和共产主义的思想教育，加强国情教育和劳动教育，继续开展行为规范教育，广泛开展学习赖宁的活动。继续抓好基础教育，稳步推进九年义务教育，并采取积极措施，制止中小学生辍学。继续实施“燎原计划”，推动农村教育综合改革；加快职业技术教育管理体制的改革，促进职业技术教育健康发展。广大教育工作者和各级各类学校，都要重视对社会主义教育思想的研究，不断改进教学方法，利用现代技术，开发新的教学手段，努力提高教育质量。《报告》提出，在财政相当困难的情况下，国家继续增加了用于教育的资金。同时，要充分调动各方面的积极性，鼓励社会力量办学，开辟多种渠道筹措教育资金，继续改善办学条件。

9012 | **3月20日**

国家教委办公厅印发《关于以鸦片战争150周年为题对中小学生进行爱国主义教育的通知》。通知宣布，以鸦片战争150周年为题，在全国大中小学开展爱国主义教育活动，要求各地有关部门和学校抓住时机，对大中小学生进行一次生动的爱国主义教育。

9013 | **3月**

国家体委、国家教委、国家民委、广播电影电视部、卫生部、全国总工会、共青团中央、全国妇联、总参谋部、总政治部印发《关于在全国积极推行第七套广播体操的联合通知》，决定在全国推行第七套广播体操。

9014 | **4月10日**

全国首届教育科学优秀成果评选结果揭晓。这是新中国成立以来我国首次举办的教育科学优秀成果评奖活动。同日，国家教委办公厅印发《关于全国首届教育科学优秀成果评选结果及有关事宜的通知》。

9015 | **4月13日**

国家教委印发《关于进一步加强中小学德育工作的几点意见》。《意见》提出，要切实把德育放在学校教育工作的首要地位；要在继续加强学生道德教育的同时，切实加强思想和政治教育；坚持教育与生产劳动相结合的原则，加强社会实践环节等。

9016 | **4月17日**

国家语委和新闻出版署联合召开新闻发布会，正式发布了新修订的《标点符号用法》。国家教委副主任、国家语委主任柳斌要求社会各界重视语言文字的规范化，希望语言文字的学术讨论不要干扰国家语文政策的实行。

9017 | **5月3日**

首都各界青年和知识分子代表3000多人在北京人民大会堂集会，庆祝“五四”青年节。中共中央总书记江泽民发表题为《爱国主义和我国知识分子的使命》的讲话。李鹏、乔石、宋平等中央领导同志出席了会议。

9018 | **5月4日至8日**

国家教委中小学教材审定委员会办公室在江苏南京召开全国乡土教材建设经验交流会。本次会议共收到各省、自治区、直辖市教委、教育厅（局）经过初评推荐报选的优秀乡土教材近200种。经会议评委会评选确定，有18种乡土教材获全国优秀乡土教材一等奖，62种获二等奖，101种获鼓励奖。

9019 | **5月5日**

据《中国教育报》报道，北京市中学生踊跃参加业余党校学习。北京市首次举办中学生业余党校，近万名学生报名，招收首届学员800多名，北京各区县也相继成立业余党校分校，各完全中学建立党课学习小组。

9020 | **5月7日**

纪念《人民教育》杂志创刊40周年座谈会在北京举行。国务委员兼国家教委主任李铁映、全国人大常委会副委员长严济慈、国家教委副主任何东昌为杂志题词，以示祝贺。

9021 | **5月17日**

经中共中央批准，中国关心下一代工作委员会在北京成立。中国关工委是以组织老同志关心、教育下一代的工作为目的的群众性工作组织，中国关工委主任由党中央任命。

9022 | **5月20日**

首届“中国学生营养日”大会在北京举行。为了广泛宣传营养卫生知识，促进社会各界重视与支持学生营养卫生工作，提高学生的健康水平，中国学生营养促进会决定每年的5月20日为“中国学生营养日”。

9023 | **5月28日至30日**

国家教委在北京举行全国中小学校长岗位培训试点工作座谈会。会议指出，经过北京等一些省（直辖市）的试点，中小学校长岗位培训工作已经取得一定成效。会议决定，1990年内在全国进一步推开试点工作，为完成对所有中小学校长轮训一遍的任务打好基础。

9024 | **5月31日**

国家教委办公厅印发《关于成立〈中国教育年鉴〉编委会的通知》，决定成立《中国教育年鉴》编写委员会，做好年鉴的编写工作。

9025 | **6月4日**

国家教委、卫生部发布《学校卫生工作条例》。《条例》共6章41条，对学校卫生工作及其管理与监督等作了明确规定。《条例》提出，学校卫生工作的主要任务是：监测学生健康状况；对学生进行健康教育，培养学生良好的卫生习惯；改善学校卫生环境和教学卫生条件；加强对传染病、学生常见病的预防和治疗。

9026 | **6月4日至12日**

国家教委在江苏南京、上海召开全国城市中小学德育工作经验交流会。会议指出，要抓住当下德育的大好时机，彻底改变德育的薄弱状况，建立起与经济建设、民主政治建设和社会主义精神文明建设相适应的学校德育新格局。把德育放在首位，一要帮助学生树立正确的政治方向，解决好走社会主义道路的问题；二要培养学生正确的人生价值观念，解决为人民服务的问题。

9027 | **6月6日**

国家教委印发《关于加强和改进教学研究室工作的若干意见》。《意见》提出，教学研究室是地方教育行政部门设置的承担中小学教学研究和学科教学业务管理的事业机构。省、地（市）、县（区）都要设立教学研究室。要加强科学试验，各级教学研究室均应立即建立自己的小学、初中、高中的实验点和示范点，注意培养和依靠当地各学科的教学骨干开展教研工作。

9028 | **6月6日至10日**

国家教委在山东潍坊召开全国农村学校勤工俭学现场会暨1990年全国中小学勤工俭学工作会议。会议指出，各地党委和人民政府要为发展农村学校勤工俭学创造条件，帮助它们开发勤工俭学基地，把这项工作纳入农村教育整体改革计划中去，作为重要的一部分来抓。

9029 | **6月7日**

国务院发布《关于修改〈征收教育费附加的暂行规定〉的决定》，对《征收教育费附加的暂行规定》进行第一次修订，于1990年8月1日起施行。新《暂行规定》指出教育费附加，以各单位和个人实际缴纳的产品税、增值税、营业税的税额为计征依据，教育费附加率为2%，分别与产品税、增值税、营业税同时缴纳。对从事生产卷烟和经营烟叶产品的单位，减半征收教育费附加。

9030 | **6月9日**

《中国学校体育》首发式在北京举行。它是新中国成立40多年来第一部反映我国各级各类学校体育、卫生、科研的大型画册。国务院总理李鹏、国务委员兼国家教委主任李铁映为画册题词。

9031 | **6月18日**

国家教委办公厅转发国家体委《关于公共体育场所应进一步向中小学生开放的意见》。《意见》指出，公共体育场馆对广大中、小学生开展体育活动的需求，应从实际出发，配合教育部门，作出具体安排。

9032 | **7月1日**

国家教委发布《全国普通大、中学校学生体育竞赛暂行规定》。《暂行规定》旨在加强对普通大、中学校学生体育竞赛的领导和管理，切实保证竞赛的质量。《暂行规定》指出，组织学生体育竞赛，应有利于学生德、智、体、美全面发展，以育人为宗旨。要从学校实际出发，贯彻小型多样、单项分散、基层为主、勤俭节约的原则。

9033 | **7月2日**

国家教委印发《关于开展中小学校长岗位培训的若干意见》《全国中小学校长岗位培训指导性教学计划（试行草案）》。《教学计划》规定了在职中小学校长的培训对象、培训目的和要求、培训时间与方式、课程设置、教学要求、考核与结业等问题。

9034 | **7月9日**

国家教委发布《全国农村教育综合改革实验区工作指导纲要（试行）（1990—2000年）》。《指导纲要》对实验区工作进一步端正办学方向，调整教育结构，认真贯彻《义务教育法》，积极发展职业技术教育、成人教育，大力开展小学后、初中后、高中后职业技术培训，抓好扫盲工作，加强德育工作，编写乡土教材，加强农科教结合，进一步完善"分级办学、分级管理"的办学体制，加强教育科研等提出明确意见。

9035 | **8月10日**

国家教委印发《关于转发〈青岛市发展职教的三项措施〉的通知》。青岛市发展职教的三项措施是：统一筹集职业教育经费；试行技术等级考核；市人民政府统筹安排，搞好职业高中毕业生的安置。

9036 | **8月16日**

国家教委发布《省级重点职业高级中学的标准》。《标准》就办学基本条件、学校管理、教师、教学、德育、体育、美育、卫生、毕业生工作、经费、审批程序等问题作了说明。

9037 | **8月20日**

国家教委印发《关于在普通高中实行毕业会考制度的意见》。《意见》指出，实行普通高中毕业会考制度，对于全面贯彻党的教育方针，落实高中教学计划，加强教学管理，克服文理偏科现象，全面提高教学质量具有重要作用。国家教委决定从1990年起用两年左右时间有计划地在全国逐步实行普通高中毕业会考制度。

9038 | **8月22日**

“七五”期间国家教育科研重点项目《教育大辞典》首发式在北京举行。该辞典由上海教育出版社出版，是我国第一部大型教育专业工具书。它包括教育学、教育心理学、教育哲学、教育经济学、教育社会学、教育边缘科学、教育技术学等25个分册。

9039 | **8月24日**

国家教委印发《关于实施〈中华人民共和国国旗法〉严格中小学升降国旗制度的通知》。通知要求各地中小学在1990年秋季开学初，结合新中国成立41周年纪念日，采取多种形式，开展宣传《国旗法》、学习《国旗法》的活动，使广大师生充分认识到制定和执行《国旗法》的重要意义，集中对学生进行一次生动具体的爱国主义教育。

9040 | **8月**

山西省教委印发《关于在中学进行国情教育的通知》，决定从1990

至1991学年度开始，在全省中学生中开展国情教育。通知指出，对学生进行国情教育主要是通过集中教育活动的灌输和各有关学科教学的渗透等方式进行，并统一使用省教委组织编写的《国情教育》。

9041 | **9月5日**

国家教委转发《国务院办公厅关于调整北京市中小学学杂费住宿费收费标准问题的复函》并印发通知。通知要求各地继续贯彻“依靠人民办教育”的方针，鼓励企事业单位、社会团体和个人自愿捐资助学、集资办学，参考北京市人民政府制定的中小学收费标准，结合本地的实际情况，制定合理的中小学杂费、住宿费标准。

9042 | **9月10日**

国家教委在北京人民大会堂举行全国优秀德育教师代表座谈会。中共中央政治局委员、国务委员兼国家教委主任李铁映首先代表党和政府，向常年辛辛苦苦、默默奉献自己青春和才智的教师们致以节日的问候和崇高的敬意。

9043 | **9月11日**

国家教委办公厅印发《关于提请注意以德育工作业绩为主要依据评选一批中小学特级教师的通知》。通知强调，在中小学特级教师评选中，要把德育工作业绩作为主要考核依据。

9044 | **9月13日**

据《中国教育报》报道，国家教委印发《关于在中学毕业年级进行国情教育的通知》。通知规定，1990年至1991学年度，各地学校要利用时事教育课时间，较系统地对初三和高三两个即将毕业年级的学生进行一次国情教育。应通过正面教育积极引导，使学生了解我国的过去、现在和未来发展前景，激发他们的爱国热情，拥护中国共产党的领导、坚定走社会主义道路的信念，树立振兴中华、建设“四化”的志向和艰苦奋斗的精神，并逐步学会全面地、历史地、辩证地认识问题。

9045 | 9月13日至23日

国家教委在黑龙江佳木斯和辽宁沈阳召开全国城市教育综合改革实验工作会议。国家教委副主任何东昌指出，城市教育综合改革要解决与城市的经济社会发展和社会文化相适应相协调的问题，重点应放在中等以下的各级各类教育、岗位培训及高中后的短期职业培训上。

9046 | 9月16日

中共中央、国务院发布《关于坚决制止乱收费、乱罚款和各种摊派的决定》。《决定》提出，对“三乱”进行综合治理，纠正教育行业不正之风。

9047 | 10月18日

国家教委印发《关于改革高考科目设置的通知》。通知指出，在省级普通高中会考的基础上改革高考科目设置，旨在将水平考试和选拔考试分开，使二者各司其职。

9048 | 10月23日至26日

国家教委在四川自贡举行全国中小学教师继续教育工作座谈会。会议的主要议题是：交流、总结各地开展中小学教师继续教育的情况和经验，研究、探讨开展中小学教师继续教育工作的方针、政策及有关问题，讨论制定关于开展小学教师继续教育的意见。

9049 | 10月28日至31日

全国中小学实验教学普及县现场会在四川成都召开。会议听取了有关教育部门近年来在中小学实验室建设和开展实验教学工作的经验汇报；参观了成都市已经普及了实验教学的24所中小学。

9050 | 10月30日

国家教委在北京召开的1990年全国普通高中会考总结会结束。与会代表充分肯定了上海、浙江等省(直辖市)在高中会考中所取得的成功经验，强调将坚定不移地推进高中阶段会考工作。

9051 | 11月15日

国家教委印发《关于教育系统纠正行业不正之风的通知》。通知指出，当前应该着重做好以下工作：加强思想教育，提高广大教职工对加强廉政建设、纠正行业不正之风重要性的认识；建立、健全制度，严格执行，不断检查；认真查处违法违纪案件；充实监督机构，增强教育系统内部的约束机制。

9052 | **11月20日至22日**

国家教委学校体育卫生司和卫生部卫生监督司在上海川沙召开全国农村学校卫生工作试点县总结表彰会。全国有20个试点县受到表彰。

9053 | **12月1日**

国务院总理李鹏在全国计划会议闭幕式上作重要讲话。李鹏强调指出，以教育为本，依靠科技振兴经济，是我们坚定不移的方针。要进一步端正办学的指导思想，把德育放在首位，对学生进行爱国主义、集体主义和社会主义的教育，培养德、智、体全面发展的、为社会主义建设服务的人才。

9054 | **12月10日**

国家教委印发《关于中小学教师职务聘任工作中有关问题的通知》。通知指出，中小学教师专业合格证书是对不具备国家规定学历的中小学教师建立的一种考核制度，并作为评聘教师职务的参评条件，已在首次教师职务评聘工作中予以认可。经商得人事部同意，中小学教师专业合格证书仍可作为评聘教师职务的参评条件。

9055 | **12月15日**

国家教委发布《中等师范学校德育大纲（试行）》和《中等师范学校学生行为规范（试行）》。《大纲》从德育目标、德育内容、德育原则、德育实施途径、学生思想品德评定、德育工作的领导和队伍建设六个方面，对中等师范学校的德育工作进行明确。《规范》从二十个方面，对中等师范学校学生的行为进行说明。

9056 | **12月18日至20日**

国家教委、财政部、国家计委、农业部在北京召开全国多渠道筹措教育经费、改善办学条件先进单位表彰大会。会议指出，从1981年到1990

年上半年，全国各地通过多种渠道共筹措维修改造校舍的资金 365 亿元，维修改造校舍 3.19 亿平方米，全国中小学危房率可望在 1990 年降到 3% 以下，这将保证今后 30 年至 50 年我国中小学有一个基本的办学条件；多渠道筹措教育经费，改善办学条件，是我国教育事业的一条重要指导方针，要健康、深入、持久地开展下去。河南、江西、广西、甘肃、宁夏、江苏、辽宁 7 省（自治区）受到表彰奖励。

9057 | **12 月 20 日**

国家教委发布《中、小学卫生室器械与设备配备目录》。《目录》是对具有一定规模的中、小学校卫生室器械与设备配备的基本要求，也是全面评估学校工作的一项基本指标。

9058 | **12 月 25 日至 30 日**

党的十三届七中全会在北京举行。会议通过了《中共中央关于制定国民经济和社会发展十年规划和“八五”计划的建议》。《建议》提出了今后十年我国发展科技教育文化事业的任务和政策，并强调要继续贯彻教育必须为社会主义现代化建设服务，必须与生产劳动相结合，培养德、智、体全面发展的建设者和接班人的方针。

9059 | **12 月 31 日**

国家教委印发《关于制定职业高级中学（三年制）教学计划的意见》。《意见》指出，制定教学计划，必须根据党的教育方针和培养目标的要求，并从各地的实际出发，对教学、实习、考核、生产劳动和假期等进行全面安排。

1991年

改革进行时

• 重要文件

国务院《关于大力发展职业技术教育的决定》

国务院办公厅转发国家教委等九部门《关于创造良好社会教育环境保护中小学生健康成长的若干意见》

国家教委《教育督导暂行规定》

国家教委《全国中小学校长任职条件和岗位要求（试行）》

国家教委等部门《关于当前做好中小学教师职务聘任工作的几点意见》

国家教委《中学生日常行为规范》

国家教委《普通中小学校督导评估工作指导纲要》

国家教委《关于实施〈现行普通高中教学计划的调整意见〉和普通高中毕业会考制度的意见》

国家教委、全国教育工会《中小学教师职业道德规范》

国家教委等部门《中等职业技术学校收取学费的暂行规定》

·重要政策

改革高考科目设置

全面推进普通高中会考制度

完善中小学校长从业标准

建立中小学教师聘任制度

发展中等职业教育

·重要会议

国家教委召开全国普通高中工作会议

国家教委召开全国中小学校长队伍建设与培训工作会议

国家教委召开全国城市教育综合改革经验交流会

·改革亮点

进入九十年代后，普通高中教育改革继续深入：调整课程大纲；改革高中会考和高考制度；积极推进高中招生制度改革试点；改革聘任制度改革；治理“三乱”；健全学校制度框架。同时，国家提出大力发展职业教育，中等职业教育受到重视。这些具体措施有利于提高高中教育质量。

9101 | 1月11日至13日

国家教委在北京召开全国教育系统治理“三乱”工作紧急会议。国家教委副主任何东昌、邹时炎到会讲话。会议指出，教育系统要坚决按照中共中央、国务院提出的要求，统一思想，提高认识，加强领导，依法办事，迅速把“三乱”治理好。

9102 | 1月15日

北京市召开中小学校长会议。国家教委副主任柳斌在会议上强调，要抓紧进行招生制度和考试制度的改革，把提高基础教育的质量放在突出位置。

9103 | 1月15日

国家教委印发《关于认定首批省级重点职业高级中学的通知》，公布了首批206所省级重点职业高级中学名单。

9104 | 1月22日

国家教委印发《关于高考改革有关问题的通知》。通知提出高考改革的十条措施，包括高等学校按照系科、专业选组建议确定高考科目组；高考的外语成绩，本科专业一律计入总分等。

9105 | 1月23日至26日

国家教委在北京召开1991年度教育工作会议。会议的重要任务是：认真学习和贯彻党的十三届七中全会精神，并部署1991年的工作。会议指出，今后十年，我国教育事业总目标是建立起适应社会主义现代化建设需要、面向21世纪、具有中国特色的社会主义教育体系的基本框架；总任务是为现代化建设培养人才和为坚持发展社会主义制度培养可靠接班人；基本原则是优先发展教育，坚持社会主义方向，坚持教育改革开放，坚持多渠道筹措教育经费，加强教师队伍建设等。

9106 | 1月27日至31日

全国考试工作会议在广西南宁举行。会议提出了“八五”期间的工作任务和长远的战略目标，确定“八五”期间全国将普遍实行高中会考。

9107 | **2 月 4 日至 8 日**

国家教委、人事部、国家计委在河南郑州联合召开全国民办教师工作经验交流会。会议充分肯定了民办教师在农村教育乃至社会主义现代化建设事业中的重要地位、作用和历史功绩。会议指出，民办教师是现阶段我国社会发展客观需要的产物，今后不再吸收民办教师，要通过“民转公”和师范定向招生，提高教师整体队伍质量。

9108 | **2 月 7 日**

国家教委办公厅印发《关于加强中小学生竞赛活动管理的通知》。通知提出，各类竞赛活动健康发展，以促进中小学生德、智、体全面发展。

9109 | **2 月 9 日**

国家教委办公厅印发《关于在中小学校开展远足活动的通知》。通知指出，远足是一项富有健身价值和教育意义的校外体育活动，各地要在中小学校积极开展远足活动。

9110 | **2 月 9 日**

据《中国教育报》报道，山东省招远市高中招生制度改革初见成效。新制度从 1987 年起开始实行乡镇初中评估与高中招生数额挂钩，把高中招生名额分配到乡镇，从根本上改变了升学指挥棒对基础教育的片面导向，促进学校把应试教育转到素质教育的轨道上来。

9111 | **2 月 20 日**

国家教委办公厅转发全国政协医药卫生体育委员会、教育文化委员会《当前中小学体育工作中存在的主要问题及改进意见》并印发通知。通知要求，按照要求配齐体育、卫生仪器和器材等；按大纲要求上好体育课；切实保证学生每天 1 小时体育活动时间；继续抓好体育教师培养、培训工作。

9112 | **2 月 21 日**

国家教委印发《关于做好高考科目设置改革试点工作的通知》。通知指出，湖南、云南、海南三个试点省要汇集高等学校系科、专业选组的情况，尽早向考生公布。为了减少社会心理压力，支持三省的改革实验，各有关部门和高等学校在编制招生来源计划时，除在总数上要不少于去年的招生数外，各专业的招生人数也应保持相对稳定，不得因选组原因而压缩某些专业在三省的招生计划。

9113 | **2月25日**

国家教委发布《小学生日常行为规范》和《中学生日常行为规范》，要求从1991年春新学期开学后在全国中小学普遍施行。

9114 | **3月15日**

国家教委发布《试点中学培养体育运动后备人才暂行管理办法》。《暂行管理办法》规定试点中学培养体育运动后备人才试点工作的组织领导、招生、思想品德教育、教学与学籍管理等具体内容，促进大、中、小学“一贯制”课余体育训练体系的建立。

9115 | **3月26日**

在七届全国人大四次会议上，受国务院委托，国务委员兼国家计委主任邹家华作《关于1990年国民经济和社会发展计划执行情况与1991年计划草案的报告》。《报告》指出，1990年是进一步治理整顿和深化改革的一年。各级各类教育继续发展，中等职业技术教育有了新的发展，九年制义务教育和扫盲工作进一步推进。1991年是第八个五年计划的头一年，要努力做好这一年的工作，使新的五年计划有一个良好的开端。1991年，要稳步发展各级各类教育，把基础教育和职业技术教育放在突出的位置。坚持社会主义办学方向，加强政治思想工作，提高教育质量。中等专业学校计划招生78万人，大体维持上年水平。

9116 | **4月3日**

国家教委办公厅印发《全国教育科学研究十年规划和“八五”计划要点及实施意见》。文件提出，九十年代教育科学研究的奋斗目标是：争取在当前教育改革与发展所提出的重大理论问题和实际问题的研究上取得突破性进展；加快建设具有中国特色的社会主义科学学科体系；进一步提高教育科研队伍的政治、业务素质；强化教育科学研究的基础工作，健全全国教育科学情报网；在实践中不断探索符合我国国情的教育科研体制模式；有计划地翻译国外有影响力的教育论著等。

9117 | **4月9日**

国家教委就执行《现行普通高中教学计划的调整意见》和实行高中毕业会考制度举行记者招待会。国家教委副主任何东昌到会并强调指出，1991年教育工作的重点是要全面提高质量。

9118 | **4月9日**

国家教委印发《关于成立国家教委关心下一代工作委员会的通知》。通知明确指出，国家教委关心下一代工作委员会是在中共国家教委党组领导下的工作机构，其任务是指导、组织教育战线离退休的专家、教师、干部和职工，配合学校，对青少年学生进行思想政治和道德品质教育。国家教委同时附发《致全国教育战线离退休的老教师、老专家、老干部的倡议书》和《关心下一代工作委员会1991年工作要点》。4月16日，国家教委关心下一代工作委员会在北京成立。

9119 | **4月15日**

国务院发布《禁止使用童工规定》。《规定》明确禁止单位或个人使用童工，并对违反该《规定》使用童工的单位或个人进行处罚。

9120 | **4月16日**

国家教委发布《关于加强中小学学生用练习册、寒暑假作业、辅导材料编写和使用管理的规定》。9月13日，国家教委办公厅印发《关于坚决制止中小学生滥用复习资料的紧急通知》。

9121 | **4月21日至25日**

国家教委在浙江湖州召开全国普通高中工作会议。会议总结实施《现行普通高中教学计划的调整意见》和普通高中实行毕业会考制度两项改革的经验，制定改革配套措施。

9122 | **4月25日**

国家教委办公厅印发《关于在中小学进一步开展爱国主义教育活动的意见》。《意见》要求各地教育行政部门和中小学校围绕中国共产党建党70周年、辛亥革命80周年等重要纪念日，进一步深入开展以热爱中国共产党为重点的爱国主义教育活动。

9123 | **4月25日**

国家教委办公厅印发《关于在中小学加强禁毒预防性教育的意见》。《意见》提出，对学生的禁毒宣传教育，应根据不同年龄段学生的特点，结合课堂教学的有关内容进行。可在中小学历史课中，结合鸦片战争前后中国禁毒斗争的内容，宣传禁毒斗争的重大意义。高中学生可利用社会实践活动，适当参与群众的禁毒宣传活动，从中接受教育。要结合贯彻《小学生日常行为规范》和《中学生日常行为规范》，培养中小学生高尚情操和良好的行为习惯，增强抵御能力，自觉地与不良行为和违法犯罪作斗争。

9124 | **4月26日**

国家教委印发《教育督导暂行规定》。《暂行规定》指出，教育督导的任务是：对下级人民政府的教育工作、下级教育行政部门和学校的工作进行监督、检查、评估、指导，保证国家有关教育的方针、政策、法规的贯彻执行和教育目标的实现。教育督导的范围，现阶段主要是中小学教育、幼儿教育及其有关工作。

9125 | **4月26日**

国家教委印发《关于在学校师生中进行反对达赖集团分裂活动、加强民族团结教育的通知》，号召广大师生反对达赖集团的分裂活动，以实际活动维护民族团结。

9126 | **5月3日**

国家教委发布《关于坚决制止中小学乱收费的规定》。《规定》提出，非义务教育阶段的高级中等学校可收取杂费和学费。杂费、学费的范围、标准和收取办法，由省、自治区、直辖市教育、物价、财政部门根据当地群众经济收入水平研究制定方案，报人民政府批准后执行。

9127 | **5月7日至10日**

中国联合国教科文组织全国委员会委托中央教科所在北京举办中国中小学教育改革评价方法研讨会。

9128 | **5月9日至12日**

国家教委在山东莱芜召开全国中小学校长队伍建设与培训工作会议。会议总结一年来各地进行中小学校长岗位培训试点的经验，部署今后一段时期的工作。国家教委副主任何东昌到会讲话强调，加强中小学校长队伍建设和培训工作，是全面贯彻党的教育方针的需要，是对付国内外敌对势力的“和平演变”挑战的需要。

9129 | **5月16日**

国家教委发布《中学生体育合格标准实施办法》。《实施办法》规定中学生体育合格的三项要求：体育课成绩合格；参加《国家体育锻炼标准》测验，每一单项达 30 分；早操、课间操和课外体育活动，一学年累计无故缺勤次数不超过应出勤次总数的 1/10；因病、事假缺勤次数不超过应出勤总次数的 1/3。

9130 | **5月21日**

国家教委发布《普通中小学校督导评估工作指导纲要》《关于实施〈普通中小学校督导评估工作指导纲要〉试点的意见》并印发通知。通知要求各地要从本地区实际出发，制定实施《纲要》和《意见》的具体方案，有步骤地做好这项工作。

9131 | **5月25日**

据《中国教育报》报道，国家教委在北京召开中学教职工思想政治工作汇报会。会议强调，各级党政有关部门要把加强中小学教师的思想政治工作纳入自己的工作日程，作为一项重要任务来抓。建设一支具有坚定的社会主义方向、良好道德风尚、又红又专的干部和教师队伍，是一项十分迫切和重要的任务。

9132 | **6月1日**

国家教委办公厅印发《关于中小学国情教育课外读物的通知》。通知指出，国家教委基础教育司组织编写了供高中、初中学生阅读的《国情教育读本》。其中，高中一套共5册，为高中学生课外必读读物。从高中一年级起，依次每学期读1册，以课外阅读为主，教师可在时事教育课中做重点辅导，并可开展课堂讨论，组织写读书笔记，举办报告会、讲演会等辅助性活动。

9133 | **6月24日**

国家教委印发通知，要求做好高中毕业生思想政治工作。各地高级中学，特别是升学人数较多的高中在高考前后，在调查研究的基础上，争取家长配合，有针对性地、生动活泼地做好毕业生的思想政治工作。

9134 | **6月25日**

国家教委发布《全国中小学校长任职条件和岗位要求（试行）》，规定校长任职基本条件、主要职责和岗位要求，是选拔、任用、考核、培训中小学校长的基本依据。

9135 | **6月27日至7月1日**

国家教委在浙江嘉兴召开全国中专改革招生分配制度为科教兴农服务座谈会。会议要求各地开展调查研究、总结经验，制定推进改革实施计划（方案），于1991年底前报至国家教委职业技术教育司。

9136 | **7月1日**

中共中央在北京举行庆祝建党70周年大会。中共中央总书记江泽民在会上作重要讲话。在谈到教育问题时，江泽民指出："百年大计，教育为本。教育是社会主义物质文明和精神文明极为重要的基础工程。它对提高全体人民的思想道德和科学文化素质，对培养一代又一代社会主义事业的接班人，具有重大的战略意义。我们必须加强教育工作，大力发展教育事业。"[①]

① 《江泽民文选》第一卷，人民出版社2006年版，第160页。

9137 | **7月8日**

国家体委、国家教委联合发布《体育运动学校办学暂行规定》《体育运动学校学生学籍管理办法》《三年制中等体育专业教学计划》。

9138 | **7月16日**

国家教委、人事部印发《关于当前做好中小学教师职务聘任工作的几点意见》。《意见》指出，评聘教师职务时，要从实际出发，在任职年限上，应按人事部有关文件规定掌握，不要死抠年头；对虽然不具备规定学历，但实践经验丰富，任职以来考核成绩优秀，确有真才实学的教师，可根据德才兼备的原则的工作需要破格聘任或任命相应教师职务。

9139 | **7月20日**

国家教委、国家物价局、财政部、劳动部发布《中等职业技术学校收取学费的暂行规定》。《暂行规定》指出，中等专业学校、技工学校和职业高中的学费标准根据下列原则制定：高于普通高中学费标准；培养费用较高或报考人数较多的热门专业，其学费标准可适当高一些；工作条件艰苦或国家重点扶持的专业，可以免收或减收学费。

9140 | **7月20日**

国家教委办公厅转发北京市教育局、共青团北京市委《关于禁止中小学吸烟的几点意见》。《意见》提出，各级教育行政部门和学校领导要认识禁止中小学生吸烟的重要意义；采取坚决措施，把禁止中小学生吸烟工作落到实处；加强宣传教育。

9141 | **7月29日**

国家教委印发《关于实施〈现行普通高中教学计划的调整意见〉和普通高中毕业会考制度的意见》。《意见》提出，实施《现行普通高中教学计划的调整意见》和普通高中毕业会考制度，是对普通高中课程、教材和考试制度的两项改革。《意见》提出，要统一思想、转变观念、提高认识；要切实加强领导，精心组织实施；要加强教学管理和督导评估工作；要认真做好与改革配套的各项工作。同时，国家教委印发《关于在普通高中开设选修课的意见》。《意见》就开设选修课的目的，开设选修课的原则，选修课的内容和开设方式，选修课的师资、教材和设备、场所，选修课的管理等作了说明。

9142 | **8月9日**

国务院总理李鹏主持召开国务院第八十九次常务会议。会议讨论并原则通过《中华人民共和国教师法（草案）》，决定在修改后将其提请全国人大常委会审议。

9143 | **8月13日**

国家教委、全国教育工会联合发布《中小学教师职业道德规范》并印发出通知。通知要求，各地教育行政部门和教育工会要在当地党委的领导下，将组织学习宣传、贯彻规范列入重要工作日程，切实抓好。贯彻规范是对全体教师反复深入地进行教育的过程。各地应将教师学习、执行规范的情况，作为一项重要内容，列入对教师德、能、勤、绩的考核之中。

9144 | **8月21日**

国家教委、公安部发布《社会力量办学印章管理暂行规定》。《暂行规定》共23条，自发布之日起施行。

9145 | **8月29日**

国家教委发布《中小学图书馆（室）规程》。《规程》是中小学校图书馆（室）建设的指导性文件，是中小学图书馆（室）建设、图书资料装备的重要依据。《规程》就书刊资料、书刊资料的管理和利用、管理机构和工作人员、条件保障等问题作了说明。

9146 | **9月4日**

七届全国人大常委会第二十一次会议审议通过《中华人民共和国未成年人保护法》。《未成年人保护法》是新中国成立以来我国第一部涉及未成年人保护的专门法律。10月4日，共青团中央印发《关于学习、宣传〈中华人民共和国未成年保护法〉的通知》。

9147 | **9月19日**

据《中国教育报》报道，国家教委、国家体委在山西临汾联合召开全国农村学校体育工作会议。会议以“学习临汾经验，把农村中小学体育提高到一个新水平”为主旨。会议指出，“八五”期间农村中小学体育指导思想是：从实际出发，因地、因校制宜，坚持面向全体学生，搞好农村中小学校体育工作，大面积提高广大农村学生的体质、健康水平。

9148 | **9月24日至28日**

国家教委在内蒙古赤峰召开全国电化教育工作会议。会议重点研究进一步加强电教教材建设的问题。会议指出，加强电教教材建设的指导思想是，坚持正确的教育思想，面向学校教育和职工、农民教育的实际，按需选题，统筹规划，分工协作，保证质量，用出效益，逐步建立有中国特色、与文字教材配套、全口径的电教教材库。

9149 | **10月8日**

国务院办公厅转发国家教委、广播电影电视部等九部门《关于创造良好社会教育环境保护中小学生健康成长的若干意见》，要求各地贯彻执行《意见》并加紧制定保护青少年的法规。

9150 | **10月14日**

国家教委成立中学思想政治课教材编写领导小组。领导小组的主要任务是组织力量，在一纲多本的原则下，按教学大纲的要求，结合中学的实际，编写出一套高质量的全国中学思想政治课教材。

9151 | **10月17日**

国务院发布《关于大力发展职业技术教育的决定》。《决定》提出九十年代发展职业技术教育的方针、主要任务等。针对中等职业教育，《决定》要求，挖掘现有学校的潜力，扩大招生规模，特别是扩大中等职业技术学校的招生规模，使全国高中阶段职业技术学校的在校生人数超过普通高中的在校生人数；在普通教育中积极开展职业指导，因地制宜地在适当阶段引进职业技术教育因素，在不同阶段对学生实行分流教育。城市可在高三分流，对一部分人进行定向性的或预备性的职业技术教育。农村可根据各地的情况，分别采取“三加一”（即三年初中教育再加一年职业技术教育）、初三分流、四年制渗透职业技术内容或办职业初中等多种形式发展初中阶段的职业技术教育。

9152 | **10月18日**

陶行知先生诞辰100周年纪念大会在北京举行。会议倡议大家学习和发扬陶行知热爱祖国忠于人民献身教育的高尚精神。

9153 | **10月31日**

据《中国教育报》报道，陕西省教委在安康地区召开现场交流会，决定“八五”期间在全省推广安康地区经验。陕西省安康地区在普通中学渗透职业技术教育，因地制宜进行职业技术培训，近五年毕业返乡的十万名初、高中学生多数成为当地经济发展的重点户和带头人。

9154 | **11月5日**

国家教委印发《关于湖南、云南、海南三省1992年继续试行高考科目设置改革及有关问题的通知》。通知指出，初步的实践证明，湖南、云南、海南三省改革高考科目设置的试行方案是基本可行的。

9155 | **11月7日**

中宣部、国家教委联合印发《关于加强和改进中学干部、教师思想政治工作若干问题的通知》。通知指出，加强和改进中学干部、教师的思想政治工作，努力建设一支具有坚定的社会主义方向、良好的道德风尚、又红又专的干部和教师队伍，是中学教育工作中的一项具有战略意义的基础建设，是当前一项迫切而重要的任务，必须予以充分重视，认真抓紧抓好。

9156 | **11月22日**

国家教委印发《关于进一步加强电教教材建设的意见（试行）》。《意见》对编制电教教材的指导思想、原则和要求，电教教材建设的主要任务，电教教材建设的职责分工等问题作了详细说明。

9157 | **12 月 3 日**

国家教委、人事部、劳动部联合印发《关于在招工、招干中承认普通高中毕业会考成绩的通知》。通知要求在实行会考并有毕业生的省(自治区、直辖市)，省级人民政府劳动、人事部门可依据本地情况，制定具体政策，承认高中毕业生会考成绩，招工、招干应以会考成绩作为确定高中学习成绩的依据，而不再以高考成绩为依据。

9158 | **12 月 9 日至 13 日**

国家教委在江苏常州召开全国城市教育综合改革经验交流会。会议指出，城市教育综合改革要在“综合”上下功夫，城市教育改革要与城市建设、城市经济发展联系起来综合考虑。针对减轻学生繁重负担，促进学生全面发展等问题，会议认为基础教育的当务之急是应从应试模式转到提高国民素质轨道上来，要积极推进升学制度、考试制度，国家教委将成立升学制度、考试制度改革领导小组。

1992年

改革进行时

• 重要文件

中组部、国家教委《关于加强全国中小学校长队伍建设的意见(试行)》

国家教委办公厅《关于搞好城市教育综合改革试点工作的意见》

国家教委办公厅《关于加强普通高中教学管理的几点意见》

国家教委《教师和教育工作者奖励暂行规定》

国家教委《中小学校园环境管理的暂行规定》

• 重要政策

强化中小学校长队伍建设

全面推进高中会考制度改革

• 重要会议

国家教委召开全国升学、考试制度改革工作会议

中宣部、国家教委联合召开全国中小学德育工作会议

国家教委、国家民委召开第四次全国民族教育工作会议

国家教委召开办好教育为人民研讨会

• 改革亮点

邓小平南方谈话为改革开放进一步指明方向，再次强调教育服务社会经济发展的重要作用。这一年高中教育改革重点在于落实和深入推进高中招生政策改革，探索建立更符合社会发展的考试招生制度。

9201 | 1月1日

国务院总理李鹏给北京市二龙路中学写信，对学校利用校史向学生进行近现代史和国情教育的做法，给予充分肯定，并向在教育岗位上无私奉献的教师表示崇高敬意。

9202 | 1月7日至10日

国家教委在北京召开1992年度教育工作会议。会议总结交流近几年各地教育改革和发展的经验，研究落实教育事业“八五”计划和十年规划，部署了1992年的教育工作。会议强调，建设有中国特色的社会主义教育体系的基本原则和重大方针已逐步明确，在今后的实际工作中要落实、丰富、发展这些原则和方针。

9203 | 1月8日

国务委员兼国家教委主任李铁映与国家教委新近聘任的25位督学座谈，并为他们发布督学证。李铁映在座谈中强调，我国督导制度的建立是教育发展和改革的需要，督学所履行的是一种监察职能。这种对各级人民政府和教育部门的监督，正是我们建立有中国特色的教育督导制度的重要内容。

9204 | 1月9日

国务委员兼国家教委主任李铁映同部分分管教育的副省长座谈，一起分析、讨论教育战线面临的形势和任务。李铁映讲话指出，当前教育形势总体是好的，当前教育的主要任务是：坚持教育优先发展；全面贯彻党的教育方针、全面提高教育质量，扩大深化教育改革；切实解决教师困难。

9205 | 1月11日

国家教委在北京召开全国升学、考试制度改革工作会议。会议研讨小学、初中升学制度改革和实行普通高中毕业会考制度的问题。

9206 | 1月16日

国家教委发布《全国教育事业10年规划和“八五”计划要点》。文件指出，“八五”期间教育事业把重点放在调整内部结构、深化教育改革，充实改善办学条件和大力提高教育质量上。普通高中现有的总规模原则上稳定，着重提高教育质量；已经普及初中的大城市，普通高中规模偏小的可以适当发展；普通高中办得过多和经济落后的地区，应适当调减规模或实行高三分流；坚持抓好升学制度的改革，继续扭转片面追求升学率和偏科现象。

9207 | **1月18日至2月21日**

邓小平视察武昌、深圳、珠海、上海等地并发表重要讲话。邓小平的一系列讲话为中国走上有中国特色的社会主义市场经济发展道路奠定了思想基础。邓小平多次强调教育的重要作用，提出："经济发展得快一点，必须依靠科技和教育。""科学技术是第一生产力。"①

9208 | **1月28日**

据《中国教育报》报道，湖南省决定对特优生实行高考加分政策。1992年起，湖南省将从思想品德评价被评为优秀等第（以县为单位，控制在20%以内）的应届高中毕业生中确定50%的特优生，在高考录取时降低5分投档。思想品德评价以湖南省教委1991年3月发布的《中小学思想品德评价方案》为依据，经过试点，从1992年下半年开始在全省中小学全面推开。

9209 | **2月2日**

国家教委发布《高等学校招生全国统一考试管理处罚暂行规定》，对违反考试管理的行为和处罚、处罚程序等问题进行说明。

9210 | **2月11日**

国家教委印发《关于做好1992年中小学教师〈专业合格证书〉文化专业知识考试工作的通知》。通知指出，中学教师专业合格证书文化专业知识考试时间和开考科目由省（自治区、直辖市）自行决定，文化专业知识考试每学科每年以考2门至3门为宜。

---

① 《邓小平文选》第三卷，人民出版社1993年版，第377页。

9211 | **2月19日**

国家教委办公厅发布《全国中小学勤工俭学“八五”期间发展计划要点》。《要点》指出，“八五”期间全国中小学勤工俭学发展的主要目标是：努力提高勤工俭学普及率；大力办好一批有一定规模的校办骨干企业；全面提高勤工俭学的经济效益；积极发挥勤工俭学的育人功能；努力为教育提供更多资金，大力改善办学条件，争创一批“四个一流”学校。

9212 | **2月19日至21日**

教育监察工作会议在北京召开。会议指出，1992年教育监察工作的指导思想和工作任务是：继续坚定不移地贯彻党的基本路线，全面贯彻党的教育方针，全面发挥监察职能作用，加强执法监察，坚持反腐败斗争，推进廉政建设，加强教育监察机构的自身建设，为维护政治稳定，促进经济发展与教育的改革和发展服务。

9213 | **2月21日**

国家教委印发《关于加强和改善企事业单位兴办中小学工作的意见》。《意见》指出，对企事业单位兴办中小学，要区别对待，分类指导；加强各级人民政府对企事业兴办中小学工作的领导和管理；适时调整企事业学校的结构和布局，提高办学效益；加强企事业中小学师资队伍建设；积极筹集办学经费，继续改善办学条件。

9214 | **3月12日**

国家教委发布《职业高级中学学生学籍管理暂行规定》，对入学与注册、成绩考核、纪律考勤、升级与留级、休学与复学、转学与转专业、退学、毕业与结业、奖励处分等问题作了规定。《暂行规定》指出，学校应建立健全学生学籍管理制度。职业高中学生应建立学生档案。

9215 | **3月15日至18日**

国家教委、国家民委联合在北京召开第四次全国民族教育工作会议。会议旨在贯彻落实中央民族工作会议精神。国务委员兼国家教委主任李铁映作题为《大力改革和发展民族教育，促进各民族的共同繁荣》的讲话。

讲话分五个部分：充分认识民族教育的重要地位；改革与发展民族教育的基本原则；九十年代民族教育工作的任务；完成九十年代任务的主要措施；加强党和人民政府对民族教育工作的领导。

9216 | **3月20日**

七届全国人大五次会议在北京人民大会堂开幕，国务院总理李鹏作《政府工作报告》。《报告》指出，要认真贯彻邓小平同志提出的科学技术是第一生产力的指导思想，依靠科技进步和提高劳动者素质来促进经济的发展。发展教育事业，提高全民族素质，是社会主义现代化建设的根本大计。教育要深化改革，适应改革开放和现代化建设的需要。要认真贯彻德智体全面发展的方针，不断提高教育质量。要在全社会形成尊师重教的良好风尚。继续重视和改进德育工作，对学生认真进行我国历史和国情教育，激发爱国主义热情，坚定建设有中国特色社会主义的信念。继续推广农村教育综合改革，搞好城市教育综合改革的试点。有步骤地改革中小学升学考试制度，以利于教育方针的贯彻。继续采取有效措施，进一步完善基础教育、职业技术教育、高等教育和成人教育体系。增加对教育的投入，改善办学条件。各级各类学校都要抓紧改革内部管理体制和分配制度，提高办学效益，充分调动广大教师的办学积极性。

9217 | **4月3日**

国家教委办公厅印发《关于加强普通高中教学管理的几点意见》。《意见》提出，为了全面贯彻党的教育方针，推动普通高两项改革的健康发展，提高普通高中教育质量和办学效益，必须对普通高中加强管理和督导。

9218 | **4月4日**

据《中国教育报》报道，国家教委成立升学考试制度改革领导小组，加强对升学考试制度改革的领导，协调国家教委升学考试制度改革的有关工作。

9219 | **5月13日**

国家教委办公厅印发《关于搞好城市教育综合改革试点工作的意见》。《意见》指出，城市教育综合改革工作，要以邓小平同志关于“一个中心、两个基本点”的基本路线为指导思想，围绕落实教育的战略地位，厘清深化改革的思路，推进管理体制改革和优化教育结构等重大问题。《意见》指出，针对高中阶段教育，要改善城市教育的整体结构，促进高中阶段教育进一步多样化，在办学模式、培养规格、学制等方面相对划一的教育形式，显然难以适应实际需要，必须积极探索高中阶段教育进一步多样化的途径。城市的中等职业技术教育，不仅要在发展速度上步入前列，而且要逐步优化学校和专业布局，提高人才培养的质量和效益。要特别重视加强中等职业技术教育，努力为城市培养优良的技术工人和技术人员。普通高中的办学模式也要多样化。

9220 | **5月13日**

国家教委印发《关于加强成人高中教育的意见》。《意见》规定，成人高中教育的任务是使已经具有初中毕业文化程度的从业人员和社会青年，经系统学习，基本达到高中毕业水平。成人高中课程由文化课和专业课或职业技术课两部分组成。社会青年参加成人高中学习，不分文、理科，开设政治、语文、数学、物理、化学、历史、地理，在此基础上再设2门至3门职业技术课程，必修课程不少于9门。必修课中的专业课、职业技术课由学校根据办学条件或生产、工作需要确定。

9221 | **5月14日**

据《中国教育报》报道，我国已经认定445所省级重点职业高级中学。认定评估工作得到了社会各界及各地各级党政领导的高度重视，通过认定评估，进一步端正了职业高中的办学指导思想。

9222 | **5月16日**

国家教委公布国家教委、国家体委、卫生部、国家民委、国家科委联合进行的1991年全国学生体质健康监测结果。结果表明：“七五”期间，学校体育卫生工作逐步得到加强，但学生的耐力有所下降，龋齿、近视眼等常见病的患病率仍较高。

9223 | **5月19日**

国家教委印发《关于加快中学教师学历培训步伐的意见》。《意见》提出，要有计划地扩大师范院校、省级教育学院培训高中教师规模；制定吸引综合大学与其他各类院校毕业生到中学任教的优惠政策、疏通渠道等。

9224 | **5月21日至25日**

中宣部、国家教委在福建三明联合召开全国中小学德育工作会议。会议指出，要认真学习和贯彻邓小平同志的重要谈话和中共中央政治局全体会议精神，贯彻国家教委有关中小学德育工作的文件，研究改进重点高中德育工作的措施，表彰在中小学德育工作方面作出突出成绩的城市。

9225 | **6月10日**

国家教委发布《中小学校园环境管理的暂行规定》。《暂行规定》旨在加强中小学校校园环境的管理，创设良好育人环境，保障学校和教职工、学生的合法权益，保证学校教育教学活动的正常进行，是全日制普通中学、小学校内环境及所处周围环境的管理依据。《暂行规定》强调，学校是教职工和学生工作、学习、生活的主要场所，应做到环境整洁优美，风气积极向上，设施完好，秩序正常，成为社会主义精神文明建设的阵地。

9226 | **6月19日至20日**

国家教委在山东济南举办办好教育为人民研讨会。会议强调，要贯彻邓小平同志重要谈话精神，探索加快改革和发展教育之路，逐步建立起具有中国特色的社会主义教育体系。此前，6月6日至18日国家教委以“办好教育为人民”为主题，组织人员分赴山东省16个地市、130个县市进行调查研究。

9227 | **6月23日**

国家教委印发《关于做好学校治安综合治理工作的几点意见》。《意见》指出，学校治安综合治理是社会治安综合治理的重要组成部分，要进一步加强对学生日常行为的教育和管理，强化校园秩序管理。

9228 | 6月27日

广西壮族自治区七届人大常委会第二十九次会议通过《广西壮族自治区教育条例》。它是我国第一部地方性、综合性教育法规。

9229 | 6月29日

北京市中学生业余党校第三期124名学员以优异的成绩结业。至此，市级党校学员已结业2280余人。开办业余党校是新时期对中学生进行思想政治教育的一种好形式。

9230 | 7月3日

国家教委印发《关于加强中小学计算机教育的几点意见》。《意见》部署九十年代我国中小学计算机教育工作，从制定规划、师资队伍、经费、教材建设等九个方面提出意见，要求各地应根据本地区经济和教育发展水平，制定中小学计算机教育发展的三年规划和八年规划；全国中小学计算机教育研究中心在广泛调查研究的基础上，参考各地规划，制定全国中小学计算机教育发展的三年规划和八年规划。

9231 | 7月7日

据《中国教育报》报道，北京市高教局与教育局联合组织部分中专学校和职业高中扩大招收高三分流的普通高中学生。这项措施可以满足经济发展对中等专业人才的需求，拓宽普通高中分流的路子。

9232 | 7月18日

据《中国教育报》报道，江苏省城乡办起一批新型综合高中。这是普通高中面向经济建设、优化教育结构的一项新举措，它将高中过去的二元结构（普通高中、职业高中）发展到三元结构，对于全方位开发教育服务经济建设的功能，具有重要的意义。

9233 | 7月20日

上海新世纪小学和新世纪中学在长宁区正式成立。这是上海市第一所全日制民办小学、民办中学，打破了由国家统包的传统办学模式，完全依靠社会力量集资办学。

9234 | **7月24日**

北京市高教局宣布，北京市从1993年起将实施高考科目设置改革新方案。这项方案是以更好地贯彻党的教育方针，提高高等学校的招收新生的质量和促进学生的德、智、体全面发展为目标制定的，并获国家教委批准。

9235 | **8月17日**

国家教委印发《关于初中毕业生升学考试体育试点工作的意见》。《意见》确定北京、天津、辽宁、江苏、山东、浙江、广东、湖南、陕西等九省（直辖市）为全国试点省（直辖市），全面、认真推行初中毕业生升学考试体育；其他地区可根据本地情况，确定若干地区进行试点，总结经验，逐步推开。实施初中毕业生升学（即升入普通高中、职业高中、中等专业学校和中等师范学校）考试体育，考试成绩计入升学成绩总分。

9236 | **8月17日至22日**

国家教委与世界银行在辽宁大连合作举办中国教育筹资政策国际研讨会。会议认为，多渠道筹措教育经费并认真管好用好是当今世界各国都关注的重大课题，中国近10年来在多渠道筹措教育经费取得很大成就，但仍面临着教育资金缺口较大、一些地方和学校的教育投资效益不够高的问题，影响和制约着中国教育事业的发展。

9237 | **9月4日**

国家教委印发《关于职业高中执行〈全日制中学思想政治课教学大纲〉（适用稿）的意见》。《意见》要求，自1992至1993学年度开始，职业高中思想政治课原则上执行《全日制中学思想政治课教学大纲（试用稿）》高中部分，并以此作为学校思想政治课教学、师资培训和对教师、学生进行考核评估的重要依据。

9238 | **9月7日**

国家教委、国家体委、国家科委联合印发《关于进一步加强学校体育卫生工作，提高学生体质健康水平的意见》。《意见》提出各级人民政府要重视和支持学校体育卫生工作、重点加强广大农村和少数民族地区的学校体育卫生工作等八点意见。

9239 | **9月8日**

国家教委发布《关于多渠道筹措教育经费改善办学条件的公告》。《公告》显示，我国 1981 年至 1991 年，多渠道筹措用于改善中小学办学条件的经费共 1066 亿元，这些经费使我国中小学校面貌发生显著改善，促使我国绝大部分地区的中小学校基本实现了“一无两有”，这是贯彻“人民教育人民办，办好教育为人民”方针、坚持多渠道筹措教育经费所产生的良好社会效果。

9240 | **9月10日**

国家教委办公厅印发《关于进一步加强内地西藏班工作的意见》。《意见》指出，内地西藏班，包括初中预备班、初中班、高中班和各类大、中专班等；各地要理顺管理体制，加强对内地西藏班的领导；搞好招生和毕业生分配工作，提高生源质量，安排好返藏学生等。《意见》要求，内地西藏初中、高中、中专班（校）要创造条件，实行与汉族学生合校组织教育教学的办学体制，并在实验的基础上，逐步实行藏汉合班，以利于各族学生间增进了解加强团结。

9241 | **9月19日**

国务院办公厅转发国家教委、建设部、全国教育工会《关于“八五”期间解决城市中小学教职工住房问题的意见》。《意见》要求，各地除部分经济困难的边远省、自治区及少数内地条件较差的城市外，其他城市在“八五”期间都要争取达到人均居住面积 7.5 平方米及成套率 40% 至 50% 的目标。

9242 | **10月4日**

国家教委印发《关于扩大城市教育综合改革试点工作的通知》。通知提出，加快城市教育综合改革步伐，确定 47 个全国教育综合改革实验城市，55 个省级教育综合改革试点城市。

9243 | **10月12日**

党的十四大在北京人民大会堂开幕，中共中央总书记江泽民代表十三届中央委员会作题为《加快改革开放和现代化建设步伐，夺取有中国特色社会主义事业的更大胜利》的报告。江泽民指出：“我们要在九十年代把有中国特色社会主义的伟大事业推向前进，最根本的是坚持党的基本路线，加快改革开放，集中精力把经济建设搞上去。”[①] 江泽民强调：“科技进步、经济繁荣和社会发展，从根本上说取决于提高劳动者的素质，培养大批人才。我们必须把教育摆在优先发展的战略地位，努力提高全民族的思想道德和科学文化水平，这是实现我国现代化的根本大计。要优化教育结构，大力加强基础教育，积极发展职业教育、成人教育和高等教育，鼓励自学成才。各级政府要增加教育投入。鼓励多渠道、多形式社会集资办学和民间办学，改变国家包办教育的做法。各级各类学校都要全面贯彻党的教育方针，全面提高教育质量。”[②]

9244 | **10月21日**

国家教委民族地区教育司发布《全国民族教育发展与改革指导纲要（试行）（1992—2000）》，明确九十年代民族教育工作的奋斗目标是坚持打好基础，坚持改革开放，努力缩小差距。《指导纲要》提出，到20世纪末，绝大部分少数民族聚居县（旗），要集中力量办好一所重点中学。1995年以前，绝大部分少数民族聚居县（旗），要集中力量办好一所起骨干示范作用的职业技术中学。要通过试点，逐步把一部分普通中学办成综合中学；人口稀少、困难较大的县（旗），可集中在地、州（盟）办职业技术学校或职业技术培训中心。

9245 | **10月26日**

国家教委发布《教师和教育工作者奖励暂行规定》。《暂行规定》提

---

① 《江泽民文选》第一卷，人民出版社2006年版，第224页。
② 同上，第233页。

出，国务院教育行政部门会同人事部门对长期从事教育、教学和管理、服务工作并取得显著成绩的教师和教育工作者，分别授予“全国优秀教师”“全国优秀教育工作者”称号，发布相应的奖章和证书；对其中有突出贡献者，授予“全国教育系统劳动模范”称号，发布相应的奖章和证书，同时发布“人民教师”奖章和证书。

9246 | **11月1日至4日**

国家教委在江苏苏州召开全国环境教育工作会议。来自全国环保系统和教育界的200多位代表出席会议。会议指出，环境教育是解决环境问题最基本的、综合的和有效的措施和手段。只有通过教育，才能唤起人们保护环境的意识，才能提高全民族的环境保护水平。

9247 | **11月28日**

劳动部发布《国家级重点技工学校标准》。《标准》从办学指导思想与组织领导、办学条件、教学、教师、思想政治教育及学生工作、行政工作等方面作出具体规定。

9248 | **11月30日**

国家教委印发《关于在全国普通中小学校试用普通中小学公用经费实物消耗参考定额的通知》，规定中小学公用经费实物消耗参考标准。

9249 | **11月**

由中共中央文献研究室和中共中央党校部分同志撰写的《邓小平教育思想概述》由人民教育出版社正式出版。该书配合《邓小平同志论教育》一书对邓小平的教育观点、思想、理论和学说进行了系统的整理和论述，对于了解、学习和准确地掌握邓小平的教育思想，深化教育改革，促进我国社会主义教育事业发展起到重要作用。

9250 | **11月**

中共北京市委、北京市人民政府召开学校内部管理体制改革经验交流会。北京市市长助理陶西平在总结北京四年来学校内部管理体制改革经验时认为，这项改革进一步健全和完善了学校内部领导体制，使学校开始形成科学决策机制、竞争激励机制，激发了学校的办学，教职工教书育人的积极性。

9251 | **12月9日**

北京市召开普教系统发布教师职务证书大会。北京市教育局和科技干部局改革职称评审制度，设立专项职务指标，并增加直接考核的程序，打破以往论资排辈的旧观念。此次破格晋升的青年中小学教师共167名，获高级教师职务证书的都是40岁以下的青年教师，36岁至40岁的有130名，35岁以下的有37名。其中中学（含中师）教师133人，小学（含幼儿园）教师34人，涉及31个学科的任课教师。

9252 | **12月10日**

中组部、国家教委印发《关于加强全国中小学校长队伍建设的意见（试行）》。《意见》规定中小学校长的任免、培训、考核、奖惩、待遇等问题，旨在建设一支政治坚定、德才兼备、相对稳定的中小学校长队伍。

9253 | **12月12日**

《中国教育报》报道，广州市在实行九年制义务教育的基础上推进普及高中阶段教育。1992年以来，中共广州市委、广州市人民政府制定了加快发展高中阶段教育的政策，计划分为1995年、2000年、和2005年三个阶段实施政策。

9354 | **12月**

国家“八五”规划重点图书《邓小平教育思想研究》由浙江教育出版社出版。邓小平同志关于教育的一系列重要论述，是建设有中国特色社会主义理论的重要内容，为中国社会主义建设新时期的教育改革和发展指明方向。

1993年

改革进行时

• 重要文件

中共中央、国务院《中国教育改革和发展纲要》

国务院办公厅《关于加强中小学收费管理工作的通知》

国家教委《关于稳步推进普通高中毕业会考工作的意见》

国家教委《关于普通中等专业学校专业设置管理的原则意见》

• 重要政策

在大城市市区和沿海经济发达地区有步骤普及高中阶段教育

清理规范中小学收费项目

稳步推进普通高中毕业会考

• 重要会议

国家教委等部门召开中小学爱国主义影视教育工作座谈会

国家教委召开全国部分省（直辖市）中小学收费工作座谈会

国家教委召开全国招生工作会议

联合国教科文组织和联合国儿童基金会召开中国全民教育国家级大会

国家教委召开全国城市教育综合改革研讨会

• 改革亮点

《中国教育改革和发展纲要》确立整个九十年代甚至20世纪初普通高中教育改革的方向与重点。各地陆续探索普及高中阶段教育，推动我国普通高中教育进入一个新的历史时期。

9301 | **1月5日**

天津市普教系统召开1993年度工作会议。会议决定取消高级中等学校招生重点分数线制度。会议提出，为了保证取消重点分数线后高中生源质量，天津市将建设一批重点中学，同时对市重点高中实行浮动制，由市教育局督导室对其进行定期的检查评估，教育质量不合格者将被取消重点高中资格。

9302 | **1月11日**

国家教委召开1993年全国教育工作电话会议。国家教委副主任朱开轩作工作报告。朱开轩强调，1993年基础教育工作主要任务是贯彻《中华人民共和国义务教育法》及《实施细则》，防止中小学生辍学，减轻中小学课业负担，解决拖欠教师工资问题。

9303 | **1月11日至13日**

国家教委在山西太原召开全国部分省（直辖市）中小学收费工作座谈会。会议分析和研究了中小学收费问题，指出各级人民政府、社会各界和个人应增加对教育的投入，并逐步建立以国家财政拨款为主的多种渠道筹措教育经费的体制。

9304 | **1月18日**

国家教委中小学教材研究中心召开中小学数学课程教材改革研讨会。国家教委副主任柳斌到会听取了专家们的建议，并就数学教学的重要性、深化教育改革的设想等问题，同专家们交换了意见。

9305 | **1月25日**

据《中国教育报》报道，河北省规范中小学收费标准，制定县市最高限额。各地市制定具体收费标准，既考虑中小学办学经费的需要，又考虑当地人民群众的实际承受能力。对义务教育阶段与非义务教育阶段学校，城市与农村学校，经济较好地区与贫困学校，重点学校和一般学校要区别对待。县级教育行政部门不得越权审批收费项目和标准，学校不能擅立收费项目（如勤工俭学费、自习辅导费、补课费、桌椅押金等），不得擅自提高收费标准，所收费用要开列清单向家长通报。

9306 | 2月6日

据《中国教育报》报道，江苏省教委印发《关于改革和加强普通高中教育的意见》。《意见》强调在大力发展职业教育的同时，加快普通高中教育改革和发展。城市普通高中由市或区负责管理；农村普通高中原则上由县（市）负责管理，有条件的地方，可以放到乡镇管理。鼓励、支持社会力量和个人在教育行政部门宏观指导下举办普通高中，可采取“公办民营”的形式，也可采取中外合办、校企联办等多种形式办学。有条件的地方，逐步实行初、高中分设。结合当地经济发展实际，兴办综合高中，使普通高中通过渗透职教因素，从单纯的升学模式中解脱出来。

9307 | 2月13日

中共中央、国务院发布《中国教育改革和发展纲要》。《纲要》旨在实现党的十四大所确定的战略任务，指导九十年代乃至下世纪初教育的改革和发展，使教育更好地为社会主义现代化建设服务。《纲要》分为六大部分：一、教育面临的形势和任务；二、教育事业发展的目标、战略和指导方针； 三、教育体制改革；四、全面贯彻党的教育方针，全面提高教育质量；五、教师队伍建设 ；六、教育经费。《纲要》提出，九十年代，在保证必要的教育投入和办学条件的前提下，高中阶段职业技术学校在校学生人数有较大幅度的增加，未升学的初中和高中毕业生普遍接受不同年限的职业技术培训，使城乡新增劳动力上岗前都能得到必需的职业技术训练。《纲要》提出，大城市市区和沿海经济发达地区积极普及高中阶段教育，普通高中的办学体制和办学模式要多样化，要逐步改革和完善升学考试制度。稳步推进小学毕业生就近入学、初中毕业生升学考试、高中毕业会考和高考制度的改革。

9308 | 2月20日

国家语委、国家教委印发《关于普通中学普及普通话的通知》。通知对普通中学普及普通话的要求、进程、应采取的措施等提出要求。

9309 | 3月1日

由联合国教科文组织和联合国儿童基金会倡议召开的中国全民教育国家级大会在北京人民大会堂开幕。会议申明中国教育改革和发展的八条原则：第一，教育是现代化建设的基础，必须坚持把教育摆在优先发展的战略地位；第二，必须把握好办学方向，培养德智体全面发展的各类人才；第三，必须是坚持教育为国家的现代化建设服务，与生产劳动相结合，服从并服务于经济建设这个中心，促进社会的全面进步；第四，必须坚持教育的改革开放，大胆吸收和借鉴人类社会的一切文明成果，勇于创新，勇于试验，不断发展和完善教育制度；第五，必须全面贯彻党的教育方针，遵循教育规律，全面提高教育质量和办学效益；第六，必须依靠广大教师，不断提高教师的素质，努力改善他们的工作、学习和生活条件；第七，必须充分发挥各级人民政府、社会各方面和人民群众的办学积极性，坚持以国家财政拨款为主，多渠道筹措教育经费；第八，从本国的国情出发，根据统一性和多样性相结合的原则，实行多种形式办学，培养多种规格的人才，走符合中国和各地区实际的发展教育的路子。

9310 | 3月1日至3日

国家教委在四川成都召开全国招生工作会议。会议要求，在继续推进各项招生改革的基础上，对扩招计划、新生收费等问题要进一步采取措施，保证改革的顺利进行。

9311 | 3月2日

国家教委和北京市人民政府在北京联合召开学习、宣传、贯彻《中国教育改革和发展纲要》报告大会。会议指出，坚持把教育摆在优先发展的战略地位，是我国现代化建设指导思想上的一个重大转变，要实现现代化的宏伟目标，必须优先发展教育，把沉重的人口负担转化为人才优势。

9312 | **3月2日至4日**

审计署驻国家教委审计局在北京召开全国教育审计工作会议。会议研讨在当前教育经费紧缺的情况下，如何用好政策，开源增收以及如何加强对教育经费的使用管理和审计监督，提高效益，为加快教育事业发展和改革服务等问题。

9313 | **3月4日**

首都各界人士隆重集会，纪念毛泽东等老一辈革命家为雷锋同志题词发表30周年。在学雷锋活动中作出突出成绩的101个先进集体和100个先进个人受到表彰。

9314 | **3月7日**

福建省八届人大常委会第二次会议审议通过《福州市保护城市中学小学幼儿园建设用地若干规定》，为保护城市中小学、幼儿园建设用地提供法律依据。

9315 | **3月15日**

八届全国人大一次会议在北京人民大会堂开幕，国务院总理李鹏作《政府工作报告》。《报告》指出，五年来，教育事业有较大发展，国家财政和社会各方面对教育事业的投入达3200亿元，比上一个五年增加1710亿元。教育结构有重大调整，职业教育、成人教育迅速发展，中等职业技术学校在校学生已接近高中阶段学生人数的50%。《报告》强调，今后五年是实现我国现代化建设第二步战略目标的关键性五年。必须认真贯彻《中国教育改革和发展纲要》，把教育摆在优先发展的战略位置。要坚持“教育必须为社会主义现代化建设服务，必须与生产劳动相结合，培养德、智、体全面发展的建设者和接班人”的方针。教育要从小抓起。今后五年，要积极发展各具特色的职业教育和成人教育，使劳动者就业和上岗前受到合格的职业训练。各级人民政府都要增加教育投入，多渠道筹集教育经费。积极探索建立以政府办学为主体、社会各界共同办学的新体制和多种办学模式。加强师资队伍建设，提高教师的政治素质和业务水平，提高教学质量和办学效益。

9316 | **3月15日**

国家教委办公厅印发《关于国家教委中小学教材审定委员会办公室改由基础教育司统一归口领导的通知》。通知指出，经研究决定，中小学教材审定委员会办公室归基础教育司统一管理。

9317 | **3月23日**

国家教委印发《关于普通中等专业学校专业设置管理的原则意见》。《意见》提出，专业设置要符合人才培养的规律，有明确的培养目标、业务范围和主干学科基础，有较完整的理论与实践结合的课程体系；具备能满足教学要求的师资、图书资料和实验实习设施等基本条件。中等专业学校专业设置审批，实行分别由中专学校、学校主管部门和省部级教育行政部门分级、分工负责的办法。

9318 | **4月1日**

国家教委办公厅转发全国政协教育文化委员会《关于北京市、辽宁省、四川省职业技术教育的调查报告》。《报告》指出，北京市、辽宁省、四川省职业技术教育工作的特点是：建立统筹机构，加强政府对职业技术教育的领导，注意法规建设；贯彻“大家来办”的方针，积极发展联合办学，校企合作，多渠道、多形式发展职业技术教育；加快改革与发展，以适应新的形势需要。

9319 | **4月13日**

国家教委印发《关于加强城市中小学生穿学生装（校服）管理工作的意见》，强调要加强中小学生着装工作管理。《意见》要求，各地教育主管部门要以服务为目的，严把质量关和价格关，做好售前售后服务工作。对特困子女、革命烈士子女及孤儿的着装费用，实行全免或部分减免。

9320 | **5月3日**

共青团十三大在北京人民大会堂开幕。中共中央在贺词中向青年一代提出殷切希望：当代青年应该成为有远大理想的一代，勤奋学习的一代，艰苦创业的一代，道德高尚的一代。

9321 | **5月4日至7日**

国家教委在北京召开全国省级教研室主任会议。会议要求，教研室要在基础教育深化改革的过程中发挥积极作用，作出新贡献。

9322 | **5月6日**

国家教委直属机关召开党代会。中共国家教委党组书记、国家教委主任朱开轩讲话指出，新一届领导班子组成后的主要任务，是在上一届领导班子已经开创的较好工作局面的基础上，在邓小平有中国特色社会主义理论指导下，继续积极、全面、正确地贯彻党的十四大和八届全国人大一次会议精神，扎扎实实地抓好《中国教育改革和发展纲要》的实施，推动教育的改革和发展。

9323 | **5月10日**

国家教委主任朱开轩会见美国驻华大使芮效俭一行，并回答有关教育改革的一系列问题，指出教育的改革开放是整个国家改革开放政策的重要组成部分。因为教育是培养人并着眼于未来的事业，教育的开放有两层意思：一是不能封闭办教育，教育要与经济以及整个社会相通；二是中国教育要与世界教育沟通，学习和借鉴各国办教育的好的经验。办好中国的教育要实现六个字：发展、改革、开放。

9324 | **5月10日**

国家教委印发《关于评选“国家级、省部级重点普通中等专业学校”的通知》，对重点学校评选条件、评选办法等作出具体规定。

9325 | **5月31日**

国家教委转发监察部驻国家教委监察局《关于1993年纠正教育行业不正之风工作意见的报告》。《报告》强调，“纠风”要重点抓和组织专项治理以下两方面：一是中小学违反国家规定擅自立项乱收费；二是违反国家教委规定滥编滥印各种复习资料并强行向中小学生推销。

9326 | **6月2日**

国家教委召开全体司局长会议。中共国家教委党组书记、国家教委主任朱开轩同志主持会议，通报了中共国家教委党组近期工作安排、国家教委领导成员分工情况和有关工作制度、《中国教育改革和发展纲要》的宣传实施、国家教委机关机构改革的总体思路与方案等。

9327 | **6月7日**

据《中国教育报》报道，青岛中小学试行收费公开卡制。青岛市规定，凡是中小学校向学生收缴的一切费用，必须使用各级教育主管部门统一印制、发放的“收费公开卡”。

9328 | **6月10日**

国家教委、人事部、财政部印发通知，将1978年发布的《关于评选特级教师的暂行规定》修订为《特级教师评选规定》。新《规定》进一步明确了特级教师的性质，强调特级教师是国家为了表彰特别优秀的中小学教师而特设的一种既具先进性、又有专业性的称号。特级教师应是师德的表率、育人的模范、教学的专家。

9329 | **6月**

《中国教育大事典》由浙江教育出版社出版。中国教育学会会长张承先为该书作序。它是一部反映新中国教育发展历史的大型资料工具书，摘引国家历年发布的教育文献有关原文，为各级教育部门及各级各类学校借鉴教育历史经验提供方便。

9330 | **6月25日**

据《中国教育报》报道，国家教委印发《关于试办三年制高中理科试验班的通知》，决定委托北京师范大学、清华大学、北京师范大学附属实验中学和清华大学附属中学从1993年起试办三年制高中理科试验班。试验班旨在进一步探索对理科学习成绩优异的学生进行教育培养的规律，研究高中教育与大学教育衔接问题，深化普通高中的教育教学改革。理科试验班学生不参加高中会考，凡在理科试验班学习成绩优秀，品德优良，符合高等学校招收保送生条件者，由理科试验班所在中学根据学生的志愿向有关高等学校推荐、保送升入高等学校。

9331 | 7月7日

《中国教育报》在北京举行创刊十周年纪念会。中共中央总书记、国家主席、中央军委主席江泽民为该报题词："加强教育宣传工作为培养社会主义事业接班人服务。"中共中央政治局常委、国务院总理李鹏题词："热烈祝贺中国教育报创刊十周年！希望你们进一步解放思想，实事求是，大胆探索，再接再厉，为中国教育改革与发展做出更大的贡献。"该报从1983年7月7日正式创刊至今，已发展成为有着广泛影响的全国性教育日报。

9332 | 7月9日

国家教委、国家体委联合发布《关于表彰全国中学贯彻〈学校体育工作条例〉优秀学校的决定》，公布经评审获优秀学校称号的160所中学名单。8月22日，国家教委、国家体委在山东省青岛市召开表彰大会，向北京四中等160所中学发布奖牌。

9333 | 7月26日至28日

国家教委、中宣部、广播电影电视部召开中小学爱国主义影视教育工作座谈会，研究制定关于在全国中小学开展爱国主义影视系列教育活动具体意见，并决定将选出的100部以爱国主义教育为主题的影视片纳入中小学教育教学计划，使中小学爱国主义影视教育活动制度化、规范化、系列化。9月13日，中宣部、国家教委、广播电影电视部、文化部联合印发《关于运用优秀影视片在全国中小学开展爱国主义教育的通知》。

9334 | 8月10日

国家教委印发《关于稳步推进普通高中毕业会考工作的意见》。《意见》提出，要健全由普教部门负责的会考管理系统、各地制定适合本省实际的会考政策和规定，支持高中教育进行整体改革，对一些特色学校给予免考政策，明确会考的合理功能，发挥会考的正确导向作用。

9335 | 8月13日

国家教委办公厅转发《北京市中小学贯彻〈礼仪常规〉加强文明礼貌、行为规范的养成教育》。北京市教育局提出，要把中小学生文明礼貌教育作为道德品质教育的突破口，根据中小学生的认识水平、接受能力、实际问题，选取了最基础、最频繁出现的礼仪内容，编制了《礼仪常规》，在全面落实中小学生日常行为规范的基础上，突出抓好中小学生的文明礼貌教育。

9336 | **8月24日**

国家教委召开电视会议。会议要求尽快解决当前基础教育面临的教育经费短缺、拖欠教师工资、乱收费、初中生辍学较多等突出问题。

9337 | **8月25日**

国家教委印发《关于坚决纠正中小学乱收费的通知》。通知要求，各教育行政部门和学校要做到：进一步统一思想，提高认识；严格执行中小学收费管理权限；认真做好清理整顿中小学收费工作；严肃纪律，确保政令通畅。

9338 | **8月31日**

据《中国教育报》报道，为进一步改善中小学办学条件，推动北京市教育事业发展，根据中共中央、国务院发布的《中国教育改革和发展纲要》精神，北京市人民政府决定，从1993年8月1日起，教育费附加率由2%提高到3%。

9339 | **9月2日**

中共中央政治局委员、国务院副总理李岚清在山东考察时强调，要重视对青少年的道德品质教育，当前特别要加强对青少年进行中华民族传统美德的教育，提高学生的思想道德素质。

9340 | **9月2日**

国家教委召开基础教育形势分析会，讨论分析当前基础教育尤其是农村基础教育的形势，确定1993年下半年国家教委要集中力量重点抓好基础教育工作，切实解决基础教育工作面临的困难和问题。

9341 | 9月13日

国家教委、人事部、财政部联合印发《关于禁止在民办教师选招公办教师中乱收费的通知》。通知明确规定，除国务院和省级人民政府以及中央和省两级财政、计划（物价）部门批准的收费项目外，任何地区、任何单位不准以任何理由，在民办教师选招公办教师中，巧立名目收取费用。

9342 | 9月21日

中国教育学会在上海举办纪念邓小平同志“三个面向”题词十周年学术讨论会。会议认为，“三个面向”从战略高度提出了我国教育的根本任务，指明了教育改革和发展的方向，这是邓小平有中国特色社会主义理论中的教育思想精髓，是我国教育方针的重要组成部分。

9343 | 9月22日至23日

国家教委在湖北武汉召开全国部分省（直辖市）中小学收费工作座谈会。会议指出，各级教育行政部门和学校要从反对腐败、清正廉洁和纠正行业不正之风的高度，重视学校乱收费问题，采取得力措施，坚决制止学校出现的乱收费现象。

9344 | 9月24日

国务院办公厅印发《关于加强中小学收费管理工作的通知》。通知指出，要严格区分义务教育阶段与非义务教育阶段关于收费的政策界限。各级人民政府要采取措施，坚决制止任何部门和单位向中小学摊派行政性、事业性费用和乱罚款。

9345 | 9月

广东省召开中小学师资工作会议。会议指出，充分挖掘潜力，努力扩大师范生培养规模和师资来源渠道，加快教师学历培训和继续教育的步伐。会议指出，到1997年，凡应参加岗位培训的中小学校长必须取得岗位培训合格证书；加强师资培养培训基地建设，提高师范教育质量和水平；增加师范教育投资，确保师范教育发展；加强和改进教师队伍管理工作，继续深化学校内部管理体制改革，逐步建立教师资格及任用制度，改革和完善中小学教师专业技术职务聘任制，逐步实行教师专业技术资格评定与聘任分离的制度；努力提高教师的社会地位和生活待遇。

9346 | **10 月 9 日**

北京景山学校举办邓小平同志“三个面向”题词发表十周年纪念会。中共中央政治局常委、国务院总理李鹏致电向大会表示祝贺。中共中央政治局委员、国务院副总理李岚清出席纪念会并讲话。

9347 | **10 月 9 日**

国家教委印发《关于中等职业技术学校政治课课程设置的意见》。《意见》规定，中等职业技术学校根据学生文化程度和学制的不同，分别设置政治课课程。

9348 | **10 月 18 日至 21 日**

中央农村工作会议在北京召开，中共中央总书记江泽民出席会议并发表重要讲话。江泽民提出，要坚定不移地实施科技、教育兴农的发展战略。要重视农村教育工作，重点是扎扎实实地普及九年义务教育，扫除青壮年文盲，同时大力发展农村职业技术教育和农村成人教育。

9349 | **10 月 21 日**

由国家教委、共青团中央组织的全国“三好”学生、优秀学生干部、先进班集体评选结果揭晓。本次共评出全国“三好”学生 423 名、优秀学生干部 138 名，先进班集体 210 个；在此基础上又评出 12 名全国“三好”学生标兵、5 名优秀学生干部标兵、11 个先进班集体标兵。10 月 25 日，中共中央政治局委员、国务院副总理李岚清在中南海会见学生代表，殷切希望广大学生发奋学习，全面发展，肩负起创造祖国更为光辉灿烂未来的历史使命。

9350 | **10月28日**

受国务院委托，国家教委主任朱开轩在八届全国人大常委会第四次会议上汇报教育工作，就当前教育战线的形势和实施《中国教育改革和发展纲要》中存在的几个问题作报告。

9351 | **10月31日**

八届全国人大常委会四次会议审议通过《中华人民共和国教师法》。《教师法》共9章43条，包括总则、权利和义务、资格和任用、培养和培训、考核、待遇、奖励、法律责任、附则，自1994年1月1日起施行。

9352 | **11月2日**

《邓小平文选》第三卷在全国公开发行。11月5日，中共国家教委党组印发《关于学习〈邓小平文选〉第三卷的通知》。《邓小平文选》第三卷收入邓小平在1982年至1992年间的重要讲话，共119篇。《邓小平文选》第三卷的出版，是全党和全国人民政治生活中的大事，为我们进一步落实党的十四大提出的用邓小平同志建设有中国特色社会主义理论武装全党的战略任务，统一思想，提高教育工作水平提供了很好的教材和重要的思想武器，意义十分重大。

9353 | **11月9日**

国家教委办公厅印发《关于进一步加强中学时事教育的几点意见》。《意见》强调，时事教育是中学思想政治教育的重要内容，是中学生的必修课。开展时事教育对于帮助学生正确认识国内外形势，养成关心国家大事的良好习惯，激发爱国主义情感，逐步树立正确的政治观和价值观，有着十分重要的作用；同时，这也是对青少年进行国情教育的重要途径。

9354 | **11月12日至15日**

国家教委在四川乐山召开师范专科学校面向农村、深化改革座谈会。会议就培养合格初中教师、师范专科学校要面向农村为建设社会主义新农村服务等问题进行讨论。

9355 | **11 月 14 日**

党的十四届三中全会讨论通过《中共中央关于建立社会主义市场经济体制若干问题的决定》。《决定》指出，要进一步改革科技体制和教育体制。社会主义市场经济体制的建立和现代化的实现，最终取决于国民素质的提高和人才的培养。各级党委和人民政府要把优先发展教育事业作为战略任务来抓，加强对教育工作的领导。确保教育投入，提高教学质量和办学效益。改变政府包揽办学的状况，形成政府办学为主与社会各界参与办学相结合的新体制。强化义务教育，大力发展职业教育和成人教育，优化教育结构。职业教育、成人教育以及各种社会教育要更多地面向市场需求，发挥社会各方面的作用。各类学校都要加强教师队伍建设，改善德育教育。

9356 | **11 月 26 日**

国家教委印发《关于取消中小学乱收费项目的通知》，清理规范中小学自行规定的乱收费项目。通知指出，禁止社会一切部门、单位等向学校或通过学校向学生家长代收的费用，在学生购置教材及其他学习用品时搭配的商品等摊派，按国务院国办发〔1993〕66 号文件精神，由各地人民政府负责清理。

9357 | **12 月 25 日**

国家语委、国家教委印发《关于职业中学普及普通话的通知》。通知指出，要把掌握和使用普通话纳入职业中学的培养目标，作为职业技能训练的一项重要内容，使学生的普通话水平能够适应未来职业的需要。

9358 | **12 月 28 日**

国家教委发布《全国职业中学校长主要职责及岗位要求（试行）》。《要求》指出，校长上岗前原则上必须在国家教委指定的培训基地或省级教育行政部门指定的单位接受岗位培训，并获得合格证书。经过岗位培训的校长，任职后，每年应接受 1 周左右的进修培训，形成制度。现任校长未经培训者，由省、自治区、直辖市、计划单列市教育部门制定计划，于3年至5年内分期分批进行培训。对目前不具备规定学历条件的职业中学校长，应视不同情况区别对待。对其中经验丰富、办学成绩较好或年龄在50岁以上的校长，经省级教育部门认定，可继续留任。

1994 年

改革进行时

• 重要文件

中共中央《关于进一步加强和改进学校德育工作的若干意见》

中共中央《爱国主义教育实施纲要》

国务院《关于〈中国教育改革和发展纲要〉的实施意见》

国务院《残疾人教育条例》

国务院《教学成果奖励条例》

国家教委《关于全面贯彻教育方针，减轻中小学生过重课业负担的意见》

国家教委《全国中小学校长岗位培训评估工作指导意见》

国家教委办公厅《国家教育督导团若干工作制度（试行）》

• 重要政策

确立教育优先发展的战略地位

建立国家教学成果奖励制度

加强和改进学校德育工作

实施爱国主义教育

实行办学体制改革

开展中小学校长岗位培训评估工作

• 重要会议

中共中央、国务院召开全国教育工作会议

国家教委召开全国学校德育工作座谈会

国家教委召开全国高中会考工作座谈会

• 改革亮点

我国高中阶段教育改革进一步深入：改进学校德育工作，改革普通高中办学模式，推动在有条件的地方逐步普及高中阶段教育。

9401 | **1月1日**

《中国教育报》全文刊发邓小平1985年5月19日在全国教育工作会议上的讲话《把教育工作认真抓起来》，并配发题为《学习邓小平教育思想，落实教育的战略地位》的社论，进一步落实教育优先发展的战略地位。

9402 | **1月7日**

江苏省苏州市印发《苏州市普及高中阶段教育的实施意见》，明确提出高中阶段教育发展和改革的目标、任务及措施。《实施意见》提出，到20世纪末，全市基本普及高中阶段教育，市区和县（市）城区初中毕业生升学率达95%、乡（镇）达85%。实行“政府统筹、社会参与、多方联办、部门协调”的办学体制；合理调整高中阶段教育结构和学校布局，适度发展普通高中，积极探索综合高中、特色高中，推行“2+1”高三分流等办学模式等。

9403 | **1月9日至13日**

国家教委在河北石家庄召开由北京、河南、山东等十四省（自治区、直辖市）教育行政部门人事处、法规处处长参加的贯彻《教师法》座谈会，交流各地贯彻《教师法》的办法和措施，讨论《中小学教师资格试行条例》《教师聘任试行办法》等《教师法》配套法规。

9404 | **1月11日**

全国教育系统“邓小平建设有中国特色社会主义理论研究中心”在北京成立。该中心同中国社科院、中央党校、军队系统、上海市等单位的理论中心密切配合，积极组织和大力推动教育系统对邓小平建设有中国特色社会主义理论的学习和研究，负责教育系统内部学术理论方面的指导和组织协调工作。

9405 | **1月11日**

国家教委在北京召开1994年全国教育工作电话会议。国家教委主任朱开轩在工作报告中回顾总结了过去一年的教育工作，部署安排1994年的主要任务。会议指出，1994年教育工作总的指导思想是：以邓小平同志建设有中国特色社会主义理论为指导，认真贯彻党的十四届三中全会精神，全面部署和推进《中国教育改革和发展纲要》的实施工作，严格执行《教师法》，加大教育改革力度，促进教育事业进一步发展。

9406 | **2月2日**

据《中国教育报》报道，中共上海市教卫党委、上海市教卫办召开教卫系统党政负责干部会议，提出上海将加速推进教育体制改革和机制转换，进一步深化、完善各项改革。会议强调，要提高高中普及率，初定全市高中入学率为80%；普通高中与高中段三类职业学校招生比例调整为4∶6左右。

9407 | **2月5日**

人事部、国家教委发布高等学校、中小学、中等专业学校贯彻《事业单位工作人员工资制度改革方案》三个实施意见。《中小学贯彻〈事业单位工作人员工资制度改革方案〉的实施意见》指出，新的中小学工资制度总称为中小学职务（技术）等级工资制，工资由职务（技术）等级工资和津贴两部分构成。在各单位工资总量构成中，职务（技术）等级工资部分占70%，津贴部分占30%。《中等专业学校贯彻〈事业单位工作人员工资制度改革方案〉的实施意见》指出，工作人员工资由职务（技术）等级工资和津贴两部分构成。在各单位工资总量中，前者占70%，后者占30%。

9408 | **2月15日**

国家教委印发通知，自1994年3月1日起根据《国务院关于职工工作时间的规定》实行新工时制度，中等和中等以上学校试行五天半工时制度，且同一地区学校同一工时制度，并要求各级教育行政部门应根据新工时制度的要求，认真做好各项准备工作。

9409 | **2月20日**

中宣部、广播电影电视部、国家教委、文化部联合印发《关于在全国农村中小学运用优秀影视片进行爱国主义教育的实施意见》，确保农村中小学能够看到、看好爱国主义教育影片。

9410 | **2月21日**

据《中国教育报》报道，黑龙江省普通高中合理分流改革成果初现。黑龙江省从1992年开始实行高中办学模式改革，出现“升学预备教育”“高二后分流”“三加一”“综合高中”“特色高中”等多种办学形式。黑龙江省认定10所高中为省级办学模式改革实验学校，并抓紧制定相关政策，创造必要的环境和条件。

9411 | **2月23日至25日**

国家教委在河北石家庄召开全国高中会考工作座谈会，指出高中会考制度建立10年来取得显著成绩。各级教育行政部门应为会考工作创造条件，做到编制、机构、人员三落实，保证经费投入，保障会考改革顺利进行。

9412 | **3月1日**

国家教育发展研究中心在北京举行邓小平教育思想研讨会。中共中央政治局委员、国务院副总理李岚清出席研讨会并讲话指出，邓小平同志始终把教育作为关系社会主义建设全局和社会主义历史命运的战略问题加以考察，形成了具有中国特色和时代特征、内涵十分丰富而深刻的教育思想，成为指导我国教育改革和发展的科学的理论基础和强大的思想武器。

9413 | **3月9日**

国家教委在北京召开修改《教育法（草案）》座谈会。教育界、法律界10多位专家学者出席会议，对《教育法（草案）》中涉及的教育方针、基本教育制度、教育投入、学校分类、法律责任等重大问题提出修改意见。

9414 | **3月10日**

八届全国人大二次会议在北京人民大会堂召开，国务院总理李鹏作《政府工作报告》。《报告》指出，1993年是全面贯彻党的十四大精神，沿着建设有中国特色社会主义道路胜利前进的一年。教育事业在改革中前进，基础教育、职业教育、成人教育和高等教育继续发展与提高。关于1994年教育工作，《报告》强调，发展科技教育文化事业，加强社会主义精神文明建设，既是现代化建设的重要内容，也是改革开放和经济建设顺利进行的重要保证。要抓好教育改革和发展。现代化建设有赖于国民素质的提高和人才的培养。各级人民政府要有长远眼光和紧迫感，把教育放在优先发展的战略地位。要加快教育改革步伐，切实增加教育投入，加强教育经费管理，促进教育事业的发展。各级人民政府宁可在别的方面节省一点，也要千方百计为教育办几件实事。教育改革要把重点放到调整教育结构、提高教学质量和经费使用效益上来。各类学校都要贯彻德智体全面发展的方针，加强和改善德育教育，重视国情教育、形势教育和优良传统教育，培养有理想、有道德、有文化、有纪律的新人。要充分调动社会各界的积极性，利用广播电视等现代传播手段，大力发展职业教育、成人教育和各种社会教育，逐步做到“先培训再就业”“先培训后上岗”，培养大量的专业人才和熟练劳动者。认真执行《教师法》，充分发挥教师的作用，努力改善教师待遇，在全社会形成尊师重教的良好风尚。

9415 | **3月14日**

国务院发布《教学成果奖励条例》，旨在奖励取得教学成果的集体和个人，鼓励教育工作者从事教育教学研究，提高教学水平和教育质量。《条例》指出，国家级教学成果奖的评审、批准和授予工作，由国家教委负责；其中授予特等奖的，应当报经国务院批准。省（部）级教学成果奖的评奖条件、奖励等级、评审组织和办法，由省、自治区、直辖市人民政府，国务院有关部门参照本《条例》执行。

9416 | **4月6日**

国家教委印发《关于建立国家教育督导团的通知》。通知指出，国家教育督导团在中共国家教委党组领导下，行使国务院赋予国家教育委员会的教育督导职权。

9417 | **4月7日**

国家教委印发《关于进一步改革普通高等学校招生和毕业生就业制度的试点意见》，旨在加快教育体制改革的步伐，对普通高等教育中有关招生和毕业生就业制度进行改革。

9418 | **4月12日**

据《中国教育报》报道，天津十三中建立综合高中新模式。这所学校普通高中实行多目标教育：一部分学生以升学为目标，完成高中文化课学习任务，参加高考；另一部分不准备升学的学生，在完成学习任务的同时，自三年级开始，用一至两年时间，接受职业技术教育。这一办学模式，变“独木桥”为“立交桥”，解决高中分流的问题。

9419 | **4月14日**

国家教委办公厅转发《北京市教育局对中小学校实行统一收费卡制度》并印发通知。通知指出，北京市教育局实行的中小学统一收费卡制度，使学校、学生家长及社会划清了哪些是合理收费，哪些是不合理收费的界限，使收费工作更加规范化；农村地区一般不要求统一购买校服，也不要统一实行课间加餐和营养餐制度。

9420 | **4月18日**

国家教委办公厅发布《普通高等学校招生全国统一考试建立标准分数制度实施方案》并印发通知。通知指出，推动普通高考标准化改革进入第二阶段，主要任务是建立标准分数制度，进一步开发利用考试信息，充分发挥考试利于高校选拔新生和中学教学作用的前提和基础。《实施方案》就建立标准分制度的目的、标准分制度的基本内容、实施规划等作了说明。《实施方案》指出建立标准分数制度的目的是：克服原始分数的局限性，使考试分数更科学、准确地反映考生水平；为高校招生录取提供更科学、准确的依据，方便录取；为进一步开发利用考试信息，发挥考试的上述两个“有利”作用奠定基础。

9421 | **4月20日**

国家教委印发《关于改革和发展成人中等专业教育的意见》。《意见》指出，成人中等专业教育的发展目标是：全面提高成人中等专业教育水平，建立规模适度、布局合理、结构优化、质量和效益较高、具有地方、行业特色及较强职业性和开放型的成人中等专业教育体系。

9422 | **4月22日至26日**

全国教育科学规划领导小组扩大会议暨第二次教育科研工作座谈会在河北省石家庄市举行。国家教委副主任兼全国教育科学规划领导小组组长何东昌、国家教委副主任兼全国教育科学规划领导小组副组长王明达出席会议并讲话。8月31日，国家教委办公厅印发座谈会纪要。

9423 | **4月26日**

据《中国教育报》报道，湖南省教委决定在21所湖南省重点（实验）中学进行高中招生改革试点。试点学校可自行组织招生考试，自主确定录取标准，并对高中新生试行部分缴费读书的办法。

9424 | **4月27日**

据《中国教育报》报道，湖北省召开全省普通高中教育改革经验交流会。会议提出，建立与社会主义市场经济体制相适应的普通高中办学模式、办学体制和管理体制，培养社会主义现代化建设所需要的多层次、多规格人才；在初步建立起以校长负责制为主体的内部运行机制基础上，积极推进学校内部管理体制改革，稳步推进教师聘任制、结构工资制和岗位责任制，创建与社会主义市场经济相适应的学校内部运行机制。

9425 | **4月29日**

来自首都教育、理论、新闻、出版界的专家学者座谈纪念《教育研究》杂志创刊15周年。《教育研究》自1979年4月创刊以来，为繁荣我国教育科学研究工作以及教育事业的改革与发展作出了贡献，成为我国教育科学面向世界的一个窗口。

9426 | **5月17日**

中共河北省委、河北省人民政府发布《关于大力加强基础教育的决定》，提出九十年代要适量发展普通高中，努力办好重点高中，省辖市市区基本普及高中阶段教育。

9427 | **5月18日至22日**

中宣部、国家教委、广播电影电视部、文化部、共青团中央在上海联合召开全国中小学爱国主义教育现场会。中共中央政治局委员、国务院副总理李岚清向大会发来贺信，希望各地努力把爱国主义教育落在实处并提高到一个新的水平。

9428 | **6月8日**

中共中央政治局常委、国务院总理李鹏在中南海与各民主党派中央、全国工商联负责人和无党派人士进行座谈，征求对全国教育工作会议报告（征求意见稿）的意见。座谈会指出，这次全国教育工作会议，是改革开放以来党中央、国务院召开的第二次教育工作会议，也是我国教育发展史上一次重要的会议。这次会议对全面部署和动员实施《中国教育改革和发展纲要》，研究和解决我国教育改革和发展中的重大问题，实现九十年代教育改革和发展的战略目标，促进我国社会主义现代化建设，必将产生重大影响。

9429 | **6月14日至17日**

中共中央、国务院在北京召开全国教育工作会议。会议的主要任务是：以邓小平同志建设有中国特色社会主义理论和党的基本路线为指导，贯彻党的十四大和十四届三中全会精神，进一步落实教育优先发展的战略，动员全党全社会认真实施《中国教育改革和发展纲要》，为实现九十年代我国教育改革和发展的任务而奋斗。

9430 | **6月18日**

为祝贺全国教育工作会议闭幕，《人民日报》发表题为《坚决落实教育优先发展的战略》的评论员文章。《光明日报》发表题为《教育发展史上的里程碑》的社论。《中国教育报》发表题为《开创教育工作的新局面》的社论。

9431 | **6月22日**

中国教育学会在北京举行成立15周年纪念会。中国教育学会会长张承先作题为《进一步发挥教育学会在深化教育改革中的作用》的讲话。

9432 | **6月22日至24日**

国家教委艺术教育委员会在北京召开第三届全体委员会议。会议指出，美育是教育中不可缺少的重要组成部分，对于陶冶人的思想情操，提高人的审美情趣，使人树立崇高的审美理想，具有其他教育所不可替代的作用。

9433 | **7月3日**

国务院印发《关于〈中国教育改革和发展纲要〉的实施意见》。《实施意见》提出，大城市市区和有条件的沿海经济发展程度较高地区要在普及九年义务教育的基础上，积极普及高中阶段教育（包括普通高中和高中阶段的职业教育）。普通高中可根据各地的需要和可能适量发展。到2000年普通高中在校生要达到850万人左右。每个县要面向全县重点办好一两所中学。全国重点建设1000所左右实验性、示范性的高中。有计划地实行小学后、初中后、高中后三级分流，大力发展职业教育，逐步形成初等、中等、高等职业教育和普通教育共同发展、相互衔接、比例合理的教育系列。大部分地区以初中后分流为主，大力发展中等职业教育，逐步做到50%—70%的初中毕业生进入中等职业学校或职业培训中心。到2000年各类中等职业学校年招生数和在校生数占高中阶段学生数的比例，全国平均保持在60%左右；普及高中阶段教育的城市可达到70%。

9434 | **7月5日**

国家教委印发《实行新工时制对高中教学计划进行调整的意见》。《意见》提出，全国中小学于1994年秋季开学起调整课时，实行为适应新工时制要求而调整的教学计划。这次调整在保持全日制中小学教学（课程）计划的课程结构不变的前提下，适当调整各类课程的课时，减少周课时总量。

9435 | **7月6日**

国家教委印发《关于进一步加强中小学生竞赛、评奖活动管理的通知》。通知指出，要正确引导面向全国中小学生的各项竞赛、评奖等活动的健康发展。通知指出，组织中小学生开展竞赛等活动必须全面贯彻党的教育方针，有利于学校教育教学工作，有利于中小学生健康成长，发展个性特长，发现和培养人才。凡以中小学生为对象的竞赛、评奖活动，均实行教育部归口管理、严格履行报批手续。

9436 | **7月12日**

国家教委印发《关于在普通高中开设艺术欣赏课的通知》。通知规定了普通高中艺术欣赏课的名称、开设年级、开课方式、教材和师资等。通知指出，开设艺术欣赏课，能开阔高中学生的文化艺术视野，提高艺术修养，陶冶情操，使之确立正确的审美观念，促进其全面发展。

9437 | **7月29日**

国家教委、中央统战部、国家计委和西藏自治区人民政府联合召开座谈会，纪念内地西藏班办学10周年。国家教委副主任王明达、韦钰出席座谈会，王明达在座谈会上发表讲话。

9438 | **8月22日**

国家教委印发《全国中小学校长岗位培训评估工作指导意见》，以指导各地开展中小学校长岗位培训评估工作，提高培训质量和实效，全面提高中小学校长的政治、业务素质和履行岗位职责的管理能力。《指导意见》就评估的目的、评估的内容要点、评估的组织领导等问题作了说明。

9439 | **8月22日**

北京市教育工作会议宣布中共北京市委、北京市人民政府关于建立海淀区教育改革实验区的决定。会议提出，到20世纪末该实验区将成为全市乃至全国教育最发达、教育质量最高的地区之一。

9440 | **8月23日**

中共中央发布《爱国主义教育实施纲要》。《实施纲要》共8章40条。《实施纲要》指出，加强爱国主义教育，对于增强民族凝聚力，团结全国各族人民自力更生、艰苦创业具有重要的现实意义。爱国主义教育是提高全民族整体素质和加强社会主义精神文明建设的基础性工程，是一项十分重要的工作。爱国主义教育的重点对象是青少年，内容包括中华民族悠久历史、中华民族优秀传统文化、党的基本路线和社会主义现代化建设成就、中国国情、社会主义民主和法制、国防教育和国家安全教育、民族团结、“和平统一、一国两制”方针等教育。《实施纲要》提出，要搞好爱国主义教育基地的建设。9月23日，国家教委印发《关于贯彻〈爱国主义教育实施纲要〉的通知》。

9441 | 8月23日

国务院发布《残疾人教育条例》。《条例》共9章52条。《条例》规定，各级人民政府应当将残疾人职业教育纳入职业教育发展的总体规划，建立残疾人职业教育体系，统筹安排实施。普通高级中等学校必须招收符合国家规定的录取标准的残疾学生入学，不得因其残疾而拒绝招收。

9442 | 8月31日

中共中央印发《关于进一步加强和改进学校德育工作的若干意见》。《意见》指出，要深入持久地进行爱国主义、集体主义和社会主义思想教育，爱国主义教育要以中国近、现代史和国情教育为依托，形成贯穿小、中、大学各教育阶段，由浅入深的稳定的教育序列。高等学校和高中阶段要开设时事政策课或讲座，以国内外形势及党和国家重大方针政策为主要内容，对学生进行生动、现实的国情教育。这是新形势下学校德育工作的纲领，对于全面贯彻党的教育方针，推动《中国教育改革和发展纲要》的实施，进一步加强和改进学校德育工作，培养合格的社会主义事业建设者和接班人，促进全社会的精神文明建设具有重大的现实意义和深远的历史意义。9月19日，国家教委印发《关于学习贯彻〈中共中央关于进一步加强和改进学校德育工作的若干意见〉的通知》。

9443 | 9月8日

北京二十一世纪实验学校举行开学典礼。该校由北京锡华电子有限公司与海淀区教育局联合创办，是全国首家“政企联办、产教结合”的新型学校，实行董事会领导下的校长负责制，在管理体系上采取全新的办学模式。

9444 | **9月9日**

国家教委办公厅发布《国家教育督导团若干工作制度(试行)》。文件指出，国家教育督导团工作会议，原则上每年召开一次，由总督学主持，副总督学和全体国家督学参加。国家教育督导团工作会议的主要任务是确定教育督导团年度工作计划；总结工作经验，研究制定教育督导工作法规和重要的政策文件。

9445 | **9月10日**

中共中央政治局委员、国务院副总理李岚清到北京市海淀区实验小学、花园村第二小学、花园村中学、海淀旅游服务职业高中、北京邮电大学和首都师范大学等校看望教师，代表党中央、国务院向广大教师致以节日问候。

9446 | **9月20日**

国家教委印发《关于进一步做好学校收费工作的通知》。通知要求采取切实有效的措施，尽快缓解物价上涨过猛的势头，保证学校教学工作和生活的正常秩序。通知再次强调，不得把捐资助学同录取学生挂钩，坚决杜绝以钱买分、以钱买学籍、以钱选择公办学校和重点学校的错误做法。9月21日至24日，国家教委在上海召开部分省市中小学收费管理工作座谈会，就中小学收费中存在的问题及进一步做好改进工作进行研究。

9447 | **9月28日**

中共中央发布《关于加强党的建设几个重大问题的决定》。《决定》要求学校党的建设要围绕学校的改革和发展，加强和改进德育工作，培养有理想、有道德、有文化、有纪律的社会主义事业的建设者和接班人来进行。

9448 | **9月**

中国教育学会中小学劳动技术教育专业委员会在江苏苏州举行成立大会。学会秘书处设在中央教育科学研究所。

9449 | **10月7日**

中国教育学会中学德育研究会成立。研究会的主要任务是开展对中学的德育研究，举办德育工作者培训班、研讨班等。

9450 | **10月22日至24日**

国务院办公厅在辽宁大连召开全国教师住房工作经验交流会。会议总结、交流和推广各地、各部门解决教师住房问题的经验及做法，研究加快教师住房建设和改革的方针政策及目标任务，以推动全国教职工住房条件的全面改善。

9451 | **11月1日**

国家教委办公厅印发《关于民办学校向社会筹集资金问题的通知》。通知根据中共中央、国务院“教育事业历来都不能以盈利为目的，对那些以办教育为名而牟取高利尤不能容忍，请告各地区、各部门注意，并对此进行清理，妥善处置”的指示，对民办学校向社会筹集资金作出规定。

9452 | **11月10日**

国家教委印发《关于全面贯彻教育方针，减轻中小学生过重课业负担的意见》。《意见》指出，基础教育是提高国民素质的奠基工程，必须克服长期形成的“应试教育”模式，纠正片面追求升学率的倾向，全面贯彻党的教育方针，面向全体学生，全面提高学生的思想道德、文化科学、劳动技能和身心素质，促进儿童少年健康成长。解决中小学生课业负担过重问题的根本出路在于搞好中等教育结构的改革，实行小学后、初中后和高中后“三级分流”。要加快高中招生制度的改革，积极推行高中阶段各类学校统一招生考试的办法。高考制度的改革要加大力度，研究探索高考报名和录取工作同普通高中学校脱钩的办法。

9453 | **11月18日至21日**

国家教委在山东济南召开全国学校德育工作座谈会，交流落实《中共中央关于加强和改进学校德育工作的若干意见》精神的情况，并就《全国高校德育工作大纲》《中小学德育大纲》进行研究，提出修改意见。会议提出，要整体规划学校德育体系，科学规划各教育阶段的具体内容、实施路径和方法，改革中小学思想政治课和思想品德课教学。

9454 | **12月10日**

上海市决定从1995年起全面试行高中课程教材改革方案。高中阶段教育实行“二一分段、高三分科”，高三时兼顾升学和就业需要，按学生志愿分流进入文科班、理科班和实科班，高三的语文、数学、外语、政治、技术与职业指导、体育与保健作为公共必修课，历史、地理和物理、化学、生物只作为文理科的选修课。实科班开设实用技术基础的选修课，并配以其他选修课和活动课，使学生既有基础知识水平，又有各自的专长。

9455 | **12月31日**

国家教委发布《内地中等专业学校西藏班管理的若干暂行规定》。《暂行规定》就行政管理、教学管理、学籍管理、校园与生活管理、经费管理等问题作了说明。

1995年

改革进行时

• 重要文件

国务院《教师资格条例》

国家教委《中学德育大纲》

国家教委《关于大力办好普通高级中学的若干意见》

国家教委《加强薄弱普通高级中学建设的十项措施（试行）》

国家教委《关于制止中小学乱收费工作的意见》

国家教委《中小学教材编写、审查和选用的规定》

国家教委《关于深入推进农村教育综合改革的意见》

• 重要政策

大力办好普通高中，加强薄弱高中改造，推动示范性高中建设

改革普通高中办学体制

制止中小学乱收费

高等学校试行招生“并轨”改革

• 重要会议

国教教委召开全国城市教育综合改革会议

国家教委召开全国普通高中教育工作会议

国家教委召开中小学乱收费工作电话会议

国家教委召开全国中小学安全工作会议

• 改革亮点

《中华人民共和国教育法》的发布将中国教育发展带入全面依法治教的新时期。

当前的普通高中教育不能满足国家政治经济发展需求，促使与计划经济体制相适应的“重点高中”嬗变为“示范性高中”，迈出普通高中教育改革的重要一步。

9501 | **1月4日**

中共国家教委党组书记、国家教委主任朱开轩主持召开国家教委党组会议和主任办公会议，听取关于八届全国人大常委会第十一次会议审议《中华人民共和国教育法（草案）》有关情况的通报，部署与有关部门继续密切配合，做好报请八届人大三次会议审议的相关工作。会议研究中共国家教委党组贯彻党的十四届四中全会精神的进展情况，讨论并通过《国家教委党组关于进一步坚持和健全民主集中制的若干意见》，讨论国家教委 1995 年的重点工作。

9502 | **1月4日**

据《中国教育报》报道，中共青海省委、青海省人民政府召开教育工作会议，对 1994 年制定的《关于贯彻〈中国教育改革和发展纲要〉的实施意见》中有关基础教育发展的目标和任务作出调整，提出到 20 世纪末，基本扫除青壮年文盲的目标。2 月 11 日，青海省人民政府出台《青海省筹措教育经费的规定》，提出“九五”期间，各级人民政府年度预算支出中教育支出所占比例，省级达到 20%，州（地、市）级达到 30%，县（区）级达到 35%至 40%；省财政每年从支持不发达地区发展资金中拿出 600 万元，用以扶持县以下民族教育；省财政每年用于改善高校办学条件的资金不少于 300 万元；省财政每年分别安排专项经费 30 万元和 50 万元，省教委每年分别从省级城市教育费附加中安排 20 万元和 100 万元，用于补助全省扫盲和农牧民教育及发展职业技术教育。

9503 | **1月10日至12日**

全国教育系统首届邓小平建设有中国特色社会主义教育理论研讨会在首都师范大学举行。全国高校、教科院所等单位 50 多位专家、学者就邓小平教育思想的战略地位、人才观、德育观等问题交流了研究成果。

9504 | **1月11日至14日**

八届全国政协常委会第九次会议在北京召开。中共中央政治局常委、全国政协主席李瑞环就基础教育的重要性、目前存在的困难和问题以及如何按照《中国教育发展和改革纲要》发展基础教育，发表《全社会都要关心和支持基础教育》的重要讲话。中共中央政治局委员、国务院副总理李岚清就我国的教育工作作了专题报告。

9505 | **1月16日**

国家教委召开1995年度全国教育工作电话会议。会议回顾总结过去一年的教育工作，部署安排1995年的主要任务。

9506 | **2月7日**

国家教委办公厅印发《关于加强学校体育活动中安全教育和安全管理工作的通知》，要求中小学在开展各类学校体育活动过程中，加强安全教育和管理，防止各类事故的发生。

9507 | **2月8日**

国家教委印发《关于制止中小学乱收费工作的意见》。《意见》提出，各级人民政府制定综合治理计划，实行责任制；严禁把捐资助学同录取学生挂钩；严格控制“择校生”；严格控制私立学校收费项目和收费标准。

9508 | **2月9日**

国家教委、中国科协印发《关于停办各级各类学科奥林匹克学校（班）的紧急通知》。通知指出，为了全国贯彻党的教育方针，保护中小学身心健康发展，在1994学年度第二学期开学时坚决停办各级各类教育行政部门、教研部门、学会、协会、社会有关方面及学校开办的各学科奥林匹克学校（班）、“提高班”“超常班”“培训班”。如已报名收费，应坚决退还并做好解释工作。

9509 | **2月11日至13日**

国家教委在天津大学召开1995年全国教育系统纪检监察工作会议。会议传达了中央纪律检查委员会第五次会议精神，总结了1994年教育系统反腐败斗争情况，研究部署了1995年的教育纪检监察任务。会议强调加大监督检查力度，使纪律监察工作制度化规范化。

9510 | **2月13日**

国家教委基础教育司召集经批准在1995年组织中小学生有关竞赛活动的26个单位负责人举行座谈会，重申控制在中小学举行的各种竞赛活动，未经国家教委批准，不得进行各类竞赛活动。

9511 | **2月20日**

国家教委印发《关于在全国继续试行初中毕业生升学考试体育工作的通知》。通知对体育考试的范围、组织领导、考试项目、评分标准以及计分办法等作了详细规定。

9512 | **2月20日至22日**

国家教委在河北保定召开全国普通高校招生工作会议，加速招生“并轨”改革。会议指出，1995年将有100多所高校实行招生“并轨”改革。

9513 | **2月25日**

国家教委召开1995年全国高校招生计划工作会议。会议确定，1995年各高校计划招生93万人，应届高中毕业生比上年减少3万人，高中毕业生升学率为49.2%。

9514 | **2月27日**

国家教委发布新修订的《中学德育大纲》。《大纲》指出，中学德育工作的基本任务是把全体学生培养成为热爱社会主义祖国的具有社会公德、文明行为习惯的遵纪守法的公民。德育的内容包括：爱国主义教育、集体主义教育、社会主义教育、理想教育、道德教育、劳动教育、社会主义民主和遵纪守法教育、良好的个性心理品质教育。德育的实施途径包括：思想政治课教学和时事课，其他各科教学，班主任工作，共青团、少先队、学生会工作，劳动与社会实践，活动课程与课外活动，校外教育，心理咨询和职业指导，校园环境建设，家庭，社会。

9515 | **2月27日**

国家教委印发《关于加强中小学生复习辅导资料管理的意见》。《意见》要求，教育行政部门查清仍在使用的各种复习辅导资料的来源、种类、内容、价格、发行渠道及使用情况。《意见》强调，要规范普通中小学学生使用的复习辅导资料的管理，对教育战线内部参与发行推销以牟取利润的单位或个人要进行批评，对情节严重者要予以通报和必要的行政处分。

9516 | 3月3日

国家教委办公厅印发《关于成立国家教委清理中小学收费工作领导小组的通知》。3月27日，国家教委成立清理中小学收费工作领导小组。国家教委副主任柳斌担任组长。

9517 | 3月5日

八届全国人大三次会议在北京人民大会堂开幕，国务院总理李鹏作《政府工作报告》。《报告》指出，1995年是继续推进改革开放和现代化建设的重要一年。发展科技教育文化和卫生体育事业，提高思想道德水平，建设社会主义精神文明，对发展社会主义市场经济，促进社会全面进步，有着极其重要的作用，必须继续认真抓好这些领域的改革和发展。要深化教育改革，加快发展教育事业，进一步落实教育优先发展的战略地位。切实抓好基础教育。继续调整教育结构，逐步形成初等、中等、高等普通教育和职业教育的合理比例。大力发展职业教育，有计划地实行初中后、高中后的分流。加强成人教育和职业培训，实行职业资格证书制度。鼓励社会力量办学，以调动各方面办学的积极性。从中央到地方，各级人民政府都要继续增加教育投入。各类学校都要充分利用现有条件，努力提高教学质量和办学效率，合理配置和有效利用教育资源。积极稳妥地推进高等学校、中等及中等以上各类职业学校招生、收费和毕业生就业制度的改革，建立和完善奖学金、贷学金制度。对家庭经济特别困难的学生要给予适当帮助，有条件的学校要组织勤工俭学。各类学校都要认真贯彻德、智、体全面发展的方针。加强和改进德育工作，家庭和社会要紧密配合，创造有利于青少年健康成长的环境。改革考试方法和考试制度，改变学生片面为应付考试而读书的现象，切实减轻中小学生过重的课业负担。要在全社会形成尊师重教的良好风尚，认真办好各级师范教育，进一步加强中青年教师队伍建设，改善教师工作条件和生活待遇，继续解决民办教师转正的问题。

9518 | **3月8日**

据《中国教育报》报道，张思中外语教学法首次在北京推广。华东师大一附中特级教师张思中积累30余年外语教学经验，概括出“适当集中，反复循环，阅读原著，因材施教”16字教学法，为北京10个区县外语教师举办张思中外语教学法讲习班。

9519 | **3月17日**

国家教委印发《关于当前企业办中小学工作的几点意见》。《意见》指出，企业在转换经营机制和建立现代企业制度的过程中应继续办好所办的中小学，探索在建立现代企业制度条件下企业举办中小学的新思路、新办法，对具备条件试点企业进行所办中小学移交社会办学的试点。

9520 | **3月18日**

八届全国人大三次会议审议通过《中华人民共和国教育法》。《教育法》的发布实施，对落实教育优先发展的战略地位、促进教育的改革与发展，建立具有中国特色社会主义现代教育制度，提供了根本的法律保障，标志着我国教育工作进入全面依法治教的新阶段。《教育法》共10章84条，包括总则、教育基本制度、学校及其他教育机构、教师和其他教育工作者、受教育者、教育与社会、教育投入与条件保障、教育对外交流与合作、法律责任、附则等。3月24日，中宣部、全国人大教科文卫委员会、国家教委、司法部、全国教育工会印发《关于学习宣传和贯彻实施〈中华人民共和国教育法〉的通知》，要求各地把学习、宣传和贯彻实施《教育法》作为当前的一项重要任务抓紧抓好。

9521 | **3月27日**

国家教委召开治理中小学乱收费工作电话会议，提出治理中小学乱收费“五不准”措施，要求层层落实责任制，抓落实、见成效。

9522 | **4月12日**

国家教委办公厅印发《关于实行每周40小时工作制后调整全日制中小学课程（教学）计划的意见》。《意见》要求，各省（自治区、直辖市）结合实际情况，提出本地区中小学课程的安排意见，并于1995年秋季开学前下发到学校。全国普通中、小学应最迟今年秋季开学时实行每日工作8小时、每周工作40小时标准工作制度。

9523 | **4月12日至16日**

国家教委在湖南长沙召开全国教育人事工作会议，决定采取一系列措施，全面加大教师队伍建设的力度。

9524 | **4月17日**

国家教委发布《成人中等专业学校校长岗位规范（试行）》。《规定》规定了成人中等专业学校校长的基本职责、基本素质和基本任职条件。

9525 | **4月19日**

国家教委在北京召开普通高中新课程标准编订工作第三次会议。会议强调，普通高中是九年义务教育后的高层次的基础教育，普通高中的课程计划和各学科课程标准要着眼进一步加强素质教育，为全体学生德智体全面发展打好扎实基础。

9526 | **4月25日**

国家教委印发《关于治理中小学乱收费工作的实施意见》。《实施意见》指出，要建立办事机构，落实责任制；明确阶段性目标；治理工作分四个阶段进行；做好综合治理工作；加强宣传和监督。

9527 | **4月25日至28日**

国家教委在浙江绍兴举行全国城市教育综合改革会议。会议讨论了《国家教委关于推进实验城市教育综合改革的若干意见（讨论稿）》及有关问题。

9528 | **4月30日**

首都部分中学签署协议为革命老区培育人才。1995年秋季新学期，全国将有60名来自革命老区的中学生进入北京四中、八中等15所重点中学“留学”。

9529 | **5月3日**

国家教委发布《中小学教材编写、审查和选用的规定》。《规定》旨在加强中小学教材建设和宏观管理，规定教材的编写、审查和选用应贯彻“中小学教材要在统一基本要求的前提下实行多样化”的方针，为提高教育质量服务。国家教委主管全国中小学教材（包括民族文字教材）的编写、编译、审查、选用工作，地方各级教育行政部门按分工主管本行政辖区内中小学教材的编写、编译、审查、选用工作。经审查通过的教材，由国务院和省级教育行政部门列入《中小学教学用书目录》，供学校选用。

9530 | **5月10日至13日**

国家教委在江苏张家港召开全国普通高中教育工作会议，研究普通高中教育改革与发展方针、政策及思路，讨论《关于大力办好普通高中的若干意见》《关于加强薄弱高中建设的十项措施》和《关于评估验收1000所左右示范性普通高级中学的通知》等文件。会议指出，普通高中教育要纳入依法治教的轨道，要高度重视普通高中教育在社会主义现代化建设中的地位和作用，进一步明确普通高中的性质和任务，大力推进普通高中教育的改革和发展。

9531 | **5月13日**

国家教委在江苏张家港召开全国中小学安全工作会议。会议要求各地必须牢固树立“安全第一”的思想，切实增强责任感，做好中小学的安全工作。柳斌副主任到会并讲话，对中小学安全问题作了具体部署。

9532 | **5月14日至17日**

国家教委体卫艺司在辽宁锦州召开全国初中毕业生升学考试体育锦州现场会，进一步推动初中毕业生升学考试体育工作的深入开展。

9533 | **5月17日**

国家教委印发《关于普通中等专业教育（不含中师）改革与发展的意见》。《意见》提出，中等专业学校的改革与发展要主动适应现代化建设的需要；要改革中专管理体制，进一步扩大学校自主权；改革办学体制，多层次多形式办学；拓宽服务面向，加快招生与毕业生就业制度的改革；增加投入，改善条件，多渠道筹措办学经费；深化教学领域的改革，努力提高教学质量；积极推进学校内部管理体制的改革等。要通过挖潜，主要走内涵发展的路子，在同类职业技术学校中发挥好骨干作用。学校总体规模要扩大，校平均规模达到1000人。现有不合格学校通过努力要达到合格标准，使学校布局更趋合理，质量、效益有较大提高。加强重点学校建设，集中力量建设好一批省部级和国家级重点学校。

9534 | **6月6日**

据《中国教育报》报道，辽宁省推出高中招生新举措。辽宁省在逐步缩小重点高中招生范围的基础上，实行推荐保送，统一择优录取与分给学校名额录取相结合的高中招生改革办法，促进高中教育发展。

9535 | **6月8日**

国家教委印发《关于大力办好普通高级中学的若干意见》。《意见》指出，普通高中在我国社会主义教育体系中处于十分重要的位置，是培养德智体全面发展的社会主义建设者和接班人的重要基地，是联系义务教育和高等教育的纽带，是高中阶段教育的重要组成部分，与中专、中技、职高共同形成初中后教育多样化的发展格局。普通高中是九年义务教育后的高层次的基础教育。九十年代乃至21世纪初，普通高中教育改革与发展的总体思路是：在普及九年义务教育的基础上和继续调整中等教育结构的进程中，坚持分区规划、分类指导，适度发展事业规模；增加投入，加强师资队伍建设，改善办学条件；深化体制改革，促进办学模式多样，加大教育教学改革力度，全面提高教育质量，初步形成能够适应社会主义现代化建设和社会主义市场经济需要的面向21世纪的普通高中教育体制。

9536 | **6月14日**

国家教委印发《关于深入推进农村教育综合改革的意见》。《意见》指出，要将农村教育转到主要为当地经济建设和社会发展服务的轨道上来，调动农村干部、群众办学和送子女上学的积极性，提高农村劳动者的素质。

继续调整农村教育结构，坚持“三教统筹”，在切实保证“两基”重中之重地位的同时，大力发展职业教育和成人教育。

9537 | **6月22日**

国家教委发布《加强薄弱普通高级中学建设的十项措施（试行）》。文件提出，切实转变教育思想，更新教育观念、继续调整中等教育结构，积极推进中考制度改革、积极进行办学体制改革试验、大力推进办学模式改革、合理调整学校的布局、规模等十项措施，促进普通高中教育质量整体提升。

9538 | **7月3日**

国家教委印发《关于评估验收1000所左右示范性普通高级中学的通知》、发布《示范性普通高级中学评估验收标准（试行）》，决定在2000年以前分期分批建设并评估验收1000所左右示范性普通高级中学。文件提出，申报示范性高中学校所在县（市、区）必须普及九年义务教育并验收合格；必须有对薄弱高中扶持、改进的积极措施，并取得一定成效；必须有高中阶段教育发展的统筹规划。国家教委对示范性高中实行定期复查，不搞“终身制”。

9539 | **8月18日**

国家教委印发《关于实施〈中华人民共和国教育法〉若干问题的意见》。《意见》提出，加强领导，深入学习，转变职能，积极推进全面依法治教；以《教育法》为依据，努力解决当前教育改革和发展中的突出问题，依法落实教育优先发展的战略地位；依法加强对举办学校及其他教育机构的规范化管理，完善学校自主办学的运行机制；重视教育法制工作，抓紧制定《教育法》的配套法规，加强教育执法与监督。

9540 | **8月30日**

国家教委在北京召开《教育法》实施工作电话会议。会议指出，贯彻实施《教育法》是各级人民政府及全社会的共同责任，确保教育优先发展的战略地位，坚持有中国特色社会主义办学方向，是贯彻落实《教育法》的根本任务。

9541 | **9月7日**

国家教委发布《中小学卫生保健机构工作规程》。《规程》规定中小学卫生保健机构的任务、管理等问题。中小学卫生保健机构包括中小学卫生保健所、学校体育卫生保健中心、学生保健站等直接为中小学生服务的卫生保健机构。

9542 | **9月25日至28日**

党的十四届五中全会在北京召开，审议并通过《中共中央关于制定国民经济和社会发展“九五”计划和2010年远景目标的建议》。中共中央总书记江泽民在闭幕式上作重要讲话指出：“转变经济增长方式，要重视科技和教育，认真实施科教兴国战略，实现科技、教育与经济的紧密结合。科学技术是第一生产力，经济建设必须依靠科学技术，科学技术工作必须面向经济建设，始终把经济建设作为主战场，把攻克国民经济发展中迫切需要解决的关键问题作为主要任务，努力攀登科学技术高峰，提高科技创新能力。教育是基础，关系民族振兴、经济发展和社会全面进步。教育工作必须面向现代化、面向世界、面向未来，提高国民素质，为社会主义现代化事业培养大批跨世纪的优秀人才。”[①]

9543 | **10月6日**

国家教委印发《关于〈中华人民共和国教师法〉若干问题的实施意见》。《实施意见》就《教师法》的适用范围、教师的管理、教师的任用、教师的培养与培训、教师的考核、教师的奖励、教师的申诉、《教师法》实施的监督等问题作了详细规定。

9544 | **11月30日**

据《中国教育报》报道，浙江省召开普通高中教育工作会议，提出全面推进高中分流教育实验，加快普通高中改革与发展，让更多的人接受更高更好的教育，实现办学模式多样化。凡参加普通高中分流教育实验的高

---

① 《江泽民文选》第一卷，人民出版社2006年版，第462—463页。

中，高一、高二阶段和高三升学预备班的教育教学工作仍归口普教部门管理；高三职业培训班，其教育教学工作，原则上办在职业高中和普通高中的，由职教部门统一管理；办在成人学校或成人职业培训中心的，由成教部门统一管理。高三分流转入职业高中就读的学生，毕业时成绩合格的由培训学校按规定发给职业高中文凭；高三分流时仍留在普通高中或转入成人职业培训机构接受一年职业培训的学生，毕业时由原校按规定发给普通高中毕业文凭，同时由职业培训机构发给写实性职业培训证书，持有双证的毕业生在招工录用和报考高职时，与当地三年制职高毕业生享受同等待遇。

9545 | **12月12日**

国务院发布《教师资格条例》。《条例》就教师资格分类与适用、教师资格条件、教师资格认定，罚则等问题作出规定。

9546 | **12月18日**

据《中国教育报》报道，青海省教委召开全省中小学德育工作会议。会议指出，从1995年起，中小学应根据工作需要设置德育岗位，评聘德育教师所需高中级限额指标，由县级以上教育行政部门在上级下达的限额指标或自然减员指标中解决。

9547 | **12月20日**

国家教委印发《关于进一步加强和改进中学思想政治课教学工作的意见》。《意见》就明确新时期改革思想政治课教学工作的任务、完善思想政治课教学内容和改进教学方法、建立思想政治课的教学评估制度和改进考试方法、加强对思想政治课教学工作的领导和教师队伍的建设等问题进行了说明。

9548 | **12月22日**

据《中国教育报》报道，国家教委印发《关于重申不得组织中小学生参加未经批准的全国性或跨省市的读书竞赛评奖等活动的通知》。通知再次重申，各级教育行政部门和学校不得组织中小学生参加未经国家教委基础教育司批准的全国性或跨省的读书竞赛活动；各地教育部门凡以中小学为对象的竞赛、评奖活动均实行教育部门归口管理，要严格履行报批手续。

9549 | **12月28日**

国家教委印发《关于“九五”期间全国中小学校长培训指导意见》《全国中小学校长提高培训指导性教学计划》。《指导意见》强调，做好中小学校长培训工作，是一项关系基础教育改革和发展全局的基础性工作，对普及九年义务教育及全面提高中小学教育质量和管理水平具有重要的意义。《指导意见》规定中小学校长培训的指导思想和基本要求、主要任务和培训层次、主要政策和措施等问题。《教学计划》就培训对象、培训目的、课程设置与课时分配、培训方式与时间、教学要求、考核与结业等作出规定。

9550 | **12月28日**

国家教委、中央综治办、司法部印发《关于加强学校法制教育的意见》。《意见》指出，学校法制教育是学校德育的重要内容，是对学生进行社会主义民主法制教育，培养学生树立社会主义法律意识，增强法制观念的重要途径，是实现依法治国的百年大计。

9551 | **12月28日**

国家教委、财政部发布《〈出国教师工资及有关生活待遇规定〉实施细则》。《实施细则》规定，出国教师的级别按照在国内工作单位的任教、任职职称确定。出国教师在领取国外工资和补贴及其休假期间的档案工资时，应标有所在单位人事部门和国家外事部门出具的其在国内任教、任职的职称、级别证明，以确定其工资及有关生活待遇。

9552 | **12月28日**

文化部、国家教委发布《普通中等专业艺术学校招生暂行规定》。《暂行规定》就报名、思想品德考核与身体健康检查、考试、新生入学、复查与试读制、组织管理等问题作了说明。

1996 年

改革进行时

• 重要文件

国务院办公厅转发国家教委等四部门《关于 1996 年在全国开展治理中小学乱收费工作的实施意见》

国家教委《全日制普通高级中学课程计划（试验）》

国家教委《关于加强普通中学劳动技术教育的意见》

国家教委《关于“九五”期间加强中小学教师队伍建设的意见》

国家教委《中小学计算机教育五年发展纲要（1996—2000 年）》

国家教委等七部门《关于建立全国中小学安全教育日制度的通知》

国家教委、农业部《关于进一步办好农村中等职业学校农业类专业的意见》

• 重要政策

推动基础教育由应试教育转向素质教育

改革中等教育结构

加强薄弱学校建设

坚决制止中小学乱收费、高收费

• 重要会议

国家教委召开全国城市教育综合改革研讨会

国家教委召开全国社会力量办学管理座谈会

国家教委、财政部召开全国教育财务工作会议

• 改革亮点

“九五”时期的开局之年，普通高中教育改革与发展在全面落实各项政策的同时，突出从应试教育向全面素质教育的转变，高中阶段教育职普结构改革、中考招生制度改革等也在实践中持续推进。

9601 | **1月5日**

为切实有效解决中小学教师国家标准工资历史拖欠问题，维护教师队伍稳定，促进教育事业均衡发展，国家教委向国务院办公厅报送《关于1995年拖欠中小学教师工资情况的报告》。同日，国家教委向各省、自治区、直辖市人民政府办公厅印发《关于1995年拖欠中小学教师工资情况的通报》，要求各地成立组织机构、落实工作责任，激发广大中小学教师教书育人的工作热情。

9602 | **1月8日**

据《中国教育报》报道，江西省教委召开全省普通高中教育工作会议。会议提出，第一，各级人民政府、各级教育行政部门一律不得向学校、学校不得向班级和教师下达升学指标，不得进行分数和升学率排队，不得单纯以升学率、考试分数奖惩学校和教师；第二，严格禁止利用寒暑假、节假日给学生集体补课或上新课；第三，严格按省颁教学计划开课，不得任意增减课程和课时；进行某种教改实验或其他特殊情况需要调整课程与课时的，必须经与地、市教育行政部门批准并报省教委备案；第四，凡办复读班、回炉班或违背以上三条的学校，一律不推荐进入国家1000所实验性、示范性普通中学。

9603 | **1月11日**

国家教委办公厅印发《关于以1997年我国政府恢复对香港行使主权为题对中小学生深入进行爱国主义教育的通知》，要求各级教育行政部门和学校抓住契机对广大中小学生进行一次深入的爱国主义教育、中国近现代史及国情教育。

9604 | **1月17日**

国家教委办公厅发布《实验“体育两类课程整体教学改革”的方案》。《方案》提出，体育课程由原单一的体育课教学变为学科类课程的体育与活动类课程的体育相结合的新的课程体系。《方案》就整体教学改革的教学目的、任务和内容等提出要求。

9605 | **1月22日至24日**

国家教委在北京召开1996年度教育工作会议。会议的主要任务是：学习贯彻党的十四届五中全会精神，回顾总结教育事业“八五”计划执行情况和1995年的工作情况、讨论研究教育事业“九五”计划和2010年发展规划，并对1996年及今后一个时期的教育工作作出部署。国家教委副主任柳斌指出，近一两年内，除“两基”和“211工程”预审外，其他方面，如1000所示范性高中、2000所重点职中、一批示范性专科学校等的评比验收工作都暂缓进行。会议指出，教育改革和发展的大政方针已经确定，要继续深入贯彻党中央、国务院召开的全国教育工作会议精神，实施《中国教育改革和发展纲要》确定的改革思路和发展目标，坚决按《教育法》等教育法律、法规依法治教，努力做好1996年工作，为完成全国教育事业“九五”计划和2010年发展规划开好头、起好步。

9606 | **1月24日**

国家教委举行专门会议，部署治理中小学乱收费工作。国家教委副主任柳斌在会上作了题为《统一思想，提高认识，突出重点，狠抓治理中小学乱收费工作的落实》的讲话，部署了1996年的治理工作。

9607 | **1月26日**

中共中央总书记江泽民、国务院总理李鹏分别为《中国教育地图集》题词。江泽民总书记的题词是：“希望这本地图集的出版能有助于大家了解中国教育的历史与现状，真正树立科教兴国的思想。”李鹏总理的题词是：“《中国教育地图集》为发展教育事业作出了贡献。”《中国教育地图集》由中国地图出版社出版，收集了200多幅地图和400多幅统计图表，详细描述了教育与人口、民族、地理环境、经济和社会发展的关系，是第一部全面反映我国近百年来尤其是新中国成立以来教育事业发展全貌的大型综合性地图集，具有国际领先水平。

9608 | **2月7日至9日**

全国首次科普工作会议在北京召开。会议进一步学习并贯彻《关于加强科学技术普及工作的若干意见》《关于加速科学技术进步的决定》，交流探讨在新形势下开展科普工作的做法，讨论全国科普工作“九五”计划纲要编制思路；表彰全国科普工作先进集体和个人。

9609 | **2 月 12 日**

国家教委、劳动部、公安部、交通部、铁道部、国家体委、卫生部联合印发《关于建立全国中小学生安全教育日制度的通知》，决定建立“全国中小学生安全教育日”制度，“全国中小学生安全教育日”安排在每年3 月份最后一个星期的星期一。

9610 | **2 月 15 日**

北京市教育委员会正式挂牌。为建立与首都地位和功能相适应的现代化教育体系，中共北京市委、北京市人民政府根据中央对北京市党政机构改革的要求，于 1995 年初作出“建立市教委，撤销一办三局，分步实施，逐步到位”的决定。新组建的教育委员会统一主管全市的基础教育、高等教育、职业教育和成人教育。

9611 | **2 月 26 日**

农业部、国家教委发布《高等农业院校招收有一定实践经验学生的暂行办法》，提出招收实践生是开发农村的智力资源，稳定农村科技队伍，提高科学技术水平，进一步促进农村经济建设的有效途径之一。《暂行办法》指出，实践生分为两类：高中毕业后直接参加生产实践两年以上，有一定的实践经验，愿为基层经济发展服务；有志于献身农、林、牧场以及乡镇企业和海上渔业生产的具有两年以上实践经验的在岗青年。

9612 | **2 月 26 日**

据《中国教育报》报道，江苏省南京市企业探索办学模式改革成果显现。南京是企业办中小学较集中的城市之一。企业在转换经营机制，建立现代企业制度过程中探索学校办学模式改革，南京市企业办学模式有自办管理型，即企业自办中、小学，自己管理；联合办学型，即企业与地方人民政府、企业与企业、企业与高校联合办学；委托办学型，即企业委托其他企业或地方学校举办普通高中班或职业高中班；学校自主办学型，即部分实行股份制的国有企业在企业内部将所办中小学与生产主体分离，学校作为企业内部独立的单位，确立其非盈利性事业法人地位，产权归属企业，经费包干，由国家股息中列支，学校实行自主办学。

9613 | 3月5日

八届全国人大四次会议在北京人民大会堂开幕。国务院总理李鹏作《政府工作报告》，题为《关于国民经济和社会发展“九五”计划和2010年远景目标纲要的报告》。《报告》指出，今后十五年，是我国改革开放和社会主义现代化建设事业承前启后、继往开来的重要时期。主要奋斗目标是：“九五”时期，全面完成现代化建设的第二步战略部署，2000年在人口将比1980年增长3亿人左右的情况下，实现人均国民生产总值比1980年翻两番；基本消除贫困现象，人民生活达到小康水平。2010年，实现国民生产总值比2000年翻一番，使人民的小康生活更加宽裕，形成比较完善的社会主义市场经济体制。报告强调，实施科教兴国战略，对于今后十五年的发展乃至整个现代化的实现，具有重要意义。优先发展教育，提高国民素质，这是我国现代化事业的百年大计。2000年全国要基本普及九年义务教育，基本扫除青壮年文盲，在经费和师资等方面要予以保证，并加强对贫困地区的支持。积极发展多形式、多层次的职业教育和成人教育。优化教育结构，使普通教育和职业教育的比例更加合理。加快教育体制改革，积极探索与我国改革和发展相适应的办学机制和办学模式。鼓励社会力量办学，逐步形成政府办学为主与社会参与办学的新体制。提倡多种形式的联合办学，优化配置教育资源。各级各类学校都要加强和改进思想政治教育，全面提高学生素质。重视师资队伍建设，全面提高教师素质，改善教师的工作、学习条件和住房等生活条件。教育要面向现代化，面向世界，面向未来，培养大批优秀人才。

9614 | 3月12日

据《中国教育报》报道，北京市召开普教系统领导干部会议。会议提出，从1996年继续推进普教结构和学校布局调整、完善初中入学办法改革、进行办学体制改革试点。本着“上脱下连”的总体思路，对现行的完全中学进行必要调整，压缩校数，办一批纯高中，以升学为主要目标的升学预备教育模式或兼有升学预备教育和就业预备教育的模式。

9615 | 3月17日

八届全国人大四次会议批准通过《国民经济和社会发展“九五”计划和2010年远景目标纲要》。《纲要》指出，重点做好初中后的中等职业教育。2000年，各类中等职业技术学校招生数和在校生数占高中阶段招生数和在校生数的比例，分别达到60%左右。积极发展高中后的职业教育，使高中毕业生除进入普通高校以外，逐步接受多种形式的学历教育和职业培训。加快教育体制改革，积极探索与现阶段我国改革和发展相适应的办学机制和办学模式，逐步形成政府办学为主与社会各界参与办学相结合的新体制。非义务教育阶段逐步实行缴费上学、择业自主，同时完善奖学金、贷学金和特困生补助等制度。积极推进教学改革。改革人才培养模式，由“应试教育”向全面素质教育转变。改革教学内容和课程设置，加强学生综合素质的培养。按照教学规律组织教学过程，改进教学手段和方法，积极采用电化教学的手段。改革考试评估和教学管理制度。加强和改进德育工作，按照不同年龄学生的特点，加强理想、道德、纪律、法制、国防和民族团结教育。加强师资队伍建设，提高教师政治、业务素质，提高教师的社会地位，改善教师的工作、学习和生活条件。

9616 | 3月26日

国家教委发布《全日制普通高级中学课程计划（试验）》。1997年秋季，《课程计划》和新编普通高中各学科教学大纲、教材将在部分地区的学校进行试用；在试用的基础上修改完善，拟于2000年在全国范围使用。《课程计划》明确提出普通高中的培养目标，把教育方针中所规定的教育目的在普通高中教育中具体化；提出建立以学科类课程为主、活动类课程为辅的课程结构，并按照优化必修课、规范选修课、加强限定选修课的原则构建学科课程体系；第一次将“课程管理”作为课程计划中的单独一部分列出，提出普通高中课程由中央、地方和学校三级管理的构想。

9617 | **3月26日**

国家教委、国家体委、卫生部、国家民委、国家科委联合发布《1995年中国学生体质健康调研报告》。《报告》显示，全国中小学生身高、体重等形态发育指标明显增长，速度、力量等素质指标有所提高，龋齿、贫血等常见疾病有所下降，少数民族学生生长发育增长与汉族学生同步，某些指标增长幅度甚至超过汉族学生平均水平。此次调研覆盖30个省（自治区、直辖市）21个民族的1800所学校，调查人数达31万人。

9618 | **3月27日**

国家教委印发《关于加强社会力量办学管理工作的通知》。通知就加强对社会力量办学的领导和管理，建立健全社会力量办学的审批制度，做好规范学校名称的工作，加强对招生广告（简章）的审核和管理，学校教育质量的检查和评估，学校收费及财产、财务的管理和监督等问题作出规定。

9619 | **4月4日**

国家教委印发《关于要求各级各类学校在重要场合奏唱国歌的通知》，提出建立健全重要场合奏唱国歌的制度。通知指出，在学校升国旗仪式、重要庆祝活动和典礼、政治性公共集会、运动会等重要场合，要奏唱国歌。奏国歌时，与会人员要有组织地齐唱国歌，声音洪亮，音调整齐。要坚持不懈，养成习惯，形成制度。

9620 | **4月5日**

南开大学、南开中学、第二南开中学、重庆南开中学、自贡蜀光中学和南开校友总会在南开大学举行张伯苓先生诞辰120周年纪念会。张伯苓是我国著名爱国教育家、南开学校的创办人之一。

9621 | **4月10日**

国家教委发布《全国教育事业“九五”计划和2010年发展规划》。《规划》提出，“九五”期间，高中阶段教育的具体目标是：积极发展职业教育，适度扩大普通高中教育规模。全国高中阶段各类在校生达到 2125 万人，年递增率为 5.2%。大城市和沿海经济发达地区努力普及高中阶段教育。普通高中随着高等教育规模的扩大适度发展，达到 850 万人左右，比 1995 年增加 136.8 万人，年递增率 3.6%。职业教育以初中后为重点，实行小学后、初中后和高中后三级分流。高中阶段各类职业学校在校生达到 1275 万人左右，比 1995 年增加 335.7 万人，年递增率 6.3%。全国各类高中阶段职业学校在校生占整个高中阶段在校生的比重提高到 60% 左右。

9622 | **4 月 22 日**

国家教委印发《关于社会力量办学管理经费问题的意见》。《意见》指出，在行政事业费不能保障社会力量办学管理经费的情况下，可由地方人民政府或人大通过法规、规章作出规定，以适当收费的方式解决社会力量办学的管理经费问题。所收费用要管好用好。教育行政部门不得自行出台收取社会力量办学发展督导费（发展基金、管理费）的政策。

9623 | **4 月 29 日**

国家教委、农业部印发《关于进一步办好农村中等职业学校农业类专业的意见》。《意见》要求强化兴农意识，重视办好农业类专业；深化教育教学改革，不断增强办学生机与活力；加强学校基本建设，努力改善办学条件；加大政府统筹力度，给予财力和政策扶持等。

9624 | **5 月 10 日至 16 日**

中共中央政治局委员、国务院副总理李岚清在湖南省汨罗县考察推行素质教育情况。考察期间，李岚清发表题为《基础教育的根本任务是提高全民族的素质》的讲话，指出汨罗坚持办素质教育已历时 12 年，创造了可贵的经验。有这样几点，值得我们很好地研究、学习：第一点，实施素质教育要从转变观念抓起，特别是转变各级领导的观念；第二点，实施素质教育，要有一个较好的大环境；第三点，要构建素质教育的运行机制，包括有效的导向机制、有力的制约机制、科学的评估机制、广泛的社会参与机制等；第四点，要搞素质教育，就必须对校长、教师有更高的要求。李岚清强调，要在全国逐步推广汨罗推行素质教育的经验。

9625 | **5月15日**

八届全国人大常委会第十九次会议通过《中华人民共和国职业教育法》。为了实施科教兴国战略，发展职业教育，提高劳动者素质，促进社会主义现代化建设，根据教育法和劳动法，制定《职业教育法》。

9626 | **5月17日**

国家教委印发《关于加强普通中学劳动技术教育的意见》。《意见》提出加强普通中学的劳动技术教育七条意见：进一步提高认识，加强对劳技教育的领导；发挥劳技课的主渠道作用，开展多种形式的劳技教育；加强教师队伍建设；重视劳技课教材建设；加强劳技教育基地建设；重视劳技课的教学研究；建立并完善劳技教育考核制度和督导检查制度。

9627 | **5月17日**

国务院办公厅转发国家教委、国家计委、财政部、国务院纠风办等四部门《关于1996年在全国开展治理中小学乱收费工作的实施意见》。《实施意见》明确了治理工作的指导思想和标本兼治的目标及措施，重申中小学收费工作"五不准"的规定，要求地方各级人民政府和教育行政部门要继续采取措施加强薄弱学校的建设，改善包括配备领导班子、充实师资队伍、增加经费投入、配备必要教学设备和改善生源在内的办学条件。进一步加大高中、初中招生办法和办学体制改革的力度。

9628 | **5月28日**

国家教委在北京举行全国社会力量办学管理座谈会。国家教委副主任王明达在座谈会上讲话指出，各级教育行政部门要认真贯彻"积极发展、大力支持、加强管理、正确引导"的方针，进一步推动社会力量办学的健康发展。

9629 | **5月30日**

全国人大常委会《教育法》执法检查组会议在北京人民大会堂召开。国家计委、财政部、国家教委、国家税务总局向检查组汇报了本部门实施《教育法》、落实教育投入的情况。北京市人大常委会汇报了对同级人民政府实施教育法律的检查监督情况。

9630 | **6月6日**

第一个“全国爱眼日”，主题为“保护儿童和青少年视力”。1995年全国学生体质健康监测结果表明，学生近视仍然是当前我国学生最常见的疾病之一，其中小学近视率为22.78%、初中55.22%、高中70.34%、大学76.74%。一些地方学生高考体检不合格及专业受限的比率高达85%左右，其中大多由近视造成。虽然这几年各地重视做好学生防近视工作并取得一些成就，但从总体上讲，由于多种因素造成的学生课业负担过重问题仍未能得到根本解决。

9631 | **6月7日**

国家教委发布《全日制普通高级中学思想政治课课程标准（试行）》并印发通知。通知强调，《课程标准》规定了普通高级中学思想政治课的性质和对高中思想政治课教学工作的基本要求，是指导教师进行教学和考核学生学习情况的依据，也是指导教育行政部门和教研部门对思想政治课教师教学的评估依据以及指导编写高中思想政治课教材的依据。1997年秋季开学，《课程标准》先在试用《全日制普通高级中学课程计划（试验）》的省（直辖市）中试行；1998年秋季开学后，《课程标准》在全国普通高级中学各年级中使用。

9632 | **6月15日**

据《中国教育报》报道，湖北省改革普通高中办学模式的经验做法是：针对省内普通高中布局分散、生源减少的实际情况，调整普通高中布局和办学规模，规定普通高中班额数，普通高中从723所减少到近600所，提高办学效益。湖北省教委确定仙桃市、钟祥市、武汉市硚口区3个实验市（区）和30所改革试点校，各地、市也分别确定了各自的试点学校。

9633 | **6月28日**

中共中央政治局委员、国务院副总理李岚清在中南海主持召开外语教学座谈会。李岚清指出，我国各阶段教育对外语教学一直是重视的，课时也不少，但很多学生经过8年或12年的学习，却仍不能较熟练地阅读外文原著，尤其是听不懂、讲不出，无法与外国人交流。这说明我们的外语教学效果不理想，还不能适应国家经济和社会发展，特别是改革开放和扩大对外交往的需要。这原因是多方面的，但影响最大的是教学方法问题。

9634 | **7月9日**

据《中国教育报》报道，内蒙古自治区召开普通高中教育工作会议，确定高中教育事业发展总体思路。会议提出，要在保证普及九年义务教育的前提下，控制规模，深化改革，改善条件，保证质量，提高效益。今后5年普通高中在校生占高中阶段在校生的比例控制在40%左右；逐步建立起以政府办学为主体，社会各界协同办学的体制；逐步实现办学模式的多样化，形成以综合性和分流性高中为主的格局；努力建好一批示范性高中的同时，切实加强薄弱高中的建设；推进考试和招生制度的改革；加强师资队伍建设；加大教育投入。

9635 | **9月6日**

《中国著名特级教师教学思想录》发行座谈会在北京举行。该书由全国193位特级教师撰写，共16分卷，800多万字，全面、系统地总结新中国成立以来全国中小学各学科著名特级教师教学思想。

9636 | **9月10日**

中国中小学幼儿教师奖励基金会成立10周年。中国中小学教师奖励基金会已逐步形成中央、省、地、县四级奖励教师的网络。县以上教师奖励（教育）基金会达千家以上。十年间，各级教师奖励基金会会同教育、人事部门共奖励优秀教师130多万人次，受奖人数占全国教师总人数的12%左右。

9637 | **9月23日**

国家教委办公厅转发卫生部《学生集体用餐卫生监督办法》并印发通知。通知要求，教育行政部门和学校要确定专人分管学校卫生工作，并根据本地实际，制定防止各种肠道传染病和食物中毒的各项措施；加强学校健康教育，增强师生员工的卫生防病意识；加强学校食堂、课间餐及营养配餐工作的管理；加强学校饮食卫生的检查督促工作，尤其要协助卫生行政部门，做好学校学生集体用餐的卫生监督工作。《监督办法》共13条，旨在加强对学生集体用餐的管理，保证饮食卫生，改善学生营养状况，保障学生的健康成长。

9638 | **9月26日**

国家教委、国家语委发布《职业中学普通话教学基本要求》。文件规定，职业中学各专业的普通话教学属于基本技能训练课，必须列入专业基本技能类的必修课。师范类教师口语课中普通话教学部分，课时不得少于36学时，毕业年级学生的普通话水平均应达到二级乙等以上。与口语表达密切相关的专业，学生毕业时应会说流畅的普通话。一般专业适当放宽要求。

9639 | **9月27日**

国家教委、国家语委发布《职业中学普及普通话工作评估指导标准》，旨在为职业中学实现普及普通话工作第二阶段目标（普通话成为校园语言）指引努力方向，便于学校进行形成性自我评估的指导性标准。同时，《标准》可以作为上级教委、语委对学校进行阶段性检查评估的主要依据。

9640 | **10月10日**

党的十四届六中全会审议通过《中共中央关于加强社会主义精神文明建设若干重要问题的决议》。《决议》指出，加强社会主义精神文明建设是一项重大战略任务。社会主义精神文明建设的主要目标是：在全民族牢固树立建设有中国特色社会主义的共同理想，牢固树立坚持党的基本路线不动摇的坚定信念；实现以思想道德修养、科学教育水平、民主法制观念为主要内容的公民素质的显著提高，实现以积极健康、丰富多彩、服务人民为主要要求的文化生活质量的显著提高，实现以社会风气、公共秩序、生活环境为主要标志的城乡文明程度的显著提高；在全国范围形成物质文明建设和精神文明建设协调发展的良好局面。《决议》特别强调，加强青少年思想道德教育，是关系国家命运的大事。要帮助青少年树立远大理想，培育优良品德。各级各类学校都要全面贯彻党的教育方针，坚持社会主义办学方向，加强德育工作，努力培养德智体等方面全面发展的社会主义建设者和接班人。根据大、中、小学的不同特点，切实加强和改进思想品德课程、政治理论课程，把传授知识同陶冶情操、养成良好的行为习惯结合起来，把个人成材同国家前途、社会需要结合起来，形成爱党爱国、关心集体、尊敬师长、勤奋好学、团结互助、遵纪守法的风气。积极组织学生参加生产劳动和社会实践，帮助他们认识社会，了解国情，增强建设祖国、振兴中华的责任感。

9641 | 10月14日

国家教委、民政部、文化部、国家文物局、共青团中央、总政治部联合印发《关于命名和向全国中小学推荐百个爱国主义教育基地的通知》。11月1日，国家教委、民政部、文化部、国家文物局等部在北京人民大会堂举行基地命名大会。

9642 | 10月30日

国家教委重新发布《全国中小学教材审定委员会工作章程》并印发通知。通知提出，国家教委对1987年10月10日制定的《全国中小学教材审定委员会工作章程》进行了修改和完善，对教材审定委员会的组织机构、审定（审查）原则和标准、审定（审查）程序等作出新规定。审定委员会下设学科审查委员会。

9643 | 11月11日至14日

国家教委在安徽芜湖召开全国城市教育综合改革研讨会。会议总结回顾城市教育综合改革的经验成果。国家教委副主任张天保在会上作题为《深化教育综合改革，促进教育的两个重要转变》的讲话。

9644 | 11月21日

中国中小学幼儿教师奖励基金会设立“援助贫困地区教师专项基金”。国家教委副主任、副理事长柳斌在北京人民大会堂代表基金会接受第一笔捐款共250万元人民币。“援助贫困地区教师专项基金”主要用于支持贫困地区教育，援助贫困地区教师。

9645 | **11月21日**

据《中国教育报》报道，河北省出台《河北省普通高中教育改革和发展指导纲要》《河北省普通高级中学设置管理试行规定》《河北省普通高级中学分类分级管理（试行）办法》等文件，加快普通高中教育发展。河北省确定普通高中发展的思路和基本方针，即今后一个时期在办好一批国家级、省级示范性普通高中和一批综合高中、特色高中的同时，普通高中要通过增量发展来满足需求，到2010年，全省普及高中教育。

9646 | **11月25日**

劳动部发布《技工学校“九五”时期改革与发展实施计划》。《实施计划》提出，统筹规划，合理布局，初步形成适应经济发展需要，与劳动力市场紧密衔接，有一支合格的教师队伍，能够培养各类技能型人才的技工学校教育体系。到2000年，基本形成合理的学校布局和专业结构，技工学校发展到5000所，年培训能力达到230万人，学校规模不少于400人。促进技工学校教育与劳动力市场需求紧密衔接。形成灵活的办学机制。加强社会主义精神文明建设，努力提高思想道德素质。建立督导、评估和表彰制度。落实有关政策，增加经费投入。

9647 | **11月26至29日**

国家教委、国家民委在广东深圳联合召开全国教育对口支援协作工作会议。会议指出，教育对口支援协作工作已开展3年，全国143个少数民族贫困县与经济发达县、市（区）的结对率已达80%以上。

9648 | **11月29日**

中央综治委、国家教委、公安部印发《关于进一步加强学校治安综合治理工作的意见》。《意见》要求各级教育部门要把学校治安综合治理工作纳入目标管理的内容，各级各类学校要把学校治安综合治理的各项措施落到实处。

9649 | **12 月 10 日**

国家环保局、中宣部、国家教委发布《全国环境宣传教育行动纲要(1996年—2010年)》。《纲要》就环境教育、环境宣传、环境宣传教育对外交流与国际合作等提出目标和要求。

9650 | **12 月 16 日**

国家教委、国家计委、财政部发布《普通高级中学收费管理暂行办法》《中等职业学校收费管理暂行办法》。《暂行办法》指出，教育收费管理由各级教育、物价、财政部门共同负责。各省、自治区、直辖市教育、物价、财政部门,应根据《暂行办法》,制定具体实施办法并报国家教委、国家计委、财政部备案。

9651 | **12 月 23 日至 26 日**

国家教委、财政部在北京联合召开全国教育财务工作会议。会议的主要任务是总结“八五”期间教育财务管理和改革工作，研究制定“九五”期间教育财务工作目标和总体改革方案。

9652 | **12 月 23 日**

由国家教委、广播电影电视部、文化部负责组建的全国中小学生影视教育协调工作委员会正式成立。该委员会负责中小学生影视教育指导及影视片的评选、推荐和促进发行工作。办事机构设在中国儿童少年电影学会。

9653 | **12 月 26 日**

中共中央政治局常委、中央书记处书记胡锦涛出席共青团十三届五中全会并讲话强调，加强青少年思想道德教育是关系国家命运的大事。各级团组织要以对党的事业、对祖国的未来高度负责的精神，切实把提高青少年整体素质，作为落实精神文明建设任务的重中之重抓紧抓好，团结带领广大青年在推进“两个文明”建设,实现跨世纪宏伟目标的伟大历史进程中,开风气之先，创时代业绩，充分发挥生力军和突击队作用。

9654 | **12 月 26 日**

国家教委艺术教育委员会成立 10 周年暨艺术教育工作座谈会在北京举行。会议探讨了在新形势下如何进一步加强艺术教育，以全面提高学生素质，建立有时代特色的学校艺术教育教学体系。

9655 | **12 月 30 日**

国家教委发布《中小学计算机教育五年发展纲要（1996—2000 年）》，明确提出我国中小学计算机教育发展的目标、任务和指导方针。《纲要》指出，到 2000 年城市高中、县（市）高中、农村高中计算机设备达标学校比的目标分别是 80%、60% 和 30%，少量微机（未达标）学校比例目标分别是 10%、20% 和 50%。有计划、有步骤地普及高中的计算机教育。所有达到硬件配备标准的普通高中必须开设计算机必修课，开设计算机必修课的学校约占全国高级中学和完全中学总数的 60%，同时也要积极开展计算机辅助教学和辅助管理等活动，所有的高级中学和完全中学都要开展不同程度的计算机知识教育。

9656 | **12 月 30 日**

国家教委、新闻出版署、文化部发布《普通中小学音像教材出版复录发行管理规定》。《管理规定》共 11 条，旨在维护正常的教学秩序，加强对普通中小学音像教材出版、复录、发行工作的管理，保证优质的音像教材课前到手。

9657 | **12 月 31 日**

国家教委印发《关于“九五”期间加强中小学教师队伍建设的意见》。《意见》提出了“九五”期间教师队伍建设具体目标：一是制定完善《教师法》配套法规；二是到 2000 年，全国中小学教师总量达到 988 万人，全国小学初中教师学历合格率分别达到 95% 和 80% 以上，全国中小学具有中级职务和高级职务教师比例分别达到 34% 和 35% 左右，基本解决民办教师问题；三是进一步提高教师待遇。

9658 | 12月31日

劳动部印发《关于进行劳动预备制度试点工作的通知》。通知指出，我国今后将实行劳动预备制度就业方式。要求城镇初、高中毕业后不能升入更高一级学校学习，并有就业愿望的青年，在就业前参加1年至3年职业培训和相关教育，取得相应的职业证书资格后才能实现就业。

9658

1997年

改革进行时

• 重要文件

国务院《社会力量办学条例》

国家教委《关于当前积极推进中小学实施素质教育的若干意见》

国家教委、全国教育工会《中小学教师职业道德规范》

国家教委《关于进一步推进城市教育综合改革的若干意见》

国家教委《实行全国中小学校长持证上岗制度的规定》

国家教委《普通中小学校督导评估工作指导纲要（修订稿）》

国家教委、国家计委、农业部、财政部《农村教育集资管理办法》

财政部、国家教委《中小学校财务制度》

• 重要政策

推进中小学素质教育

加强薄弱普通高中建设

改革普通高中办学模式，加快初高中分离

• 重要会议

国家教委召开全国中小学德育工作会议

国家教委召开全国普通高校招生工作会议

国家教委召开全国城市教育综合改革会议

国家教委召开全国中小学校长提高培训试点工作经验会

国家教委召开全国中小学素质教育经验交流会

国务院办公厅召开第三次全国教职工住房建设工作经验交流会

• 改革亮点

素质教育正式成为中国基础教育改革的主旋律。在此背景下，普通高中教育逐步实现由应试教育向素质教育转轨。普通高中课程方案试验在三省铺开，出现普职融通办学模式、普通高中综合课程、普通高中学分制等丰富多样的改革探索。

9701 | 1 月 14 日至 15 日

国家教委在北京召开 1997 年度教育工作会议。国家教委主任朱开轩作报告，回顾 1996 年全国教育事业发展情况及取得的成就，部署 1997 年五项工作重点：一、将各级各类学校切实办成社会主义精神文明的重要基地；二、筹备中小学德育、教育法制、教职工住房建设等会议；三、坚持“两基”为“重中之重”的方针，巩固和提高“一片”地区“两基”工作成果，推动“二片”地区“普九”和扫盲工作实施，使年内全国“两基”验收的人口地区达到 55% 以上；四、以共建、联合办学为主要形式，继续积极推进高教管理体制改革；五、全面推进中小学素质教育，推广湖南省汨罗等地大面积开展素质教育的经验，加强薄弱学校建设。

9702 | 1 月 14 日至 15 日

国家教委基础教育司在辽宁沈阳组织召开部分省（直辖市）中小学安全工作汇报会。会议提出要认真贯彻落实国务院七部门《关于建立全国中小学生安全教育日制度的通知》精神和中共中央政治局委员、国务院副总理李岚清发表的电视讲话精神，加强对学校安全工作的领导，狠抓中小学安全工作法规的落实，坚决压低事故发生率。

9703 | 1 月 27 日至 30 日

国务院办公厅在北京召开第三次全国教职工住房建设工作经验交流会。会议指出，要进一步贯彻落实国家有关解决教职工住房的方针、政策，总结交流各地区、各部门的成功经验与做法，检查落实“九五”期间建设规划，以推动全国教职工住房建设。国务院总理李鹏会见会议代表时指出，全党全社会都要尊师重教，各级党委和人民政府有责任为教师提供必要的和比较好的生活、学习和工作条件，教育工作者也要更好地为人师表、教书育人。

9704 | 2 月 5 日

据《中国教育报》报道，浙江省教委与浙江教育电视台联合发起以省级示范性普通高中帮助贫困地区部分初中加强师资队伍建设为主要内容的“百校肩并肩结对帮扶”活动。浙江省要求现有省级示范性高中都要与列入省“扶贫建校”活动的受援建初中结对帮扶，通过互派学校管理人员和骨干教师，互相交流信息资料，组织互相考察等形式，对被帮扶学校的教育教学工作给予全面的指导和帮助。

9705 | **2月6日**

据《中国教育报》报道，青岛市将职业高中建设纳入城市建设总体发展规划，不断加强领导。青岛市重视办学效益，将重点职业学校建设列入政府责任目标，全面合理规划布局，坚持做到“四个统筹”，注重理论研讨和校长培训，使青岛市12个市（区）各类中等职业学校在校生达65100人，占全市高中阶段在校生总数的60%以上，职普在校生比市区达6∶4，农村达1∶1。

9706 | **2月12日**

国家教委印发《关于公布经批准的1997年度全国中小学生竞赛活动项目的通知》。通知指出从1998年起除全国高中数学联赛、全国高中物理竞赛、全国高中化学竞赛、全国青少年计算机竞赛、全国高中生物学竞赛外，逐步压缩全国中小学学科类竞赛活动数量。

9707 | **2月21日**

国家教委印发《1997年治理中小学乱收费工作的意见》。《意见》提出，要在1997年、1998年两年内解决“择校生”问题，实现就近入学目标。继续加大高中、初中招生办法和办学体制改革的力度。要逐步推行将重点中学和办得较好的初中的全部或部分招生指标，按综合办学水平评估的结果和在校生人数的比例分配给附近的各个小学，实行德智体择优选送（不搞统考）办法，以减少择校的竞争和调动更多学校的办学积极性。凡有条件的地方，可进行重点完中只办高中的改革试点，在大中城市积极推行九年一贯制，以减少择校竞争。

9708 | **2月25日至27日**

国家教委在广西召开1997年全国高等学校招生工作会议。会议落实了1997年全国普通高校101万人的招生计划。其中本科生计划数占

56.5%。专科生计划数占 43.5%。1997 年全国普通高校招生计划全部实行并轨，不再分国家任务、委托培养、自费生三种计划形式。

9709 | **2 月 25 日至 27 日**

国家教委装备司在广东南海召开中小学校教育技术装备工作研讨会，会后印发《中小学计算机装备工作的意见》。

9710 | **2 月 27 日**

国家教委发布《普通中小学校督导评估工作指导纲要（修订稿）》并印发通知。通知要求于 1998 年前在全国范围内全面推行对中小学校进行督导评估的制度，促进从“应试教育”评估制度转轨为“素质教育”评估制度。《指导纲要》提出督导评估的目的在于督促各级人民政府及其教育行政部门履行职责，转变职能，加强领导，创设条件，办好每所学校；督促、指导中小学校贯彻执行有关教育的法律、法规、方针、政策，遵循教育规律，深化教育改革，优化学校管理，实施素质教育，全面提高教育质量，培养社会主义事业的建设者和接班人；引导社会、家长用正确的标准评价学校的办学水平，关心和支持学校工作。

9711 | **3 月 1 日**

八届全国人大五次会议在北京人民大会堂开幕，国务院总理李鹏作《政府工作报告》。《报告》回顾了 1996 年国内工作，指出 1996 年是实施“九五”计划和 2010 年远景目标纲要的第一年。科技、教育和各项社会事业取得新成就。义务教育工作继续推进，到 1996 年底，全国已有 50%的县（市、区）基本普及九年义务教育，当年减少青壮年文盲 400 万人，职业教育取得可喜进展，高中阶段学生中，职业学校在校生达到 56.8%，各类职业培训机构达到 40 多万个。关于 1997 年教育工作，《报告》提出，积极发展科技教育文化和各项社会事业。我们任何时候都不能忘记邓小平同志关于两手抓、两手都要硬的指导思想。要继续实施科教兴国战略和可持续发展战略，深化改革，切实保证必要的投入。要认真贯彻国家的教育方针，全面提高学生素质，使学生在德智体等方面都得到发展。继续把基础教育作为教育工作的重点，大力普及九年义务教育，推进扫盲工作，全年再减少青壮年文盲400万人，扶持贫困地区的教育事业。加强中小学校长和师资队伍的建设，积极进行升学考试制度改革，减轻中小学生过重的课业负担。职业教育是经济发展的重要支柱，要大力发展中等职业教育，通过改革、改组、改制积极发展高等职业教育，农村的义务教育也要增加职业教育的内容，改变目前生产、建设、服务和管理第一线实用人才缺乏的状况。1997年要基本完成高等学校招生、缴费制度改革，进一步完善助学金、贷学金和奖学金制度。认真改革课程体系，更新教学内容，改进教学方法，提高教学质量。鼓励和引导社会力量办学。继续重视教职工住宅建设，推进学校后勤服务社会化。

9712 | **3月3日**

国家教委、国家计委、农业部、财政部发布《农村教育集资管理办法》。《管理办法》规定，农村教育集资应根据当地经济、教育发展水平和群众承受能力，坚持依法、自愿、量力、专款专用原则，纠正教育集资要求过急、过高，集资数额过大，乱集资、乱收费，甚至打着教育旗号将集资款挪作他用的现象。教育集资可通过资金、实物和劳务等方式进行。

9713 | **3月16日至19日**

国家教委在山西太原召开全国普通高校招生工作会议。会议提出，继续坚持改革方向，巩固改革成果，圆满、全面地完成所有普通高校招生并轨改革。会议强调，高等学校保送资格需重新确认，严禁超范围、超标准收费；无正当理由不得拒录非第一志愿考生。

9714 | **3月27日**

据《中国教育报》报道，浙江省加快中考制度改革。浙江省主要的改革措施有：实行高中段升学指标分配与初中办学水平综合评价结果挂钩；进行素质特长测试，测试成绩计入中考成绩总分。浙江省的经验证明，这一改革有利于淡化初中校际间的升学竞争；有利于调动乡镇人民政府的办学积极性，进一步增加教育投入，改善办学条件；有利于初中阶段全面贯彻党的教育方针，全面提高教育质量。

9715 | **3月28日**

上海市出台高校招生改革政策。改革重点是积极导向中学实施素质教育。继续实施优秀学生推荐录取的制度，在中学学习期间德、智、体各方面优秀的学生，在高校录取时享有加分优惠。上海市1997年仍坚持包括地理、生物在内的九门科目全部开考，以利中学教育。

9716 | **3月31日至4月2日**

国家教委在北京召开全国教育督导室主任会议。国家教委主任朱开轩讲话指出，要进一步加强教育督导，坚定不移地推进“两基”，把“两基”和“两全”结合起来。要打好二片地区“普九”攻坚战，积极推进三片地区“普九”和扫盲工作，巩固提高已实现“两基”地区的教育成果。关于初中升高中考试制度改革，会议指出一是要因地制宜做好普通高中与职业高中的分流导向工作，二是逐步改变一次考试定终身的办法。高考改革的最终目标是：随着各方面配套改革的条件不断成熟，高校招生工作的权力要逐步由政府转到高校手中。

9717 | **4月3日至7日**

中共中央政治局委员、国务院副总理李岚清考察山东教育时强调，实施素质教育，领导首先要转变认识，也要取得学校、社会、家长的共识。对义务教育高收费、乱收费要坚决纠正，违纪的要严肃查处。

9718 | **4月4日**

国家教委印发《“九五”期间全国中小学实验室工作的意见》。《意见》要求，必须充分认识中小学实验教学和技能训练的地位和作用；明确中小学实验室工作的目标和要求；依靠各级人民政府，搞好中小学实验室工作。

9719 | **4月7日**

国家教委发布《中等专业学校图书馆规程》。为加强中等专业学校图书馆建设、更好地为学校教育、教学服务，根据《教育法》《职业教育法》，制定本《规程》。《规程》对业务工作、领导体制和组织机构、工作人员、经费、馆会、设备等问题作了规定。

9720 | **4月8日**

据《中国教育报》报道，江苏省南京市金陵中学以试行“学分制”为突破口，大力推行高中全面素质教育改革实验。实施学分制，学生的思想素质必须合格，文化素质、身体素质、心理素质、艺术素质、技能、社会实践和活动课等诸方面获得相应的学分，才承认其总学分合格。

9721 | **4月8日**

据《中国教育报》报道，西藏自治区教委、区人事厅就加强中小学校长队伍建设印发通知，提出1998年1月全区原则上在完成现任中小学校长岗位培训合格证的培训工作，到2000年，全区现任中小学校长要普遍接受提高性培训，以确保全区基础教育和整个西藏教育在今后一个时期持续、健康发展。

9722 | **4月14日**

国家教委办公厅、文化部办公厅、广播电影电视部办公厅联合发布《1997年第一批向全国中小学生推荐的优秀影片片目》《全国中小学生影视教育片发行放映工作运作方案》，推动优秀影片进校园，指导中小学影视教育的开展。

9723 | **4月14日至17日**

全国部分省（直辖市）初中毕业生升学考试体育工作座谈会在天津举行。6月2日，国家教委办公厅印发座谈会纪要指出，体育考试是实施素质教育的需要，要与教育综合改革结合起来。

9724 | **4月25日**

中宣部、中直机关工委、中央国家机关工委、总政治部、中共北京市委联合举办形势报告会。会议指出，从应试教育向素质教育转变是基础教育中的重大问题。基础教育要彻底摒弃以“应试”为目的的片面教育观，面向全体学生，培养学生热爱祖国、热爱社会主义、热爱劳动、热爱集体的精神，为学生学会做人、求知、劳动、生活、健体和审美等打下扎实基础，使学生在德智体等方面得到全面发展。

9725 | **5月20日**

国家教委印发《关于加强学校艺术教育的意见》。《意见》指出，艺术教育是学校实施美育的主要内容和途径，在提高人的素质方面有着其他学科所不可替代的作用。学校艺术教育是国民素质教育而非专业教育，它的根本目的是培养全面发展的“四有”新人，而非艺术专业人才。

9726 | **5月27日**

国家教委印发《关于招收应届中等职业学校毕业生举办高等职业教育试点工作的通知》，决定从1997年起在北京、上海等10个省（直辖市）开展招收应届中等职业学校毕业生举办高等职业教育试点工作，并对试点的招收对象与学制、招生计划等作出详细规定。

9727 | **5月29日**

据《中国教育报》报道，贵阳市推出“2.5+1”职业班改革方案。1997年贵州省贵阳市在高中阶段教育实行“2+1”基础上，推出“2.5+1”职业班改革方案。“2.5+1”职业班是指普通高中应届毕业生，按普通高中教学计划的要求完成两年半的学业，并参加了省教委组织的高中毕业会考的学生，经本人自愿、学校批准，可进入由贵阳市旅游学校举办的“2.5+1”职业班学习一年，经考核合格，发给3年制职业高中毕业证书和技术等级（或上岗）证书。

9728 | **6月7日**

据《中国教育报》报道，辽宁省15所高校决定于1997年招收高职生。辽宁省决定在15所专科层次高校的21个专业、37个专业点招收高职新生，共有2558个招生指标。普通高中、普通中专、职业高中、技工学校应届毕业生均有报考资格。高职考生必须通过文化课、专业课和职业技能考试或考核，其中职业技能考试或考核起“一票否决”作用，不合格的不能参加文化课和专业课考试，文化课和专业课成绩按1∶1计入总分。

9729 | **6月11日至14日**

国家教委在北京召开全国中小学德育工作会议。会议指出，当前和今后一个时期学校党建和德育工作的中心任务，就是要继续高举邓小平同志建设有中国特色社会主义理论伟大旗帜，紧密团结在以江泽民同志为核心的党中央周围，坚持党的基本路线，全面贯彻《中共中央关于加强社会主义精神文明建设若干重要问题的决议》精神和《中共中央关于进一步加强和改进学校德育工作的若干意见》，进一步加强党的建设、思想政治工作和德育工作，促进青少年学生健康成长。

9730 | **6 月 23 日**

财政部、国家教委发布《中小学校财务制度》。根据《事业单位财务规则》、结合中小学校的特点，《制度》规范了中小学校的财务行为，加强财务管理，提高资金使用效益，促进教育事业发展。《制度》就财务管理体制、单位预算管理、收入管理、结余及其分配、专用基金管理、资产范围。负责管理、财务清算、财务报告和财务分析、财务监督等问题作了说明。

9731 | **6 月 24 日**

浙江省人民政府办公厅印发《关于全面贯彻教育方针推进素质教育的通知》。通知明确各级人民政府领导要坚持用素质教育的标准来评价教育部门和学校，加快建立对学校办学方向、教育质量、管理水平等方面进行全面考核、科学评价的标准和制度，不准向教育部门和学校下达升学指标，不单纯以升学率高低评价、奖惩学校和教师。

9732 | **6 月 26 日**

国家教委基础教育司在北京召开中学外语教学工作座谈会，研讨中学外语教学改革，提出加强中学外语课程改革和教材建设，改革外语教学方法。10 月 14 日，国家教委印发座谈会纪要。

9733 | **7 月 14 日**

国家教委发布《中小学校电化教育规程》。《规程》规定中小学电化教育是在教育教学过程中，运用投影、幻灯、录音、录像、广播、电影、电视、计算机等现代教育技术，传递教育信息，并对这一过程进行设计、研究和管理的一种教育形式。《规程》从机构与职能、电教专职人员与学科教师、经费与设备、教材与资料、管理与领导等方面作具体规定。

9734 | 7月15日至18日

全国普通高中综合课程教材专家论证会在广东广州召开。国家教委基础教育司指导牵头的“普通高中综合课程的研究与实验”课题组人员，提出普通高中综合文科和综合理科课程的课程标准（教学大纲）和教材样章。来自全国各地的专家学者对其进行研究和讨论。

9735 | 7月21日

公安部、国家教委联合印发《关于做好维护中小学校治安秩序工作的通知》，要求各地公安机关和教育行政部门密切配合，采取各种措施，有效地维护中小学校治安秩序的基本稳定，切实解决中小学生违法犯罪和社会不法分子滋扰中小学校的问题。

9736 | 7月22日

据《中国教育报》报道，湖北省改革会考方法，加测英语听力。湖北省从1985年开始在英语专业考生中加试听力；1987年至1991年在初、高中非毕业班学生中开展听力测试；1993年在占全省28%的考生中实行笔试与听试分卷，听试成绩不计入总分；1994年全部考生参加听试，成绩不计入总分；1995年听试成绩以10%计入总分；1996年正式实施二卷合一，听力分数占卷面分数的10%。

9737 | 7月24日

据《中国教育报》报道，中共江苏省委在南京召开全省素质教育工作会议。会议提出实施素质教育的10条要求。会议提出，江苏省将建立16个素质教育实验区，通过区域联动、向课程改革深入、全面改革考试评价升学制度，建立健全素质教育的运行机制、制约机制、社会参与机制和评价激励机制。涉及普通高中的改革措施主要有：加快完全中学的高中、初中分离，重点中学率先完成分离工作；严格控制学生在校活动时间，中学每天不超过7小时，节假日不集体补课；严格控制学生的作业量，高中每天不超过2小时等。

9738 | 7月31日

国务院发布《社会力量办学条例》。《条例》对教育机构的设立，教育机构的教学和行政管理，教育机构的财产、财务管理，教育机构的变更与解散，保障与扶持，法律责任等问题作了详细规定。

9739 | 7月

教育部发布《全日制普通高级中学劳动技术课教学大纲（供实验用）》。《劳动技术课教学大纲》与高中其他学科新教学大纲一起，在天津、山西、江西三省（直辖市）进行试用。《劳动技术课教学大纲》主要包括教学目的、课程安排、教学内容与要求、教学设备与设施、考试与考查、实施大纲应注意的问题等六个方面的内容。

9740 | 8月22日

中组部、国家教委、共青团中央联合印发《关于加强对中学生进行党的基本知识教育的意见》。《意见》明确规定对中学生进行党的基本知识教育的指导方针是“着眼长远，立足教育，重在培养，个别发展”。教育内容包括：中国共产党的历史常识和党的路线方针政策；党的性质、奋斗目标、指导思想、宗旨、组织原则、优良传统和作风；党员的条件、义务和权利，以及如何争取加入党的组织等。《意见》提出，要注重通过有关学科教学和灵活多样的方式对中学生进行普遍性教育，做好对中学生党的基本知识教育工作。

9741 | 8月22日

据《中国教育报》报道，华东模范中学试行“双通道”模式改革。上海市华东模范中学1997年招收4个“三·一”分段的“双证班”，试行普通高中与职业教育相渗透的“双通道”办学模式，让学生同时接受升学预备教育和就业预备教育。“双证班”学生在前3年里，必修课学习高中文化课程；选修、活动课学习相关职业专业知识；参加高中各学科会考，会考合格者，获得毕业证书，可以参加当年高考。高考落榜学生可返回本校继续学习职业知识和技能，一年后考核合格，取得职业中专证书。

9742 | **9月1日**

国家教委、全国教育工会发布新修订的《中小学教师职业道德规范》。新《规范》的内容包括依法执教、爱岗敬业、热爱学生、严谨治学、团结协作、尊重家长、廉洁从教、为人师表等八个方面，核心是爱岗敬业、教书育人和为人师表。

9743 | **9月3日至5日**

国家教委在山东烟台召开全国中小学素质教育经验交流会。会议指出，各级领导要树立正确的教育观、人才观、质量观，深刻认识实施素质教育的必要性和紧迫性。各级党委和人民政府应保障教育投入，统筹协调各部门、社区的教育资源支持教育改革，要通过建立正确的奖励机制、督导执法机制来推动中小学实施素质教育。家长要成为素质教育的支持者，努力配合学校促进孩子的全面健康成长。

9744 | **9月7日**

国务院办公厅印发《关于解决民办教师问题的通知》。通知指出，统筹解决民办教师问题实行地方责任制，各有关部门积极配合。解决民办教师问题的工作要在加强管理，提高素质，改善待遇的同时，全面贯彻实施"关、转、招、辞、退"的方针，分区规划，分步实施，逐年减少民办教师数量，力争到20世纪末基本解决民办教师问题。

9745 | **9月12日至18日**

党的十五大召开。中共中央总书记江泽民在会上作题为《高举邓小平理论伟大旗帜，把建设有中国特色社会主义事业全面推向二十一世纪》的报告。江泽民指出："展望下世纪，我们的目标是，第一个十年实现国民生产总值比二〇〇〇年翻一番，使人民的小康生活更加宽裕，形成比较完善的社会主义市场经济体制；再经过十年的努力，到建党一百年时，使国民经济更加发展，各项制度更加完善；到世纪中叶建国一百年时，基本实现现代化，建成富强民主文明的社会主义国家。”① 江泽民强调：“在把我们的事业全面推向二十一世纪的历史时刻，必须郑重指出：全党要毫不动摇地坚持党在社会主义初级阶段的基本路线，把以经济建设为中心同四项基本原则、改革开放这两个基本点统一于建设有中国特色社会主义的伟大实践。”② 江泽民指出：“发展教育和科学，是文化建设的基础工程。培养同现代化要求相适应的数以亿计高素质的劳动者和数以千万计的专门人才，发挥我国巨大人力资源的优势，关系二十一世纪社会主义事业的全局。要切实把教育摆在优先发展的战略地位。尊师重教，加强师资队伍建设。发挥各方面的积极性，大力普及九年义务教育、扫除青壮年文盲，积极发展各种形式的职业教育和成人教育，稳步发展高等教育。优化教育结构，加快高等教育管理体制改革步伐，合理配置教育资源，提高教学质量和办学效益。认真贯彻党的教育方针，重视受教育者素质的提高，培养德智体等全面发展的社会主义事业的建设者和接班人。”③

9746 | **9 月 13 日至 18 日**

国家教委召开全国普通高中毕业会考工作协作会议。会议指出，要不断适应普通高中教育发展的形势，在实施素质教育的过程中，坚持会考，完善会考，积极发挥会考的导向作用。

9747 | **9 月 24 日**

国家教委印发《关于加强中等职业学校教师队伍建设的意见》。《意见》提出，要建设一支专兼结合、数量足够、素质优良、结构合理、相对稳定的职业教育教师队伍。

9748 | **10 月 4 日**

据《中国教育报》报道，我国首批录取的 115 名教育硕士专业学位研究生入学。教育硕士专业学位主要培养面向基础教育教学和管理工作需要

---

① 《江泽民文选》第二卷，人民出版社 2006 年版，第 4 页。
② 同上，第 16 页。
③ 同上，第 34 页。

的高层次专门人才，学员全部为在职教师。

9749 | 10月9日

据《中国教育报》报道，北京市首次发布“宏志奖学金”。472名在校高二学生获得北京市教委设立的首届“宏志奖学金”。该奖学金旨在奖励品学兼优、全面发展、家庭经济困难的普通高中在校学生。获奖学生除免交当年学费外，还可获得500元奖金。

9750 | 10月14日

国家教委印发《关于实施〈社会力量办学条例〉若干问题的意见》。《意见》对条例的适用范围、教育机构的审批与备案、教育机构名称等作出具体规定。

9751 | 10月15日

国家教委办公厅发布《中小学计算机课程指导纲要（修订稿）》。《指导纲要》把计算机课程分为可选的若干模块，是对中小学计算机学科教学的基本要求，是编写计算机学科教材和考试的主要依据。

9752 | 10月16日至18日

国家教委在湖南长沙召开全国城市教育综合改革会议。会议总结十年来各地城市教育综合改革的成绩和经验，分析城市教育改革面临的机遇和挑战，明确进一步深化城市教育综合改革的思路和任务。

9753 | 10月29日

国家教委印发《关于当前积极推进中小学实施素质教育的若干意见》。《意见》指出，各省、自治区、直辖市教育行政部门要不断完善高中毕业会考制度，准确把握会考的毕业水平考试性质，发挥其对高中教育改革与发展的正确导向作用。《意见》提倡中等学校招生实行普通高中、职业高中、技工学校、中专一次入学考试的做法。要改革高校招生入学考试制度，逐步推行高考报名社会化，并从考试科目的合理设置、适当增加考生选择机会、高考试题要分量适中，区分度适当，考核知识和能力并重以及完善配套改革措施等方面探索我国高考制度的改革。继续深化中等教育结构的改革，加快普通高中办学模式的改革。

9754 | 11月3日

国家教委印发《关于调整和完善中学思想政治课教材内容的通知》。通知要求，从1998年秋季开学起，全国普通高中各年级全部使用依据党的十五大精神和《全日制普通高级中学思想政治课课程标准（试行）》编写的新教材。同时，各地教育行政部门和教研部门要切实加强领导，做好落实中学思想政治课贯彻党的十五大精神，调整和完善教材的各项有关工作。

9755 | 11月6日

国家教委发布《初中毕业生升学体育考试工作实施方案》。《实施方案》提出从1998年开始，将初中毕业生升学体育考试作为初中毕业升学考试科目，并在全国各省、自治区、直辖市分阶段实施。实施对象包括所有参加升学（即升入普通高中、职业高中、中等专业学校和中等师范学校）考试的初中毕业生。

9756 | 11月7日

国家税务总局、国家教委在北京联合召开将税收知识适当编入中小学教科书座谈会。会议听取了国家税务总局关于税收职能、作用及中国税收制度、征收管理情况的介绍，研讨、论证了税收知识编入中小学教科书的必要性、可行性、提出了税收知识编入中小学教科书的具体安施意见。

9757 | 11月28日

国家教委发布《全国学生体育竞赛管理规定》，旨在加强对全国学生体育竞赛的领导和管理，提高学生体育竞赛的水平和效益，使竞赛工作逐步制度化、规范化。《规定》就竞赛项目和竞赛的申办、竞赛组织、竞赛管理、裁判员的选派和管理、资格审查、竞赛纪律及申诉、竞赛财务管理及经费支配等问题作了说明。

9758 | 12月14日

全国学校体育、卫生、国防教育工作会议在湖北武汉结束。会议决定从1998年始，初中毕业升学考试体育将在全国逐步推开。将体育列为初中毕业升学考试科目，是全面贯彻党的教育方针，促进学生积极参加体育锻炼，全面提高学生身体素质和健康水平的重要举措。

9759 | **12月19日**

国家教委在北京成立马克思主义理论课和思想品德课教学指导委员会，并举行第一次工作会议。

9760 | **12月19日**

国家教委印发《关于进一步推进城市教育综合改革的若干意见》。《意见》明确提出，到20世纪末21世纪初的城市教育综合改革的目标是：实验城市要形成统筹经济、科技、教育的领导体制，部门、行业和社会组织参与教育改革、发展及管理的良好运行机制，基本配套的劳动、人事、教育制度，初步建立起与社会主义市场经济体制相适应的城市教育体制和健全的教育体系，实现城市经济、科技、教育的持续协调发展，各级各类教育的持续协调发展。

9761 | **12月24日**

据《中国教育报》报道，广东省试点设置普通高中综合课程。广东省在参与"普通高中综合课程研究与实验"课题过程中提出试点总体构想，即有计划有步骤地构建多层次多形式的普通高中综合课程，使普通高中课程门类多样化，为不同类型的学校、学生提供更多的选择课程的机会，优化学校课程设置，以适应现代社会对多样化人才的需要。这一构想的完成将分三个阶段：第一，构建高二、高三开设综合课程的模式；第二，构建从高一开设综合课程的模式；第三，构建开发式课程模式，提供多类型、多层次的综合课程和分科课程供学校、学生选用。普通高中综合课程包括综合文科和综合理科，分别以人类与社会、人类与自然为线索来构建模块。

9762 | **12月25日**

国家教委、国家计委印发《关于普通中等专业学校招生并轨改革的意见》。《意见》要求，积极推进普通中等专业学校招生并轨改革；认真做好招生并轨后招生计划的编制工作；建立健全招生并轨改革的配套政策；努力做好招生并轨改革宣传工作。

9763 | **12月25日至27日**

国家教委在黑龙江哈尔滨召开全国中小学校长提高培训试点工作经验交流会。国家教委人事司有关负责人作了讲话。这次会议是全国中小学校长队伍建设和培训工作发展历程中的一次非常重要会议。

9764 | **12月31日**

国家教委发布《实行全国中小学校长持证上岗制度的规定》。《规定》提出，要做好中小学校长任免、培训、考核、奖惩等各项管理工作和校长后备人选的选拔、培养工作，要将参加培训情况作为任用校长的重要条件和考核校长的重要内容。

9765 | **12月31日**

国家教委办公厅印发《关于确认首批全国中小学现代教育技术实验学校的通知》，确定北京景山学校等433所学校为首批全国中小学现代教育技术实验学校。

1998年

改革进行时

• 重要文件

国务院《关于调整撤并部门所属学校管理体制的决定》

教育部《面向21世纪教育振兴行动计划》

国家教委《教师和教育工作者奖励规定》

国家教委《教育行政处罚暂行实施办法》

国家教委《中小学德育工作规程》

教育部《关于中考语文考试改革试点工作的指导意见》

教育部《关于调整现行普通高中数学、物理学科教学内容和教学要求的意见》

教育部办公厅《关于加强普通中学劳动技术教育管理的若干意见》

• 重要政策

积极做好普通高中部分课程教学内容、教学要求的调整工作

• 重要会议

教育部召开全国教育人事工作会议

教育部、卫生部、公安部召开全国中小学安全工作电话会议

• 改革亮点

在大力推进素质教育的政策下，普通高中教育改革掀起新一轮课改高潮。国家制定新的普通高中课程计划，提出部分发达城市普及高中阶段教育的任务要求，重点推进综合高中和特色高中的办学模式改革。

9801 | **1月8日**

国家教委发布《教师和教育工作者奖励规定》。《奖励规定》依据《教师法》制定，对长期从事教育教学、科学研究和管理、服务工作并取得显著成绩的教师和教育工作者，分别授予“全国优秀教师”和“全国优秀教育工作者”荣誉称号，发布相应的奖章和证书；对其中作出突出贡献者，由国务院教育行政部门会同国务院人事部门授予“全国模范教师”和“全国教育系统先进工作者”荣誉称号，发布相应的奖章和证书。

9802 | **1月11日至12日**

中共中央政治局常委、国务院副总理李岚清在河南考察教育工作。李岚清指出要大力推进素质教育，培养全面发展的跨世纪人才，进一步关心和改善教师住房条件，使广大教师安居乐教。李岚清到郑州市部分高校和中小学及教师家庭，看望和慰问教职员工；听取了省、市领导关于教师住房建设问题的汇报；并与20多名中小学校长和教师就素质教育问题进行了座谈。

9803 | **1月16日**

国家教委在江苏南京召开1998年度教育工作会议。国家教委主任朱开轩对1997年和五年来全国教育改革和发展的情况进行了回顾和总结，并对1998年教育工作的安排和工作重点作了说明。中共国家教委党组书记、国家教委副主任陈至立在会上作了总结讲话。

9804 | **1月21日**

天津市提出提高普及教育年限，加快“普高”步伐。天津市确定的目标是：1998年高中阶段的入学率要达到81%，其中城区要继续保持96%以上，农村地区要超过70%。为了实现“普高”目标，天津市制定出一整套措施，如实行初、高中分离办学，扩大普通高中招生规模；保持中等教育结构的合理比例，普通高中和中等职业教育各类学校学生的比例为3∶7；搞好高中课程改革试验，提高高中教育阶段的办学水平等。

9805 | 1月25日

国家教委办公厅发布《关于1997年中小学健康检查评价工作的通报》，介绍各地开展学校健康教育检查的基本情况，对13个省（自治区、直辖市）中小学校健康教育抽查的情况进行通报，并对当前进一步加强学校健康教育工作提出针对性建议。

9806 | 2月4日

国家教委办公厅发布《1998年度经批准的全国中小学生21项竞赛活动项目》。项目包括学科类7项：第三届华人少年作文比赛，中华第五届圣陶杯中学生作文大赛，全国推广普通话、促进语言文字规范化宣传活动及知识竞赛，1998年全国初中数学竞赛活动，1998年全国初中物理知识竞赛，1998年全国初中生化学素质和实验能力竞赛，1998年全国中学生外语口语竞赛；科技类7项；艺术类4项；其他类3项。各地参照执行，在执行过程中，各地可结合实际决定是否组织参加各种竞赛活动，坚持学校和学生自愿参加的原则。

9807 | 3月5日

九届全国人大一次会议在北京人民大会堂开幕，国务院总理李鹏作《政府工作报告》。《报告》指出，过去五年，国家优先发展教育的战略决策逐步落实，教育投入随着国家财力的增强而不断增加，社会力量办学也为发展教育事业作出了贡献。占全国人口65%的地区基本普及九年义务教育，青壮年文盲率下降到6%。教育结构进一步调整，职业教育和成人教育迅速发展，中等职业学校的在校生占高中阶段教育总人数的56%以上。《报告》强调，我国只有大力发展教育和科技事业，把经济发展切实转到依靠科技进步和提高劳动者素质的轨道上来，才能加快现代化进程，缩小与发达国家的差距。《报告》提出，1998年是全面贯彻党的十五大精神的第一年，是推进改革开放和现代化建设事业的重要一年。加强精神文明建设，促进教育、科学、文化发展和社会全面进步。其根本任务是提高全民族的思想道德素质、科学文化素质和创新能力。积极发展中等、高等职业教育和成人教育，开展多种形式的岗位和技术培训。进一步发展和引导社会力量办学。实施全面素质教育，加强思想品德教育和美育，改革教学内容、课程体系和教学方法，以适应社会对各类人才的需要。继续改革完善教育投资体制，多渠道增加教育投入。加强教师队伍建设，提倡尊师重教，改善教师的工作和生活条件。

9808 | **3月6日**

国家教委发布《教育行政处罚暂行实施办法》，规定教育行政处罚的实施机关与管辖、处罚种类与主要违法情形、处罚程序与执行等事项。《暂行实施办法》规定，对中等学校或者其他中等教育机构及其内部人员的处罚，为省级或地、设区的市级人民政府教育行政部门；对实施初级中等以下义务教育的学校或者其他教育机构、幼儿园及其内部人员的处罚，为县、区级人民政府教育行政部门。教师有弄虚作假或以其他欺骗手段获得教师资格的；品行不良、侮辱学生，影响恶劣的，有其中一项情形的由教育行政部门给予撤销教师资格、自撤销之日起五年内不得重新申请认定教师资格的处罚。

9809 | **3月10日**

九届全国人大一次会议第三次全体会议表决通过《国务院机构改革方案》。《方案》将国家教育委员会更名为教育部，并对其职能作出部分调整。

9810 | **3月16日**

国家教委发布《中小学德育工作规程》。《工作规程》共8章41条，就对管理职责，思想品德课和思想政治课，常规教育，教师队伍建设与管理，物质保证，学校、家庭与社会等问题作了详细说明。

9811 | **3月16日**

国家教委、国家经贸委、劳动部印发《关于实施〈职业教育法〉加快发展职业教育的若干意见》。《意见》提出，进一步提高认识，加强领导，落实职业教育的重要地位；努力实现跨世纪职业教育的奋斗目标；建立、健全职业教育体系；推动农业、艰苦行业和中西部地区职业教育和发展；推进办学体制改革，加快部门分工协作；贯彻产教结合的原则；加快招生和毕业生就业制度改革，推行两种证书制度；加强职业教育内部改革和建设等。

9812 | **3 月 18 日**

国家教委印发《关于推行〈中小学生幼儿系列广播体操〉的通知》。通知决定自 1998 年 5 月起在全国普通中学、职业中学、中等专业学校、技工学校、小学、幼儿园推行国家教委组织创编的《中小学生幼儿系列广播体操》。

9813 | **3 月 20 日**

国家教委发布《普通中小学和中等职业学校落实〈学校体育工作条例〉检查评估细则》《普通中小学和中等职业学校落实〈学校卫生工作条例〉检查评估细则》并印发通知。通知提出，普通中小学和中等职业学校贯彻落实两个《条例》的检查评估以乡中心小学以上的完全小学、中学和中等职业学校为主要对象，其他学校是否列为检查评估对象由各省、自治区、直辖市教育行政部门自行确定。

9814 | **4 月 7 日**

教育部办公厅印发《关于确保学生春游和其他集体活动安全的紧急通知》。通知要求各大中小学、幼儿园的领导要牢固树立“安全第一”的思想，精心组织好学生和幼儿园的春游及各项集体活动，加强各个环节的安全工作，务必做到层层落实，责任到人。通知提到凡未建立健全学校、幼儿园安全工作的检查、报告制度的地方，必须迅速建立和完善。一旦发生事故，要采取果断措施，将人员伤亡减少到最低限度，并迅速及时逐级上报，不得拖延。

9815 | **4 月 7 日**

教育部办公厅印发《关于进一步加强治理中小学乱收费工作的紧急通知》。通知要求，把治理中小学乱收费继续作为教育系统纠正行业不正之风的一项重点工作；各级地方人民政府和教育行政部门及广大中小学校领导干部要进一步统一思想，提高对治理中小学乱收费工作的认识，自觉地增强政治责任感，进一步加强中小学收费管理工作；要依法开展教育集资和征收教育费附加的工作；要坚持“省立项目、省定标准”的原则，坚决制止任何部门和单位向学校摊派行政性、事业性费用以及乱罚款和“搭车收费”，学校不得向学生强制或变相强制推销学习用品、出版物或其他物品和商品，也不得假借“勤工俭学”名义，向学生摊派钱物；各级教育行政部门要组织干部深入当地中小学校，认真检查收费管理工作；各级教育纪检监察部门要加大查处违纪案件的力度。

9816 | **4月10日**

教育部印发《关于中考语文考试改革试点工作的指导意见》，将江苏省苏州市、湖北省荆门市、福建省莆田市、山东省烟台市、吉林省辽源市、上海市闵兴区、北京市顺义县（今顺义区）列为全国中考语文改革试点单位。《指导意见》指出，中考语文考试改革应符合国家的教育方针，体现义务教育阶段语文教育的性质与要求，符合语文学科的特点；要有利于改进语文课堂教学，提高语文教学质量；要有利于减轻学生过重的课业负担，有利于对祖国语言文字的正确理解与热爱，培养学生的创造力；要突破应试教育的模式，发挥考试的正确导向作用，有利于建立语文学科的科学评价体系。指导意见对命题、审题、阅卷等方面也提出了要求。

9817 | **4月13日至16日**

教育部在重庆召开全国教育人事工作会议。会议提出，1998年教育人事工作改革的重点是深化学校人事制度改革，加强高校教师队伍建设。在中小学教师队伍建设上，努力提高中小学高中级职务教师比例，并向薄弱校倾斜。

9818 | **4月21日**

教育部印发《关于调整现行普通高中数学、物理学科教学内容和教学要求的意见》。《意见》指出，本次调整是在不改变现行教学计划、教学大纲和教材体系的前提下，本着有利于减轻学生过重的课业负担，有利于深化普通高中的课程改革，有利于稳定普通高中的教育教学秩序的原则，删减数学、物理两科的部分教学内容和降低部分教学要求。

9819 | **4月28日**

教育部、卫生部、公安部在北京召开全国中小学生安全工作电话会议。会议要求各地在近期对中小学安全工作进行一次全面检查。

9820 | **5月5日**

教育部师范司发布《中等师范学校德育大纲（试行）》《中等师范学校学生行为规范（试行）》。《大纲》指出，中等师范学校德育的内容是：马克思主义基本理论教育，爱国主义教育、集体主义教育、社会主义教育、理想和人生观教育、道德教育、纪律教育、纪律和行为规范教育、文明礼仪教育、个性心理品质教育。

9821 | **5月11日**

教育部办公厅印发《关于1998年内地西藏班高中毕业生升学分流工作的通知》。通知提出，1998年内地西藏班高中毕业生升学分流工作继续实行“统一考试、统一阅卷、单独划线、单独招生”的办法。

9822 | **5月20日**

国务院办公厅转发财政部《关于进一步做好教育科技经费预算安排和确保教师工资按时发放的通知》并印发通知。通知要求，各地区、各部门要高度重视，加强领导，按照有关法规努力调整好支出结构，在确保财政预算内教育和科技经费拨款的增长的同时，对预算执行中超收部分的安排，也要努力增加对教育、科技的分配比例。财政部的通知要求，各级财政部门要会同教育和科技部门加强经费使用管理工作，坚决制止挪用、挤占和浪费教育、科技经费的现象，使有限的奖金发挥应有的效益。10月7日，教育部印发通知，要求各地对教育经费的落实情况进行一次对照检查。

9823 | **5月20日**

教育部办公厅印发《关于以我国政府恢复对澳门行使主权为主题，在大中小学生中深入开展爱国主义教育活动的通知》，对各级教育行政部门和学校抓住迎接澳门回归祖国的契机开展爱国主义教育的相关工作进行了规定。通知提出，各级教育行政部门和各级各类学校要抓住迎接澳门回归祖国的契机，结合学习党的十五大精神，贯彻落实《中共中央关于进一步加强和改进学校德育工作的若干意见》，认真深入开展爱国主义教育。中小学校教育的重点是让广大学生了解澳门被侵占的历史和中国近代史、现代史及中国革命史，了解新中国社会主义建设的伟大成就和建设有中国特色社会主义的伟大意义，知道《中华人民共和国澳门特别行政区基本法》的主要精神，认识澳门回归的历史背景和意义，从而树立民族自尊心、自信心和自豪感。各级教育行政部门和学校要充分发挥主导作用，把这项活动融入学校日常教育之中，采取多种形式进行教育。

9824 | **6月8日**

据《中国教育报》报道，山西省把高中毕业会考作为新课程改革试验的一项重要内容，并进行一系列改革。山西省规定从教学计划、课程设计、教材内容等方面对高中毕业会考的内容、办法进行改革，并对会考的管理与职责、科目设置与考试时间、会考办法与合格标准作了详细规定，为高中教学质量和评价检查和新课程方案试验提供了准确、有效的统计数据和资料。

9825 | **6月10日**

教育部办公厅印发《关于加强普通中学劳动技术教育管理的若干意见》。《意见》对劳动技术教育的组织领导、劳动技术课教师队伍的建设、劳动技术课的教学管理、劳动技术课实践基地建设和设备配置等进行了规定。《意见》提出，各级教育督导部门在进行教育督导评估时，要把劳动技术教育纳入督导评估内容的指标体系；对重视劳动技术教育并取得突出成绩的集体和个人应予表彰和奖励；要把开设劳动技术课，重视劳动技术

9826—29

教育，作为评选教育先进单位和先进学校的重要内容之一，并作为考核教育部门、学校、领导干部的重要内容之一。

9826 | **7月1日**

国务院发布《关于调整撤并部门所属学校管理体制的决定》，对原机械工业部等九部门所属的93所普通高等学校、72所成人高等学校以及46所中等专业学校和技工学校的管理体制进行调整。

9827 | **7月9日**

教育部办公厅印发《关于制订职业高级中学专业目录的通知》。通知指出，职业高中专业目录是教育行政管理和学校教学工作的一项基本文件，规定了专业类别的划分和专业的名称，反映人才培养的业务范围和就业方向，是国家确定职业高中教育规划、设置和调整专业的重要依据。目录也是根据经济和社会发展的需要，指导毕业生就业，用人单位考核录用毕业生的重要依据。通知就制定职业高中专业目录的指导思想、制定原则、组织分工、工作安排和要求进行了规定。

9828 | **7月13日**

据《中国教育教》报道，浙江省采取改革措施，逐步改变单一办学模式，积极鼓励和引导一些普通高中从当地实际出发，探索办学新路。浙江省采取实施分流教育实验、建立示范性学校评估制度、完善高中会考制度等措施，重点加强和扶持综合高中、特色高中建设。建设好一批不同模式的示范性普通高中，推动全省普通高中办学模式多样化，从而促进其整体办学水平提高。

9829 | **8月10日**

教育部办公厅印发《关于当前加强教师队伍管理的通知》。通知要求理顺教师队伍管理体制，依法加强教师队伍管理；认真贯彻执行《教师法》和《教师资格条例》，严格按照教师资格条件聘任教师，确保教师素质；加强教师的法制教育和职业道德教育。

9830 | 8月28日至9月2日

中共中央政治局常委、国务院总理朱镕基在东北洪涝灾区考察工作。朱镕基在考察中强调，抓好中小学教育是实施科教兴国战略的重要基础。灾区各级人民政府要采取有效措施，切实解决受灾学校的困难，保证灾区学生不停学、不辍学。

9831 | 10月19日

教育部、建设部印发《关于进一步深化学校住房制度改革，加快解决教职工住房问题的若干意见》。《意见》指出，各级教育行政部门和各级各类学校要进一步深化住房制度改革，停止实物分配住房，逐步实行住房分配的货币化等改革措施，争取使解决教职工住房问题在2000年左右进入良性循环。坚持对教职工住房的建、租、售实行优先优惠政策。

9832 | 10月20日

教育部印发《关于搞好灾区教育恢复重建工作的若干意见》，对灾后教育恢复重建的相关工作进行了要求。《意见》提出，一是要把灾后教育恢复重建工作放在突出的位置，明确目标，加强领导，各地要认真贯彻中央领导同志关于重建家园，首先是重建校园的指示精神，把灾区教育恢复重建工作放在优先的位置。二是抓好校舍恢复重建工作，统筹规划，提高质量和效益。三是坚定不移地继续做好“两基”工作，继续坚持“两基”重中之重的地位不动摇，“两基”目标不动摇。四是要解决好教师的生活问题。五是加强灾后中小学的安全卫生工作。

9833 | 10月21日

《中国教育报》刊发《向普通高中发出警报》一文。文章指出，维护国家发布的高中课程方案的严肃性，杜绝随意增删课时、课程现象，面向全体学生，全面提高教学质量已是普通高中学校工作的当务之急；合理配置教育资源，大力办好普通高中教育，缓解“普高热”是各级人民政府和教育行政部门必须正视的问题；冲破教育领域的地方保护主义，保持政令畅通，是普通高中实施素质教育必不可少的保障措施。为此，一要坚持依法治教，维护国家利益；二要坚持适度发展，发挥整体效益；三要树立全局观念，培养合格人才。

9834 | **11 月 2 日**

教育部召开干部会议。中共教育部党组书记、教育部部长陈至立在会议上强调，实施“跨世纪素质教育工程”，提高国民素质。在 2000 年如期实现“基本普及九年义务教育，基本扫除青壮年文盲”的基础上，重点改革课程体系和评价制度，建立面向 21 世纪基础教育现代化课程体系，全面提高基础教育质量。

9835 | **12 月 24 日**

教育部发布《面向 21 世纪教育振兴行动计划》。《行动计划》是在贯彻落实《教育法》及《中国教育改革和发展纲要》的基础上提出的跨世纪教育改革和发展的施工蓝图。《行动计划》提出的主要目标是：到 2000 年，全国基本普及九年义务教育，基本扫除青壮年文盲，大力推进素质教育；完善职业教育培训和继续教育制度，城乡新增劳动力和在职人员能够普遍接受各种层次和形式的教育与培训；积极稳步发展高等教育，高等教育入学率达到 11% 左右；瞄准国家创新体系的目标，培养造就一批高水平的具有创新能力的人才；加强科学研究并使高校高新技术产业为培育经济发展新的增长点作贡献；深化改革，建立起教育新体制的基本框架，主动适应经济社会发展。到 2010 年，在全面实现“两基”目标的基础上，城市和经济发达地区有步骤地普及高中阶段教育，全国人口受教育年限达到发展中国家的先进水平；高等教育规模有较大扩展，入学率接近 15%，若干所高校和一批重点学科进入或接近世界一流水平；基本建立起终身学习体系，为国家知识创新体系以及现代化建设提供充足的人才支持和知识贡献。1999 年 1 月 13 日，国务院批转该计划。

9836 | **12 月 31 日**

教育部、中国中小学幼儿教师奖励基金会发布《关于表彰全国教育督导先进集体和全国教育督导先进工作者的决定》。

1999年

改革进行时

• 重要文件

中共中央、国务院《关于深化教育改革全面推进素质教育的决定》

教育部《关于积极推进高中阶段教育事业发展的若干意见》

教育部《关于初中毕业、升学考试改革的指导意见》

教育部《关于加强教育法制建设的意见》

教育部《关于加强中小学心理健康教育的若干意见》

教育部《关于加强教育督导与评估工作的意见》

教育部《关于进一步加强中小学教育技术装备工作的意见》

• 重要政策

全面推进素质教育

实施《面向21世纪教育振兴行动计划》

扩大高中阶段教育规模，城镇和发达地区有步骤地普及高中阶段教育

• 重要会议

中共中央、国务院召开全国教育工作会议

教育部召开全国基础教育工作研讨会

教育部基础教育司召开全国普通高中课程教学改革研讨会

教育部召开全国中小学教师继续教育和校长培训工作会议

• 改革亮点

《面向21世纪教育振兴计划》绘就了跨世纪教育发展和改革的蓝图，提出一系列教育改革和发展的政策、思路与措施。国家提出在确保基本普及九年义务教育和基本扫除青壮年文盲目标的实现并继续巩固提高的基础上，加快高中阶段教育的发展步伐，在城市和经济发达地区要有步骤地普及高中阶段教育，并部署新世纪高考改革。

9901 | **1月8日**

广东省召开推进珠江三角洲教育现代化暨全省教育信息化会议。会议决定以珠江三角洲教育现代化为龙头，以教育信息化为突破口，加快全省教育现代化的进程，力争到2000年基本普及高中阶段计算机教育，努力实现建设教育强省的目标。

9902 | **1月11日至12日**

教育部在北京召开1999年度教育工作会议。教育部部长陈至立作工作报告。会议回顾了1998年的教育工作，交流了各地的情况与经验，分析研究了当前教育所面临的形势与任务，部署了教育战线1999年的重点工作。

9903 | **1月15日**

教育部办公厅发布《中小学生竞赛活动管理若干规定》，对中小学生竞赛活动进行管理，对中小学生竞赛活动予以规范和引导。《规定》提出，自1999年起，教育部不再审批和公布全国性或跨省、自治区、直辖市中小学生数学、物理、化学、生物、外语等学科及读书、征文等竞赛活动项目。在省、自治区、直辖市范围内举办各类竞赛活动，须经省、自治区、直辖市教育行政部门审核批准；跨省举办的各类竞赛活动，须经所涉及的有关省、自治区、直辖市教育行政部门批准或同意。

9904 | **1月18日**

中央综治委在北京召开1999年第一次会议。会议指出，青少年犯罪仍是影响社会治安的一个突出问题。

9905 | **2月13日**

教育部印发《关于进一步深化普通高等学校招生考试制度改革的意见》。《意见》指出，面对21世纪科学技术突飞猛进的发展和知识经济初见端倪的新形势，面对在实施科教兴国战略中加大教育贡献力度的迫切要求，教育必须进一步深化改革，以改革促发展。高考命题要把以知识立意转变为以能力立意，转变传统的封闭的学科观念，在考察能力的同时，注意考查跨学科的综合能力。

9906 | 2月24日

教育部印发《关于学习、宣传和全面贯彻〈面向21世纪教育振兴行动计划〉的通知》。通知指出，学习、宣传和贯彻《行动计划》，要加深对其意义的认识，要贯彻“全面规划，突出重点，抓住关键，重在落实”的原则，要从各地经济、社会和教育事业的实际出发，要依靠教育界和社会各界的通力合作。

9907 | 3月1日

《中国教育报》刊发《振兴教育事业，实施科教兴国战略》一文。文章指出，到2010年，全国95%以上人口所在的地区将普及九年义务教育和扫除青壮年文盲，城镇和发达地区有步骤地普及高中阶段教育，全国人口平均受教育年限达到发展中国家先进水平。

9908 | 3月5日

九届全国人大二次会议在北京人民大会堂开幕，国务院总理朱镕基作《政府工作报告》。《报告》指出，1998年各级各类教育进一步发展。全国基本普及九年义务教育和基本扫除青壮年文盲的工作达到了年度目标，中等职业教育有了进一步发展。《报告》强调，实施科教兴国战略，是实现经济振兴和国家现代化的根本大计，也是本届政府极其重要的任务。科教兴国，基础在教育。要继续把教育放在优先发展的战略地位。1999年，要使全国80%以上的人口地区普及九年义务教育，扫除青壮年文盲300万人左右；积极发展各种形式的职业教育和成人教育；大力推进素质教育，注重创新精神和实践能力的培养，使学生在德、智、体、美等方面全面发展。依法增加政府对教育的投入，充分利用教育资源，注重提高办学效益。振兴教育事业，一要加大改革力度。继续积极改革教育思想、体制、内容和方法。深化各类学校管理体制的改革。积极探索发展民办教育的机制。二要更加重视质量。全面提高各级各类学校的教育质量，特别是中小学阶段的教育质量。严格教师标准，努力提高教师队伍的政治素质和业务水平，继续改善教师的工作和生活条件。三要更加重视思想政治和品德教育。坚持用马克思列宁主义、毛泽东思想特别是邓小平理论教育学生，使他们树立坚定的社会主义理想和信念，努力提高一代新人的全面素质。

9909 | **3月13日至15日**

教育部在湖北武汉召开1999年全国普通高校招生工作会议。会议指出，为贯彻落实高考改革方案，教育部进一步加大了高考和招生录取的改革力度，全国12所重点大学将与7个省（直辖市）完全实现远程异地网上录取；2000年除广东省以外，全国还将有山西、江苏、浙江、吉林4个省参加“3+X”的高考科目改革试点。教育部副部长周远清出席会议并讲话。

9910 | **3月18日**

教育部有关司局召开减轻中小学生过重负担座谈会。来自北京市部分中小学的校长、教师、学生家长及教育行政部门的领导出席了座谈会。

9911 | **3月31日**

中共中央政治局常委、国务院副总理李岚清出席幼儿教育和青少年营养健康问题座谈会并讲话指出，幼儿教育和青少年营养健康问题是关系贯彻党的教育方针，培养德、智、体、美等方面全面发展的建设者和接班人的重大根本性问题，各级人民政府、有关部门、学校和家长都要予以高度重视，采取有力措施，共同把这项工作做好。

9912 | **3月31日**

据《中国教育报》报道，1996年开始，吉林省长春市对中小学沿袭多年传统的学校内部管理体制进行了重大改革。改革的主要内容是实行“四定”“四制”。“四定”是定规模、定编制、定岗位、定工作量；在“四定”基础上实行“四制”，即校长负责制、岗位责任制、教职工聘任制和职务等级工资制。这两项改革，一是打破了“铁饭碗”，使教师有了危机感和压力；二是打破了平均主义“大锅饭”。同时，各校还把部分创收资金用于奖励教师，根据对教职工的考核，设立优秀班主任奖、教学成果奖、学习管理奖等，实行优质优酬。

9913—16

9913 | **4月7日**

教育部印发《关于加强学校基建项目工程质量和安全管理以及开展质量和安全工作检查的通知》。通知提出，各级各类学校校舍建设质量是一件关系师生生命安全的大事，直接影响到民心安定、社会稳定。责任重于泰山，各级教育主管部门及学校领导要以对党对人民高度负责的态度，把学校建设工程质量摆在突出位置，坚决克服麻痹松懈思想，强化工程质量检查工作领导责任制，层层抓落实。要迅速组织力量在有关部门的配合下对建设项目的工程质量进行全面检查。

9914 | **4月9日**

教育部发布《关于新疆维吾尔自治区在普通高考中试行汉语水平考试的复函》。《复函》指出，新疆维吾尔自治区在试点基础上总结提出的普通高考中用汉语水平考试（HSK）代替少数民族汉语考试是可行的。普通高考中的HSK试题由北京语言文化大学汉语水平考试中心具体负责研制并提供；考务工作由新疆维吾尔自治区招生委员会负责；阅卷工作在新疆进行，由北京语言文化大学汉语水平考试中心负责提供软件程序和培训有关人员。

9915 | **4月19日**

据《中国教育报》报道，河北省召开现场会提出积极稳步在全省推进校务公开制度。河北省此次推进校务公开一切从“永久”着眼，从机制和制度着手。目前，全省100多个县成立了校务公开领导小组，在5万多所中小学中，已有3万多所中小学建立了校务公开栏。校务公开的内容大致为各地学生及家长迫切关心的问题及社会热点问题，如学校收费、财务收支、招生情况、学校领导班子成员住房、教师晋职晋升情况等重大决策及实施情况等。

9916 | **4月22日至25日**

教育部在北京召开全国基础教育工作研讨会。会议总结了近两年全面实施素质教育的工作情况，交流了各地推进基础教育改革与发展的经验，研究了基础教育如何进一步落实《面向21世纪教育振兴行动计划》。

9917 | 4月23日至25日

全国学生体质健康监测网络工作研讨会在辽宁沈阳举行。会议宣布，教育部将建立全国学生体质健康监测网络，对学生体质状况进行经常性监测。7月1日，教育部办公厅印发《全国学生体质健康监测网络工作方案（试行）》。

9918 | 4月25日

教育部、共青团中央发布《关于表彰“全国三好学生”、“全国优秀学生干部”和“全国先进班集体”及其标兵的决定》。5月3日，教育部、共青团中央在北京联合召开全国“三好”学生、优秀学生干部和先进集体表彰座谈会。教育部部长陈至立出席会议并讲话，勉励同学们再接再厉，戒骄戒躁，学业有成，事业有成，不断取得新成就，早日成为社会主义建设事业的栋梁之材。

9919 | 4月26日

中国教育工会和中国中小学幼儿教师奖励基金会在北京召开全国普教系统老有所为先进工作者表彰会。来自全国24个省、自治区、直辖市的83位离退休教育工作者受到表彰。中国中小学幼儿教师奖励基金会理事长钱正英出席表彰会，教育部部长陈至立向表彰会发来贺信。

9920 | 4月27日

教育部印发《关于初中毕业、升学考试改革的指导意见》，对初中毕业、升学考试改革的指导思想，初中毕业、升学考试改革的重点，切实加强对初中毕业、升学考试改革工作的领导等方面进行了明确规定。《指导意见》要求，初中毕业、升学考试改革的重点，一是考试内容改革；二是完善与考试改革相应的管理体制。

9921 | 5月4日

教育部办公厅印发《关于开展学生营养宣传教育活动的通知》。通知要求各高等学校、职业中学、普通高中要安排一次营养知识的专题讲座；教育行政部门和学校要利用学生课余时间，因地制宜地组织开展形式多样的大型宣传教育活动，向社会各界广泛宣传学生营养工作的意义，普及营养科学知识，以唤起全社会对学生营养工作的重视和支持。

9922 | **5 月 13 日**

教育部、公安部印发《关于下放中小学生赴境外夏（冬）令营等活动审批权限的通知》。通知指出，中小学校组织赴境外夏（冬）令营活动，改由各省、自治区、直辖市教委（教育厅）负责审批，并将批件抄报教育部国际合作与交流司和公安部出入境管理局备案。原则上不允许跨省、自治区、直辖市组织中小学生赴境外参加夏（冬）令营等活动。

9923 | **5 月 24 日**

据《中国教育报》报道，北京市教委、市人事局、市财政局和市编办联合印发《北京市中小学校长职级制试点工作的意见》，决定在全市有条件的区（县）进行中小学校长职级制的试点。《意见》提出，北京市中小学校长职务等级分为五级十等。依据校长职级评定结果，按照干部管理权限的规定，由主管部门对校长实施聘任并发布聘书。

9924 | **5 月 28 日**

据《中国教育报》报道，北京市召开首届示范性普通高中建设方案评审论证会。北京四中、二中、潞河中学等 11 所学校成为全市首批示范性普通高中建设校。这标志着北京市示范性普通高中建设工程正式全面启动。

9925 | **6 月 7 日**

劳动和社会保障部、教育部、人事部、国家计委、国家经贸委、国家工商总局印发《关于积极推进劳动预备制度加快提高劳动者素质的意见》。《意见》对普遍建立和实行劳动预备制度、全面开展职业培训和教育、严格实行就业准入控制、采取积极的扶持政策等工作进行了明确规定。6 月 27 日，国务院办公厅转发劳动保障部、教育部、人事部等部门《关于积极推进劳动预备制度加快提高劳动者素质的意见》。

9926 | **6月10日**

教育部办公厅印发《关于假期、公休日学校体育场地向学生开放的通知》。通知决定，自1999年暑假始，各级各类学校在寒、暑假和公休日期间，体育场地、设施均向学生开放。通知要求各地教育行政部门根据本地实际情况，尽快制定相应的管理办法；各学校要制定相应的实施办法，并教育学生认真遵守，避免出现意外事故。

9927 | **6月13日**

中共中央、国务院发布《关于深化教育改革全面推进素质教育的决定》。《决定》指出，全面推进素质教育，是党中央和国务院为加快实施科教兴国战略作出的又一重大决策，各级党委和人民政府要结合本地实际情况，创造性地把素质教育落到实处，在以江泽民同志为核心的党中央的领导下，高举邓小平理论伟大旗帜，为实现社会主义现代化建设宏伟目标和中华民族伟大复兴作出更大的贡献。《决定》提出，全面推进素质教育，培养适应21世纪现代化建设需要的社会主义新人；深化教育改革，为实施素质教育创造条件；优化结构，建设全面推进素质教育的高质量的教师队伍；加强领导，全党、全社会共同努力开创素质教育的新局面。《决定》指出，要调整现有教育体系结构，扩大高中阶段教育和高等教育的规模，拓宽人才成长的道路，减缓升学压力；鼓励各地中小学自行组织毕业考试，采取多种形式改革高中阶段学校的招生办法，改革高中会考制度；在高中阶段的学校和有条件的初中、小学普及计算机操作和信息技术教育，使教育科研网络进入全部高等学校和骨干中等职业学校，逐步进入中小学；2010年前后，经济发达地区高中阶段教育的专任教师和校长中获硕士学位者应达到一定比例。

9928 | **6月15日至18日**

中共中央、国务院在北京召开全国教育工作会议。会议的主题是：动员全党同志和全国人民，以提高民族素质和创新能力为重点，深化教育体制和结构改革，全面推进素质教育，振兴教育事业，实施科教兴国战略，为实现党的十五大确定的社会主义现代化建设宏伟目标而奋斗。

9929 | **6月22日**

教育部印发《关于学习贯彻全国教育工作会议精神和〈中共中央、国务院关于深化教育改革全面推进素质教育的决定〉的通知》。通知要求，各级教育行政部门、各级各类学校要在当地党委、人民政府的领导下，组织广大师生认真学习贯彻全国教育工作会议精神；要把全面推进素质教育作为今后教育的一项重要任务；要进一步解放思想，抓住机遇，以改革的精神创造性地开展工作，认真落实全国教育工作会议提出的各项改革任务。

9930 | **6月28日**

九届全国人大常委会第十次会议通过《中华人民共和国预防未成年人犯罪法》。《预防未成年人犯罪法》旨在保障未成年人身心健康，培养未成年人良好品行，有效地预防未成年人犯罪，包括总则、预防未成年人犯罪的教育、对未成年人不良行为的预防、对未成年人严重不良行为的矫治、未成年人对犯罪的自我防范、对未成年人重新犯罪的预防、法律责任和附则等共八章。7月13日，全国人大内务司法委员会在北京召开学习贯彻《预防未成年人犯罪法》座谈会。会议强调，各级教育部门和学校要承担起预防未成年人犯罪的重要责任。

9931 | **6月29日**

教育部印发《关于做好落实“收支两条线”规定工作的通知》。通知要求各级教育行政部门、各级各类学校必须充分认识并深刻理解实行“收支两条线”管理的重要意义和作用，从大局出发，以高度的责任心和紧迫感，坚决执行中央规定，并增强执行规定的自觉性。同时要把落实“收支两条线”的规定与规范预算外教育资金的管理相结合，进一步完善内部制度，提高教育经费的使用效益。

9932 | **7月1日**

教育部办公厅发布《全国学生体质健康监测网络工作方案（试行）》。《方案》决定建立与五年一次的大规模学生体质健康调研相衔接的全国学生体质健康监测网络，对学生体质健康状况进行经常性监测。

9933 | **7月16日至17日**

第40届国际中学生数学奥林匹克竞赛在罗马尼亚布加勒斯特举行。中国参赛的6名选手获得4枚金牌和2枚银牌。中国代表队与俄罗斯代表队并列团体总分第一。

9934 | **7月19日**

教育部印发《关于贯彻落实全面推进素质教育决定进一步加快中初等学校校办产业发展的若干意见》。《意见》指出，校办产业是具有中国特色社会主义教育体系的重要组成部分。校办产业是多渠道筹措教育经费，加快发展我国基础教育事业的重要举措。各级教育行政部门要解放思想，转变观念，确立以素质教育为中心发展校办产业的指导思想。校办产业必须进一步强化服务教育的意识，努力为全面推进素质教育创造条件；加快校办产业发展，不断提高服务素质教育的水平和质量；深化改革，增强活力，建立健全与社会主义市场经济体制相适应并为素质教育服务的校办产业运行机制和管理体制；切实加强对校办产业工作的领导和管理。

9935 | **7月21日**

教育部发布《中小学接受外国学生管理暂行办法》。《暂行办法》规定，中小学获得接受外国学生的资格后可接受适龄外国学生入校学习。申请接受外国学生资格的中小学应具有较好的教学条件及较高的教学水平和管理水平。具有接受外国学生资格的中小学一般应接受随父母在华常住的外国学生；如接受父母不在华常住的外国学生，须由外国学生的父母正式委托在华常住的外国人或中国人作为外国学生的监护人。外国学生一般应与其父母或监护人一起居住；有条件的学校经批准后可向外国学生提供校内宿舍。中小学应按学籍管理规定管理外国学生，教育他们遵守中国的法律和学校的校规、校纪。除安排必要的汉语补习外，一般不为外国学生单独编班。学校可按课程方案的要求组织其参加公益劳动等社会实践活动。外国学生免修思想品德课和思想政治课。外国学生完成各科学业，考试合格，由接受学校发给毕业证书；未按计划完成全部学业者，学校可发给写实性学习证明。

9936 | **8月11日**

据《中国教育报》报道，华中师大一附中以学分制为突破口，建立新的素质教育教学活动体系和学生评价体系，既调动了教师教学的积极性，又提高了学生学习的自觉性，取得了可喜的成绩。改革应试教育课程体系，构建创新型人才培养的课程“立交桥”，把全面发展的主动权交给学生，这是华中师大一附中素质教育工程的一块重要基石；解除束缚学生的分数“枷锁”，建立素质教育的评价体系，为学生全面发展导航，这是华中师大一附中素质教育的重要组成部分；健全规章制度，加强教学管理，充分调动教师教书育人的积极性，这是华中师大一附中全面实施素质教育的又一特色。

9937 | **8月12日**

教育部印发《关于进一步加强中小学教育技术装备工作的意见》。《意见》要求，教育技术装备工作要以推进素质教育和教育现代化为中心开展工作，加强实践教学，为深化教育改革，全面提高教育质量服务；进一步加大投入，确保教育技术装备经费的逐年增长和使用效益。在提高教育投入总量的基础上，应同时加大教育装备经费的投入，并相对集中，统一管理、使用；改革教育图书配备管理工作；加强学具管理工作。

9938 | **8月12日**

教育部印发《关于积极推进高中阶段教育事业发展的若干意见》。《意见》要求，各地教育行政部门要重视发展高中阶段教育事业，积极发展包括普通教育和职业教育在内的高中阶段教育，为初中毕业生提供多种形式的学习机会。城市和经济发达的地区要有步骤地普及高中阶段教育，满足初中毕业生接受高中阶段教育的需求。已经基本普及高中阶段教育的地方，要优化教育结构和教育资源配置，进一步提高教育质量和办学效益。高中阶段教育的发展要充分利用现有教育资源。已经“普九”的地方，可以通过学校布局调整、高初中分离、重点学校与薄弱学校联合办学、灵活多样的授课制等形式，挖掘潜力，扩大现有公办普通高中的招生规模。鼓励重点职业学校、特色专业扩大招生规模；在教育行政部门的指导下，办学质量较高的重点职业学校可以根据社会需求与办学条件，自主确定招生规模，可以在本省（自治区、直辖市）范围内跨地区招生，少数重点骨干示范性职业学校、专业可按照国家有关规定跨省（自治区、直辖市）招生；有条件的地区，农村职业学校可以免试招收农村应届初中毕业生或具有同等学力的学生入学；有条件的成人中等专业学校可以根据条件扩大招收应届初中毕业生；加强示范性高中的建设，扩大示范性高中的招生规模，努力满足人民群众对高质量高中阶段教育的需求。同时，要进一步完善助学金制度，扩大对困难家庭子女的助学金、特困学生补助的规模。

9939 | **8月13日**

教育部印发《关于加强中小学心理健康教育的若干意见》。《意见》就中小学开展心理健康教育的重要性、基本原则、主要任务和实施途径以及实施心理健康教育的组织领导、师资队伍建设等问题提出指导性意见。

9940 | **8月20日**

教育部印发《关于加强教育督导与评估工作的意见》，以指导各地开展教育督导工作。《意见》指出，建立和完善教育督导与评估制度，一是建立和完善"两基"督导检查和巩固提高复查制度；二是建立全面推进素质教育的督导评估制度，着重检查地方人民政府推进素质教育工作是否扎实而有效；三是建立对地方教育行政工作的督导检查制度。

9941 | **9月2日**

据《中国教育报》报道，北京市推出一系列新措施，全面推进素质教育。扩大现有普通高中的招生规模，特别是扩大优质高中的办学规模，提高现有教育资源的利用率；鼓励中等师范及部分中等职业学校改办、试办普通高中或完全中学；扶持民办教育快速发展；深化学校内部管理体制改革，提高办学效益，使普通高中的生师比从目前的12.8∶1逐步提高到15∶1左右；建立普通高中教育收费标准调整机制。

9942 | **9月7日**

据《中国教育报》报道，天津市从1999年秋季学期开始要求所有在校高中学生必须参加工业农业生产劳动并通过考核，无故不参加或考核不合格者不能毕业。市教育部门负责人介绍，采取这一措施的目的是为了落实高中新课程计划，落实社会实践活动课，使学生能够接触社会，树立劳动观念，掌握劳动技能，提高综合素质。

9943 | **9月9日**

教育部印发《关于调整中等职业学校布局结构的意见》。《意见》指出，经过2年至3年的努力，初步建立起面向21世纪，布局结构合理，专业门类齐全，办学质量和整体效益好，适应社会主义市场经济体制和现代化建设需要的中等职业学校布局结构。要改变“条块分割”的中等职业学校布局结构，改变在教育内部由不同部门按职业教育与成人教育分别规划管理中等职业教育的状况，改变分散办学、重复办学，资源配置不合理，办学效益低的状况，改变中等职业教育主要靠外延发展的状况。促进中等职业教育在规模、结构、质量、效益等方面的进一步协调发展。

9944 | **9月13日**

教育部发布《中小学教师继续教育规定》。《规定》对中小学教师继续教育的内容与类别、组织管理、条件保障等内容作出详细说明。

9945 | **9月14日至16日**

教育部在上海召开全国中小学教师继续教育和校长培训工作会议。教育部部长陈至立在闭幕式上作总结报告，并就贯彻落实会议提出几点要求：一是把贯彻落实会议精神作为贯彻落实第三次全国教育工作会议精神的一项重要内容；二是要把贯彻落实会议精神作为我国中小学教师队伍建设的一项战略措施和巨大推动力；三是按照素质教育的要求，加强中小学校长队伍建设；四是贯彻落实会议精神要采取切实有力的措施；五是在整个教育战线形成全面推进中小学教师继续教育和中小学校长培训的广泛共识和共同行动。

9946 | **9 月 24 日**

教育部、卫生部、国家药监局印发《关于进一步加强学生常见病防治工作管理的通知》。为加强对学生常见病防治工作的管理，以促进学生健康成长，通知要求各级各类学校按规定组织学生健康检查。任何单位和个人未经批准不得擅自组织学生进行群体性服药，学生常见病防治工作应纳入地方人民政府疾病防治的统一规划，并统一管理和实施。

9947 | **10 月 11 日**

教育部办公厅印发《关于做好普通高中新课程试验省份高考工作的通知》。通知要求，2000 年，江西省和天津市将继续“3+2”科目组合考试；山西省将进行“3+x”高考科目试验。教育部考试中心将依据普通高中各学科新教学大纲对两省一市的高考单独命题。

9948 | **10 月 11 日**

共青团中央、中央综治办印发《关于在创建优秀“青少年维权岗”活动中加强青少年自我保护教育工作的意见》。《意见》旨在深化创建优秀“青少年维权岗”活动，增强青少年的自我保护意识和能力，培养跨世纪合格的建设者和接班人。《意见》对开展青少年自我保护教育工作的目的和意义、内容和方式、措施和要求进行了明确规定。

9949 | **10 月 11 日**

据《中国教育报》报道，广东省湛江一中被教育部确定为全国现代教育技术实验学校。湛江一中大力发展现代教育技术，促进教育信息化，改革传统的教学模式，努力培养学生适应信息时代需要的学习能力和创新能力。现代教育技术的应用，改变了该校教师与学生在教与学过程中的传统行为模式，推动教学模式的变革。该校教师运用多媒体优化组合各种教学模式进行教学，并逐步实现远程教学和教学信息的远程交换。

9950 | **11 月 11 日**

据《中国教育报》报道，教育部基础教育司在江苏无锡举行全国普通高中课程教学改革研讨会。来自 31 个省、自治区、直辖市的高中教育有关领导和教研室负责人一致认为，普通高中教育改革的方向是全面实施素质教育，要以课程教学改革为核心，改变学生的学习方式，教学生学会学习，培养学生的创新精神和创新能力，全面提高普通高中办学质量。

9951 | **12月2日**

教育部印发《关于加强教育法制建设的意见》。《意见》指出，要进一步明确加强教育法制建设的目标；完善和加快教育立法；严格做到依法行政；积极推进依法治校；完善教育行政执法监督机制；加强教育普法工作，为依法治教创造良好环境；加强教育法制工作机构和教育行政执法队伍建设；切实重视和加强对教育法制建设的领导。12月7日至8日，全国人大常委会教科文卫委员会和教育部在北京共同召开全国教育法制工作会议。会议指出教育法制体系逐步建立，为落实教育优先发展的战略地位提供了强有力的法律保障。贯彻全国教育工作会议精神的一项重要工作，就是进一步积极推进依法治教，充分运用法律手段，促进和规范教育改革和发展。

9952 | **12月3日**

教育部召开中小学信息技术教育研讨会。会议指出，从2001年开始，我国中小学逐步全面开设信息技术必修课。

9953 | **12月6日**

教育部在北京召开2000年度教育工作会议。教育部部长陈至立在会上讲话，强调教育战线2000年的中心工作是继续认真贯彻党中央、国务院召开的全国教育工作会议精神，全面落实《中共中央、国务院关于深化教育改革全面推进素质教育的决定》和《面向21世纪教育振兴行动计划》，扎扎实实把教育改革和发展的各项工作推向深入。

9954 | **12月13日**

据《中国教育报》报道，北京市举行第二届示范性高中建设方案评审论证会，16所示范性高中申办学校接受了有关专家对其提交的建设方案的质询和评审。分期分批进行示范性高中建设方案的专家评审和论证，是示范性高中建设工作中的一个创举。全市各区（县）人民政府和申报学校，对照示范性高中建设的要求，结合区县和学校实际，查找存在的问题，提出目标、任务和具体改进措施，分别就办学条件和教育教学改革制定出建设方案，并请专家对方案是否科学、是否符合标准等予以评审论证，提出建议。

9955 | **12月15日**

教育部印发《关于高等学校国家重点实验室和教育部重点实验室向中小学生开放的意见》。《意见》指出，为全面实施素质教育，加强对学生创新精神和实践能力的培养，从2000年秋季起，高等学校的国家重点实验室和教育部重点实验室要逐步向中小学生开放。

9956 | **12月18日**

司法部发布《未成年犯管教所管理规定》，对未成年犯管教所的管理制度、教育改造、生活卫生、考核奖惩等作出说明。

9957 | **12月27日**

教育部在北京召开中小学信息技术课程建设座谈会，邀请信息技术教育方面的院士、教授和专家，就我国中小学信息技术课程建设和加快中小学信息技术教育发展等问题进行座谈。

9958 | **12月30日**

教育部发布《中小学校长培训规定》。《培训规定》指出，参加培训是中小学校长的权利和义务，新任校长必须取得任职资格培训合格证书，持证上岗。在职校长每五年必须接受国家规定时数的提高培训，并取得提高培训合格证书，作为继续任职的必备条件。《培训规定》还明确规定中小学校长培训的内容与形式、组织与管理、培训责任等内容。

2000年

改革进行时

• 重要文件

中共中央办公厅、国务院办公厅《关于适应新形势进一步加强和改进中小学德育工作的意见》

中共中央办公厅、国务院办公厅《关于加强青少年学生活动场所建设和管理工作的通知》

教育部《〈教师资格条例〉实施办法》

教育部《关于加强中小学教师职业道德建设的若干意见》

教育部《中小学教师继续教育工程方案（1999—2002 年）》

中组部等部门《关于加强社会力量举办学校党的建设工作的意见》

教育部《中小学信息技术课程指导纲要（试行）》

教育部办公厅《关于全国中小学收费专项治理工作实施意见》

中央综治委、教育部、公安部《关于深化学校治安综合治理工作的意见》

科技部等部门《2001—2005 年中国青少年科学技术普及活动指导纲要》

教育部《全日制普通高级中学课程计划（试验修订稿）》

教育部《关于普通高中毕业会考制度改革的意见》

• 重要政策

实行减轻学生过重负担的领导责任制

在社会力量举办学校建立党组织

加强中小学教师职业道德建设

内地开设新疆高中班

扩大普通高中课程实验规模

各地有序推进普通高中会考改革

• 重要会议

教育部召开全国基础教育工作会议

教育部召开减轻中小学生过重负担工作电视会议

教育部召开全国中小学德育工作会议

• 改革亮点

"减负"已在全国范围形成强大声势。

在高中教育方面，国家决定扩大普通高中课程实验规模；下放高中会考改革统筹决策权到省级；积极推进高中素质教育改革，有效引导普通高中教育面向全体学生，关注个体差异，有效地促进学生健康发展，发挥考试、评价的积极功能。

0001 | **1月7日**

教育部在北京召开减轻中小学生过重负担工作电视会议。教育部部长陈至立在会上讲话要求，各级教育行政部门和学校要切实转变教育观念，树立全面实施素质教育的思想；有关部门要在政府的统一领导下，密切配合，齐抓共管，从实际出发，分阶段、有重点地推进减轻中小学生过重负担的工作，并首先以减轻小学生过重负担为突破口；各地要不断完善“减负”管理工作，加强领导和监督，严肃查处加重学生负担的违法违纪行为。

0002 | **1月12日**

教育部印发《关于做好中小学骨干教师国家级培训工作的通知》。通知提出，集中一批教育资源，对部分优秀的中小学骨干教师进行国家级培训；地方各级人民政府也要多渠道筹资设立骨干教师专项资金，加大对中小学骨干教师培训的步伐和力度，在全国逐步建设一支符合时代要求、能发挥示范和辐射作用的骨干教师队伍，带动整个中小学教师队伍建设。

0003 | **1月20日**

据《中国教育报》报道，广东省决定2000年将在高中阶段扩招3万人，以推进高中教育的快速发展，到2010年基本普及高中阶段教育。广东省高中发展将采取分层规划、分步实施、分类推进的思路。2000年，全省规划普通高中和职业高中招生35.1万人，比1999年扩大招生3万人。

0004 | **1月24日**

据《中国教育报》报道，重庆市正式启动示范性中学建设工程，以提高基础教育的质量，并努力发挥重点高中的示范性、实验性作用。预计到2005年，全市重点中学达到70所，其中30所成为市级示范性高中、10所左右进入“中华名校”行列。为实现上述目标，全市推出“四开展，四提高”措施：即开展教育教学技能培训，提高教师业务能力；开展教育科研培训，提高创新能力；开展计算机应用培训，提高运用现代教育技术的能力；开展师德培训，提高职业道德水平。

0005 | **1月24日**

教育部印发《关于内地有关城市开办新疆高中班的实施意见》。《实施意见》贯彻落实《中共中央关于维护新疆稳定的会议纪要》精神和《国务院办公厅转发教育部等部门关于进一步加强少数民族地区人才培养工作意见的通知》关于在北京、上海、天津、南京、杭州、广州、深圳、大连、青岛、宁波、苏州、无锡等城市开办内地新疆高中班的决定，对办学规模、办学方式、招生计划等工作提出了具体要求。

0006 | **1月31日**

教育部发布《全日制普通高级中学课程计划（试验修订稿）》。《课程计划》指出，普通高中教育是与九年义务教育相衔接的高一层次基础教育。普通高中教育要进一步提高学生的思想道德、文化科学、劳动技能、审美情趣和身体心理素质，培养学生创新精神、实践能力、终身学习的能力和适应社会生活的能力，促进学生个性的健康发展，为高等学校和社会各行各业输送素质良好的普通高中毕业生。《课程计划》对普通高中课程设置、课程实施、课程评价、课程管理等作出规定。

0007 | **1月31日**

教育部印发《关于扩大普通高中新课程方案试验的通知》。通知指出，从2000年秋季起新增黑龙江、辽宁、山东、河南、安徽、江苏、青海等七省开展试验，在高一年级使用《全日制普通高级中学课程计划（试验修订稿）》和经修订的各科教学大纲与教材。

0008 | **2月1日**

中共中央总书记江泽民在中共中央政治局常务委员会会议上讲话指出："教育是一个系统工程，要不断提高教育质量和教育水平，不仅要加强对学生的文化知识教育，而且要切实加强对学生思想政治教育、品德教育、纪律教育、法制教育。老师作为人类灵魂的工程师，不仅要教好书，还要育好人，各个方面都要为人师表。加强和改进教育工作，不只是学校和教育部门的事，家庭、社会各个方面都要一起来关心和支持。只有加强综合管理，多管齐下，形成一种有利于青少年学生身心健康发展的社会环境，年青一代才能茁壮成才起来。”[①]2月12日，《人民日报》发表《全社会都要关心支持教育事业》的评论员文章。2月14日，教育部印发《关于认真学习人民日报评论员文章〈全社会都要关心支持教育事业〉的通知》，要求各地教育行政部门、各级各类学校组织干部、校长、教师认真学习，端正教育方向，明确教育思想，切实改进和加强教育工作。3月1日，《人民日报》《求是》《光明日报》全文发表了江泽民总书记2月1日的讲话，题为《关于教育问题的谈话》。同日，教育部印发《关于学习贯彻江泽民总书记〈关于教育问题的谈话〉的通知》。3月2日，教育部在北京召开学习贯彻江泽民同志《关于教育问题的谈话》报告会，中共中央政治局常委、国务院副总理李岚清作了题为《加强和改进教育工作开创全社会关心青少年健康成长新局面》的报告。6月26日，教育部办公厅印发《关于在暑假期间组织中小学干部、教师开展进一步学习贯彻江泽民同志〈关于教育问题的谈话〉活动的通知》，要求各级教育行政部门、普通中小学、各类中等职业学校及幼儿园（包括民办学校）的教师在2000年暑假进行大学习、大讨论和大落实的活动。

0009 | **2月11日**

据《中国教育报》报道，广西壮族自治区实行高中毕业会考制度改革。改革后的会考科目分考试、考查科目。考试科目为：思想政治、语文、数学、外语、物理、化学、生物、历史、地理等九科；考查科目为：物理、化学、生物的实验操作及劳动技术。学生的体育成绩由学校根据学生平时的学习锻炼及达标情况综合评定。自治区还将在适当时间增设计算机科目考试。文化考试科目的成绩将分为A、B、C、D四个等级，考查科目的成绩仅记及格、不及格两个等级。

---

① 《江泽民文选》第二卷，人民出版社2006年版，第588页。

0010 | **2月16日**

教育部和人民日报社、光明日报社在北京举行加强和改进教育工作切实抓好青少年学生思想教育座谈会。教育部长陈至立主持座谈会并在讲话中强调，要狠抓树立正确的教育思想、教育观念，认真全面贯彻党的教育方针；要狠抓德育工作；要深化改革，全面推进素质教育；要狠抓教师队伍建设，特别是狠抓师德建设；要狠抓全面减轻学生过重课业负担工作；要狠抓治理教育战线不正之风。

0011 | **3月3日**

司法部、教育部、中央综治办、共青团中央印发《关于进一步加强青少年学生法制宣传教育工作的通知》。通知提出，继续提高对青少年学生法制教育工作的认识，不断加大工作力度；探索有效的教育方法，健全青少年学生法制教育网络；切实开展依法治校工作，把学校各项工作逐步纳入法治轨道；加强组织领导，搞好协调配合。

0012 | **3月5日**

九届全国人大三次会议在北京人民大会堂开幕，国务院总理朱镕基作《政府工作报告》。《报告》回顾1999年国内工作时指出，科技教育和社会事业全面发展。教育改革迈出新的步伐，素质教育逐步推进。《报告》强调，2000年是世纪交替之年，是全面实现我国社会主义现代化建设第二步战略目标的最后一年。深化教育改革，全面推进素质教育。各级各类学校都要加强德育工作，努力培养学生的创新精神和实践能力，切实减轻中小学生过重的课业负担，促进学生德、智、体、美全面发展。要加大工作力度，如期实现基本普及九年义务教育和基本扫除青壮年文盲工作的目标。进一步发展高中阶段教育、高等教育和各类职业教育。继续扩大普通高等学校招生。积极发展民办教育。运用现代信息技术，发展远程教育。继续推进教育管理体制改革，今后除教育部和少数特殊部门外，国务院其他部门不再直接管理学校，形成中央和省两级政府办学、以地方政府管理为主的新体制。深化学校内部管理体制改革，高度重视学校思想政治工作。加强教师队伍建设，全面提高教师素质。加大各方面对贫困地区教育对口支援的力度。

0013 | **3月6日**

教育部发布《中小学教师继续教育工程方案（1999—2002年）》《关于实施“中小学教师继续教育工程”的意见》。《方案》指出，中小学教师继续教育工程面向全体中小学教师，突出骨干教师培养，以提高教师实施素质教育的能力和水平为重点，以提高中小学教师的整体素质为目的。《方案》对工程目标、行动计划、基础建设项目、条件保障等问题作了说明。《意见》强调，努力开创中小学教师继续教育新局面，培养实施素质教育的高质量中小学教师；为顺利实施“工程”提供坚实的条件保障；要在整个教育战线形成全面推进中小学教师继续教育的广泛共识和共同行动。

0014 | **3月14日**

教育部印发《关于2000年初中毕业、升学考试改革的指导意见》。《指导意见》对2000年初中毕业、升学考试工作的有关问题提出指导性建议。《指导意见》提出，要进一步端正考试指导思想，提高命题的科学性，保证命题的质量；要改革初中毕业、升学考试的管理制度；要加强对初中毕业、升学考试改革工作的领导。

0015 | **3月15日**

教育部印发《关于普通高中毕业会考制度改革的意见》。《意见》指出，各省、自治区、直辖市对普通高中会考改革具有统筹决策权。是否继续组织普通高中毕业会考由省级教育行政部门提出方案，报省级人民政府批准，报教育部备案。《意见》要求要以全面推进素质教育为宗旨，探索建立对学生多方面能力发展的评价体系，有效地引导普通高中教育面向全体学生，关注个体差异，有效地促进学生健康发展，发挥考试、评价的积极功能。

0016 | **3月15日**

教育部发布全日制普通高级中学语文等学科教学大纲（试验修订版）。教学大纲指出，2000年秋季，江西、山西、天津、江苏、山东、黑龙江、辽宁、安徽、河南、青海等10省将试用《全日制普通高级中学课程计划（试验修订稿）》和语文、数学、物理、化学、生物、地理、历史7学科教学大纲（试验修订版）。

0017 | **3月21日**

教育部印发《关于全面推进素质教育、深化中等职业教育教学改革的意见》。《意见》指出，要充分认识深化职业教育教学改革的必要性和紧迫性；进一步明确培养目标和学制；积极进行制度创新，实行灵活的教学制度；优化专业设置，加强专业建设；加强课程改革和教材建设；改进和加强德育课教学，提高学生思想政治素质；加强和改革文化基础教育，提高学生科学文化素质；加强实践教学，提高学生职业能力和创业能力；积极改进教学及考试考核方法和手段，推进现代教育技术的应用；建设高质量的职业教育师资队伍；加强对教学改革工作的领导，重视教学研究。

0018 | **3月21日至23日**

教育部在天津召开全国基础教育工作会议。会议以江泽民同志《关于教育问题的谈话》为指导思想，贯彻落实《中共中央国务院关于深化教育改革全面推进素质教育的决定》和《面向21世纪教育振兴行动计划》，部署2000年全国基础教育工作。会议重点研讨了加强与改进青少年思想教育、减轻中小学生过重负担、基础教育课程改革、农村初中义务教育、在农村初中试行“绿色证书”教育，大力加强中小学信息技术教育等问题。

0019 | **3月29日**

教育部办公厅印发《关于合理安排中小学生课余生活加强中小学生安全保护工作的通知》。通知要求，要加强对中小学生校外活动的合理安排与指导；各级教育行政部门要立即对教育系统管理的校外教育机构和各级各类学校的活动场所、设施进行一次全面检查；各级教育行政部门和学校要认真落实江泽民同志《关于教育问题的谈话》和近期有关抓好学校安全工作的重要批示精神，对安全问题必须予以高度重视，切不可有丝毫疏忽和懈怠。

0020 | **4月6日至7日**

教育部在北京召开内地新疆高中班工作会议。教育部副部长张保庆出席会议并讲话。5月30日，教育部印发内地新疆高中班工作会议纪要。会议确定如下事项：具体明确各级教育行政部门的职责；明确内地新疆高中班办学的指导思想和培养目标；内地新疆高中班应选择省（直辖市）一类非民族学校举办；内地新疆高中班学制四年，其中含预科一年。预科一年期间，重点补习汉语文、英语和数理化课程；在内地、沿海举办新疆高中班，是国家和内地人民支援新疆、促进西部发展的一项特殊的重要措施；内地新疆高中班教职工"定编不定人"，实行定期轮换；要严格执行当地高中学校学籍管理规定和教育部内地新疆高中班管理办法以及校纪校规，统一要求，统一标准；内地新疆班学生高中毕业后，升学工作实行"统一考试、统一阅卷、单独划线、单独招生"的办法；中央财政决定拨款8750万元作为一次性内地新疆高中班办学经费，支持各地办班工作的实施。

0021 | **4月10日**

教育部印发《关于做好2001年普通高考"3+X"科目设置改革工作的通知》。通知同意天津、内蒙古、辽宁、黑龙江、上海、安徽、福建、河南、湖北、湖南、海南、四川、陕西等十三省（自治区、直辖市）于2001年进行高考"3+X"科目设置改革。推行"3+X"科目设置方案，是新一轮高校招生考试制度改革的内容之一，也是落实高考改革有助于高等学校选拔人才、有助于中学实施素质教育、有助于高等学校扩大办学自主权三项原则的重要措施。"3"指语文、数学、外语，其中英语逐步增加听力测试，数学将来不再分文理科。"X"指政治、历史、地理、物理、化学、生物或综合能力测试。各个考试科目的命题都要更加注重对考生能力和素质的考查。

0022 | **4月12日**

教育部在北京召开民族贫困地区中小学教师综合素质培训工作会议。会议指出，教育部启动这一工作，旨在解决少数民族人口较多的西部地区和经济欠发达地区的教师综合素质问题，切实为实施西部大开发战略提前作好人才和知识的准备。

0023 | **4月27日**

中国基础教育网正式开通。该网站是以为基础教育服务为宗旨的大型综合性教育网站。教育部副部长王湛等出席网站开通仪式。

0024 | **5月1日**

据《中国教育报》报道，河北省出台《普及高中阶段教育工程方案》，正式在全省启动“普及高中阶段教育工程”。按照《方案》，全省“普及高中阶段教育工程”将采取“分区规划、分类指导、分步实施”的办法。中心城市2002年基本普及高中段教育，较富裕的县2005年基本普及高中段教育，全省在2010年基本普及高中段教育。

0025 | **5月16日**

教育部、全国教育工会布发《中等职业学校教师职业道德规范（试行）》。《规范》内容包括：坚持正确方向、热爱职业教育、关心爱护学生、刻苦钻研业务、善于团结协作、自觉为人师表。

0026 | **5月17日**

据《中国教育报》报道，天津市红桥区高中、职校学生人人拿到一本以问答形式深入浅出地阐述邓小平理论基本观点的《中学生学习邓小平理论指导读本》。红桥区有关负责人介绍，红桥区将把这本书作为主要的学习教材，推进邓小平理论在中学生特别是高中段学生中的普及工作，实现“进教材、进课堂、进头脑”。

0027 | **5月30日**

教育部、国务院学位委员会印发《关于开展中等职业学校教师在职攻读硕士学位工作的通知》。通知指出，开展中等职业教育学校教师在职攻读硕士学位工作是加强我国职教师资队伍建设、培养一批跨世纪专业带头人的有效途径，将对我国职业教育质量和水平的提高产生深远影响。

0028 | **5月31日**

教育部印发《关于公布首批国家级重点中等职业学校名单的通知》，批准北京市农业学校等首批国家级重点中等职业学校960所。

0029 | **6月1日**

教育部办公厅印发《关于加强学具管理工作的意见》。《意见》指出，要充分认识加强学具管理工作的必要性和紧迫性，切实加强学具的整顿、规范工作。从2001年秋季开始，学校配备的学具必须是按《意见》要求改进并重新鉴定的产品，不得配备未经省、部级鉴定的学具。

0030 | **6月1日**

教育部办公厅关于印发《内地新疆高中班预科教学计划（试行）的通知》。通知要求，内地新疆高中班学生入校后，一律先在预科学习一年，统一使用汉语授课；内地新疆高中班学生，来自新疆维吾尔自治区内全部使用少数民族语授课（民考民）、部分课程使用汉语文授课（实验班）和全部使用汉语文授课（包括民考汉）等三类不同授课的初中学校；内地新疆高中班预科教学，要坚持育人为本、重点补习、强化基础、有所侧重的原则；预科期间，各校要根据实际，适当安排早读和晚自习；预科结业后，学校要组织预科结业升学考试，考试成绩达到初中毕业水平的学生，可升入高中学习。

0031 | **6月3日**

中共中央办公厅、国务院办公厅印发《关于加强青少年学生活动场所建设和管理工作的通知》。通知指出，要认真加强青少年学生校外活动场所的管理，切实做好青少年学生校外活动场所的规划和建设工作，切实加强对青少年学生校外教育工作的领导。

0032 | **6月5日**

教育部发布《内地新疆高中班管理办法（试行）》。《管理办法》提出新疆班要设在内地教学条件、质量好的一类非民族中学或符合条件的高校附属中学，实行合校分班，待条件成熟后再过渡到与当地学生混合编班；

新疆班学制四年，含预科一年；预科新生入校后，三个月内学习成绩很差，跟班学习预科阶段确有困难的学生，可返回新疆学习；高中阶段的教学按当地教学计划执行。

0033 | **6月6日**

中组部、中共教育部党组印发《关于加强社会力量举办学校党的建设工作的意见》。《意见》要求，及时在社会力量举办学校建立党的组织，理顺党组织的隶属关系，明确社会力量举办学校党组织的主要职责。

0034 | **6月27日**

据《中国教育报》报道，广西壮族自治区南宁市对中考招生制度作出重大改革，明确规定城区内所有的初中毕业生只要愿意到高中阶段各类学校就读的都有升学机会。按照改革方案，市教育部门不再统一划定高中阶段各类学校的录取分数线，由各类学校根据招生计划及学生报名情况自行划定。普通高中从参加中考的考生中录取新生，职业高中、职业中专可以从参加中考的考生或不参加中考的初中毕业生中录取新生。

0035 | **6月29日**

中央综治委、教育部、公安部印发《关于深化学校治安综合治理工作的意见》。《意见》进一步明确学校治安综合治理工作的任务，深化对学校治安综合治理工作重要性的认识。《意见》提出要加强领导，坚持“属地管理”原则，切实维护好学校及其周边地区治安秩序；学校要建立健全并认真落实治安综合治理责任制；有关部门齐抓共管，进一步净化学校周边地区的治安环境；加强综合治理工作机制建设，建立定期检查制度。7月13日，国务院办公厅转发《关于深化学校治安综合治理工作的意见》。

0036 | **7月5日至7日**

教育部在北京召开全国中小学德育工作会议。会议部署进一步加强中小学德育工作，宣布加强教师师德建设的措施，动员全社会关心和支持青少年教育工作。

0037 | **7月14日**

教育部办公厅印发《关于全国中小学收费专项治理工作实施意见》。《实施意见》指出，治理中小学乱收费是全国教育系统加强廉政建设的一项重点工作，坚持“标本兼治、综合治理”的原则继续加强治理；实施意见要求，要从源头上加大专项治理力度，巩固和扩大治理“择校生”问题和乱收费问题的成果；各地要继续采取措施加强薄弱学校的建设，改善包括“软件”和“硬件”在内的办学条件；要不断增加对教育的投入，努力做到“三个增长”；要鼓励和支持社会团体、公民个人依法开办民办学校，以满足一些家长的择校要求。

0038 | **7月17日**

中共中央政治局常委、国务院副总理李岚清在北京人民大会堂会见香港“新千年万里行”高中生访问团。李岚清欢迎香港学生到内地参观访问，希望他们通过对内地高校和高科技产业的参观学习，了解祖国改革开放20多年来取得的巨大成就。李岚清勉励同学们勤奋学习，为建设香港美好明天作贡献。李岚清还鼓励学生们多来内地参观，多与内地学生进行交流，从而更加了解祖国的悠久历史文化，认知祖国，为实现中华民族的伟大复兴而共同努力。

0039 | **7月21日**

中组部、人事部印发《关于加快推进事业单位人事制度改革的意见》。《意见》指出，加快推进事业单位人事制度改革是当前的紧迫任务。《意见》指出，建立以聘用制为基础的用人制度；建立形式多样、自主灵活的分配激励机制；建立多层次、多形式的未聘用人员安置制度；建立符合事业单位特点的宏观管理和认识监督制度；加强领导，统筹规划，积极稳妥地推进事业单位人事制度改革工作。

0040 | **8月4日**

教育部办公厅印发《关于〈全日制普通高级中学课程计划（试验修订稿）〉的补充通知》。通知指出，《课程计划》中“体育和保健”课程名称更正为“体育与健康”；各学校必须贯彻国务院批准印发的《学校体育工作条例》的规定，每天应当安排课间操，每周安排三次以上课外体育活动，保证学生每天有一小时体育活动的时间（含体育课）；在学校安排的每周三次以上的课外体育活动中，应有一课时在体育教师指导下进行体育锻炼。

0041 | **8 月 9 日**

据《中国教育报》报道，2000 年秋季起，宁夏回族自治区将有千名民办班学生与普通高中学生同校学习。从新学期起，自治区将在银川一中等 10 所重点普通高中试办民办班。

0042 | **8 月 15 日**

教育部印发《关于加强中小学教师职业道德建设的若干意见》。《意见》指出，要充分认识加强中小学教师职业道德建设的必要性；要明确加强中小学教师职业道德建设的基本要求；要积极开展多种形式的职业道德教育；要加强领导，建立健全中小学教师职业道德建设的保障机制。

0043 | **8 月 18 日**

教育部印发《关于进一步加强中等职业教育师资培养培训基地建设的意见》。《意见》指出，要充分认识加强职教师资基地建设的重要性；明确职教师资基地建设的指导思想和总体目标以及基地的主要任务；要以培训建设为重点，加强职教师资基地自身建设；加强领导，统筹规划，狠抓落实。

0044 | **8 月 21 日**

据《中国教育报》报道，江西省南昌市从 2000 年秋季开始在普通高中必修课程中增加信息技术课程和研究性学习课程。信息技术课程的教学借助计算机和网络技术进行，使学生具备较强的信息意识，并具备计算机、网络、数据处理及程序设计等方面的基本知识和能力。研究性学习课程是指学生在教师指导下，根据各自的兴趣爱好和条件，选择不同的研究课题，独立自主地开展研究，从而培养创新精神和创造性实践能力的一门课程。

0045 | **8月30日**

据新华社报道，上海市从2001年起，普通高校招生考试将实施“3+综合+1”方案。方案规定，学生在高中学习阶段必须取得计算机等级考试，劳动等级考试和物理、化学、生物实验的合格证书，方可报考高校。其中“3”指语文、数学、外语三门文化基础科目，英语设有听力考试，并计入总分；“1”为：政治、历史、地理、物理、化学、生物六门课程，考生可任选一门课程考试。

0046 | **9月1日**

首届内地新疆高中班同时在12个城市举行开学典礼，1000名新疆维吾尔自治区应届初中毕业生开始新的学习生活。

0047 | **9月8日**

据《中国教育报》报道，广州一中与五十中合并组建新一中的挂牌仪式，拉开广州市中学布局调整的序幕。广州市将投入巨资，改建、兴建和扩建20所2500名至3000名学生规模的独立高中或以高中为主的完全中学，使每区拥有2所好的中学。此外，广州市还鼓励老城区的骨干学校与新区、县级市的新校或薄弱学校联合办学，办寄宿制高中。

0048 | **9月23日**

教育部发布《〈教师资格条例〉实施办法》。《实施办法》规定了教师资格认定条件、资格认定申请、资格证书管理等内容。《实施办法》要求，国务院教育行政部门负责全国教师资格制度的组织实施和协调监督工作；县级以上（包括县级）地方人民政府教育行政部门根据《教师资格条例》规定权限负责本地教师资格认定和管理的组织、指导、监督和实施工作。

0049 | **10月8日**

经党中央、国务院同意，全国青少年校外教育工作联席会议在北京成立。联席会议由30个中央和国家机关有关部门、群众团体共同参与组建。教育部部长陈至立担任联席会主席。

0050 | 10 月 9 日至月 11 日

党的十五届五中全会在北京召开。会议审议通过《中共中央关于制定国民经济和社会发展第十个五年计划的建议》。《建议》指出，教育是培养人才的基础，对经济和社会发展具有先导性、全局性的作用，要适度超前发展。发展教育，要面向现代化、面向世界、面向未来，走改革和创新之路。更新教材内容，改进教学方法，改革考试制度，着力推进素质教育，重视培养创新精神和实践能力，促进学生德智体美全面发展，提高人才培养质量。提高教育现代化、信息化水平，大力发展现代远程教育。合理调整和配置现有教育资源，加强学科建设，根据人才需求结构调整专业设置。优化教师结构，建设高素质的教师队伍。继续深化教育管理体制和办学体制改革，积极鼓励多种形式的社会办学。增加国家对教育的投入。继续普及九年义务教育和扫除青壮年文盲，扩大高中阶段教育和高等教育规模。积极发展各类职业教育和培训。完善继续教育制度，逐步建立终身教育体系。

0051 | 10 月 16 日

第六届国家督学会议在北京召开。教育部部长陈至立在会上发表题为《努力开创 21 世纪教育督导工作的新局面》的讲话。陈至立讲话指出，近年来，国家教育督导团组织国家督学对地方人民政府贯彻落实《教育法》《义务教育法》《教师法》《扫除文盲工作条例》等法律法规及有关教育方针、政策进行过多次督导检查，除“两基”督导检查外，还指导地方督导部门开展了对普通中小学校以及幼儿教育、中等职业教育、社会力量办学等的督导评估工作。

0052 | 10 月 23 日

教育部办公厅印发《关于确认第二批“全国中小学现代教育技术实验学校”的通知》。通知指出，经全国中小学现代教育技术实验学校领导小组审批，教育部确认北京师范大学附属中学等 528 所学校为第二批全国中小学现代教育技术实验学校。

0053 | **10 月 25 日至 26 日**

全国中小学信息技术教育工作会议在北京举行。会议决定，从 2001 年起，用五年至十年时间在全国中小学基本普及信息技术教育，全面实施“校校通”工程。教育部部长陈至立在会上作题为《抓住机遇，加快发展，在中小学大力普及信息技术教育》的报告。教育部副部长王湛在闭幕式上作了总结讲话。11 月 14 日，教育部印发《关于在中小学普及信息技术教育的通知》，并发布《中小学信息技术课程指导纲要（试行）》。

0054 | **11 月 3 日**

据《中国教育报》报道，陕西省对普通高中毕业会考制度进行重大改革，在继续实行会考的基础上对会考办法进行适当调整。全省普通高中毕业会考仍执行原来的九个科目，即语文、数学、外语、政治、历史、地理、物理、化学、生物。高中会考向全社会开放，允许高中阶段各类学校（包括职中、中专、技校）的学生和社会青年参加普通毕业会考，成绩合格者发布普通高中毕业证书。允许学生跨年级参加会考，成绩合格者可提前毕业、提前参加高考。

0055 | **11 月 8 日**

四川省召开普通高中教育工作会议，确立普通高中教育实施追赶型、跨越式发展的目标和任务。“十五”期间，四川省总计投入 150 亿元以上的经费，对普通高中进行规范化建设，以适应西部大开发和全省经济社会发展对高层次人才和劳动者的需求。从 2001 年开始，四川省国家级示范性高中学生可以不参加会考。学校可自行命题、组织考试，考后成绩报省教育厅备案。四川省适时对这些学校进行抽考和监控，逐步建立免考制度。

0056 | **11 月 14 日**

教育部印发《关于在中小学实施“校校通”工程的通知》。通知提出，要用五年至十年时间，使全国 90% 左右的独立建制的中小学校能够上网，使中小学师生都能共享网上教育资源。提高所有中小学的教育教学质量，使全体教师能普遍接受旨在提高实施素质教育水平和能力的继续教育。通知还对“校校通”工程的任务、实施等问题进行了明确。

0057 | **11 月 14 日**

广东省召开基础教育工作会议。确定“十五”期间，广东省将大力发展普通高中教育，计划建设 200 所示范性普通高中，其中有 100 所进入全国示范性普通高中行列。广东省发展高中阶段教育将采取如下对策：扩大普通高中办学规模；建设一批优质学校；积极筹措资金，探索多种办学途径；建设一支数量足、素质高的教师队伍。

0058 | **11 月 16 日**

科技部、教育部、中宣部、中国科协、共青团中央发布《2001—2005年中国青少年科学技术普及活动指导纲要》。《指导纲要》明确规定青少年科学技术普及活动的目标和原则、基本内容、类型等。

0059 | **11 月 21 日**

据《中国教育报》报道，河北省对普通高中会考制度进行重大改革。新的会考包括文化和实践两个科目。文化科目有语文、数学、外语、政治、物理、化学、生物、历史、地理，实行“3+3+3”的考试方式，考试和考查相结合，语文、数学、外语为必选科目，学生任选其他 6 科中的 3 科为考试科目，其余 3 科为考查科目。实践科目包括物理、化学、生物实验操作，劳动技术和体育、音乐、美术、信息技术等，由省命题，县（市、区）组织考试，只设合格、不合格两个等级，各县（市、区）开设 5 门至 8 门科目供学生选择，其中任意 4 科合格即可。

0060 | **11 月 27 日**

教育部发布《全日制普通高级中学英语、日语、俄语教学大纲（试验修订版）》并印发通知。通知指出，试用《全日制普通高级中学课程计划（试验修订稿）》的省（直辖市）可选用英语等三个语种的教学大纲（试验修订版）；没有参加试验的省（直辖市）中开设日语和俄语的学校可试用修订后的日语、俄语教学大纲；试用英语、日语、俄语教学大纲的省（直辖市）

和学校要以试用新教学大纲为契机，在当地课程教学改革的基础上进一步深化外语教学改革。

0061 | **11 月 30 日**

据《中国教育报》报道，吉林省教育厅决定，从 2001 年 1 月高三会考开始，改革普通高中毕业会考试题模式，增设“选做题”题型。此项改革的目的在于准确、公平地考查学生的水平。改革后的试题模式将把分数权重占 40% 至 50% 的必答题改为选作题，考生可以从多道基本等值、等效的供选题中选择一道最能展示自己水平的题目解答。

0062 | **12 月 4 日至 5 日**

全国城市教育综合改革会议在江苏苏州举行。教育部副部长王湛在会上作工作报告，就进一步推进城市教育综合改革工作进行部署。教育部部长陈至立在会上发表了讲话。

0063 | **12 月 14 日**

中共中央办公厅、国务院办公厅印发《关于适应新形势进一步加强和改进中小学德育工作的意见》。《意见》旨在认真贯彻落实江泽民同志《关于教育问题的谈话》精神，正确引导和帮助青少年学生健康成长。《意见》指出，要认清形势，统一认识，进一步增强搞好中小学德育工作的紧迫感和责任感；要切实提高中小学德育工作的针对性和实效性；要大力加强教师职业道德建设；要号召全社会共同努力，各部门通力协作，保障青少年健康成长；要切实加强对中小学德育工作的领导。

0064 | **12 月 20 日**

教育部在武汉召开 2001 年度教育工作会议。会议回顾总结“九五”以来教育改革和发展的成就与经验，分析 21 世纪之初教育工作面临的形势，明确“十五”期间教育改革和发展的基本思路及主要任务，部署安排 2001 年的教育工作。教育部部长陈至立讲话指出，“九五”期间教育工作取得历史性成就，为新世纪教育发展奠定坚实基础；要认真贯彻党的十五届五中全会精神，努力开创“十五”和 2001 年教育工作新局面；切实把普及义务教育工作放在重中之重的地位；大力发展各种形式的职业教育；高度重视高等教育加快发展带来的深层次问题和矛盾；进一步巩固高等教育管理体制改革的成果；千方百计地解决好教育投入问题；进一步提高教育的国际竞争力；继续加强新时期高校思想政治工作和稳定工作；坚决纠正行业不正之风。

0065 | **12 月 27 日**

教育部、公安部印发《关于加强学校安全工作的紧急通知》，要求教育、公安部门高度重视学校防火工作，警钟长鸣，切实加强学校安全。

0066 | **12 月 29 日**

教育部发布《全日制普通高级中学体育与健康教学大纲（试验修订版）》并印发通知。通知提出，各地应选择部分学校执行《教学大纲》，并组织好教师的培训；从 2001 年秋季入学的高中一年级学生开始，全国统一执行《教学大纲》；2002 年秋季开学后高中所有年级均须执行《教学大纲》。

辉煌四十年

中国基础教育改革大事记

高中教育卷（下册）

总主编◎陈如平
本卷主编◎李建民　王玉国　朱忠琴

山东友谊出版社

目录

2001年

改革进行时

• 重要文件

中共中央《公民道德建设实施纲要》

国务院《关于基础教育改革与发展的决定》

教育部《中等职业学校设置标准（试行）》

中央编办、教育部、财政部《关于制定中小学教职工编制标准的意见》

教育部《中小学教师队伍建设“十五”计划》

国家教育督导团《关于加强基础教育督导工作的意见》

教育部《基础教育课程改革纲要（试行）》

教育部《普通高中“研究性学习”实施指南（试行）》

教育部《全国中小学校长任职资格培训指导性教学计划》《全国中小学校长提高培训指导性教学计划》

教育部办公厅、国家体育总局办公厅《学生体质健康标准（试验方案）》

• 重要政策

坚持教育适度超前发展

全面实施教师资格制度

积极发展高中阶段教育

大力发展中等职业教育

普通高中招收“择校生”实行“三限”政策

• 重要会议

国务院召开全国基础教育工作

教育部召开全国教师资格制度实施工作会议

教育部召开全国基础教育课程改革实验工作会议

• 改革亮点

2001 年是新世纪的第一年，也是实施“十五”计划的第一年。在坚持教育适度超前发展、巩固提高“两基”工作成果的基础上，国家提出加快高中阶段教育发展，积极扩大普通高中规模，因地制宜地发展普通高中和中等职业教育，保持合理比例；推动大中城市和经济发达地区适时普及高中阶段教育，逐步提高高中教育的设置标准和质量水平，促使我国基础教育迈上新台阶。

0101 | 1月4日至5日

教育部在北京召开全国教师资格制度实施工作会议，动员和部署全面实施教师资格制度工作，以推动教师队伍的建设和发展。教育部部长陈至立出席会议并作题为《全面实施教师资格制度，建设一支高水平的教师队伍》的讲话。陈至立指出，全面实施教师资格制度是新时期教师队伍建设的重大举措和制度创新，对于稳定、加强和发展我国教师队伍具有十分重大的意义。

0102 | 1月5日至6日

教育部纪检组、监察局召开全国教育纪检监察工作会议。会议指出，非义务教育阶段的高中招收“择校生”，应遵守“三限”政策，即：限分数，不准违反规定录取低于最低录取分数线的新生；限人数，不准超过国家规定的班额，“择校生”数量不得超过当地人民政府规定的比例；限钱数，“择校生”交费标准，由教育行政部门会同有关部门提出，经省级人民政府批准后向社会公布，学校不得擅自提高标准。不得挤压计划内的招生指标，不准再收取赞助费或建校费等。

0103 | 1月9日

邵逸夫第14次向内地教育事业赠款仪式在香港举行。此次捐款总额为2亿港元，重点支持西部地区大、中、小学的建设。教育部副部长王湛等出席捐赠仪式。至此，邵逸夫已累计向内地教育事业捐赠21.5亿港元，建设大、中、小学项目2712个，遍及内地31个省、自治区、直辖市。

0104 | 1月11日

教育部印发《关于学习贯彻〈中共中央办公厅、国务院办公厅关于适应新形势进一步加强和改进中小学德育工作的意见〉的通知》。通知要求，各级教育行政部门和学校要结合本单位实际，组织广大干部和教师认真学习和领会《意见》精神，结合学习贯彻江泽民同志《关于教育问题的谈话》，充分认识新形势下加强和改进中小学德育工作的重大意义。各级教育行政部门和学校要按照《意见》的要求，坚持把学校德育工作摆在素质教育的首要位置，树立育人为本的思想，将“思想政治素质是最重要的素质”的要求落实到教育教学工作的各个环节。

0105 | **1月13日**

青岛市教委举行市区中学人才专场交流会，市区中学的教职工想到自己中意的市区学校工作的愿望可望实现，这是青岛市教育人事改革的一项新举措。此次人才交流会，对参加人员不限制性别、年龄、学历，只要是市教委直属学校中的教职工和在青岛市教育人才市场、学校中的待业人员均可参加。青岛市教委明确规定：鼓励教师向不同的市区学校流动，鼓励超编学校的教职工向缺编学校流动，鼓励教师向偏远学校流动。

0106 | **1月20日**

教育部发布《全日制普通高级中学课程计划（试验修订稿）》、各学科教学大纲（试验修订版）并发出通知。通知要求，从2002年秋季入学的高中一年级开始，使用《课程计划》和各学科教学大纲。需要将教材翻译成少数民族语言文字，且工作量较大的省、自治区可延迟到2003年使用。

0107 | **1月22日**

教育部办公厅印发《关于2001年开展中小学“校园安全”主题教育活动的通知》。通知要求，2001年“全国中小学生安全教育日”要围绕“校园安全”开展教育及预防工作，并将这一主题贯穿于全年安全工作。

0108 | **2月23日**

教育部办公厅印发《关于积极配合和推动基础教育课程改革，进一步加强和改进教师培养培训工作的几点意见》。《意见》要求，要密切关注和了解当前基础教育改革特别是基础教育课程改革的动态和走向，研究其对教师培养和培训提出的新要求；要进一步转变教育观念，积极探索改进教师培养和培训工作的新思路、新模式、新内容和新方法，切实提高中小学教师实施素质教育的能力和水平；要进一步增强师范教育为基础教育服务的责任感和紧迫感，积极主动地配合和推动基础教育改革，特别是当前的课程改革。

0109 | **2 月 23 日**

教育部办公厅、国家体育总局办公厅发布《学生体质健康标准（试验方案）》，决定于 2001 年开始在北京等 12 个省、自治区、直辖市开展试验工作。

0110 | **2 月 28 日**

教育部在山东潍坊召开基础教育工作研讨会。教育部副部长王湛出席会议并讲话指出，十五”期间，我国基础教育的改革和发展进入关键时期。这个时期，是巩固“两基”成果，提高“两基”水平的重要时期，是深化教育体制改革的重要时期，是全面推进素质教育的重要时期。基础教育工作要牢牢把握发展这个主题，继续将普及九年义务教育和扫除青壮年文盲作为教育工作的“重中之重”；要以课程教材改革为重点，切实加强德育工作的针对性和实效性，采取切实措施，扎扎实实推进素质教育；要加快基础教育阶段学校布局结构调整的步伐，进一步优化教师队伍，努力改善办学条件，促进基础教育结构、质量和效益的协调发展；要继续强化基础教育的政府行为，建立有效的经费投入体制，完善管理体制，确保基础教育的健康发展，努力建设充满生机活力的、体现素质教育宗旨的高质量、高水平的基础教育。

0111 | **3 月 5 日**

九届全国人大四次会议在北京人民大会堂开幕，国务院总理朱镕基作《政府工作报告》。《报告》指出，“九五”时期，各级各类教育全面发展，高等教育管理体制改革取得重大进展，扩大高校招生受到群众普遍欢迎。关于 2001 年教育工作，《报告》强调，要落实科教兴国战略，大力开发人才资源。坚持教育适度超前发展，为国民经济和社会发展服务。加快高中阶段教育的发展。大力发展职业教育和职业培训，建立职业教育与普通教育相互沟通的教育体系。发展成人教育和多种形式的继续教育，逐步形成终身教育体系。深化办学体制和教育管理体制改革。鼓励、支持和规范社会力量办学。增加国家和社会对教育的投入。适应农村税费改革后的新情况，县级人民政府要负责对基础教育经费的统筹，落实教师工资统一发放的措施。中央财政和省级财政要加大对困难地区、民族地区教育的转移支付和专项投入。健全奖学金、助学金和助学贷款等制度。采取有力措施，切实制止学校乱收费。

0112 | **3月5日**

教育部办公厅印发《关于做好2001年初中学生毕业升学体育考试工作的通知》。通知指出，要按照《教育部关于初中毕业、升学考试改革的指导意见》的要求，做好体育考试内容和方法的改革，积极推进将体育课成绩和平时参加体育锻炼情况计入体育考试总分，以此促进学生上好体育课，积极参加平时的体育锻炼。

0113 | **3月15日**

九届全国人大四次会议批准《中华人民共和国国民经济和社会发展第十个五年计划纲要》。《纲要》提出，“十五”期间教育发展的主要预期目标是：各级各类教育加快发展，高中阶段教育毛入学率力争达到60%左右。《纲要》强调，着力推进素质教育，重视培养创新精神和实践能力，促进学生德智体美全面发展。把加强基础教育放在重要位置，继续提高国民教育普及程度。扩大高中阶段教育规模，有步骤地在大中城市和经济发达地区普及高中阶段教育。大力发展职业教育和职业培训，发展成人教育和其他继续教育，逐步形成大众化、社会化的终身教育体系。大力发展现代远程教育，提高教育现代化、信息化水平。加强教师队伍建设，提高教师思想和业务素质。加强和改进学校思想政治工作。大力调整教育结构和布局，并在优化学科和专业结构，更新教材，改革考试制度和教学方法等方面取得实质性进展。加快办学体制改革，积极鼓励、支持和规范社会力量以多种形式办学，基本形成政府办学为主，公办学校和民办学校共同发展的格局。采取多种措施突破教育投入瓶颈，增加国家对教育的投入，加大中央和省级人民政府对义务教育的支持力度，加强县级人民政府对基础教育的统筹。

0114 | **4月6日**

国务院办公厅转发国务院纠风办《关于2001年纠风工作的实施意见》。《实施意见》提出，2001年要加大治理学校乱收费工作的力度，严格规范大中城市中小学和普通高等学校招生、收费行为。

0115 | **4月9日**

教育部发布《普通高中"研究性学习"实施指南（试行）》。《实施指南》要求，从城市和有条件的农村地区开始，选择有代表性的学校进行试点，组织专家和教研人员做好对试点学校的指导工作，以点带面，推动研究性学习的深化。同时要关注有困难的地区和学校，研究其所面临的问题并帮助解决问题。2001年秋季仍执行现行普通高中课程计划的省（自治区、直辖市），可调整现行课程计划，参照《全日制普通高级中学课程计划（试验修订稿）》和《实施指南》的要求，鼓励学校创造条件开展研究性学习活动。

0116 | **4月28日**

中共中央政治局常委、国务院总理、国家科技教育领导小组组长朱镕基在中南海主持召开国家科技教育领导小组第九次会议。会议指出，基础教育是实施科教兴国战略的奠基工程，对提高中华民族素质、培养各级各类人才，促进社会主义现代化建设具有全局性和基础性作用。保持教育适度超前发展，必须把基础教育摆在优先地位并作为基础设施建设和教育事业发展的重点领域，切实予以保障。要在高水平、高质量普及九年义务教育的基础上，基本满足社会对高中阶段教育和学前三年教育的需求。

0117 | **5月9日**

据《中国教育报》报道，吉林省开展一般高中督导评估工作，从中评选出一批办学水平比较高的学校将其纳入重点高中管理序列，享受重点中学的相关优惠政策，带动普通高中整体发展。

0118 | **5月14日**

教育部发布《全国中小学校长任职资格培训指导性教学计划》《全国中小学校长提高培训指导性教学计划》并发出通知。通知要求，省级教育行政部门应按照该《指导性教学计划》的精神，结合实际情况，制定本省（自治区、直辖市）的课程计划。各级教育主管部门应结合当地经济、社会、文化教育发展实际，积极创造条件，努力开发、完善地方课程，并对管理实践活动能够和由培训机构安排的选修课的开发与实施给予指导。两个《指导性教学计划》对培训对象、培训目标、培训时间与方式、课程设置、课程说明、教学要求、考核与结业等问题作出说明。

0119 | **5 月 14 日**

教育部印发《关于首次认定教师资格工作若干问题的意见》。《意见》对教师资格制度的法律依据、教师资格的性质、首次认定教师资格的范围、教师资格的申请、教师资格认定程序、教师资格认定的学历条件等方面作出具体的规定。

0120 | **5 月 21 日**

据《中国教育报》报道，江苏省高校招生委员会、省教育厅联合发文，要求加强和规范高中阶段教育招生工作。其主要措施包括：实行高中阶段教育招生由市级统一管理的体制；切实加强招生计划的宏观调控；严格规范招生市场；切实加强对招生工作的领导。

0121 | **5 月 28 日**

教育部、国家体育总局、共青团中央、全国少工委印发《关于实施“全国中小学生课外文体活动工程”的通知》。通知决定，从 2001 年起，在全国组织实施“全国中小学生课外文体活动工程”，活动以《中共中央、国务院关于深化教育改革全面推进素质教育的决定》精神为指导，以全民健身和“生动、活泼、自主发展”为主题，以推进素质教育和配合“减负”工作为核心，以培养学生的创新精神和实践能力为重点，以使广大中小学生都能积极参加文明、健康、活泼的课外文体活动为工作目标，从而达到促进中小学生身心全面发展的目的。

0122 | **5 月 29 日**

国务院发布《关于基础教育改革与发展的决定》。《决定》指出，“十五”

期间，要大力发展高中阶段教育，促进高中阶段教育协调发展。有步骤地在大中城市和经济发达地区普及高中阶段教育。挖掘现有学校潜力并鼓励有条件的地区实行完全中学的高、初中分离，扩大高中规模。鼓励社会力量采取多种形式发展高中阶段教育。保持普通高中与中等职业学校的合理比例，促进协调发展。鼓励发展普通教育与职业教育沟通的高级中学。支持已经普及九年义务教育的中西部农村地区发展高中阶段教育。

0123 | **6月7日**

国家计委、教育部、新闻出版总署发布《中小学教材价格管理办法》。《办法》要求，人民政府价格主管部门要依法对教材编写、出版、发行等各个环节进行价格监督检查，租型、出版、发行单位和有关部门或单位应当接受人民政府价格主管部门的监督检查，如实提供监督所必要的账簿、单据、凭证及其他相关资料。

0124 | **6月7日**

新闻出版总署、教育部发布《中小学教辅材料管理办法》。《办法》指出，教辅材料的出版实行总量控制。教辅材料出版单位每年须向新闻出版总署提出选题计划，经批准后方可出版。新闻出版总署和教育部不定期对社会流通的教辅材料进行抽查，对质量低劣的教辅材料坚决向社会公布并对出版单位进行处罚。

0125 | **6月7日**

教育部、新闻出版总署发布《关于推广使用中小学经济适用型教材的意见》。《意见》指出，中小学经济适用型教材是指各种内容与彩色版相同的黑白版教材。在全国经济不发达的农村地区要广泛推广使用经济适用型教材。从2002年春季开始，国家扶贫开发工作重点县以及尚未普及九年义务教育县，一律选用经济适用型教材（美术、地理教材除外）。

0126 | **6月8日**

教育部发布《基础教育课程改革纲要（试行）》。《纲要》提出，大力推进基础教育课程改革，调整和改革基础教育的课程体系、结构、内容，构建符合素质教育要求的新的基础教育课程体系，新的课程体系涵盖幼儿教育、义务教育和普通高中教育。《纲要》对新课程改革的目标、课程结构、课程标准、教学过程、教材开发与管理、课程评价、课程管理、教师的培养与培训、课程改革的组织与实施等内容进行了明确说明。《纲要》指出，高中以分科课程为主。为使学生在普遍达到基本要求的前提下实现有个性的发展，课程标准应有不同水平的要求，在开设必修课的同时，设置丰富多样的选修课程，开设技术类课程。积极试行学分制管理。从小学至高中设置综合实践活动并作为必修课程，其内容主要包括：信息技术教育、研究性学习、社区服务与社会实践以及劳动与技术教育。农村中学课程要为当地社会经济发展服务，在达到国家课程基本要求的同时，可根据现代农业发展和农村产业结构的调整因地制宜地设置符合当地需要的课程，深化“农科教相结合”和“三教统筹”等项改革，试行通过“绿色证书”教育及其他技术培训获得“双证”的做法。城市普通中学也要逐步开设职业技术课程。

0127 | **6月11日至12日**

国务院在北京召开全国基础教育工作会议。会议强调，加强基础教育的一个重要方面，是要完善教育管理体制，确保经费投入，特别是保障义务教育投入。实行在国务院领导下，由地方人民政府负责、分级管理、以县为主的体制，明确划分从中央到省、地（市）、县的职责，特别是明确县对本地农村义务教育负有主要责任。会议指出，各级党委、人民政府一定要统一思想，提高认识，继续把搞好基础教育作为教育工作的“重中之重”，采取切实措施，推动基础教育跨上新台阶。

0128 | **6月12日**

国务院纠风办、教育部印发《关于进一步做好治理教育乱收费工作的意见》。《意见》进一步明确了治理工作的指导思想和总体目标、治理工作的有关政策要求、治理工作的主要措施等工作。

0129 | **6月15日**

教育部印发《关于学习贯彻〈国务院关于基础教育改革与发展的决定〉的通知》。通知指出，《决定》是以江泽民同志为核心的党中央在我国初步实现基本普及九年义务教育、基本扫除青壮年文盲的宏伟目标后，为实施科教兴国战略、推进基础教育改革与发展所作出的重大决策。

0130 | **7月2日**

教育部发布《中等职业学校设置标准（试行）》，旨在加强中等职业学校管理，促进中等职业学校建设，进一步提高中等职业学校教育质量和办学效益。

0131 | **7月5日**

国家教育督导团在北京召开部分国家督学会议。会议学习贯彻《国务院关于基础教育改革与发展的决定》精神，对“十五”期间如何进一步加强教育督导工作进行研究和部署。教育部副部长、国家总督学王湛出席会议并讲话。

0132 | **7月16日**

教育部、国家体育总局、共青团中央、全国少工委发布《关于命名北京市东城区等五个区、市为“全国中小学生课外文体活动工程示范区”的决定》，命名北京市东城区、北京市朝阳区、山东省青岛市、江苏省常州市和河南省郑州市等五个区、市为“全国中小学生课外文体活动工程示范区”。

0133 | **7月16日至17日**

教育部部长陈至立在安徽就进一步贯彻落实全国基础教育工作会议和《国务院关于基础教育改革与发展的决定》精神进行专题调研，调查了解了农村义务教育投入、教师队伍建设和管理体制等方面情况。

0134 | **7月18日至21日**

中共中央政治局常委、国务院总理朱镕基到安徽考察农村税费改革试点情况，重点调研农村教育，共商推进农村税费改革和加强义务教育的大计。朱镕基强调，在农村税费改革中要具有敢为人先、知难而进的精神。

0135 | **7月26日**

教育部发布《全国教育事业第十个五年计划》。《计划》提出，以多种形式大力发展高中阶段教育。到2005年，扩大各种形式的高中阶段教育和初中后职业培训在校生的规模，有步骤地在大中城市和经济发达地区普及高中阶段教育，努力争取使高中阶段毛入学率提高到60%左右，大中城市和经济发达地区的初中毕业生基本能够升入高中阶段的各类学校。促进高中阶段教育协调发展，使中等教育结构更趋合理，切合地方经济和社会发展的实际需要。鼓励有条件的地区实行完全中学的高、初中分离，鼓励发展普通教育与职业教育沟通的高级中学，支持已经普及九年义务教育的中西部农村地区发展高中阶段教育。到2010年，高中阶段毛入学率有较大提高，在城市和发达地区普及高中阶段教育。

0136 | **7月30日**

教育部在辽宁大连召开全国基础教育课程改革实验工作会议。会议部署了基础教育课程改革实验工作，确定了2001年至2005年课程改革实验的组织和推广工作进程。

0137 | **8月2日**

国家教育督导团印发《关于开展贯彻落实〈国务院关于基础教育改革与发展的决定〉督导检查活动的通知》，对督查内容、工作安排以及相关要求进行了详细的说明。

0138 | **8月7日**

据《中国教育报》报道，浙江省多形式、多渠道发展高中段教育。其做法是：鼓励有条件高校举办附属普通高中和特色高中，提倡电大等设中职教育部，以省示范性普高和省重点职技校为龙头，组建教育集团；鼓励普通高中采取迁建扩建、实行初高中分离等措施扩大办学规模；积极鼓励社会力量重点举办高中段教育，浙江省人民政府出台了相关的鼓励政策，极大地激发了社会力量参与办学的热情，促进了民办高中的发展；采取特殊措施，加强对中职教育发展的扶持力度。在加快发展高中段教育的同时，浙江省还通过深化改革，努力促进普职两教的沟通和高中教育办学模式的多样化。在此基础上，浙江省又先后建立了示范性普通高中和示范性职校的评估制度，加强高中阶段示范性学校建设。

0139 | **8月8日**

教育部发布《教师资格证书管理规定》。《管理规定》指出，教师资格证书是持证人具有国家认定的教师资格的法定凭证，教师资格证书由国务院教育行政部门统一印制。教师资格认定机构认定申请人相应的教师资格后，在规定的期限内向申请人发布教师资格证书。

0140 | **8月15日**

教育部基础教育司、中国教育学会、国家教育发展研究中心在北京共同召开“更新教育观念、推进素质教育”座谈会暨《素质教育观念学习提要》赠书仪式。

0141 | **8月16日至22日**

中共中央政治局常委、国务院副总理李岚清在辽宁考察高等学校和中小学校时，强调要保证教师工资发放，保证必要的办学经费。

0142 | **8月17日**

教育部办公厅印发《关于在职业学校进行学分制试点工作的意见》。《意见》对职业学校进行学分制试点的必要性以及职业学校学分的确定和取得等作出规定。

0143 | **8月30日**

据《中国教育报》报道，2001年厦门市初中毕业生升学率达到85.8%，普职比为5∶5，基本普及高中阶段教育，成为福建省第一个基本普及高中阶段教育的地市。厦门市把普及高中教育作为教育发展的战略重点，人大议项，政府立项，教育部门组织实施。其具体做法是：兴办扩办高中学校，并在一些原有高中校扩容挖潜，扩大招生数；制定23项举措，加大扶持薄弱学校力度，使一般学校提高了办学水平等。

0144 | **9月8日**

国家教育督导团印发《关于加强基础教育督导工作的意见》。《意见》指出，要确立教育督导在基础教育改革与发展中的重要地位，进一步明确基础教育督导工作的指导思想。坚持督政与督学相结合，是我国教育督导制度建设的基本经验和特色，也是“十五”期间教育督导工作必须坚持的原则。基础教育实行在国务院领导下，由地方人民政府负责、分级管理、以县为主的管理体制，基础教育督导工作必须把对地方人民政府特别是县级人民政府履行教育职责情况作为督导的重要任务。必须以督学为基本职能，根据素质教育的要求，加强对中等及中等以下各类学校的督导检查，推动学校落实《国务院关于基础教育改革与发展的决定》精神，全面实施素质教育。继续加强对普及九年义务教育工作的督导评估，推动基础教育事业持续发展。教育督导工作要把保障农村义务教育健康发展作为首要任务，开展基础教育经费投入的督导检查。建立符合素质教育要求的督导评估机制，保障素质教育顺利实施。

0145 | **9月20日**

据《中国教育报》报道，上海市启动现代化寄宿制高中建设，采用扩大优质教育资源的思路，将一批名牌学校移地迁建，在成倍地放大办学容量的同时，较好地保留了名校的办学传统，有效扩大了名校办学的效应。寄宿制高中的移地搬迁，其原有的校舍成为扩大初中办学规模的有效资源，加上薄弱学校更新工程建设，上海市在缓解初中入学高峰压力的同时，还为大力发展高中教育奠定了基础。

0146 | **9月20日**

中共中央发布《公民道德建设实施纲要》。《实施纲要》提出，公民道德建设的主要内容是：坚持以为人民服务为核心，以集体主义为原则，以爱祖国、爱人民、爱劳动、爱科学、爱社会主义为基本要求，以社会公德、职业道德、家庭美德、个人品德为着力点。《实施纲要》提出，要大力加强基层公民道德建设，深入开展群众性的公民道德实践活动，积极营造有利于公民道德建设的社会氛围。

0147 | **9月30日**

广东省召开基础教育工作会议。中共广东省委、广东省人民政府决定安排专项资金扶持贫困地区、山区和经济欠发达地区300所学校普及信息技术教育和英语教育，资助5000名农村困难家庭子女接受中等技工教育。会议指出，要采取多种形式，加快高中阶段教育发展；大中城市要办好一批2000人以上的高标准的现代化寄宿制普通高中，力争全省有100所进入全国1000所示范性普通高中行列；民办教育要调整发展战略，重点向非义务教育拓展；要积极鼓励社会各方面力量发展高中阶段教育；中专、中师可单独转为普通高中或职业高中，也可与优质名牌高中联合办学；加强收费管理，严格区分义务教育和非义务教育的收费标准。

0148 | **10月8日**

中央编办、教育部、财政部印发《关于制定中小学教职工编制标准的意见》。《意见》对核定中小学教职工编制的原则、编制标准、工作要求作了规定。中小学教职工编制根据高中、初中、小学等不同教育层次和城市、县镇、农村等不同地域，按照学生数的一定比例核定。高中的教职工编制标准为：城市1∶12.5，县镇1∶13，农村1∶13.5。

0149 | **10月13日**

据《中国教育报》报道，陕西省召开基础教育工作会议。会议要求，建立一套新的基础教育投入保障机制，从五个方面着手：加大政府投入，保证基础教育经费来源的主渠道；加大教育资金投入力度，增设用于基础教育的专款；进一步拓宽基础教育筹资渠道；分地区实行收费制度；改革基础教育资金管理办法。在非义务教育阶段，逐步建立政府、社会和个人成本分担机制，实行缴费上学；积极鼓励企业、社会团体和公民个人对基础教育的捐赠。

0150 | **10月17日**

教育部印发《开展基础教育新课程师资培训工作的意见》。《意见》要求，组织广大教师认真学习《基础教育课程改革纲要（试行）》，学习和研究相关学科的课程标准以及新编教材。《意见》提出，切实保障新课程师资培训工作的经费，将新课程的师资培训工作始终贯穿于新课程实验推广的全过程，抓紧研究开发新课程师资培训的资源，切实加强对新课程师资培训的科学研究工作。

0151 | **10月19日**

《中国教育报》刊发专访《加快发展高中应遵循教育规律——教育部有关负责人谈加快发展高中教育应注意的问题》。文章指出，加快发展高中教育应遵循教育规律，要注意大力发展高中教育，各地不能“一刀切”；大力发展高中教育不能与“两基”争资源；重在发展优质资源，不能“铺摊子”；大力发展高中教育的重点在农村。

0152 | **10月25日**

新闻出版总署、教育部、国家计委发布《中小学教材出版招标投标试点实施办法》和《中小学教材发行招标投标试点实施办法》，旨在加强对中小学教学用书的管理，切实减轻学生家长的经济负担，进一步深化教材出版发行体制改革。

0153 | **11月1日**

国家体育总局、教育部发布《中等体育运动学校设置标准（试行）》。《设置标准》提出，设置中等体育运动学校，须配备有较高思想政治素质和管理能力，熟悉体育教育的学校领导；须建立必要的教育、教学、训练、管理和科研、服务工作机构。

0154 | **11月7日**

教育部印发《关于制定中等职业学校学生学籍管理规定的原则意见》。《意见》明确了制定中等职业学校学生学籍管理规定的指导思想和原则、学籍管理规定的主要内容和基本要求、学籍管理的职责分工和有关事项的审批权限。

0155 | **11 月 21 日**

据《中国教育报》报道，经国务院同意，教育部决定，从 2003 年起将高考时间提前一个月，定在每年的 6 月 7 日至 9 日。高考时间提前，可以缓解高温天气和自然灾害对高考的不利影响，有利于考生身心健康、提高考试质量，有利于素质教育的实施。

0156 | **11 月 21 日**

教育部印发《关于“十五”期间加强中等职业学校教师队伍建设的意见》。《意见》提出，以全面提高教师队伍素质为中心，以加强专业课教师和实习指导教师队伍建设、培养中青年专业带头人和骨干教师为重点，坚持数量、结构、质量、效益协调发展的方针，深化改革，依法治教，理顺体制，建立有利于教师资源合理配置和优秀人才脱颖而出的有效机制，建设一支专兼结合、数量足够、素质优良、结构合理、适应全面推进素质教育的高质量的中等职业学校教师队伍。

0157 | **11 月 21 日**

科技部办公厅、教育部办公厅、中宣部办公厅、中国科协办公厅、共青团中央办公厅联合印发《关于推进〈2001—2005 年中国青少年科学技术普及活动指导纲要〉实施工作的意见》。《意见》明确了加强青少年科普工作和推动《指导纲要》实施的主要任务是：在“十五”期间，完成《指导纲要》实施所需的学生、教师科技教育资料的编撰，探索指导青少年科普活动开展的有效模式和方法，加强对科技教师及科技辅导员的培养与培训工作，建立青少年科技活动监测评估制度。《意见》要求各部门通力协作，全社会共同努力，大力推动青少年科普活动的开展。

0158 | **11 月 22 日**

共青团中央、教育部等八单位联合召开网上发布会，向社会正式发布《全国青少年网络文明公约》。其主要内容包括：要善于网上学习，不浏览不良信息。要诚实友好交流，不侮辱欺诈他人。要增强自护意识，不随意约会网友。要维护网络安全，不破坏网络秩序。要有益身心健康，不沉溺虚拟时空。

到会教育部领导讲话时要求各级教育行政部门和学校努力加强青少年的网络道德教育，共同构筑有利于青少年学生健康成长的网络空间。

0159 | **11月24日**

为深入宣传和贯彻全国基础教育工作会议精神，推进素质教育，教育部和北京市在北京共同主办“更新教育观念”大型报告会。北京、天津、河北三省（直辖市）的6000多名教育工作者到会听取了北京大学附中张思明等中小学校长、教师作的报告。教育部部长陈至立、副部长王湛，中共北京市委副书记龙新民等出席报告会。

0160 | **11月29日**

教育部办公厅印发《关于中小学校园网建设的指导意见》。《指导意见》指出，校园网指校园内计算机及附属设备互联运行的网络，是由计算机、网络技术设备和软件等构成的为学校教育教学和管理服务的集成应用系统，并可通过与广域网的互联实现远距离信息交流和资源共享。校园网建设应贯彻“统一规划、分级负责、分步实施”的原则，贯彻“成熟优先”的原则，坚持“培训在先、建网建库同行、重在应用”的原则。校园网络系统的设计应采用国际通行的TCP/IP协议，同时满足先进性、实用性、开放性、灵活性、发展性、可靠性、安全性、经济性等要求。

0161 | **12月12日**

文化部、教育部发布《中等艺术学校设置标准（试行）》。《设置标准》提出，设置中等艺术学校要有学校章程和必需的管理制度，要依法办学。设置中等艺术学校，须配备有较高思想政治素质和较强管理能力，熟悉艺术教育的学校领导。设置中等艺术学校，要有基本的办学规模。学校学历教育在校生数不少于500人（艺术院校的附中和单科类艺术学校在校生数不少于350人），专业设置要与社会需要、办学规模相适应。

0162 | **12月12日**

据《中国教育报》报道，辽宁省教育厅通过撤销完全中学初中部，逐步在人口集中、学校少的郊区（县）新建高中，或在郊区、县的高中内新建教学楼，扩大高中资源。通过名校置换扩建、创办分校、兼并弱校等办法，扩张优质高中资源；提供面向全省招生的优惠政策，鼓励创办中外合作学校；在一些大学创办附属中学；提供优惠政策，大力发展民办高中等。同时，辽宁省加大为本地区培训教师的力度，以解决贫困地区教师流失问题；通过实行校长交流任期制、城市教师到农村工作1年至3年作为评职称必备条件的做法，促进学校均衡发展；通过向社会聘任兼职教师或多校教师资源共享的办法，补充艺术等学科师资。

0163 | **12月19日**

教育部办公厅印发《关于认真做好2002年初中学生毕业升学体育考试工作的通知》。通知要求，要积极推进体育考试内容和方法的改革，适应素质教育的要求；要高度重视体育考试中的安全问题，加强安全保障措施，提高安全防范意识。

0164 | **12月26日**

教育部召开2002年度教育工作会议。教育部部长陈至立在会上作工作报告。会议以坚持发展为主题，对2001年的教育工作进行了回顾总结，部署了2002年的工作。陈至立提出，2002年教育工作的总体要求是：高举邓小平理论伟大旗帜，以“三个代表”重要思想为指导，认真贯彻党的十五届五中、六中全会精神，落实全国教育工作会议和全国基础教育工作会议提出的各项任务，全国实施教育“十五”规划。

0165 | **12月30日**

教育部发布《中小学教师队伍建设“十五”计划》。《计划》提出，“十五”期间中小学教师队伍建设的主要目标是：教师数量基本满足基础教育事业发展和全面推进素质教育的要求；教师队伍整体素质明显提高，全面实施教师资格制度，所有中小学教师具备相应的教师资格，达到国家规定的学历要求，全国小学、初中教师的学历层次提升到一个新水平；教师队伍结构进一步改善，教师队伍的学科结构进一步调整优化，城乡分布趋向合理，教师职务岗位设置实现结构比例控制；骨干教师队伍建设取得突破性进展；

校长队伍建设进一步加强，中小学校长公开选拔竞争上岗制度和校长聘任
0165 制全面推行，中小学校长培训和持证上岗制度得到巩固和完善；中小学人事制度改革在更大的广度和深度上进行，全面推行中小学教师聘任制，依法理顺教师和校长管理体制，努力形成适应基础教育改革和发展要求的中小学师资和人事管理新模式。

2002年

改革进行时

• 重要文件

国务院《关于深化改革加快发展民族教育的决定》

国务院《关于大力推进职业教育改革与发展的决定》

教育部《基础教育工作分类推进与评估指导意见》

全国总工会、教育部《关于在社会力量举办的学校建立工会组织的意见》

教育部《关于"十五"期间教师教育改革与发展的意见》

教育部《关于加强县级教师培训机构建设的指导意见》

教育部、全国总工会《关于全面推进校务公开工作的意见》

新闻出版总署、教育部、国家计委《关于进一步贯彻落实中小学教材管理体制改革的意见》

教育部等单位《关于加强青少年学生法制教育工作的若干意见》

教育部《全国学校艺术教育发展规划(2001年—2010年)》《学校艺术教育工作规程》

教育部《全国制普通高级中学课程计划》《全国制普通高级中学语文

教学大纲》等7学科教学大纲

教育部《中小学心理健康教育指导纲要》

教育部《学生伤害事故处理办法》

• 重要政策

极推进中小学评价与考试制度改革

实施基础教育工作分类推进与评估指导

全面推进校务公开

各级各类学校实行教育收费公示制度

进一步规范民办教育机构办学秩序

集中整治学校及周边治安秩序

• 重要会议

国务院召开全国职业教育工作会议

教育部、国家民委召开第五次全国民族教育工作会议

教育部召开全国高中发展与建设工作经验交流会

教育部召开全国中小学人事制度改革经验交流会

教育部等单位召开全国青少年学生法制教育电视电话会议

• 改革亮点

党的十六大胜利召开，拉开全面建设小康社会的序幕。在高中教育方面，国家继续全面推进素质教育，加快高中发展与建设，扩大优质高中教育资源，制定发布课程计划和教学大纲，为高中新课程改革提供基础准备，促进高中教育跨越式发展。

0201 | **1月2日**

据《中国教育报》报道，浙江省嵊州市本着“吸纳投资、促进消费、革新经营”的指导思想，积极推进高中后勤社会化改革，全市基本形成了一种新型的学校后勤服务运作模式。具体做法是：吸纳投资——以社会投建、定时经营、适时回归的方式吸引社会力量投资新建学校食堂和宿舍；促进消费——实施管理加服务，特别在优化服务上做文章，实行学生住宿公寓化等；革新经营——各校都成立后勤服务机构，将学校食堂、校店、文印等后勤服务部门从行政管理部门中剥离出来，企业式经营，独立核算，自负盈亏，自我发展。

0202 | **1月8日**

教育部办公厅印发《关于建立“国家体育与艺术师资培养培训基地”的通知》。通知指出，教育部决定在北京师范大学、华东师范大学、东北师范大学、西南师范大学、福建师范大学、华南师范大学、南京师范大学、哈尔滨师范大学、西北师范大学、湖南师范大学、首都师范大学和河南大学等12所学校建立“国家体育与艺术师资培养培训基地”。基地建设坚持“目标明确、改革领先、成果突出、师资优化、设备先进、教学优秀、质量一流”的要求与目标，发挥基地在体育与艺术师资培养、培训工作中的示范和辐射作用。

0203 | **1月26日**

据《中国教育报》报道，山西省决定于2002年取消省级普通高中毕业统一会考制度，高中毕业会考原则上由学校自行组织。山西省普通高中毕业会考始于1991年，这一办法对改善教学过程的薄弱环节，克服高中学生文理偏科的现象，全面落实课程计划，起到了积极作用。

0204 | **2月1日**

全国青少年校外教育工作联席会议第二次全体成员会议在北京举行。会议讨论并原则通过了《2000年—2005年全国青少年学生校外活动场所建设与发展规划》。联席会议主席、教育部部长陈至立，教育部副部长王湛出席会议并讲话。

0205 | 2月6日

教育部、全国总工会印发《关于全面推进校务公开工作的意见》。《意见》指出，全面推进校务公开，是在学校工作中依靠教职工办好学校，实现决策民主化、科学化的重要举措；是调动教职工积极性，维护教职工合法权益，深化教育改革、确保稳定和发展的有效途径。《意见》强调，各地各校应把学校工作的重点、难点、教职工群众和社会关心的热点问题，作为校务公开的重要内容，努力做到政策公开、过程公开、结果公开。除按规定必须保密的事项外，学校的发展规划、改革方案、教职工聘任办法、教职工奖惩办法、经费预决算、教职工购（建）房方案、住房公积金、养老金、医疗保险和其他社会保障基金等涉及教职工切身利益的重大问题，都应通过多种形式让教职工参与和知道。该向社会公开的要向社会公开。要保证公开的真实性，防止随意性，要注重实效，不搞形式主义。《意见》提出，要逐步建立健全校务公开的各项制度和监督检查办法，在实践中不断完善校务公开的工作制度，规范校务公开的程序，确保校务公开健康有序地进行。

0206 | 2月20日

据《中国教育报》报道，辽宁省教育厅作出决定，将于2010年前，分期分批建设并评估验收100所左右示范性普通高中，2002年底将对首批20所学校进行验收。建设示范性普通高中是辽宁省为提高普通高中办学水平和质量，高标准发展基础教育，加速培养现代化建设所需的高素质人才而采取的一项重大举措。

0207 | 2月26日

教育部印发《关于加强基础教育办学管理若干问题的通知》。通知指出，发展基础教育是各级人民政府应尽的职责。高中招收“择校生”，应按照《国务院纠风办、教育部关于进一步做好治理教育乱收费工作的意见）的要求，遵守“三限”政策。为扩大普通高中招生规模，从2003

年秋季开学起，各地公办高中不得占用学校正常的教育资源举办高中毕业生复读班，也不得招收高中毕业生插班复读。

0208 | **3月1日**

教育部印发《关于加强县级教师培训机构建设的指导意见》。《指导意见》指出，县级教师培训机构依据相关法律法规，实施对本地区义务教育阶段教师、幼儿园教师和小学校长的继续教育。《指导意见》就进一步加强县级教师培训机构建设的必要性、县级教师培训机构的性质和主要任务、加强县级教师培训机构建设的基本原则和要求作了说明。

0209 | **3月1日**

教育部印发《关于“十五”期间教师教育改革与发展的意见》。《意见》指出，加快教师教育的发展，提高教师教育水平，对建设一支高素质的教师队伍，扎实推进素质教育，具有重大的战略意义。《意见》就教师教育改革与发展面临的形势，教师教育改革与发展的指导思想、基本原则、主要任务，教师教育改革与发展的主要政策措施等作了说明。

0210 | **3月3日至4日**

教育部在浙江义乌召开全国教育督导工作会议。教育部副部长、国家总督学王湛出席会议，并作题为《与时俱进，求真务实，推动教育督导工作取得新的发展》的讲话。王湛要求2002年要紧紧围绕全面贯彻落实全国基础教育工作会议精神和《国务院关于基础教育改革与发展的决定》开展教育督导工作。会议强调，我国基础教育资源严重不足，必须积极鼓励社会力量办学，尤其是积极鼓励社会力量举办幼儿教育和高中教育。基础教育必须坚持政府为主，必须坚决制止将公办学校特别是一些政府长期建设形成的优质教育资源出售、拍卖给个人或单位，再实行高收费的现象。教育督导部门要加强对这个问题的督导力度。

0211 | **3月5日**

九届全国人大五次会议在北京人民大会堂开幕，国务院总理朱镕基作《政府工作报告》。《报告》回顾2001年教育工作时指出，新世纪第一年，教育事业全面发展，基础教育和职业教育进一步加强，素质教育全面推进。《报告》指出，2002 年要根据党中央部署和 2002 年政府工作的总体要求，着重做好教育工作。实施科教兴国战略和可持续发展战略，加强精神文明建设。坚持教育优先发展。大力推进素质教育，加强学校思想政治工作，促进学生德智体美全面发展。加强基础教育，巩固扩大农村地区“两基”成果，特别是加快贫困地区和少数民族地区普及九年义务教育步伐。推进农村义务教育以县为主的管理体制改革，保证教师工资按时足额发放。积极发展高中阶段教育。大力发展中等和高等职业教育。改革课程教材，更新教学内容，提高教育质量。全面提高教师思想和业务素质。加快教育信息化建设，积极发展现代远程教育。加大政府对教育的投入。鼓励、支持和规范社会力量办学、中外合作办学。

0212 | **3 月 20 日**

据《中国教育报》报道，天津市教委对部分已经竣工的示范性高中进行分期分批初审验收。本着“硬件从实、软件从严、以评促建、重在过程、不搞终身”的原则，天津市教委制定了包括办学基础条件、学校管理、教师队伍、教学工作、德育工作、体美卫生工作在内的评估验收量化标准，组成专家组，采取现场验收的形式，并安排全市 30 所正在创建中的示范性高中的校长参加观摩。

0213 | **3 月 21 日**

教育部印发《关于在高级中学开展学生军事训练若干问题的意见》。《意见》对高级中学学生军训的指导思想和目的、时间和内容、军训工作的保障、军训的组织领导等作出具体规定。

0214 | **3 月 26 日**

教育部部务会议讨论通过《学生伤害事故处理办法》。《办法》指出，学校的举办者应当提供符合安全标准的校舍、场地、其他教育教学设施和生活设施。学校应当对在校学生进行必要的安全教育和自护自救教育；应当按照规定，建立健全安全制度，采取相应的管理措施，预防和消除教育教学环境中存在的安全隐患；当发生伤害事故时，应当及时采取措施救助受伤害学生。《办法》还就事故与责任、事故处理程序、事故损害的赔偿、事故责任者的处理进行了说明。6 月 25 日，教育部正式发布《学生伤害事故处理办法》。

0215 | **4 月 4 日**

教育部发布《全日制民族中小学汉语教学大纲（试行）》。《教学大纲》对教学目的、教学内容和要求、教材编写、教学中重视的问题、教学评估、教学设备等方面问题作了详细说明。

0216 | **4 月 10 日**

据《中国教育报》报道，内蒙古自治区统筹规划，坚持分类指导、逐步调整、整体推进的原则，合理分布本地区的高中阶段教育。各地通过布局调整、资源重组，建设一批示范性高中，扩大优质高中资源和学生容量，能和初中分离的逐步分离。同时进一步加强薄弱高中改造，积极引导和支持社会力量举办高中教育，扩大高中教育招生规模。

0217 | **4 月 10 日**

据《中国教育报》报道，四川省成都市召开基础教育工作会。会议提出，到 2005 年，全市拟建成 40 所左右市级示范性普通高中、30 所省级示范性高中、20 所国家级示范性高中，建成 10 所国家级职业中学（中专），使占高中阶段在校生总数 75% 的学生能在各类示范性中学就读。到 2005 年，基本普及高中阶段教育，新增劳动力平均受教育的年限力争达到 12 年。积极发展以初中后分流为主的中等职业技术教育，使其在校生人数占高中阶段在校生人数的比例保持在 50% 左右。

0218 | **4 月 12 日**

教育部印发《关于进一步在中、小学校开展反邪教教育的通知》。通知要求，各地教育部门和学校要高度重视与“法轮功”邪教组织的斗争，进一步认清这场斗争的长期性、尖锐性和复杂性，增强政治责任感和工作主动性；在教师中开展遵纪守法、崇尚科学、抵制邪教的教育活动，进一步提高广大教师对“法轮功”邪教组织本质和严重危害的认识；结合基础教育课程改革，加强崇尚科学、反对邪教的教育，小学思想品德课和中学思想政治课教材要加入反邪教内容；根据实际情况和中、小学生不同年龄特点，进一步广泛开展“校园拒绝邪教”宣传教育活动。

0219 | **4月15日**

文化部、教育部印发《关于做好基层文化教育资源共享工作的通知》。通知指出，现有的各类文化设施要坚持为群众服务，为青少年学生服务；各级各类学校的内部设施，在保证正常教学活动和满足师生需要的前提下，积极创造条件，采取多种方式对社会开放，为群众开展文化活动提供方便；各级文化、教育部门要利用现有的教育电视频道，积极推进全国文化信息资源共享工程的实施。

0220 | **4月19日**

教育部、国家计委、财政部印发《关于扩大内地新疆高中班招生规模的通知》，决定从2002年起，在北京、上海、天津、杭州、广州、深圳、大连、青岛、宁波、南京、苏州、无锡等12个城市的13所内地新疆高中班学校扩大招生规模。年招生规模由2001年的1000人扩大到2002年的1540人（其中面向新疆生产建设兵团招收应届初中毕业生少数民族学生35人，汉族农牧民子女35人，共计70名），每城市扩招1个班，每教学班45人。

0221 | **4月26日**

教育部发布《全日制普通高级中学课程计划》和《全日制普通高级中学语文教学大纲》等七科教学大纲。本次各学科教学大纲的修订，以《基础教育课程改革纲要(试行)》精神为指导，进一步体现了新的课程理念，突出创新精神和实践能力的培养。适当调整了必修和选修内容的比例，增加了课程的选择性和弹性，删除了各学科“繁、难、偏、旧”的内容，注重减轻学生的课业负担，进一步加强了方法、应用、探究等方面的内容，更加强调与现实生活的联系，强调实际应用，强调与学生经验的联系，注重创新能力的培养。

0222 | **4月26日**

教育部发布《调整高中思想政治课有关教学内容的方案》。本次高中思想政治课调整的主要目的是删减有关“繁、难、偏、旧”的教学内容，减少容量，以适应高考提前、教学时间减少的客观情况。

0223 | **4月26日**

国家经贸委、财政部、教育部、卫生部、劳动和社会保障部、建设部印发《关于进一步推进国有企业分离办社会职能工作的意见》，要求分离企业自办的普通中小学校。《意见》规定，企业管理中小学校的职能移交给当地人民政府，要多渠道筹措资金，落实企业分离自办普通中小学校所需经费，保障分离工作顺利进行。

0224 | **4月27日**

据《中国教育报》报道，大连市教育局决定从2002年秋开始，在若干所办学条件较好、教学质量较高、所设专业文化课课程比例较大的中等职业学校进行综合高中试点。综合高中的学制为3年。通过中考，被录取到综合高中的学生将有两种选择：一是3个学年内以学习普通高中文化课为主，毕业时，考试成绩合格者可获得普通高中毕业证书；二是在高中一年级或二年级后，根据自己的愿望和自身条件，选择到以专业知识学习和职业技能训练为主的专业班学习，学完相应课程且考试合格的学生可获得中等职业学校毕业证书。

0225 | **5月8日至9日**

中共中央政治局常委、国务院副总理李岚清在天津考察工作。其间，李岚清考察了天津市第七中学、北京师范大学天津附属中学、南开中学、第二南开中学等学校，强调要大力发展优质高中，满足人民群众日益增长的教育需求。

0226 | **5月13日**

教育部发布《全国学校艺术教育发展规划（2001年—2010年）》。《规划》指出，高中从2003年起以省（自治区、直辖市）为单位逐步进入新课程标准的实验工作。高中阶段艺术课程和教材的改革应体现多样性、选择性的特点，使学生在普遍达到艺术课程基本要求的前提下，实现对艺术课程各个学习领域的自主选择。中等职业学校应按照教育部有关教学计划开足艺术课程。《规划》强调，各地要充分利用我国基础教育改革和课程标准实施的契机，开足开齐艺术课程，大面积提高教学质量。

0227 | 5月17日

新闻出版总署、教育部、国家计委印发《关于进一步贯彻落实中小学教材管理体制改革的意见》。《意见》要求，从2003年春季开始，教辅材料一律不准编入《中小学教学用书目录》。各级教育行政部门和其他有关部门不得以任何形式强迫学校订购、中小学校不得组织学生购买、发行部门不得向学校征订或随教材搭售一切形式的教辅材料。新闻出版和教育行政部门要对中小学教辅材料的出版、发行、征订、选用等环节加强监督检查，对违反规定的单位和责任人要严肃处理。

0228 | 5月17日

教育部印发《关于在中小学加强写字教学的若干意见》。《意见》指出，规范、端正、整洁地书写汉字是有效进行书面交流的基本保证，是学生学习语文和其他课程，形成终身学习能力的基础；热爱祖国文字，养成良好的写字习惯，具备熟练的写字技能，并有初步的书法欣赏能力是现代中国公民应有的基本素养，也是基础教育课程的目标之一。中小学写字教学要使学生会写铅笔字和钢笔字，学习写毛笔字，使学生养成良好的写字习惯，正确的写字姿势，并有一定的书写速度。具备正确书写汉字的基本能力。

0229 | 5月21日至22日

教育部在北京召开全国中小学人事制度改革经验交流会。教育部副部长王湛出席会议，并在讲话中要求各级教育行政部门加强领导，精心组织，积极稳妥地做好中小学人事制度改革工作。

0230 | **5 月 27 日**

国家计委、财政部、教育部联合发布《教育收费公示制度》，决定在全国各级各类学校实行教育收费公示制度。教育收费公示制定是学校通过设立公示栏、公示牌、公示墙等形式，向社会公布收费项目、收费标准等相关内容，便于社会监督学校严格执行国家教育收费政策，保护学生及其家长自身合法权益的制度。《教育收费公示制度》要求各省、自治区、直辖市价格、财政主管部门和教育行政部门可结合当地实际情况，制定主管部门收费公示制度的具体实施办法。

0231 | **6 月 17 日**

全国总工会、教育部印发《关于在社会力量举办的学校建立工会组织的意见》。《意见》指出，要按照“哪里有职工，哪里就必须建立工会组织”的原则和最大限度地把职工组织到工会中来的要求，凡是经相应的行政部门批准、依法登记的社会力量举办的学校，不论其规模大小，职工多少，都应允许依法建立工会组织。对暂不具备条件的，应创造条件尽快把工会组织建立起来。

0232 | **6 月 20 日**

教育部办公厅、国家广电总局办公厅、文化部办公厅发布《第九批向全国中小学生推荐优秀影片片目》。本批共有7部故事片和3部专题片入选。

0233 | **6 月 24 日**

教育部、公安部在北京禁毒教育基地联合向全国中小学校赠送6万套《中小学生禁毒教育挂图》，以便通过张贴宣传，提高青少年学生的拒毒防毒意识和能力。

0234 | **6 月 26 日**

教育部印发《关于加强农村学校体育卫生工作的几点意见》。《意见》提出，要提高认识，转变观念，开齐开足体育课并不断提高质量；要采取有效措施，加强师资队伍建设；要坚持因地制宜原则，认真做好学校卫生与健康教育工作；加大投入力度，保证体育、卫生和健康教育的教学条件。

0235—38

0235 | **6月26日**

教育部印发《关于贯彻〈中央编办、教育部、财政部关于制定中小学教职工编制标准意见的通知〉的实施意见》。《实施意见》要求各省、自治区、直辖市教育行政部门在当地党委、人民政府的统一领导下，积极配合有关部门，结合本地实际情况制定科学、合理的中小学编制实施办法，指导、落实本地区中小学编制核定工作。

0236 | **7月4日**

教育部、国家体育总局发布《学生体质健康标准（试行方案）》《〈学生体质健康标准（试行方案）〉实施办法》。实施《标准》是促进学生体质健康发展、激励学生积极进行身体锻炼的教育手段。达到《标准》的要求是学生毕业的基本条件之一。《标准》根据学生的生长发育规律，将测试对象划分为以下组别：小学一、二年级为一组，小学三、四年级为一组，小学五、六级为一组；初中及以上年级每年级一组；大学为一组。《实施办法》对《标准》的具体实施作了详细说明。

0237 | **7月5日**

教育部印发通知，推行《第二套全国中小学生（幼儿）系列广播体操》。第二套广播体操包括《世界真美好》《雏鹰起飞》《初升的太阳》《时代在召唤》《青春的活力》五套操。

0238 | **7月7日**

国务院发布《关于深化改革加快发展民族教育的决定》。《决定》提出，“十五”期间确保实现高中阶段在校生有显著增长的发展目标，扶持少数民族和西部地区办好示范性高中，发展高中教育。进一步加强内地西藏班(校)和内地新疆高中班的工作，完善内地西藏班(校)、内地新疆高中班管理、评估和升学分流办法；加大投入，提高教育教学质量，使其办学综合条件和管理水平达到当地省一级同类学校的标准；调整内地西藏班（校）招生结构，适度扩大高中和师范招生比例。

0239 | **7 月 20 日**

据《中国教育报》报道，青岛市胶州市依靠国家政策，采用土地置换、银行贷款和社会集资等办法，推进高中建设。青岛市胶州市不等不靠，想方设法筹集资金，探索出一条“不拿政府一分钱，大力发展高中段教育”的新路子。

0240 | **7 月 22 日**

据《中国教育报》报道，江西省召开高中阶段教育工作会议。会议决定，全省将采取切实可行的措施，加快高中阶段教育的改革与发展。2002 年，全省高中阶段教育毛入学率要达到 42%，以后每年提高 5 个百分点以上；到 2005 年，力争全省高中阶段教育毛入学率达到 60%，高中阶段教育各类在校生总数达到 130 万人左右。为了激活高中阶段教育，江西省努力扩大高中办学规模，全省重点中学要在 2002 年基本完成分离任务。同时，江西省打破重点中学“终身制”，建立滚动淘汰制度，对全省现有的省级重点中学分期分批进行办学水平的评估。

0241 | **7 月 25 日**

教育部发布《学校艺术教育工作规程》。《工作规程》指出，艺术教育能使学生能了解我国优秀的民族艺术文化传统和外国的优秀艺术成果，提高文化艺术素养，增强爱国主义精神；能培养学生感受美、表现美、鉴赏美、创造美的能力，使其树立正确的审美观念，抵制不良文化的影响；能帮助学生陶冶情操，发展个性，激发其创新意识和创造能力，促进其全面发展。《工作规程》强调，各级各类学校应当加强艺术类课程教学，按照国家的规定和要求开齐开足艺术课程。职业学校应当开设满足不同学生需要的艺术课程。学校应当面向全体学生组织艺术社团或者艺术活动小组，每个学生至少要参加一项艺术活动。

0242 | **7 月 26 日**

据《中国教育报》报道，四川省首批特困生“志远班”在成都成立。“志远班”学生被免去各种费用，按月获得生活保证金，享受奖学金，寒暑获得供返家的交通费用。来自全省各地的40余名成绩优异的特困生，在成都武侯高级中学“全免费”完成自己的高中学业。

0243 | **7月26日至27日**

教育部、国家民委在北京召开第五次全国民族教育工作会议。会议指出，要从加快经济发展、巩固民族团结和维护国家统一的战略高度，充分认识加快民族教育事业发展的重大意义。

0244 | **7月28日至30日**

国务院在北京召开全国职业教育工作会议。会议以邓小平理论和“三个代表”重要思想为指导，总结近年来职业教育的成就和经验，分析职业教育的形势，进一步确立职业教育的战略地位，明确“十五”期间职业教育改革发展的指导思想、目标和思路，研究制定推动职业教育改革发展的政策措施，努力开创职业教育工作的新局面。

0245 | **8月1日**

教育部发布《中小学心理健康教育指导纲要》。《指导纲要》对心理健康教育的指导思想和基本原则、目标与任务、主要内容、途径和方法、组织实施等作出明确规定。《指导纲要》指出，心理健康教育的总目标是：提高全体学生的心理素质，充分开发他们的潜能，培养学生乐观、向上的心理品质，促进学生人格的健全发展。心理健康教育的主要内容包括：普及心理健康基本知识，树立心理健康意识，了解简单的心理调节方法，认识心理异常现象以及初步掌握心理保健常识，其重点是学会学习、人际交往、升学择业以及生活和社会适应等方面的常识。

0246 | **8月16日**

教育部印发《基础教育工作分类推进与评估指导意见》。《指导意见》制定了“十五”期间不同地区基础教育改革与发展的主要目标和质量要求，同时对有条件的地区提出了到2010年的总体要求。《指导意见》将全国划分为三类地区：占全国人口15%左右、未实现“两基”的贫困地区要在积极普及九年义务教育的基础上，适度发展高中阶段教育，入学率达到

30%以上；占全国人口50%左右、已实现“两基”的农村地区，高中阶段教育有较大发展，入学率达到50%以上，大力发展适应农村经济和社会发展需要的中等职业教育，普通高中教育与中等职业教育协调发展；占全国人口35%左右的大中城市和经济发达地区要进一步普及高中阶段教育，入学率达到90%左右。

0247 | **8月22日**

中央综治委学校及周边治安综合治理工作领导小组召开第一次全体会议。会议研究了全国学校及周边治安综合治理工作情况和开展“严打”整治斗争以来集中整治学校及周边治安秩序情况，审议并确定新学期开学后，各地开展集中整治学校及周边治安秩序专项行动的工作部署。

0248 | **8月24日**

国务院发布《关于大力推进职业教育改革与发展的决定》。《决定》明确提出，要推进职业教育管理体制改革，建立并逐步完善在国务院领导下，分级管理、地方为主、政府统筹、社会参与的职业教育管理体制；要以中等职业教育为重点，保持中等职业教育与普通高中教育的比例大体相当，扩大高等职业教育的规模；职业学校和职业培训机构要进一步适应经济和社会发展以及劳动力市场需求，增强自主发展能力，改善办学条件，全面提高教育质量和效益；“十五”期间，职业教育要为社会输送2200多万名中等职业学校毕业生，800多万名高等职业学校毕业生。9月24日，教育部印发《关于学习贯彻〈国务院关于大力推进职业教育改革与发展的决定〉和全国职业教育工作会议精神的通知》。

0249 | **8月30日**

教育部、国务院纠风办印发《关于进一步做好治理中小学乱收费工作的紧急通知》。通知要求，对非义务教育阶段的公办高中招收“择校生”，必须遵守“三限”政策，开办民办学校不得以营利为目的，其收费标准要报经省级人民政府批准后执行。

0250 | 9 月 3 日

据《中国教育报》报道，宁夏回族自治区人民政府召开常务会议，研究讨论《关于进一步加快宁夏普通高中教育发展的若干政策措施》。会议提出，要采取有效措施，缓解制约普通高中教育发展的“瓶颈”，切实解决人民群众关注的上高中难问题。

0251 | 9 月 4 日

教育部发布《教育管理信息化标准》（第一部分：学校管理信息标准）。11 月 27 日，教育部办公厅发布《〈教育管理信息化标准〉实施办法（试行）》《〈教育管理信息化标准〉应用示范区建设实施办法（试行）》，强调进一步加快教育信息化的建设步伐。

0252 | 9 月 11 日至 13 日

国家基础教育课程改革实验区教学工作研讨会在黑龙江哈尔滨举行。会议总结课程改革实验一年来的经验，就实验中存在的问题进行研讨与交流。

0253 | 9 月 18 日

中宣部、中央文明办、教育部召开新闻发布会，宣布作为西部开发助学工程的延伸，分布在中西部 20 个省（自治区、直辖市）和新疆生产建设兵团的 42 个西部开发助学工程高中“宏志班”，全部正式开学。中宣部等三部门要求，要以“三个代表”重要思想为指导，努力把“宏志班”办成为西部大开发培养优秀人才、为我国现代化建设培养合格建设者、为有中国特色社会主义事业培养可靠接班人的一个重要阵地。

0254 | 9 月 20 日

教育部、卫生部发布《学校食堂与学生集体用餐卫生管理规定》，旨在防止学校食物中毒或者其他食源性疾患事故的发生，保障师生员工身体健康。《管理规定》就食堂建筑、设备与环境卫生要求，食品采购、贮存及加工的卫生要求，食堂从业人员卫生要求，管理与监督等问题作了说明。

0255 | **9月24日**

中宣部、中直机关工委、中央国家机关工委、总政治部、中共北京市委在北京举办党的十三届四中全会以来改革开放和现代化建设成就的第六场报告会。教育部部长陈至立出席报告会并讲话指出，13年来，我国教育事业已进入了最快最好的发展时期。高中阶段教育发展迅速，2001年招生558万人，是1988年的2.5倍。大力发展职业教育，2001年中等职业学校在校生达到1164万人，是1988年的2倍。专业结构更加适应劳动力市场的需求。

0256 | **10月3日**

据《中国教育报》报道，河北省在加快普及高中阶段教育工作中，加快普通高中的硬件建设，同时针对普通高中的特点，下大力转变普通高中的教育思想、教育观念和教学方法，促进普通高中教育提高“内涵”，使普通高中教育走上了健康发展的路子。

0257 | **10月12日**

教育部在天津召开全国高中发展与建设工作经验交流会。会议指出，综观世界各国经济和社会发展，人才是第一位的。发展教育，培养数以千万计的高素质人才和数以亿计的高素质劳动者，是富民兴邦的根本大计。在新的形势下，加快高中发展与建设，扩大优质高中教育资源，解决制约整个教育发展的瓶颈问题，满足广大人民群众的教育需求，是关系最广大人民根本利益的一件大事，是提高高等教育质量的一个前提，也是提高劳动者素质、缓解社会就业压力的一条重要途径。教育部部长陈至立作题为《实践“三个代表”重要思想，努力开创高中教育发展与建设的新局面》的报告。

0258 | **10月17日**

教育部印发《关于进一步规范民办教育机构办学秩序的通知》。通知要求进一步做好民办教育机构的设置审批工作，改进民办教育机构的招生管理，完善民办教育机构的收费管理和监督，严格民办教育机构证书发放的管理，落实对民办教育机构的年检和评估。

0259—61

0259 | 10月21日

教育部、司法部、中央综治办、共青团中央印发《关于加强青少年学生法制教育工作的若干意见》。《意见》指出，要根据不同学龄阶段学生的生理、心理特点和接受能力，有针对性地开展法制教育。小学法制教育要对学生进行法律启蒙教育，运用生动、形象的教学方式，向学生普及有关法律的基本常识，培养他们的爱国意识、交通安全意识、环境保护意识、自护意识，以及分辨是非的能力，使其从小养成遵纪守法的好品德。中学法制教育要着重进行社会主义民主与法治观念教育，增强学生的国家意识、权利义务意识、守法用法意识，进行预防未成年人犯罪教育，使学生明辨是非，提高自我约束、自我保护能力，预防和减少违法犯罪行动。《意见》强调，逐步将法制教育纳入教学大纲，纳入教学计划，真正做到计划、教材、课时、师资"四落实"；同时，坚持校内教育与校外教育相结合，组织生动活泼、寓教于乐的法制实践活动。确保课时到位，提高法制课教师的授课水平。25日，教育部、司法部、中共综治办、共青团中央在北京联合召开全国青少年学生法制教育电视电话会议。会议要求，贯彻落实《意见》，总结各地青少年学生法制教育的情况和经验，推动新形势下全国青少年学生法制教育工作的深入发展。

0260 | 10月24日

据《中国教育报》报道，浙江省在大力加强示范性高中建设过程中，依托名校扩大优质教育资源，促进优质高中的进一步发展。"九五"以来，全省多渠道投入示范性普通高中建设资金近55亿元，增加校园占地面积6000余亩，建筑面积433万平方米，有效扩大了高中优质教育资源。据统计，2002年，浙江省高中阶段学校共招收新生52.73万人，初中毕业生升高中的比例已达到82.8%。

0261 | 11月8日

党的十六大在北京人民大会堂开幕，中共中央总书记江泽民代表第十五届中央委员会向大会作题为《全面建设小康社会，开创中国特色社会主义事业新局面》的报告。江泽民指出：“开创中国特色社会主义事业新局面，必须高举邓小平理论伟大旗帜，坚持贯彻“三个代表”重要思想。”[①] 江泽民强调：“教育是发展科学技术和培养人才的基础，在现代化建设中具有先导性全局性作用，必须摆在优先发展的战略地位。全面贯彻党的教育方针，坚持教育为社会主义现代化建设服务，为人民服务，与生产劳动和社会实践相结合，培养德智体美全面发展的社会主义建设者和接班人。坚持教育创新，深化教育改革，优化教育结构，合理配置教育资源，提高教育质量和管理水平，全面推进素质教育，造就数以亿计的高素质劳动者、数以千万计的专门人才和一大批拔尖创新人才。加强教师队伍建设，提高教师的师德和业务水平。继续普及九年义务教育。加强职业教育和培训，发展继续教育，构建终身教育体系。加大对教育的投入和对农村教育的支持，鼓励社会力量办学。完善国家资助贫困学生的政策和制度。”[②]

0262 | 11 月 19 日

中共教育部党组印发《关于教育战线认真学习贯彻党的十六大精神的通知》。通知提出，要高度重视，充分认识学习贯彻党的十六大精神的重大意义；要认真学习，全面准确把握党的十六大的基本精神；要学以致用，大力发扬理论联系实际的学风；要加强领导，把学习贯彻党的十六大精神的工作不断引向深入。

0263 | 11 月 26 日

教育部印发《关于公布全国中等职业教育首批示范专业（点）和加强示范专业建设的通知》，确定数控技术应用等 20 个专业的 174 个专业点为全国中等职业首批示范专业（点）。

---

① 《江泽民文选》第三卷，人民出版社 2006 年版，第 536 页。

② 同上，第 560—561 页。

0264 | **11月26日**

辽宁省召开高中教育工作会议。会议提出，“十五”期间，辽宁省普通高中招生规模将按每年13.5%的速度递增，全省普通高中教育实现跨越式发展。具体做法为：一是以现有普通高中为主体，以改、扩建现有学校为主，积极推动完全中学实施初高中分离，举办独立高中，走内涵式发展道路。二是鼓励名校以资产置换异地建校、兼并弱校、创办分校等方式，扩张名校资源，扩大办学规模等。

0265 | **11月29日**

劳动和社会保障部、教育部、人事部印发《关于进一步推动职业学校实施职业资格证书制度的意见》。《意见》提出，推动职业学校实施职业证书制度是落实中共中央、国务院关于“在全社会实行学业证书、职业资格证书并重制度”要求的重要举措，对于提高劳动者素质，推动就业准入制度的实施，促进职业教育的改革与发展等具有重要意义。

0266 | **12月5日至7日**

以“教育创新与校长培训”为主题的全国中小学校长培训工作研讨会在北京举行。会议总结交流了“十五”计划启动以来中小学校长培训工作的新进展和新经验，分析研究面临的新形势和新问题，研讨进一步加强中小学校长培训工作的新思路和新机制，为推进教育创新、深化基础教育改革、全面实施素质教育服务。12月25日，教育部办公厅印发会议纪要。

0267 | **12月10日**

黑龙江省大庆市提出创建“高中城”。到2005年，市区高中规模要比2001年扩大一倍，在校生达5万人，其中招收大庆以外学生的比例达到30%，使质量高、规模大、体制新、机制活、效益好、辐射力强的高中阶段教育成为大庆市的城市特色。这是大庆市进一步发展自身教育优势，满足广大人民群众要求接受优质教育的愿望，实践“三个代表”重要思想的重要举措。

0268 | 12月16日

国家禁毒委、中央综治办、教育部、共青团中央印发《关于进一步加强中小学生毒品预防教育工作的通知》。通知提出，充分发挥课程教学的主渠道作用，不断增强中小学生毒品预防教育的科学性、针对性和实效性。

0269 | 12月26日至27日

教育部召开2003年度教育工作会议。中共教育部党组书记、教育部部长陈至立作重要讲话，对五年来和2002年的教育工作作了回顾。陈至立强调，要认真学习贯彻党的十六大精神，明确目标任务，增强做好新世纪教育工作的使命感和责任感。陈至立提出了2003年教育工作的任务和要求，重点包括五个方面工作：以发展为主题，坚持全面、科学的发展观，努力实现教育的可持续发展；坚持教育改革创新，全面推进素质教育；进一步改进德育和思想政治工作；采取切实措施，关心困难学生和群体的学习生活；坚持从严治教、加强管理，坚决纠正行业不正之风。教育部副部长周济作总结讲话，强调要结合实际，认真学习贯彻党的十六大精神，把建设中国特色社会主义现代化教育体系的奋斗目标落实到工作规划、工作部署中去，落实到教育系统的各方面实际工作中去。

0270 | 12月27日

教育部印发《关于积极推进中小学评价与考试制度改革的通知》。通知要求，对学生、教师与学校评价的内容要多元，既要重视学生的学习成绩，也要重视学生的思想品德以及多方面潜能的发展，注重学生的创新能力和实践能力；既要重视教师业务水平的提高，也要重视教师的职业道德修养；既要重视学校整体教学质量，也要重视在学校的课程管理、教学实施等管理环节中落实素质教育思想，形成生动、活泼、开放的教育氛围。评价标准既应注意对学生、教师和学校的统一要求，也要关注个体差异以及对发展的不同需求，为学生、教师和学校有个性、有特色的发展提供一定的空间。

0271 ｜ **12 月 28 日**

0271 九届全国人大常委会第三十一次会议表决通过《中华人民共和国民办教育促进法》。《民办教育促进法》包括总则、设立、学校的组织与活动、教师与受教育者、学校资产与财务管理、管理与监督、扶持与奖励、变更与终止、法律责任以及附则等十章。

2003 年

改革进行时

• 重要文件

国务院《关于进一步加强农村教育工作的决定》

人事部、教育部《关于深化中小学人事制度改革的实施意见》

教育部等部门《关于农村中小学危房改造工程的实施意见》

国家发改委等部门《关于开展全国治理教育乱收费专项检查的通知》

教育部等部门《关于严禁向新任中小学教师收取“上岗费”的通知》

教育部《普通高中课程方案（实验）》和 15 个学科课程标准（实验）

教育部、总参谋部、总政治部《高级中学学生军事训练教学大纲》

教育部《中小学图书馆（室）规程（修订）》

• 重要政策

进一步加强农村教育工作

加强农村中小学危房改造

加快高中教育的发展，保持普职比例大体相当

扩大优质高中办学规模

鼓励有条件的地区普及高中阶段教育

启动新一轮普通高中课程改革

深化中小学人事制度改革

• 重要会议

国务院召开全国农村教育工作会议

国家发改委等七部门联合召开全国治理教育乱收费工作电视电话会议

教育部召开全国基础教育工作会议

教育部召开全国基础教育课程改革座谈会

教育部召开全国基础教育课程改革实验推广工作电视电话会议

教育部召开全国学校体育卫生艺术与国防教育工作会议

• 改革亮点

新世纪第一轮普通高中新课程实验正式启动。教育部印发《普通高中课程方案（实验）》和15个学科课程标准，并确定广东、山东、海南、宁夏四省（自治区）为首批实验省，于2004年秋季开始普通高中新课程实验。普通高中新课程实验以“为了每一位学生生动活泼、主动、全面、和谐发展”为理念，推动普通高中教育发展进入新阶段。

0301 | **1月9日**

据《中国教育报》报道，受教育部委托，103位两院院士，文史学家，体育和艺术专业工作者对普通高中课程标准进行审议，对各学科课程标准的内容和要求进行严格把关。专家们展望21世纪学科发展的趋势，研究了未来社会发展对人才的需求，从高中教育改革的需要和高中学生发展的实际出发，对未来高中学生学什么和怎么学发表了真知灼见，全面阐述了学科基础与学科前沿的关系，强调高中学生既要打好扎实的基础，又要具有广阔的视野。与会专家对高中课程标准提出了具体的修改意见。

0302 | **1月14日至15日**

教育部在河北唐山召开全国基础教育工作会议。会议确定了2003年基础教育工作的总体要求，提出要坚持基础教育积极、均衡、持续、协调发展，深化教育改革，大力推进教育创新，全面推进素质教育，切实加强管理，不断提高教育质量，努力开创基础教育工作的新局面。会议指出，要加快高中教育的发展，保持普、职比例大体相当，避免高中阶段教育结构失衡。要注意发展的速度、质量、效益的统一，把扩大高中教育规模的重点放在拓展优质教育资源上，并将优质高中建设与改造薄弱校结合起来。要抓住近几年本科生和研究生大幅度增加的有利时机，充实高中教师队伍。

0303 | **1月18日**

据《中国教育报》报道，北京市教委、市卫生局通过验收确定127所中小学为首批北京市健康促进学校。建设健康促进学校工作的主要目的是培养学生健康技能，努力为学生创造健康、安全的学习和生活环境。北京市于1995年从世界卫生组织引进此项目。

0304 | **1月30日**

教育部、总参谋部、总政治部发布《高级中学学生军事训练教学大纲》。《教学大纲》提出，高级中学学生军事训练教学，要全面贯彻党的教育方针，按照教育要面向世界、面向未来、面向现代化的要求，适应我国人才培养的战略目标和加强国防后备力量建设的需要。

0305 | 2月14日

江苏省教育厅决定，从2003年起，江苏省将暂停“重点”审批，对普通中学实行“星级评估”，并实行跟踪考核机制。按有关标准，江苏省教育厅把学校分成五个等级，最低一星，最高五星。一级为合格学校；二级相当于市级重点学校；三级相当于省重点学校；四级相当于国家级重点学校；五级是与国际接轨的重点学校。

0306 | 2月18日

教育部在江西南昌召开全国学校体育卫生艺术与国防教育工作会议。教育部副部长赵沁平出席会议并在讲话中强调，体育、卫生与健康教育、艺术教育和国防教育是学校素质教育的重要内容，对促进学生全面素质的提高具有重要作用。

0307 | 2月20日

教育部办公厅发布《中小学生预防艾滋病专题教育大纲》《中小学生毒品预防专题教育大纲》《中小学生环境教育专题教育大纲》，决定从2003年春季开学起，在中小学开设预防艾滋病、毒品预防和环境教育三项专题教育课。

0308 | 2月25日

教育部办公厅印发《国家基础教育课程改革实验区2004年初中毕业考试与普通高中招生制度改革的指导意见》。《指导意见》决定，2004年要在17个有首批初中毕业生的国家基础教育课程改革实验区，积极稳妥地推进初中毕业考试与普通高中招生制度改革，为推动、保障基础教育课程改革向纵深发展，并为2005年在更大范围内进行初中毕业与普通高中招生制度改革奠定基础。本次初中毕业考试与普通高中招生制度改革要改变以升学考试科目分数简单相加作为唯一录取标准的做法，力求在初中毕业生学业考试、综合素质评价、高中招生录取三方面予以突破。

0309 | **3月5日**

十届全国人大一次会议在北京人民大会堂开幕，国务院总理朱镕基作《政府工作报告》。《报告》回顾过去五年的教育工作时指出，教育事业迅速发展，高中阶段教育得到加强，基本建成结构比较完整、专业门类齐全的职业和成人教育体系，素质教育不断加强，促进了学生德智体美全面发展。2002年，全国财政性教育经费投入3366亿元，是1997年的1.8倍，占国内生产总值的比重从2.5%提高到3.3%。从1998年起，中央财政支出中教育经费所占比例每年提高一个百分点。中央财政还安排了大量资金解决中小学教师工资拖欠、中小学危房改造等问题。同时，建立以“奖、贷、助、补、减、免”为主要内容的助学政策体系，努力使家庭生活困难学生不失学。积极推进课程和考试评价制度改革。对农村义务教育实行在国务院领导下，由地方人民政府负责、分级管理、以县为主的新体制，有力地推动了农村教育改革和发展。《报告》指出，2003年是全面贯彻落实党的十六大精神的第一年。认真实施科教兴国战略和可持续发展战略，继续加大对教育的投入。深化教育体制改革，坚持教育创新，全面推进素质教育。加快发展各级各类教育，提高教育质量。完善农村义务教育以县为主的管理体制。继续做好助学贷款和设立国家奖学金工作。加强职业教育和培训。依法规范和积极支持民办教育发展。继续实施人才强国战略，培养和吸引各类人才特别是高层次急需人才，为他们充分发挥聪明才智和干成事业创造良好条件。

0310 | **3月24日**

教育部召开全国教育系统治理中小学乱收费工作电视电话会议。中共教育部党组书记、教育部部长周济作了题为《认真贯彻中纪委二次全会精神，从严治教，坚决治理学校乱收费》的讲话。周济强调指出，要严格执行公办高中招收“择校生”的“三限”政策。各省级教育行政部门要从严掌握、具体制定公办高中“择校生”的招生比例、最低录取分数线，并会同有关部门确定最高收费标准。各公办高中要严格控制“择校生”比例，招收“择校生”的人数占本校当年录取新生的比例不得超过省级教育行政部门规定的上限；在省级教育部门制定的“择校”收费限定金额之外，不得再以任何借口和方式收取其他择校费用；不得擅自招收省级教育行政部门规定的“择校生”最低录取分数线以下的学生。

0311 | **3月25日**

教育部发布《中小学图书馆（室）规程（修订）》。《规程》提出，进一步加大对中小学图书馆（室）建设的经费投入，加强数字图书馆和图书资源中心的建设；采取有效措施，积极开展各种读书活动，鼓励各地中小学图书馆（室）对社区、学生业余时间开放，提高图书的借阅率、使用率，充分发挥中小学图书馆（室）的使用效益；进一步加强中小学图书管理队伍的建设。

0312 | **3月31日**

教育部发布《普通高中课程方案（实验）》和15个学科课程标准（实验）。《方案》指出，普通高中教育是在九年义务教育基础上进一步提高国民素质、面向大众的基础教育。普通高中教育为学生的终身发展奠定基础，并对普通高中教育培养目标、课程结构、课程内容、课程实施与评价等作出明确规定。普通高中课程方案提出，普通高中课程由学习领域、科目、模块三个层次构成，开设包括研究性学习活动、社区服务和社会实践在内的综合实践活动课，建立发展性评价制度。

0313 | **4月15日**

据《中国教育报》报道，西安市发布十条禁令，坚决纠正中小学校存在的乱收费、乱考试、乱招生、乱办班、乱补课、滥发教辅材料、体罚或变相体罚学生、驱赶“差生”等现象。

0314 | **4月18日**

国务院总理温家宝、副总理吴仪，国务委员陈至立检查北京市大中小学和幼儿园非典型肺炎防治工作。温家宝指出，做好非典型肺炎防治工作，要突出重点部位和重点环节。要采取有针对性的措施，切实加强学校的防治工作。各类学校都要高度重视，领导亲自抓，指定专人负责。

0315 | **4月28日**

湖南省教育厅发布《湖南省重点高中管理办法》，旨在加强省级重点高中建设与管理，促进普通高中教育持续健康发展。被取消省级重点高中资格的学校，两年后方可重新申报省级重点高中。

0316 | **5月2日**

教育部印发《关于广大农村地区利用中小学校现代远程教育设备进行防治"非典"宣传教育工作的通知》。通知要求，要充分利用中小学校现代远程教育设备，包括计算机教室、多媒体教室、卫星收视点和教学光盘播放设备，向广大人民群众宣传防治"非典"的相关知识，让广大人民群众了解和掌握"非典"发病的原因、主要症状、传播途径和预防措施。要采取有效方法，充分利用互联网、中国教育电视台、教育部中西部贫困地区远程教育资源网站等信息渠道，广泛收集有关防治"非典"宣传知识的音像资源，组织好宣传教育活动。

0317 | **5月3日**

经中共北京市委、北京市人民政府和教育部同意，北京市教委决定，全市中小学继续放假两周，以预防"非典"疫情对中小学校的影响，保障首都137万名中小学生的身体健康。放假期间，教育部门将利用各种媒体，从5月6日起开办"空中课堂"，指导和推动中小学学生在家学习。5月8日，国务委员陈至立考察"空中课堂"情况，并对坚守在教学岗位的广大教职工表示慰问和感谢。陈至立在考察时强调，在当前进行的抗击"非典"斗争中，北京等地区中小学校调整了教学和学习方式，开设了"空中课堂"，这既是一个很好的应对措施，同时也为推进教育信息化、现代化提供了机遇。我们要努力做到近期工作和长远规划相结合，不失时机地大力推进现代远程教育。

0318—22

0318 | **5月4日**

“非典”疫情期间，教育部“国家基础教育资源网”联合北京、湖南、广东、湖北等参与了“网络化基础教育资源建设项目”实验的省级教育部门的网站，提前开通试运行该项目。

0319 | **5月15日**

教育部、国家发改委、财政部发出《关于做好2003年学校收费工作有关问题的通知》。通知要求，2003年政府举办的各级各类学校的收费标准不得提高，也不得设立新的收费项目，除按国家规定的项目和标准收费外，学校不得再向学生收取其他任何费用。公办高中招收“择校生”要严格执行“三限”政策。

0320 | **5月19日**

教育部、国务院纠风办、国家发改委、财政部、审计署、新闻出版总署六部门建立治理教育乱收费部际联席会议制度，并在北京召开首次部际联席会。教育部部长周济在作会议总结时指出，部际联席会议是一种很好的工作形式，使全国治理教育乱收费工作有了组织保障和统一领导，必将有力推动这项工作的深入开展。

0321 | **5月19日**

江苏省教育厅、省物价局、省财政厅联合发出通知，对全省2003年公办高中招收“择校生”及收费进行规范。通知要求各地设立“高中择校生”收费项目，限定择校费最高收费标准。

0322 | **5月25日**

据《中国教育报》报道，湖北省人民政府推出加快普通高中教育建设和发展的新举措。通过改革高中教育办学模式，扩大优质高中办学规模，积极发展综合高中，大力扶持民办高中，实现“三轮”齐驱，争取到2008年全省高中阶段教育在校生达180万人，毛入学率达60%，高中阶段教育达到中等发达国家水平。

0323 | **6月20日**

教育部、总参谋部、总政治部发布《2003—2005年全国学生军训工作发展规划》。《规划》提出，到2005年，全国所有的高级中学都要开展学生军训。高级中学军事教师主要采取兼职与聘任相结合的方法解决，学校要选择热爱国防教育工作的老师兼任军事教师。高级中学学生军训要统一纳入学生社会实践课程，军事技能训练和军事理论课教学要严格按照《高级中学学生军事训练教学大纲》规定的教学内容和学时数实施教学。学生军训属于国家行为，学生军训经费主要由政府来负担。

0324 | **6月23日**

国务院办公厅转发教育部等部门《关于2003年治理教育乱收费工作实施意见的通知》。通知要求，各省(自治区、直辖市)人民政府要根据国家现行教育收费政策，立即全面清理审定本地区教育收费项目和收费标准。严格执行“择校生”“三限”政策。严格规范学校收费、代收费行为。经批准进行中小学办学体制改革试验的学校可以依托优质公办中小学办学。这类学校必须具有独立的法人资格，必须实行独立的财务核算和人事管理，有独立的校园、校舍，独立进行教育教学。坚决禁止中小学校以组织举办辅导班、补习班、“提高班”或“超常班”等为由向学生收取费用。中小学校除按国家规定可以代收课本费外，不得向学生收取其他任何性质的代收费。学校面向学生的各类服务项目，必须遵循学生自愿的原则，要加强对学校代收费资金收支情况的监督管理。

0325 | **6月23日**

教育部印发《关于加强农村中小学食堂管理工作的通知》。通知要求，加强对农村中小学食堂的管理，确保农村中小学食堂的伙食卫生安全、价格合理、质量良好。

0326 | **6月26日**

国家发改委、教育部、国务院纠风办、监察部、财政部、审计署和新闻出版总署联合召开全国治理教育乱收费工作电视电话会议。会议指出，全国各地区、各有关部门要把治理教育乱收费作为当前一项十分紧迫的任务，突出重点，加大工作力度，确保2003年治理工作取得明显成效。

0327 | **7月2日**

国务院办公厅转发教育部、卫生部《关于加强学校卫生防疫与食品卫生安全工作的意见》。《意见》提出，做好学校卫生防疫与食品安全工作，对保障青少年学生健康和生命安全，保持学校正常的教学秩序，维护社会的稳定意义重大。《意见》要求提高认识，加强领导；要明确职责，健全机制；要加强预防控制，严格学校管理；要加强监督检查，严格责任追究；要加大投入，切实改善学校卫生设施与条件。

0328 | **7月7日**

教育部召开全国基础教育课程改革实验推广工作电视电话会议，对2003年新学年的实验推广工作进行动员和部署。会议要求各省级教育行政部门要以高度的责任感、使命感和紧迫感，把基础教育课程改革摆在作为全面推进素质教育的战略地位，加强领导，边实验边推广，精心组织做好实验工作。

0329 | **7月7日**

教育部办公厅印发《关于公办高中严格执行招收“择校生”“三限”政策的通知》，要求公办高中招收“择校生”严格执行“三限”政策。

0330 | **7月12日**

据《中国教育报》报道，广州市将以示范性普通高中建设为重点，积极推进普通高中教育的跨越式发展。力争到2005年实现两个60%，即普通高中招生占高中阶段教育招生的比例达到60%，省、市一级学校提供的优质普通高中学位占学位总数的比例达到60%。

0331 | **7月17日**

教育部印发《关于加强依法治校工作的若干意见》。《意见》指出，依法治校是依法治教的重要组成部分。《意见》提出，要充分认识推进依法治教工作的重要性和必要性；进一步明确推进依法治教工作的指导思想；切实采取措施，大力推进依法治教；加强对依法治教工作的领导。

0332 | **7月23日**

黑龙江省人民政府办公厅转发省教育厅等部门《关于进一步加快普通高中教育发展的意见》。《意见》指出，普通高中教育发展的目标任务是：按照“十五”期间全省普通高中总体发展目标要求，“十五”期间，在全省逐步建立起发展规模适度、布局结构合理、投入体制多元、办学模式多样、办学方向端正、内部运行规范、质量效益较高的纵向与义务教育、高等教育贯通，横向与中等职业技术教育协调发展的基本满足黑龙江省全面建设小康社会对人力资源需求的普通高中教育发展格局。到2010年，全省高中阶段毛入学率达到70%左右，为在全省范围内普及高中阶段教育奠定良好基础。到2020年高中阶段毛入学率达到85%左右，全省普及高中阶段教育。

0333 | **8月28日**

中共中央政治局常委、中央纪委书记吴官正到教育部就治理教育乱收费问题调研时强调，要标本兼治，综合治理。要突出工作重点，认真抓好公办高中招收“择校生”“限分数、限人数、限钱数”政策的落实。

0334 | **8月29日**

国家发改委、教育部、国务院纠风办、监察部、财政部、审计署和新闻出版总署七部门联合印发《关于开展全国治理教育乱收费专项检查的通知》，决定自9月15日起，在全国范围内开展治理教育乱收费专项检查。专项检查的重点是城市部分高等学校、重点中小学校。检查时限和对象是2002年春季开学以来发生的收费、摊派等行为。

0335 | **8月**

宁夏六盘山高级中学正式面向宁南山区八县和各移民吊庄区招收第一批学生。六盘山高级中学是为加快贫困地区经济发展而创办的一所全日制寄宿制高中。政府向农村户籍学生提供生活补助金，对所有的学生均实行免费教育。

0336 | **9月4日**

教育部印发《关于实施全国教师教育网络联盟计划的指导意见》。《指导意见》就实施“教师网联计划”的意义、宗旨、目标，教师网联的管理体制和组织系统，教师网联的办学体系和公共服务体系等问题作了说明。9月8日，教育部在北京举行“全国教师教育网络联盟”启动仪式。教育部部长周济出席启动仪式并讲话强调，信息化为教师终身学习创造了有利条件，使原来想做而做不到的事情成为现实。抓住这一契机，率先推进信息化，实施“教师网联计划”，加强“三网”沟通，充分运用现代远程教育手段，实现教师教育领域内行业联合，沟通各种教育形式，建立和依托优质高效的公共服务体系，共建共享优质资源。

0337 | **9月9日**

中共中央政治局常委、国务院总理温家宝在北京人民大会堂会见全国农村中小学优秀教师代表和第一届高等学校教学名师奖获得者，强调要在全社会大兴尊师重教之风。

0338 | **9月9日**

教育部在北京举行全国农村中小学优秀教师代表座谈会，表彰一批在农村教育第一线辛勤耕耘并作出突出贡献的优秀教师。全国政协副主席王选出席座谈会并讲话。中共教育部党组书记、教育部部长周济代表教育部向与会教师代表表示亲切慰问，致以崇高敬意，并通过他们向全国广大教师致以节日的问候。

0339 | **9月17日**

国务院发布《关于进一步加强农村教育工作的决定》。《决定》提出，明确农村教育在全面建设小康社会中的重要地位，把农村教育作为教育工作的重中之重；加快推进西部地区“两基”攻坚，巩固提高普及义务教育的成果和质量；坚持为“三农”服务的方向，大力发展职业教育和成人教育，深化农村教育改革；落实农村义务教育以县为主管理体制的要求，加大投入，完善农村义务教育的经费保障机制；建立健全资助家庭经济困难学生就学制度，保障农村适龄少年儿童接受义务教育的权利；加快推进农村中小学人事制度改革，大力提高教师队伍素质；实施农村中小学现代远程教育工程，促进城乡优质教育资源共享，提高农村教育质量和效益；切实加强领导，动员全社会力量关心和支持农村教育事业。针对农村高中阶段教育，《决定》指出，今后五年，经济发达地区的农村要努力普及高中阶段教育，其他地区的农村要加快发展高中阶段教育。要积极开展各种形成的初中后教育。国家继续安排资金，重点支持中西部地区一批基础较好的普通高中和职业学校改善办学条件，提高教育质量，扩大优质教育资源。

0340 | **9月17日**

人事部、教育部印发《关于深化中小学人事制度改革的实施意见》。《实施意见》提出，中小学人事制度改革的总体目标是：以实行聘用（聘任）制和岗位管理为重点，以合理配置人才资源，优化中小学教职工结构，全面提高教育质量和管理水平为核心，加快用人制度和分配制度改革，建立符合中小学特点的人事管理运行机制，建设一支高素质专业化的中小学教师队伍和管理人员队伍。其主要任务是：加强编制管理，调整优化中小学教职工队伍结构；进一步完善校长负责制，改进和完善校长选拔任用制度；实行教职工聘用（聘任）制；完善中小学教职工工资保障机制，建立健全分配激励机制；促进人才合理流动。

0341 | **9月19日至20日**

国务院在北京召开全国农村教育工作会议。中共中央政治局常委、国务院总理温家宝出席会议。会议强调，要充分认识农村教育在全面建设小康社会中的基础性、先导性、全局性作用，充分认识农村义务教育在整个国民教育体系中举足轻重的地位，认真解决“三农”问题，推进农村小康建设和城乡协调发展。要坚持积极进取、实事求是、分区规划、分类指导的原则，西部地区集中力量打好“两基”攻坚战，中部地区切实抓好“两基”的巩固和提高，东部地区实现高质量高水平“普九”。会议指出，国务院决定到2007年，力争使西部地区九年义务教育普及率达到85%以上，青壮年文盲率降到5%以下。完成这一任务，将对推进西部扶贫开发、促进民族团结、维护边疆稳定起到非常重要的作用。要清醒地看到完成这一任务的复杂性和艰巨性，必须高度重视，狠抓落实。一是国务院有关部门和西部各省、自治区、直辖市要在充分调查研究的基础上，制定工作规划，设立专项经费，认真组织实施，加强督促检查。二是县级人民政府要负起主要责任，财政再紧张也要确保教育投入。三是采取有力措施，解决兴办寄宿制学校、资助家庭经济困难学生、培养少数民族地区教师等困难和问题。会议强调，办好农村教育，要一手抓发展，一手抓改革。当前，要重点推进农村教学改革，办学体制改革，中小学人事制度改革，“农科教结合”和“三教统筹”的综合改革。要充分发挥城市教育资源的优势，更积极、更有效地为农村和农民提供服务，特别是为西部地区培养输送急需人才。扩大城市各类职业学校面向农村招生。保证进城务工农民的子女有书读、有学上。要认真落实以县为主的农村教育管理体制和中央提出的新增教育经费主要用于农村的要求。各级人民政府要把办好农村教育作为一项最重要的职责，地方各级人民政府和国务院各有关部门都要把加强农村教育工作摆上重要议事日程，结合本地区、本部门实际，制定规划，组织实施，督促检查，狠抓落实。要大力宣传农村优秀教师的先进模范事迹，进一步在全社会形成尊师重教和支持农村教育的良好风尚。

0342 | **9月29日**

教育部、国家发改委、财政部印发《关于农村中小学危房改造工程的实施意见》。《实施意见》指出，农村中小学危房改造工程由教育部、国家发改委、财政部和地方人民政府共同组织实施。用3年时间，中央安排专项资金支持地方人民政府完成对农村中小学现存D级危房的改造任务。农村中小学现存的B级、C级危房及以后新产生的危房，由地方人民政府负责核查、制定规划、落实资金并承担改造责任。

0343 | **10月8日**

教育部发布《中小学环境教育实施指南（试行）》，要求在基础教育新课程的各相关学科内容的设计中渗透环境教育，同时将环境教育作为一个跨学科的主题纳入中小学综合实践活动课程。

0344 | **10月9日**

教育部印发《关于进一步加强职业技术学校校长培训工作的若干意见》。《意见》就培训工作的指导思想和原则，培训对象、工作目标和主要任务，培训的主要内容、类型和形式，组织与管理，考核与发证等问题作了说明。同日，教育部发布《职业技术学校校长任职资格培训指导性教学计划》《职业技术学校校长提高培训指导性教学计划》《职业技术学校校长高级研修指导性教学计划》。

0345 | **10月14日**

党的十六届三中全会审议通过《中共中央关于完善社会主义市场经济体制若干问题的决定》。《决定》分十二个部分，第十部分主题是“深化科技教育文化卫生体制改革，提高国家创新能力和国民整体素质”。《决定》强调，深化教育体制改革。构建现代国民教育体系和终身教育体系，建设学习型社会，全面推进素质教育，增强国民的就业能力、创新能力、创业能力，努力把人口压力转变为人力资源优势。推进教育创新，优化教育结构，改革培养模式，提高教育质量，形成同经济社会发展要求相适应的教育体制。巩固和完善以县级人民政府管理为主的农村义务教育管理体制。实施全员聘用和老师资格准入制度。完善和规范以政府投入为主、多渠道筹措经费的教育投入体制，形成公办学校和民办学校共同发展的格局。完善国家和社会资助家庭经济困难学生的制度。

0346 | **10月21日**

教育部印发《关于进一步加强中小学教师队伍管理和职业道德教育的通知》。通知指出了加强中小学教师队伍管理和职业道德教育的基本要求。通知要求，要依法实施教师资格制度，全面推行教师聘任制；要完善考核制度，规范学校内部管理工作；要加强师德和法制教育，提高职业道德修养；要从严治教，坚决查处违纪违法行为。

0347—49

0347 | **11 月 12 日**

教育部、财政部、人事部、国务院纠风办印发《关于严禁向新任中小学教师收取“上岗费”的通知》。通知要求，各地要严格遵守和执行国家人事工作的法规和政策，切实维护中小学教师的合法权益，不得以任何名义向新任中小学教师收取“上岗费”。对已收取的“上岗费”，要认真进行清理，限期尽快全部退还给教师本人，并追究有关领导和直接责任者的责任，情节严重的要给予党纪政纪处分。

0348 | **11 月 12 日**

教育部、中央编办、财政部印发《关于建立中小学编制报告制度的通知》。通知要求，各地要重视中小学教职工编制核定工作，尚未制定编制标准实施办法的省（自治区、直辖市），要尽快制定并组织实施。已经制定编制标准实施办法的省（自治区、直辖市），要加快编制核定工作的进度。按照全国农村教育工作会议提出的要求，力争在 2003 年底前完成中小学编制核定工作。在制定编制标准实施办法和核定编制的过程中，要认真落实国务院办公厅转发中央编办、教育部、财政部《关于制定中小学教职工编制标准意见的通知》精神，坚持从实际出发，因地制宜，区别对待，防止在编制核定上“一刀切”，保证教学编制的基本需求。

0349 | **11 月 17 日至 18 日**

全国中小学人事制度改革工作会议在山西太原举行。会议认为，当前深化中小学人事制度改革要着重抓好以下重点工作：一是加快编制核定工作，尽快将编制核定到县；要建立编制报告制度和定期调整制度；要组织中小学按照核定的编制数和教师职务结构比例合理设置各类岗位，明确岗位职责。二是依法实施教师资格制度，严把教师队伍入口关，坚持择优录用，逐步提高新聘教师的学历层次。三是引入竞争机制，全面推行教师聘任制。实行按需设岗、公开招聘、平等竞争、择优聘任、科学考核、合同管理，转换用人机制，建立公开、公平、公正的聘任机制，形成竞争择优、积极进取的良好氛围。四是严格掌握校长任职条件，积极推行校长聘任制，改革选拔任用方式，切实扩大民主。五是严格合同管理，科学实施考核。六是完善教师交流制度，促进教师队伍合理流动。

0350 | **11 月 20 日**

国家体育总局、教育部发布《关于命名 100 所国家级体育传统项目学校的决定》。11 月 23 日，国家体育总局、教育部在天津共同召开首批国家级体育项目传统学校命名大会。

0351 | **12 月 1 日**

教育部在福建南安举行全国基础教育课程改革座谈会。会议总结交流了基础教育课程改革实施两年来，各实验区进行课程改革实验工作的经验，分析了当前面临的新情况和新问题，对课程改革工作作进一步的研究与部署。会议指出，到 2003 年秋季开学，全国共有 1642 个实验区进行义务教育新课改，参与学生数达 3500 万人，分别占全国县区数的 57%，义务教育阶段学生总数的 18.6%，新课程已经由实验进入推广阶段。

0352 | **12 月 15 日**

教育部印发《关于开展普通高中新课程实验工作的通知》，确定广东、山东、海南、宁夏四省（自治区）为首批实验省，于 2004 年秋季开始普通高中新课程实验。通知要求，2004 年秋季，广东、山东、海南和宁夏四省（自治区）参加普通高中新课程实验，参加实验的起始年级学生数约占全国起始年级学生总数的 13%；2005 年，拟共有 8 个至 10 个省份参加普通高中新课程实验，参加实验的起始年级学生数占全国起始年级学生总数的 25% 至 30%；2006 年，拟共有 15 个至 18 个省份参加普通高中新课程实验，参加实验的起始年级学生数占全国起始年级学生总数的 50% 至 60%；2007 年，原则上全国普通高中起始年级全部进入新课程。

0353 | **12 月 18 日**

教育部办公厅发出《关于进一步加强中等职业学校实习管理工作的通知》。通知要求，要加强中等职业学校实习管理工作，推动学校实践教学工作的健康、有序开展，增强学生的就业能力、创新能力和创业能力。

0354 | **12 月 25 日至 27 日**

教育部召开 2004 年度教育工作会议。教育部部长周济出席会议并讲话指出，2004 年教育工作要继续以邓小平理论和“三个代表”重要思想为指导，大力实施科教兴国战略和人才强国战略，谋划发展、规划未来，坚持巩固成果，深化改革、提高质量、持续发展的方针，推动教育事业持续健康协调快速发展，努力办好让人民满意的教育。

0355 | **12 月 30 日**

国家科技教育领导小组召开第二次全体会议。会议听取了教育部关于制定《2003—2007 年教育振兴行动计划》和《国家西部地区“两基”攻坚计划》的汇报。会议认为，《2003—2007 年教育振兴行动计划》明确近五年我国教育工作的方向、任务和目标，对教育改革和发展提出了具体要求。《国家西部地区“两基”攻坚计划》对实现西部地区基本普及九年义务教育、基本扫除青壮年文盲作出了具体部署。会议要求，各地区、各部门要从科教兴国、人才强国和推进西部大开发的战略高度，认真实施两个《计划》。

2004年

改革进行时

·重要文件

中共中央、国务院《关于进一步加强和改进未成年人思想道德建设的若干意见》

国务院批转教育部《2003—2007年教育振兴行动计划》

教育部、国务院西部开发办《2004—2010年西部地区教育事业发展规划》

国务院办公厅转发教育部等部门《关于进一步做好教育援藏工作的意见》

中宣部等十单位《关于加强和改进爱国主义教育基地工作的意见》

文化部等十二单位《关于公益性文化设施向未成年人免费开放的实施意见》

教育部等七部门《关于进一步加强职业教育工作的若干意见》

教育部《关于贯彻落实全国职业教育工作会议精神进一步扩大中等职业学校招生规模的意见》

中宣部、教育部《中小学开展弘扬和培育民族精神教育实施纲要》

教育部《关于进一步加强基础教育新课程师资培训工作的指导意见》

教育部《中小学教师教育技术能力标准（试行）》

教育部《国家教育考试违规处理办法》

• 重要政策

进一步加强和改进未成年人思想道德建设

中小学开展弘扬和培育民族精神教育

以多种形式加快发展高中阶段教育

进一步扩大中等职业学校招生规模

稳步推进普通高中新课程实验

• 重要会议

中共中央召开全国加强和改进未成年人思想道德建设工作会议

教育部等部门召开全国职业教育工作会议

教育部、公安部召开全国中小学、幼儿园及少年儿童安全管理专项整治行动座谈会

教育部召开中小学德育工作会议

教育部召开全国基础教育课程改革工作电视电话会议

• 改革亮点

在全面实施《2003—2007 年教育振兴行动计划》的推动下，高中阶段教育继续快速发展。各地认真做好高中阶段教育事业发展规划，促进普通教育与职业教育协调发展。同时，国家推动中西部农村地区县高中建设，以多种形式扩大优质教育资源。

0401 | 1月11日至12日

教育部在北京召开全国中小学德育工作会议。中共教育部党组书记、教育部部长周济在会议上指出，要在中小学大力开展弘扬和培育民族精神教育，要从增强爱国情感做起，以爱国主义教育为核心，以中华传统美德和革命传统教育为重点，引导广大青少年认识中华民族的历史和传统，把课堂教学作为弘扬和培育民族精神的重要途径。各级教育行政部门和学校要加强领导，重视师德建设，切实做好学校管理工作。

0402 | 1月14日

国务院办公厅转发教育部、中央编办、国家发改委、财政部、人事部《关于进一步做好教育援藏工作的意见》。《意见》要求，要继续办好西藏班；通过国家扶持、对口支援等多种形式，重点帮助西藏发展基础教育和中等职业技术教育。西藏班高中学生在校学习期间，干部职工子女应适当交纳学习、生活及医疗费用；农牧民或城镇困难职工子女所需费用予以减免，减免部分由当地省（直辖市）从西藏班财政预算专款中一并补贴；国家将采取“分片负责，对口支援”的方式和“定点、包干、负责”的办法，由北京等18个省（直辖市）重点帮助西藏自治区改扩建15所普通高中和中等专业学校并采取一个或几个地级市（区）对口支援西藏自治区的一个县的方式，重点帮助每一个对口县改扩建2所中小学。

0403 | 1月17日

国务院办公厅转发教育部《关于建立对县级人民政府教育工作进行督导评估制度的意见》。《意见》就建立对县级人民政府有教育工作进行督导评估制度的必要性，督导评估的组织实施、督导评估的主要内容、督导评估的工作原则和程序，切实加强对督导评估工作的领导等问题作了说明。

0404 | 2月2日

教育部印发《关于进一步加强基础教育新课程师资培训工作的指导意见》。《指导意见》强调，建立健全新课程师资培训工作的保障体系，按照“边实验、边培训、边总结、边提高”的原则，根据新课程实验推广的要求，统筹规划、分区推进、分步实施，分阶段、滚动式地展开新课程师资培训。重视对培训者培训，要明确培训内容，突出培训重点，增强新课程培训的针对性，更新培训观念，变革培训模式，提高新课程培训的实效性。

0405 | **2月5日**

财政部、国家税务总局印发《关于教育税收政策的通知》，明确规定教育事业享受多重税收优惠。优惠政策从2004年1月1日起施行。

0406 | **2月8日**

据《中国教育报》报道，广州市普通高考从2004年起实行网上报名。报名时间为2月12日至15日。在省外读书的广州市户籍应届高中毕业生回本市参加高考，户口在本省但在外省工作的职工及职工子女，一律回本省考试，不得在外借考，广东省也不办理外省户籍的考生借考事宜。

0407 | **2月19日**

全国网吧等互联网上网营业场所专项整治工作电视电话会议在北京召开。会议强调，要下大决心，花大力气，深入开展专项整治，尽快实现网吧经营秩序的根本好转，为青少年的健康成长创造良好的社会环境。

0408 | **2月19日至20日**

教育部在浙江宁波召开中小学安全工作研讨会。会议要求，各地要结合实际，认真做好“全国中小学生安全教育日”教育宣传活动，切实提高中小学生安全防范意识和能力。

0409 | **2月24日**

国家发改委、教育部印发《关于建立和完善教育收费决策听证制度的通知》。通知要求，在制定（包括调整）重要的教育收费标准前，要由政府价格主管部门主持，请社会有关方面对其必要性、可行性进行论证。

0410 | **2月25日**

国务院第四十一次常务会议通过《中华人民共和国民办教育促进法实施条例》。《实施条例》规定，国家机构以外的社会组织或者个人可以利用非国家财政性经费举办各级各类民办学校，但不得举办实施军事、警察、政治等特殊性质教育的民办学校。

0411 | **2月26日**

中共中央、国务院印发《关于进一步加强和改进未成年人思想道德建设的若干意见》。《意见》强调，加强和改进未成年人思想道德建设，要紧密结合全面建设小康社会的实际，针对未成年人身心成长的特点，积极探索新世纪新阶段未成年人思想道德建设的规律，坚持以人为本，教育和引导未成年人树立中国特色社会主义的理想信念和正确的世界观、人生观、价值观，养成高尚的思想品质和良好的道德情操，努力培育有理想、有道德、有文化、有纪律的，德、智、体、美全面发展的中国特色社会主义事业建设者和接班人。未成年人思想道德建设的主要任务是：从增强爱国情感做起，弘扬和培育以爱国主义为核心的伟大民族精神；从确立远大志向做起，树立和培育正确的理想信念；从规范行为习惯做起，培养良好的道德品质和文明行为；从提高基本素质做起，促进未成年人的全面发展。

0412 | **3月1日**

教育部、国务院纠风办等七部门在北京联合召开全国治理教育乱收费工作电视电话会议。会议强调建立完善治理乱收费长效机制，一是要在义务教育阶段全面推行“一费制”；二是要进一步完善公办高中招收“择校生”的“三限”政策；三是要严格规范高校收费行为；四是要加大对搭车收费和各种形式摊派的治理力度；五是要进一步加强对教育收费资金的管理。同时，要加强监督检查，严肃查处违纪案件。

0413 | **3月3日**

国务院批转教育部《2003—2007年教育振兴行动计划》。《行动计划》强调，重点推进农村教育发展与改革及高水平大学和重点学科建设；实施“新世纪素质教育工程”“职业教育与培训创新工程”“高等学校教学质量与教学改革工程”“促进毕业生就业工程”“教育信息化建设工程”“高素质教师和管理队伍建设工程”；加强制度创新和依法治教；大力支持和促进民办教育持续健康协调快速发展；进一步扩大教育对外开放；改革和完善教育投入体制；加强党的建设和思想政治工作；构建和完善中国特色社会主义现代化教育体系。《行动计划》提出，积极推进普通高中教育的改革与发展，多种形式积极发展普通高中教育，扩大规模，提高质量。加大对农村高中发展的支持力度，引导示范性高中建设，加快基础薄弱校的建设，扩大高中优质教育资源供给能力。《行动计划》同时提出，以就业为导向，大力推动职业教育转变办学模式，继续建设和培育一批示范性职业技术学校。3月24日，教育部印发《关于学习、宣传和全面实施〈2003—2007年
0414 教育振兴行动计划〉的通知》。

0414 | 3月5日

十届全国人大二次会议在北京人民大会堂开幕，国务院总理温家宝作《政府工作报告》。《报告》首先回顾过去一年的工作，指出过去的一年，是我国发展进程中重要而非同寻常的一年，是改革开放和社会主义现代化建设取得显著成就的一年。国务院作出《关于进一步加强农村教育工作的决定》。中央财政和国债资金加大了对农村教育的支持力度，主要用于补助中西部农村教师工资发放、中小学危房改造、中小学现代远程教育工程试点和资助家庭经济困难的学生。许多城市开始实行以流入地人民政府管理为主的办法，努力使进城务工农民的子女能够上学。《报告》提出，要切实把教育放在优先发展的地位，用更大的精力、更多的财力加快教育事业发展。实施新一轮《教育振兴行动计划》，重点加强义务教育特别是农村教育。今年要启动西部地区“两基”攻坚计划，到2007年使西部地区基本普及九年义务教育，基本扫除青壮年文盲，中央财政将为此投入100亿元。要完善农村义务教育“以县为主”的管理体制，中央财政和省、市（地）财政要增加对贫困县义务教育的转移支付。继续实施第二期农村中小学危房改造，中央财政将投入60亿元。中央财政和地方财政还将加大投入，

发展农村中小学现代远程教育。优化教育结构，积极稳步发展高等教育，大力发展职业教育和继续教育。各级各类学校都要全面贯彻党的教育方针，加强素质教育，深化教育改革，提高教育质量。规范和发展民办教育。坚决治理教育乱收费，切实减轻学生家庭负担。

0415 | **3 月 8 日**

教育部、国务院纠风办、监察部、国家发改委、财政部、审计署、新闻出版总署等七部门印发《关于 2004 年治理教育乱收费工作的实施意见》，要求进一步完善公办普通高中招收“择校生”“三限”政策。

0416 | **3 月 25 日**

教育部发布新修订的《中小学生守则》《小学生日常行为规范（修订）》《中学生日常行为规范（修订）》并发出通知。通知要求各级教育行政部门和中小学校要认真组织干部、教师及中小学生学习三个文件，采取切实措施认真实施。

0417 | **3 月 25 日**

教育部办公厅印发《关于进一步加强中小学诚信教育的通知》。通知指出，一些地区和学校，少数学生考试作弊、言行不一、欺骗他人的情况时有发生。各级教育行政部门和中小学校必须充分认识诚实守信的品德是立身之本、做人之道；充分认识诚信教育是摆在我们面前的一项重要任务，必须作为学校工作的一件大事，认真抓紧抓好。

0418 | **3 月 30 日**

中宣部、教育部发布《中小学开展弘扬和培育民族精神教育实施纲要》。《实施纲要》指出，把弘扬和培育民族精神教育作为当前和今后一个时期青少年学生思想道德建设和德育工作的一项重要而紧迫的任务。要坚持以学生为主体，重在实践；突出重点、体现特色；学校、家庭、社会相结合以及与时俱进，开拓创新的原则。《实施纲要》强调，爱国主义是民族精神的核心，中华传统美德和革命传统教育是中小学开展弘扬和培育民族精神教育的重点，创新精神是民族精神的重要组成部分。《实施纲要》强调，各学科要有机渗透民族精神教育，把弘扬和培育民族精神教育纳入中小学教育全过程，贯穿在学校教育教学的各个环节、各个方面；要重视开展主题教育活动；要积极开展社会实践活动；要加强校园文化环境建设。

0419 | **3月31日**

教育部办公厅印发《关于启用〈民办学校许可证〉有关问题的通知》。通知指出，县级以上教育行政部门对国家机构以外的社会组织或者个人，利用非国家财政性经费，面向社会举办的实施学历教育、学前教育、自学考试助学及其他文化教育的民办学校，审批后发办学许可证。

0420 | **4月7日**

陕西省教育厅发布《陕西省重点普通高中评估管理办法》。《管理办法》规定，从2004秋开学开始，对全省省级重点高中实行动态管理，5年进行一次综合性复查评估，不合格者将被取消“重点”资格。

0421 | **4月20日**

教育部办公厅印发《关于加强全国学生体质健康监测网络建设的通知》。通知提出，学生体质健康监测网络的监测工作应与学校日常体育卫生工作结合起来，做到工作安排有序、检测数据共享。

0422 | **4月27日至28日**

全国预防青少年违法犯罪暨学校周边治安综合治理工作会议在上海召开。会议强调，预防青少年违法犯罪工作对于维护社会稳定，培养和造就社会主义事业合格建设者和接班人具有重要作用。

0423 | **4月28日**

教育部印发《关于做好中等职业学校毕业生就业服务工作的通知》。通知指出，毕业生就业服务是学校职业指导工作的重要组成部分，是学校教育工作的重要内容。要加强职业学校毕业生就业服务网络平台建设，为毕业生提供准确、快捷的就业信息服务。要加强学校和用人单位的合作，开拓、疏通毕业生就业渠道，做好组织服务。要认真做好毕业生就业情况的跟踪调查与跟踪服务。

0424 | **4月30日**

教育部、财政部印发《关于推进职业教育若干工作的意见》。《意见》指出，为促进职业教育改革不断深入，教育部和财政部决定采用中央财政资金引导的方式，推动各地职业教育实训基地建设。《意见》提出，切实做好职业教育实训基地规划；明确中央专项资金的支持范围；提高实训基地建设质量；创新实训基地管理体制和运行机制；做好实训基地项目的申报工作；以实训基地建设带动职业教育改革的深化。

0425 | **5月2日**

北京首届高中教育国际交流暨展览会举行。会议的主题为“与国际教育互联，共享国际优质教育资源”。

0426 | **5月8日**

中央综治委、教育部、公安部印发《关于深入开展安全文明校园创建活动的意见》。《意见》对创建活动的主要内容、组织领导与协调配合、工作原则及要求以及检查验收和评比表彰等问题作了说明。

0427 | **5月10日至11日**

中共中央在北京召开全国加强和改进未成年人思想道德建设工作会议。中共中央总书记胡锦涛在会议上发表重要讲话时指出，加强和改进未成年人思想道德建设，要坚持以马克思列宁主义、毛泽东思想、邓小平理论和“三个代表”重要思想为指导，以进行理想信念教育为核心，以树立正确的世界观、人生观、价值观为重点，以养成高尚的思想品质和良好的道德情操为基础，紧密结合全面建设小康社会的实际，遵循未成年人思想道德建设的规律，坚持以人为本、促进未成年人的全面发展，努力培育面向现代化、面向世界、面向未来，有理想、有道德、有文化、有纪律，德、智、体、美全面发展的中国特色社会主义事业建设者和接班人。[①]

---

① 参见《人民日报》，2004年5月12日。

0428—31

0428 | **5月17日**

国务院召开电视电话会议，旨在贯彻落实党中央有关指示精神，切实加强国家教育统一考试环境综合整治工作。会议强调，要以对广大考生和人民群众高度负责的精神，齐抓共管，综合治理，营造良好、公正、公平的国家教育统一考试环境。会后，教育部、中宣部、公安部、监察部、信息产业部、国家保密局、武警总部印发《关于全面加强教育考试环境综合整治工作的通知》，要求进一步做好国家教育统一考试工作、全面加强教育考试环境综合整治，确保国家教育统一考试的安全。

0429 | **5月19日**

教育部发布《国家教育考试违规处理办法》。《处理办法》提出，由他人冒名代替参加考试的应当认定为作弊；代替他人或由他人代替参加国家教育考试，是在校生的，由所在学校按有关规定严肃处理，直至开除学籍；其他人员，由教育考试机构建议其所在单位给予行政处分，直至开除或解聘，教育考试机构按照作弊行为记录并向有关单位公开其个人基本信息。

0430 | **5月28日**

据《中国教育报》报道，针对目前普通高中改革办学体制过程中出现的不规范行为，湖北省教育厅发文强调，准备“将优质高中改制”或“将普通高中整体出售的”，要立即停止操作；“已经改制的”，要按政策要求限期整改。

0431 | **6月1日**

教育部印发《关于学习贯彻〈中共中央、国务院关于进一步加强和改进未成年人思想道德建设的若干意见〉的实施意见》。《实施意见》指出，切实把思想统一到中央关于加强和改进未成年人思想道德建设的要求上来，组织全国性的教育思想大讨论，把学习不断引向深入，普遍开展以加强青少年学生思想道德建设为主要内容的干部培训，积极开展各种主题教育活动，大力弘扬和培育民族精神。中小学校要把升旗仪式作为开展经常性爱国主义教育的重要形式，认真落实升降国旗制度；认真组织“弘扬和培育民族精神月”活动，各地要精心设计活动方案，每年确定一个主题；加强少先队、共青团工作，教育和引导青少年学生树立崇高的理想信念；坚持不懈地开展文明习惯养成教育，不断提高中小学生道德素养；主动开展网上思想道德教育活动，引导学生文明上网。

0432 | **6月4日**

教育部印发《关于对中小学教材进行检查的通知》。通知要求各教材编写单位和出版社要对编写、出版的中小学教材和教辅材料进行一次全面的质量检查。各省（自治区、直辖市）教育行政部门要加强对教材选用的管理和检查，各学校选用的教材必须是经国家审查通过的教材。各省（自治区、直辖市）教育行政部门要立即组织对本地区使用的教辅材料进行全面的清理、检查，重点检查教辅材料中涉及政治问题、科学性问题以及历史、地理、民族、宗教等方面的问题，特别要对内容充斥“繁难偏旧”“题海”训练的教辅材料予以坚决的清理。

0433 | **6月16日**

教育部召开全国基础教育课程改革工作电视电话会议。教育部部长周济在会上指出，要继续推动课程体系和内容的改革创新，促进学生素质全面发展；促进学习方式和教学方式的改革；推进评价与考试制度改革；减轻学生沉重的课业负担。要提高认识，进一步把课程改革推向深入；要抓住关键，切实提高中小学教师水平；要加强管理，严格规范教材选用行为；要分类指导，加大对农村地区课程改革的支持；要加强领导进一步完善新课程推广机制。

0434 | **6月17日**

教育部办公厅发布《中小学少数民族文字教材编写审定管理暂行办法》。《暂行办法》规定，教育部成立跨省、自治区使用的全国中小学民族文字教材审查委员会，负责跨省、自治区使用课程教材的审查。有关省、自治区教育行政部门成立本省、自治区中小学民族文字教材审查委员会，负责本省、自治区使用课程教材的审查。全国中小学民族文字教材审查委员会和有关省、自治区中小学民族文字教材审查委员会，负责聘任各学科审查组成员，负责本学科教材的审查，向审查委员会提出审查报告。

0435 | **6月17日至18日**

经国务院批准，教育部、国家发改委、财政部、人事部、劳动和社会保障部、农业部、国务院扶贫办在江苏召开全国职业教育工作会议。会议强调，对发展职业教育的认识要有新高度；职业教育工作要上新水平；加强领导，齐抓共管，努力开创职业教育工作新局面。

0436 | **7月15日**

教育部印发《关于贯彻落实全国职业教育工作会议精神进一步扩大中等职业学校招生规模的意见》。《意见》提出，抓好2004年中等职业学校招生工作，要采取切实措施，努力使2004年中等职业学校招生总量突破600万人。

0437 | **7月16日**

据《中国教育报》报道，上海市高中阶段招生将推进以初中毕业生学业考试成绩为基础、考试成绩与综合素质评价相结合的改革，切实减轻过度的择校竞争。实验性、示范性等优质高中学校将试行部分招生名额按比例均衡分配给所有初中学校的办法。

0438 | **8月13日**

据《中国教育报》报道，出席首届中国中学校长大会的中学名校长及教育专家直面媒体，坦诚地阐述了他们对基础教育发展中有关问题的看法。北京五中前任校长吴昌顺认为，世界教改的三大课题集中在师资、课程和评价三个方面，从中国的国情和地方的实际看，课程改革准备不足主要体现在师资问题上。上海市延安中学校长李汉云认为，关于课程改革的困难主要有三点：首先是课程理念上的冲突，第二是课程改革在实施中的困难，第三是评价制度上的困难。

0439 | **8月18日**

教育部办公厅印发《关于进一步学习贯彻〈中共中央、国务院关于进一步加强和改进未成年人思想道德建设的若干意见〉深入开展教育思想大讨论活动的通知》。通知要求，要以马列主义、毛泽东思想、邓小平理论及“三个代表”重要思想为指导，深刻领会胡锦涛总书记等中央领导同志在全国未成年人思想道德建设工作会议上的讲话精神，结合教育工作实际，针对教育特别是当前青少年学生思想道德建设中存在的突出问题，认真组织干部、教师学习和讨论。

0440 | **8月18日**

上海市教委印发《上海市中小学校长守则(试行)》。《守则》内容包括:坚持方针,科学办学;依法治校,以德立校;学生为本,德育为先;建设队伍,提升内涵;推进教改,打造特色;管理民主,校务公开;求真务实,开拓创新;严以律己，廉洁奉公等。

0441 | **8月21日**

中宣部办公厅、教育部办公厅印发《关于组织好第一个“中小学弘扬和培育民族精神月”活动的通知》。通知要求各地党委宣传部门、教育行政部门要加强领导，精心组织，本着求真务实、认真负责的态度，结合当地实际，精心设计活动方案，在开学前作出认真部署。同时，要把“中小学弘扬和培育民族精神月”的各项活动与在广大干部教师中开展的教育思想大讨论有机结合起来，促进学校德育工作和其他各项工作顺利开展。

0442 | **8月21日**

首届中国青少年科技创新奖颁奖典礼在北京举行。100名学生获奖。

0443 | **9月1日**

中宣部、教育部、北京市人民政府联合举行“中小学弘扬和培育民族精神月”启动仪式。北京市中小学生代表在仪式上发出倡议，呼吁全国中小学生弘扬民族精神，立志报效祖国。

0444 | 9月2日

教育部发布《关于表彰“全国中小学优秀班主任”“全国优秀中小学德育课教师”“全国中小学德育先进工作者”的决定》，决定授予曲莉梅等200名班主任“全国中小学优秀班主任”荣誉称号；授予王苹等100名德育课教师“全国优秀中小学德育课教师”荣誉称号；授予张思明等100名同志“全国中小学德育先进工作者”荣誉称号。

0445 | 9月6日

教育部办公厅印发《关于师范教育司负责全国中小学教师队伍建设有关工作的通知》。教育部决定由师范教育司归口负责全国中小学教师队伍建设的宏观管理、政策指导、协调服务等工作，原来由人事司等司（局）负责的关于中小学教师队伍建设的管理职能及专项工作划入到师范教育司。

0446 | 9月14日

教育部、国家发改委、财政部、人事部、劳动和社会保障部、农业部和国务院扶贫办等等七部门印发《关于进一步加强职业教育工作的若干意见》。《意见》提出，从现在起到2007年，在高中阶段教育中，要加大结构调整工作力度，进一步扩大中等职业教育招生规模，使中等职业教育与普通高中教育的比例保持大体相当，在有条件的地方职业教育所占比例应该更高一些。

0447 | 9月19日

党的十六届四中全会通过《中共中央关于加强党的执政能力建设的决定》。《决定》提出，坚持马克思主义在意识形态领域的指导地位，不断提高建设社会主义先进文化的能力。要优先发展教育和科学事业，提高全民族的科学文化素质。深化教育和科技体制改革，充分发挥教育和科技在现代化建设中的基础性、先导性、全局性作用。全面贯彻党的教育方针，培养德智体美全面发展的社会主义建设者和接班人。营造全民学习、终身学习的浓厚氛围，推动建立学习型社会。弘扬科学精神，传播科学知识，提高干部群众识别和抵制封建迷信和伪科学的能力。加强文化设施建设，提高基层特别是农村教育、科技、文化、卫生、体育服务能力。

0448 | **9 月 19 日**

文化部、国家发改委、教育部、科技部、民政部、财政部、国家文物局、总政治部、全国总工会、共青团中央、全国妇联、中国科协印发《关于公益性文化设施向未成年人免费开放的实施意见》。《实施意见》指出，加大公益性文化设施向未成年人免费开放力度；免费开展丰富多彩的活动，丰富思想道德建设内容；强化内部管理，提高服务水平；加大政府投入，争取社会赞助，积极建设未成年人活动场所，保证公益性文化设施免费开放；加强领导，切实做好公益性文化设施免费开放的组织协调工作。

0449 | **9 月 23 日**

教育部、国务院西部开发办发布《2004—2010 年西部地区教育事业发展规划》。《规划》提出，扩大高中阶段教育规模，大力发展职业教育与培训。大中城市逐步普及高中阶段教育，已普及九年义务教育经济条件较好的农村地区加快发展高中阶段教育，经济欠发达农村地区适度发展高中阶段教育。争取到 2010 年高中阶段教育在校生达到 1200 万人左右，其中中等职业教育占 50% 以上，毛入学率达到 65% 左右。以就业为导向，面向社会、面向市场，积极发展多种形式的职业教育与培训，特别是初中后职业教育（包括短期培训）得到较大发展，使西部地区绝大多数未升学的初中毕业生都有机会接受到不同程度的职业教育与培训，充分利用现有各类教育资源向农民传授实用技术，基本满足农民学习实用技术的需求，使西部地区新增劳动力和转移劳动力的素质有明显提高。

0450 | **9 月 28 日**

中宣部、中央文明办、国家发改委、教育部、民政部、财政部、文化部、全国总工会、共青团中央、全国妇联印发《关于加强和改进爱国主义教育基地工作的意见》。《意见》要求，紧紧抓住教育基地建设、管理和使用三个关键环节。征集保护文物，丰富教育内容；改进展示方式，增强教育效果；精心组织活动，扩大社会影响；加强内部管理，创造良好环境；树立服务意识，注重社会效益。

0451 | **10月23日**

据《中国教育报》报道，教育部、公安部、司法部、建设部、文化部、卫生部、国家工商总局、新闻出版总署发布《全国中小学幼儿园及少年儿童安全管理专项整治行动实施方案》。整治校园周边环境、全面排查校园安全隐患、清理不合格办学机构和从业人员，查处大案要案等被列为《实施方案》工作重点。

0452 | **10月25日**

全国妇联、教育部、共青团中央等九单位印发《关于在全国开展“争做合格家长、培养合格人才”家庭教育宣传实践活动的通知》。通知指出，“双合格”活动以家庭道德教育为重点，以提高家长素质、帮助家长更新家庭教育观念、掌握科学的家庭教育知识和方法，营造有利于少年儿童健康快乐成长的家庭环境为目标。

0453 | **11月8日**

教育部印发《关于保证中小学体育课课时的通知》。通知要求，要贯彻课程标准要求，保证体育课课时；要采取有效措施，保证体育教师的数量和质量；要加强领导和管理，保证体育课程改革顺利进行。

0454 | **11月25日至26日**

教育部、公安部在福建厦门召开全国中小学、幼儿园及少年儿童安全管理专项整治行动座谈会。会议要求，当前和今后一段时期，各地应重点抓好几项工作：一是继续加强对侵害师生安全的违法犯罪活动的打击力度；二是加大治安整治和安全隐患整改工作力度；三是继续抓好校园内部的各项安全防范工作，建立长效工作机制；四是继续强化管理，切实维护校园周边的治安和交通秩序；五是教育、公安等有关部门搞好协作配合，进一步增强工作的整体合力。

0455 | **11月29日**

由中央综治办、共青团中央、中宣部、教育部等二十单位共同实施的“为了明天—预防青少年违法犯罪工程”在北京人民大会堂启动。这一工程将吸纳和利用各方面资源，构建一个学校、家庭、社区三位一体的预防青少年违法犯罪工作网络。

0456 | **12月8日**

教育部召开深化基础教育课程改革，减轻学生负担全国教学经验交流与工作研讨会。会议公布义务教育课程改革第三次评估结果。会议指出，基础教育课程改革实验工作正在稳步健康推进，多年来倡导的素质教育理念已经在切实推进新课程的实验工作中体现了出来。

0457 | **12月12日**

据《中国教育报》报道，北京市中小学将开始试行新的课程评价标准。新标准由过去对教师教学过程的片面评价转为以学生学习参与为中心的评价方式。同时将以往的“所有学科一张评价表”变为分科评价。北京市教科院基础教育研究中心专家介绍说，新方案是配合新课程改革推出的，核心是以学生发展为本，建立促进学生全面发展的评价体系，鼓励学生发现、探究问题，提出质疑。以评价方式的变化促进教师转变观念，改进教学。

0458 | **12月14日**

据《中国教育报》报道，河南省教育厅印发《河南省基础教育课程改革实验区初中毕业生综合素质评定的指导意见》。《指导意见》提出，将初中毕业生的道德品质、公民素养、运动与健康、审美与表现等作为中考招生录取的依据，改变“一张试卷定终身”的局面。

0459 | **12月15日**

教育部发布《中小学教师教育技术能力标准（试行）》。《标准》分别从意识与态度、知识与技能、应用与创新、社会责任等方面对教学人员教育技术能力标准、管理人员教育技术能力标准以及技术人员教育技术能力标准等方面进行了说明。

0460 | 12月19日至20日

教育部在北京召开2005年度教育工作会议。教育部部长周济在会上指出，2004年，教育改革和发展事业取得了新发展：重点加强农村义务教育，西部地区“两基”攻坚工作开局良好；乘势而上，切实加强和改进中小学思想道德建设和大学生思想政治教育；贯彻党的十六届四中全会精神，切实加强教育系统队伍和领导班子建设；以人为本，认真解决人民群众关注的难点。2005年教育的重点工作是：认真学习贯彻党的十六届四中全会精神；坚持“育人为本、德育为先”，全面推进素质教育；继续把农村教育放在“重中之重”的位置；进一步加快教育改革开放步伐；完善教育投入机制，提高教育投资效益；努力促进教育公平，更好地解决教育的难点问题等。

0461 | 12月22日

据《中国教育报》报道，辽宁省人民政府与国家开发银行，就农村高中建设项目正式签订贷款合同。国家开发银行决定为辽宁省农村高中建设提供7亿元贷款，贷款期限为15年。

2005年

改革进行时

• 重要文件

国务院《关于大力发展职业教育的决定》

教育部《关于加快发展中等职业教育的意见》

教育部《关于基础教育课程改革实验区初中毕业考试与普通高中招生制度改革的指导意见》

教育部《关于整体规划大中小学德育体系的意见》

教育部《关于进一步加强普通高中新课程实验工作的指导意见》

教育部办公厅《关于在大中小学开展廉洁教育试点工作的意见》

教育部《关于进一步做好中小学幼儿园安全工作六条措施》

公安部《公安机关做好中小学周边安全工作八条措施》

• 重要政策

加快发展中等职业教育

整体规划大中小学德育体系

做好中小学周边安全工作

积极开展校园文化建设

稳步推进普通高中新课程实验

提高中小学教师教育技术应用能力

• 重要会议

教育部召开全国基础教育工作会议

教育部召开扩大内地新疆高中班办学规模工作部署会议

教育部召开教师教育工作会议

教育部召开中西部农村中小学现代化远程教育教学应用现场交流会

• 改革亮点

深入推进新一轮基础教育课程改革，着力提高教学质量，切实减轻学生课业负担。

在高中教育方面，稳步推进高中课程改革实验。大力推进初中毕业生考试和高中招生制度改革，积极研究新课程实施后的中考和高考内容改革思路。

0501 | **1月4日**

教育部发布《教育部2005年工作要点》。2005年工作要点有：深入推进新一轮基础教育课程改革，着力提高教学质量，切实减轻学生课业负担。在义务教育阶段起始年级全面推行新课程，稳步推进高中课程改革试验。改进和完善教材编写、审定、选用制度。扎实推进素质教育，深化教学改革，认真落实“减负”工作的五项要求，切实提高学生创新能力和实践能力。大力推进初中毕业生考试和高中招生制度改革，积极研究新课程实施后的中考和高考内容改革思路。

0502 | **1月4日**

湖南省教育厅公布全省120所省级示范性高中对口扶助薄弱高中名单。据了解，湖南省示范性高中对口扶助薄弱高中是今后一个时期湖南省加快普通高中优质教育资源扩张，促进普通高中教育协调发展的重要举措。

0503 | **1月26日**

教育部发布《普通中小学校和中等职业学校贯彻〈学校艺术教育工作规程〉评估方案（试行）》。《评估方案》包括《学校艺术教育工作规程》评估指标体系、《学校艺术教育工作规程》评估指标和参考等级标准、《学校艺术教育工作规程》评估计分表以及关于《学校艺术教育工作规程》评估方案的说明等内容。《评估方案》适用于全国乡镇中心小学以上的小学、普通中学和中等职业学校。鉴于各地区和各级各类学校之间发展不平衡，在具体实施时，省级教育行政部门可结合实际，因地制宜，针对本地学校艺术教育存在的薄弱环节，根据评估方案确定权重分值和等级标准，重在提高督导评估的实效性。

0504 | **1月27日**

教育部印发《关于基础教育课程改革实验区初中毕业考试与普通高中招生制度改革的指导意见》。《指导意见》指出，普通高中招生要坚持综合评价、择优录取的原则。学业考试成绩和综合素质的评价结果应成为普通高中招生的主要依据。

0505 | **1 月 27 日**

中央文明办、教育部、科技部、共青团中央、全国妇联、中国科协印发《关于命名全国青少年校外活动示范基地的通知》，决定命名中国科学技术馆等 70 家单位为“全国青少年校外活动示范基地”。

0506 | **1 月 29 日**

中共云南省委、云南省人民政府在曲靖召开现场会，研究部署高中教育改革。自 2000 年以来，曲靖市中小学教育稳定发展，高中教育容量不足的问题日益突出。为此，中共曲靖市委、曲靖市人民政府努力改革办学体制、管理体制、投融资体制和学校内部管理体制，并在两年中投入近 1.8 亿元，改造扩建了 14 所高中，使高中教育的“瓶颈”现象开始缓解。

0507 | **2 月 1 日**

教育部办公厅印发《关于积极开展校园文化建设的系列通知》，决定开展校园文化建设活动，为广大未成年人创造良好的健康成长环境。

0508 | **2 月 2 日**

中央综治委预防青少年违法犯罪工作领导小组在北京召开 2005 年第一次全体会议。会议总结回顾了 2004 年预防青少年违法犯罪工作开展情况，研究部署了 2005 年的工作，审议了《中央综治委预防青少年违法犯罪工作领导小组 2005 年工作要点》《2005 年全国预防青少年违法犯罪工作考核办法》《关于表彰全国预防青少年违法犯罪工作先进集体和先进个人的决定》。

0509 | **2 月 6 日**

据《中国教育报》报道，北京市首次把“鼓励有条件的学校到境外办学”列入教委工作要点。据了解，北京市九所重点中学正筹备联合去境外办学，这九所中学是汇文中学、潞河中学、十二中、首师大附中、牛栏山一中、人大附中、实验中学、北京二中、北京五中。九所中学正以一个联合体的形式在国外进行考察，准备将中国扎实的基础教育和优秀的汉语教学推向世界。

0510 | **2月28日**

教育部印发《关于加快发展中等职业教育的意见》。《意见》提出，要充分认识加快中等职业教育发展的重要性和紧迫性；明确加快中等职业教育发展的目标；采取切实的政策措施加快中等职业教育发展；加强领导，推动中等职业教育快速健康持续发展。力争2005年中等职业学校招生人数在2004年的基础上增加100万人，达到650万人。经过几年的努力，到2007年，中等职业教育和普通高中教育规模大体相当，实现中等职业教育快速健康持续发展。

0511 | **3月1日**

教育部印发《关于深入贯彻〈中共中央、国务院关于进一步加强和改进未成年人思想道德建设的若干意见〉精神　做好2005年中小学德育工作的通知》。通知就加强和改进中小学德育工作作出部署，提出将组织修订《德育工作规程》《小学德育大纲》《中学德育纲要》等文件，继续做好中小学德育课程标准的修订和课程教材的审定工作。

0512 | **3月1日**

教育部印发《关于做好2005年中小学幼儿园安全工作的意见》。《意见》提出，2005年教育部将实行重大安全事故内部通报制度，定期通报各地中小学幼儿园安全事故情况。

0513 | **3月1日**

国家发改委、教育部、劳动和社会保障部发布《民办教育收费管理暂行办法》。《暂行办法》规定，民办学校对接受教育者可以收取学费，对在校住宿的学生可以收取住宿费。民办学校为学生在校学习期间提供方便而代发代管的费用，应遵循“学生自愿、据实收取、及时结算、定期公布”的原则，不得与学费、住宿费一并统一收取。

0514 | **3月5日**

十届全国人大三次会议在北京人民大会堂开幕，国务院总理温家宝作《政府工作报告》。《报告》指出，2004年，加大政策支持和财政投入，促进教育事业发展。新一轮教育振兴行动计划进展顺利。西部地区“两基”攻坚计划开始实施。加大对贫困地区农村义务教育的支持，继续实施农村中小学危房改造。为中西部地区农村义务教育阶段2400多万贫困家庭学生免费提供教科书。职业教育加快发展。《报告》指出，2005年是全面完成“十五”任务，为“十一五”发展打好基础的关键一年。要大力发展教育事业，切实把教育放在优先发展的战略地位。重点加强农村义务教育，完善以政府投入为主的经费保障机制。认真解决好进城务工农民子女上学的问题。着力提高高等教育质量。大力发展各类职业教育。认真贯彻党的教育方针，加强德育工作，推进素质教育，促进学生全面发展。加快教学内容和方法的改革与创新，切实减轻学生负担。加快现代远程教育工程建设。继续促进民办教育健康发展。严格规范各类学校招生和收费制度，加强学校财务管理和监督。

0515 | 3月17日

江西省召开中考招生工作会议。会议提出，从2005年开始江西省除了在三个实验区实行中考招生改革外，其他地区的中考招生政策也有一些新的调整。允许在当地工作的非江西户籍人员的子女，应届初中毕业就地报名参加考试。从2005年起，普通高中实验班停止招生；严禁以招生改革为名，擅自组织单独的中考招生考试；各学校不得按考试成绩给学生安排考场；公办普通高校不得占用学校正常的教育资源举办高中毕业生复读班，不得招收高中毕业生插班复读，不得向“择校生”收取赞助费和建校费。

0516 | 3月21日

教育部印发《关于进一步加强普通高中新课程实验工作的指导意见》，以进一步加强对实验工作的指导，探索建立有效的工作机制，确保实验工作有序进行，促进改革不断深化。《指导意见》提出，要切实加强对普通高中新课程实验工作的指导；各地要建立健全推进普通高中新课程实验的工作机制；进一步加大对实验省（自治区）校长和教师开展培训工作的力度；积极探索高校招生考试制度改革等。

0517 | **3月22日**

教育部印发《关于统筹管理高中阶段教育学校招生工作的通知》，明确提出统筹管理高中阶段教育学校招生工作的要求。通知要求，改变学校按归属部门和类别分别组织招生的现行做法，由教育行政部门牵头建立统一的高中阶段教育学校招生领导小组，统筹高中阶段教育协调发展，统一制定高中阶段教育学校招生政策和措施，确定招生专门机构，统一领导招生工作。招收应届初中毕业生实行“一考多分流”，统一填报志愿，统一录取。招生部门负责统一组织普通高中、中等职业学校，包括技工学校和民办高中阶段教育学校的招生录取工作。

0518 | **3月25日**

教育部在上海召开全国基础教育工作会议。教育部副部长陈小娅出席会议并讲话。陈小娅回顾了2004年全国基础教育工作，并对2005年的工作提出要求。陈小娅希望与会同志加强学习，把握规律性；把握全局，体现时代性；开拓创新，富于创造性。

0519 | **3月27日**

教育部、公安部等部门联合举办“全国中小学生安全教育日”宣传教育活动。教育部部长周济、副部长赵沁平等出席活动。

0520 | **3月31日**

据《中国教育报》报道，随着前几年高校不断扩招，广大人民群众对优质高中教育的需求迅速提高。针对这种情况，河北省及时确定了加快优质高中发展的规划，采取有力措施加快发展优质高中教育。河北省以创建省级示范性高中为杠杆，同时启动市级示范性高中和国家级示范性高中创建工作，同时还通过改革办学体制、举办公办民助学校、民办公助学校等措施迅速扩大优质高中教育资源。目前，省级示范性高中达到180所，市级示范性高中76所。全省近130万名高中在校生中，一半以上在示范性高中接受优质教育。

0521—24

0521 | 4月4日

教育部印发《关于启动实施全国中小学教师教育技术能力建设计划的通知》。通知要求，在2005年至2007年间，利用多种途径和手段，组织全国中小学教师完成不低于50学时的教育技术培训，使中小学教师教育技术应用能力显著提高；建立中小学教师教育技术能力水平培训和考试认证制度，形成全国统一规范的教师教育技术能力水平培训和考试认证体系。到2007年，全国大多数教师参加国家统一组织的教育技术能力水平考试。

0522 | 4月5日至6日

教育部召开教师教育工作会议。教育部副部长袁贵仁到会讲话指出，教师教育改革发展和教师队伍建设必须做到“七个坚持”：坚持优先发展的战略地位，坚持以教师为本的理念，坚持教师专业化的导向，坚持为基础教育服务的方向，坚持把师德放在首位的原则，坚持以教育人事制度改革为动力，坚持统筹规划、协调发展的策略。

0523 | 4月8日

教育部、国务院纠风办、监察部、国家发改委、财政部、审计署、新闻出版总署印发《关于2005年治理教育乱收费工作的实施意见》。《实施意见》要求，要提高认识，加强领导；要完善和落实收费监督管理制度，全力推行阳光收费；要不断加大教育投入，确保学校教学工作正常开展；严肃纪律，加大监督检查力度；要进一步加大宣传力度，各地要根据《实施意见》制定宣传计划。

0524 | 4月12日

文化部、国家工商总局、公安部、信息产业部、教育部、财政部、国务院法制办、中央文明办、共青团中央印发《关于进一步深化网吧管理工作的通知》。通知提出，为巩固网吧专项整治成果，进一步深化网吧管理工作，要提高思想认识，调整充实组织领导体育；要落实属地管理制度；要加强行政执法完善日常管理；要做好总量规划，严格市场准入。

0525 | **4月20日**

教育部印发《关于整体规划大中小学德育体系的意见》。《意见》对各教育阶段德育目标和内容、各教育阶段德育课程内容、各教育阶段德育活动开展、各教育阶段德育的有效途径等内容进行了系统规划。《意见》强调，整体规划大中小学德育体系，要贴近实际、贴近生活、贴近学生，把理想信念教育、爱国主义教育、公民道德教育和基本素质教育贯穿始终，使大中小学德育纵向衔接、横向贯通、螺旋上升，不断提高针对性实效性和吸引力感染力，更好地促进青少年学生健康成长。

0526 | **5月8日**

新闻出版总署、教育部、共青团中央、全国妇联、国务院新闻办、信息产业部印发《关于开展“全国中小学生网络安全与道德教育活动”的通知》。这项活动于2005年6月开始，于2005年11月结束，以网络为平台，举办由百万名中小学生参加的“全国中小学生网络安全与道德读书征文大赛”。

0527 | **5月11日**

教育部、国家民委印发《关于进一步做好民族地区寄宿制中小学管理工作若干问题的意见》。《意见》提出，要建立健全合理、规范、科学的民族地区寄宿制中小学管理制度，确保学校各项工作有序、有效开展。

0528 | **5月17日**

教育部、国家发改委、财政部印发《关于扩大内地新疆高中班招生规模的意见》。《意见》提出，从2005年起到2007年止，在北京、天津、长春、哈尔滨、上海、扬州、盐城、镇江、泰州、杭州、宁波、温州、嘉兴、厦门、青岛、烟台、威海、武汉、广州、珠海、东莞、江门、肇庆、深圳等24个城市扩大内地新疆高中班招生规模。年招生规模由2004年的1540人扩大到5000人，扩招3460人；扩招后在校生总规模达到20000人，500个班。

0529 | 6月15日

教育部发布《关于进一步做好中小学幼儿园安全工作六条措施》。同日，公安部发布《公安机关维护校园及周边治安秩序八条措施》。16日，教育部与公安部联合召开进一步做好学校和幼儿园及周边安全工作电视电话会议。会议要求，各级教育行政部门和学校要认真贯彻执行《关于进一步做好中小学幼儿园安全工作六条措施》，要积极配合公安机关全面落实《公安机关维护校园及周边治安秩序八条措施》，使校园内部及周边的治安工作得到明显加强，防控机制得到有效建立和完善，让学生、家长、社会放心。

0530 | 6月15日

教育部在北京师范大学举行高中新课程骨干教师国家级研修班开班典礼。来自江苏、福建两省的近500名骨干教师以及承担2005年高中新课程实验省国家级研修任务的北京师范大学、首都师范大学、北京大学等高校负责人和有关专家参加了典礼。教育部副部长袁贵仁出席开班典礼并讲话指出，开展基础教育课程改革是全面推进素质教育、促进教育均衡发展和学生全面发展的核心环节。

0531 | 6月24日

教育部在新疆乌鲁木齐召开扩大内地新疆高中班办学规模工作部署会议。会议指出，发挥内地优势，举办内地新疆高中班，帮助新疆培养各类专门人才是贯彻落实胡锦涛总书记关于“努力把内地新疆班办好”的指示精神和国家西部大开发战略的一项重要战略举措。

0532 | 6月30日

据《中国教育报》报道，山东省印发《关于进一步加强普通高中新课程实验工作的指导意见》，旨在为高中新课改创设宽松环境，力促高中新课程改革不断深化。《指导意见》指出，今后除省里组织的学业水平考试、高等学校招生入学考试和由学校自行组织的模块认定考试外，各市、县（市、区）不再组织统一考试。逐步向高中下放招生自主权，鼓励高中自主招生。

0533 | **7月1日**

教育部办公厅印发《关于在大中小学开展廉洁教育试点工作的意见》。《意见》指出，从2005年下半年开始，在北京、天津、上海、浙江、湖北、陕西六个省（直辖市）和太原、南京、广州、深圳四个城市大中小学开展廉洁教育试点工作。

0534 | **7月2日至3日**

教育部在甘肃张掖召开中西部农村中小学现代化远程教育教学应用现场交流会。会议指出，加快农村中小学现代化远程教育工程建设是“工业反哺农业，城市支持农村”的一项重要举措；是促进城乡教育均衡发展，实现教育公平的有效途径；是推动农村学校教育教学改革、提高教学质量的重要手段；是建设社会主义和谐新农村的一项基础性工程，具有深远的意义。

0535 | **7月29日**

上海市教委印发《进一步加强本市中小学生竞赛活动管理工作的通知》。通知指出，上海市教委中小学生竞赛管理委员会负责全市中小学生市级学科类、德育类、艺术类、科技类竞赛的统一管理工作，实施对本市中小学生市级竞赛活动主办单位和归口部门在申报、审核、比赛、备案等工作的指导和管理。

0536 | **7月31日**

国务院办公厅转发教育部、国家发改委、财政部等部门联合印发《关于进一步做好农村寄宿制学校建设工程实施工作的若干意见》。《意见》指出，要严格按照规划和年度计划实施“寄宿制工程”，确保西部地区“两基”攻坚目标如期实现；出台优惠政策，尽量减免“寄宿制工程”建设收费；切实加强项目前期工作，严格履行建设程序；因地制宜采取措施，切实加强寄宿制学校管理；强化责任意识，严把工程质量关；通过多种形式，加强对“寄宿制工程”的检查和指导等。

0537—41

0537 | **8月4日**

据《中国教育报》报道，经过重新修订的《南京市普通中小学办学条件标准》正式出台。新《标准》明确规定，新补充的高中教师必须具有大学本科学历。到2007年，高中教师具有大学本科及以上学历的应达到85%。到2015年，高中教师大学本科学历达标率100%，城市和县城学校均有一定数量的高中教师具有硕士学位或研究生学历。

0538 | **8月19日**

教育部印发《关于落实保证中小学生每天体育活动时间的意见》。《意见》指出，要开齐并上好体育课，保证课外体育活动时间，实行大课间体育活动制度，落实必要的物质保障，建立督导、检查和工作评比制度。

0539 | **8月20日**

国务院发布《关于修改〈征收教育费附加的暂行规定〉的决定》，规定教育费附加，以各单位和个人实际缴纳的增值税、营业税、消费税的税额为计征依据，教育费附加率为3%，分别与增值税、营业税、消费税同时缴纳。除国务院另有规定者外，任何地区、部门不得擅自提高或者降低教育费附加率。

0540 | **9月10日**

在第二十一个教师节来临之际，中宣部、中央文明办、共青团中央、教育部等十单位决定，对在青少年社会教育中作出突出贡献的先进集体和先进个人进行表彰。100个单位荣获中国青少年社会教育“银杏奖”优秀团队奖，200名同志荣获中国青少年社会教育“银杏奖”突出贡献奖，31名同志荣获中国青少年社会教育“银杏奖”终身成就奖；30名同志荣获中国青少年社会教育“银杏奖”特别荣誉奖。

0541 | **9月11日**

中共中央政治局常委李长春参观“与共和国一起成长——中国青少年宫半个世纪发展历程回顾展”。李长春强调，青少年宫等校外活动场所是未成年人思想道德建设的重要阵地，要认真贯彻落实中央关于未成年人思想道德建设的部署，大力加强青少年宫等校外活动场所的建设，更好地促进未成年人健康成长和全面发展。

0542 | **9 月 25 日**

河南省首届示范性普通高中教研工作会议在郑州外国语学校召开。全省 57 所示范性高中的校长参加了会议。此次会议研讨了新形势下高中阶段怎样开展素质教育、怎样打造高中教学研究队伍及优化整合全省高中教育教学资源等问题，并成立了全省高中学科中心教研组。

0543 | **10 月 8 日至 11 日**

党的十六届五中全会在北京举行。全会听取和讨论了中共中央总书记胡锦涛受中央政治局委托作的工作报告，审议通过了《中共中央关于制定国民经济和社会发展第十一个五年规划的建议》。《建议》指出，坚持教育优先发展。加快教育发展，是把我国巨大人口压力转化为人力资源优势的根本途径。适应经济社会发展对知识和人才的需要，全面实施素质教育，深化教育体制改革，加快教育结构调整，在全社会形成推进素质教育的良好环境。大力发展职业教育，扩大职业教育招生规模。切实提高师资特别是农村师资水平。加大教育投入，建立有效的教育资助体系，发展现代远程教育，促进各级各类教育协调发展，建设学习型社会。

0544 | **10 月 28 日**

国务院发布《关于大力发展职业教育的决定》。《决定》提出，进一步建立和完善适应社会主义市场经济体制，满足人民群众终身学习需要，与市场需求和劳动就业紧密结合，校企合作、工学结合，结构合理、形式多样，灵活开放、自主发展，有中国特色的现代职业教育体系。到 2010 年，中等职业教育招生规模达到 800 万人，与普通高中招生规模大体相当。

0545 | **12 月 17 日**

中央综治委预防青少年违法犯罪工作领导小组在广东广州举行全国预防青少年违法犯罪先进表彰暨示范创建工作会议。100 个先进集体和 95 名先进个人在会上受到表彰。全国人大常委会副委员长、中央综治委预防青少年违法犯罪工作领导小组组长顾秀莲出席会议并讲话。

0546 | **12月24日至25日**

教育部召开2006年度教育工作会议。会议指出，要深入学习贯彻党的十六大和十六届三中、四中、五中全会精神，正确认识和把握教育改革与发展的新形势。充分认识教育肩负的历史使命，努力完成“十一五”期间教育的重要任务，为全面建设小康社会提供强有力人才支撑。以科学发展观统领教育工作全局，统一思想认识，坚持正确的政策导向和办学方向。教育部部长周济在会上作了题为《扎实推进教育事业持续协调健康发展》的讲话。

0547 | **12月25日**

据《中国教育报》报道，河北省教育部门发出通知，要求所有中小学都要配齐主管学校安全工作的法制副校长。法制副校长由公安部门选派，并且每月至少到校园工作两次。

0548 | **12月31日**

教育部发布《教育部2006年工作要点》。2006年工作要点有：深入学习贯彻党的十六大和十六届五中全会精神，以科学发展观统领教育的改革与发展；加大素质教育实施力度，形成全面推进素质教育新的工作局面；坚持农村教育重中之重的战略地位，普及和巩固九年义务教育；贯彻落实全国职业教育工作会议精神，大力发展职业教育；加强统筹兼顾，深化改革和扩大开放，促进各级各类教育持续发展；深入推进教师人事制度改革，建设高素质的教师队伍；进一步加大工作力度，抓紧研究解决人民群众关心的教育热点问题。

2006年

改革进行时

• 重要文件

国务院《关于解决农民工问题的若干意见》

中共中央办公厅、国务院办公厅《关于进一步加强和改进未成年人校外活动场所建设和管理工作的意见》

民政部等十九单位《关于加强流浪未成年人工作的意见》

教育部《关于大力推进城镇教师支援农村教育工作的意见》

教育部《关于中等职业学校面向未升学高中毕业生开展职业教育与培训的意见》

财政部、教育部《关于完善中等职业教育贫困家庭学生资助体系的若干意见》《中等职业教育国家助学金管理暂行办法》

教育部《关于大力发展民办中等职业教育的意见》

教育部《关于进一步加强中小学班主任工作的意见》

教育部、国家体育总局《关于进一步加强学校体育工作，切实提高学生健康素质的意见》

教育部等十部门《中小学幼儿园安全管理办法》

教育部《关于在全国中小学开展创建和谐校园的意见》

• 重要政策

推进城镇教师支援农村教育工作

积极推进普通高中新课程实验改革

中等职业学校面向未升学高中毕业生开展职业教育与培训

大力发展民办中等职业教育

大力加强中小学校园文化建设

进一步加强中小学校校舍建设与管理工作

建设节约型学校

• 重要会议

国务院召开全国加强中小学管理工作电视电话会议

教育部召开全国中小学人事制度改革工作座谈会

教育部、国家体育总局召开全国学校体育工作会议

教育部召开高中新课程实验工作座谈会

• 改革亮点

加大素质教育实施力度。继续深入推进中小学课程改革。大力推进高中课程改革实验工作，做好高中新课程改革与高考衔接工作。改革考试招生评价和选拔制度，推进中考招生改革，稳步推进高考考试内容和考试形式改革。

0601 | 1月9日

教育部、国家体育总局、共青团中央、全国少工委发布《关于命名吉林省长春市等4个地区为“全国中小学生课外文体活动工程示范区”的决定》，决定命名吉林省长春市、浙江省东阳市、安徽省安庆市迎江区、新疆维吾尔自治区乌鲁木齐市沙依巴克区等4个地区为“全国中小学生课外文体活动工程示范区”。

0602 | 1月18日

民政部中央综治委预防青少年违法犯罪工作领导小组、中央综治办、中央文明办、中央编办、最高人民法院、最高人民检察院、国家发改委、教育部、公安部、司法部、财政部、劳动和社会保障部、铁道部、交通部、卫生部、共青团中央、全国妇联、中国残联印发《关于加强流浪未成年人工作的意见》。《意见》指出，在流浪未成年人工作中，预防是前提，救助是基础，管理是手段，教育是重点，保护是根本。注重流浪未成年人预防工作；保证流浪未成年人基本生活需要；强化对流浪未成年人的管理；注重流浪未成年人教育；努力促使流浪未成年人回归社会；打击幕后操纵和利用未成年人进行违法活动的犯罪行为；加大投入，建立完善流浪未成年人救助保护机构。

0603 | 1月21日

中共中央办公厅、国务院办公厅印发《关于进一步加强和改进未成年人校外活动场所建设和管理工作的意见》。《意见》指出，始终坚持未成年人校外活动场所的公益性质；充分发挥不同类型未成年人校外活动场所的教育服务功能；积极促进校外活动与学校教育的有效衔接；切实加强未成年人校外活动场所的规划和建设；认真落实未成年人校外活动场所财政保障和税收优惠政策；努力建设高素质的未成年人校外活动场所工作队伍；进一步完善未成年人校外活动场所的管理体制和工作机制。

0604 | 1月26日

教育部印发《关于建设节约型学校的通知》。通知要求，各地各学校要把建设节约型学校作为学校发展战略列入“十一五”规划和中长期发展规划；要积极推进技术进步，提高资源利用率。建设节约型学校，要以提高资源利用效率为核心，以节能、节水、节材、节地等资源综合利用为重点，大力加强资源的循环利用；要加强制度建设，深入推进管理体制和运行机制改革等。

0605 | **1月31日**

国务院印发《关于解决农民工问题的若干意见》。《意见》对保障农民工合法权益、改善农民工就业环境、引导农村富余劳动力合理有序转移等提出若干意见。《意见》要求，大力发展面向农村的职业教育。支持各类职业技术院校扩大农村招生规模，鼓励农村初、高中毕业生接受正规职业技术教育。通过设立助学金、发放助学贷款等方式，帮助家庭困难学生完成学业。加强县级职业教育中心建设。有条件的普通中学可开设职业教育课程。加强农村职业教育师资、教材和实训基地建设。

0606 | **2月8日**

据《广州日报》报道，广州市设立“高中阶段贫困优秀学生奖学金”。高中阶段贫困优秀学生可从2006年秋起申请奖学金，奖励金额为每生每学年3700元。

0607 | **2月13日**

教育部办公厅印发《关于继续做好2006年中小学安全工作的意见》。《意见》指出，地方各级教育行政部门要按照“属地管理，分级负责”的原则，切实担负起学校安全管理职责，将行政区域内所有中小学校和幼儿园的安全工作纳入监管范围。

0608 | **2月24日**

教育部印发《关于大力推进城镇教师支援农村教育工作的意见》。《意见》指出，推进城镇教师支援农村教育工作，是贯彻落实“城市支持农村、工业反哺农业”重要方针的具体行动，是统筹城乡教育协调发展、优化教师资源配置、解决农村师资力量薄弱问题的重大举措。《意见》要求，积极做好大中城市中小学教师到农村支教工作，认真组织县域内城镇中小学教师定期到农村任教，探索实施农村教师特设岗位计划，积极鼓励并组织落实高校毕业生支援农村教育工作，组织师范生实习支教，积极开展多种形式的智力支教活动。

0609 | **3月2日**

教育部等七部门在北京召开全国治理教育乱收费部际联席会议。会议总结了2003年以来治理教育乱收费工作情况，研究部署了2006年治理教育乱收费工作任务。会议强调，要按照中央纪委第六次全会和国务院第四次廉政工作会议的要求，加大源头治理力度，推进制度创新，使治理教育乱收费工作迈上新台阶。

0610 | **3月3日**

教育部办公厅印发《关于做好2006年普通高中新课程实验地区教材选用工作的通知》。通知要求各地应严格在《2006年普通高中新课程实验教学用书目录》范围内选用教材，不得选用该《目录》以外的教材，更不得选用境外教材。教材的选用工作要坚持在省级教育行政部门指导下以地（市）为单位进行；在少数民族和人口较少的省份，如不具备以地市为单位选用条件的，报教育部备案后，可以以省（自治区）为单位进行。有条件的县（区）和学校经省级教育行政部门同意，也可自主选用。地（市）级教育行政部门应成立教材选用委员会，负责教材选用工作。普通高中新课程实验区应尽可能使每种教材都有一定的实验范围，每个学科的教材在一个省内至少要选用两种，本省（自治区、直辖市）所辖出版社出版的教材使用量不得超过该科教材在本地使用量的60%。

0611 | **3月4日**

中共中央总书记、国家主席、中央军委主席胡锦涛看望出席全国政协十届四次会议民盟、民进届委员联组讨论时指出，全面建设小康社会、加快推进社会主义现代化，要求我们必须把发展社会主义先进文化放到十分突出的位置，着眼于提高人的素质、促进人的全面发展，加强思想道德建设，发展教育科学文化，培育有理想、有道德、有文化、有纪律的社会主义公民。要充分发挥教育对提高人的素质的基础性作用，坚持教育优先发展，全面推进素质教育，加大统筹城乡教育发展的力度，加大对义务教育尤其是农村义务教育的投入，使每一个适龄青少年都能接受良好教育。“要教育广大干部群众特别是青少年树立社会主义荣辱观，坚持以热爱祖国为荣、以危害祖国为耻，以服务人民为荣、以背离人民为耻，以崇尚科学为荣、以愚昧无知为耻，以辛勤劳动为荣、以好逸恶劳为耻，以团结互助为荣、以损人利己为耻，以诚实守信为荣、以见利忘义为耻，以遵纪守法为荣、以违法乱纪为耻，以艰苦奋斗为荣、以骄奢淫逸为耻。”[①]

0612 | **3月5日**

0612 十届全国人大四次会议在北京人民大会堂开幕，国务院总理温家宝作《政府工作报告》。《报告》指出，2005年，我国社会主义现代化事业取得显著成就。2005年中央财政用于科技、教育、卫生、文化等方面的支出1168亿元，比上年增长18.3%。重点加强了义务教育特别是农村义务教育。中央和地方财政安排专项资金70多亿元，对592个重点贫困县1700万名贫困家庭学生免除学杂费、免费提供教科书和补助寄宿生生活费，还为中西部地区1700多万名贫困家庭学生免费提供教科书，许多辍学儿童重新回到学校。继续实施西部地区“两基”攻坚计划。两年来新建、改建、扩建农村寄宿制学校2400多所，为16万个农村中小学校和教学点配备了远程教育设施。职业教育得到进一步加强。高等教育持续发展。《报告》指出，2006年是实施“十一五”规划的第一年，改革发展稳定的任务十分繁重。教育方面的主要任务是，要大力普及和巩固九年义务教育。从2006年起用两年时间，全部免除农村义务教育阶段学生学杂费，2006年在西部地区实施，明年扩大到中部和东部地区；继续对贫困家庭学生免费提供教科书并补助寄宿生生活费。将农村义务教育全面纳入国家财政保障范围，建立

① 《胡锦涛文选》第二卷，人民出版社2016年版，第430页。

中央和地方分担的农村义务教育经费保障机制。发展职业教育是一项重要而紧迫的任务，今后五年中央财政将投入100亿元支持职业教育发展。要培养一支德才兼备的教师队伍，造就一批杰出的教育家。

0613 | **3月14日**

十届全国人大四次会议批准《中华人民共和国国民经济和社会发展第十一个五年规划纲要》。《规划纲要》提出，全面实施素质教育，着力完成“普及、发展、提高”三大任务，加快教育结构调整，促进教育全面协调发展，建设学习型社会。保证财政性教育经费的增长幅度明显高于财政经常性收入的增长幅度，逐步使财政性教育经费占国内生产总值的比例达到4%。促进教育公平，公共教育资源要向农村、中西部地区、贫困地区、民族地区以及薄弱学校、贫困家庭学生倾斜。形成多元化的教育投入体制，义务教育由政府负全责，高中阶段教育以政府投入为主，职业教育和高等教育实行政府投入与社会投入相互补充。规范教育收费，建立严格的教育收费公示制度。形成适应素质教育要求的教学体制，改革招生考试制度，推进教学课程改革，减轻中小学生过重的课业负担，健全评价制度。

0614 | **3月20日**

教育部印发《关于中等职业学校面向未升学高中毕业生开展职业教育与培训的意见》。《意见》指出，中等职业学校面向未升学高中毕业生开展职业教育与培训，要坚持以就业为导向，从劳动力市场需求和学生本人的就业需要出发，有针对性地开设专业和培训项目；各地要将中等职业学校面向未升学高中毕业生开展职业教育与培训的工作纳入中等职业教育发展规划，将中等职业学校招收未升学高中毕业生实行学历教育与招收初中毕业生工作统一部署，统一宣传，统一安排，统一实施。

0615 | **4月5日**

中宣部、中央文明办、新闻出版总署、文化部、教育部、总政治部宣传部、全国总工会、共青团中央、全国妇联、中国科协、中国作协印发《关于开展全民阅读活动的倡议书》。《倡议书》提出，全国各地区、各部门、各团体，要积极开展全民阅读活动，倡导全民为构建社会主义和谐社会和全面建设小康社会，为中华民族的伟大复兴而努力读书，终身学习。全国各地、各有关部门要开展丰富多彩的读书推广活动，为全民阅读营造良好的读书环境，鼓励多读书，读好书。鼓励读者积极参与“我最喜爱的一本书”的征文活动。

0616 | **4月6日**

教育部、国务院纠风办、监察部、国家发改委、财政部、审计署、新闻出版总署印发《关于2006年治理教育乱收费工作的实施意见》。《实施意见》要求，严格执行公办高中招收“择校生”的“三限”政策。严格限制“择校生”比例和收费标准，力争逐年有所降低；切实将择校生纳入当地统一招生计划并及时向社会公示；招收“择校生”要以学校为单位计算，每个学校招收择校生的比例最高不得超过本校当年招收高中学生计划数的30%，现有比例已低于此标准的不准再提高；不得在“择校生”之外以非计划生、自费生、旁听生等其他任何名义招收学生；要按照报名学生的考试成绩，从高分到低分依次录取，一次招满。

0617 | **4月11日**

教育部办公厅印发《关于进一步做好学校卫生防疫与食品卫生安全工作的通知》。通知要求，进一步加强学校传染病预防与控制和学校食品卫生安全工作，有效遏制学校传染病流行事件和食物中毒事件的发生。各级教育行政部门和学校认真检查学校卫生防疫和食品卫生安全责任制度、食物中毒责任追究制度、传染病和食物中毒报告制度以及中小学晨检制度等各项管理制度的建立和执行情况。学校主要领导要认真履行食品卫生安全管理第一责任人的管理职责，督促学校有关部门落实各项食品卫生安全制度与措施。

0618 | **4月19日**

教育部发布《普通高等学校招生全国统一考试分省命题工作暂行管理办法》。《暂行管理办法》指出，分省命题是在全国统考的框架内，由教育部授权，由有关省、自治区、直辖市教育行政部门，根据《普通高等学校招生全国统一考试大纲》自行组织命题工作。《暂行管理办法》同时对自主命题的组织管理、人员选聘及职责等作出明确规定。

0619 | **4 月 20 日**

教育部办公厅印发《关于加强校庆管理的通知》。通知要求，各级各类学校举办校庆要主题鲜明，注重实效，突出特色，体现思想性、学术性和高品质，把重点放在总结办学经验、密切与校友联系、弘扬学校优良传统、提升办学水平等方面。

0620 | **4 月 25 日**

教育部印发《关于大力加强中小学校园文化建设的通知》。通知指出，校园文化是学校教育的重要组成部分，是全面育人不可或缺的重要环节，是展现校长教育理念、学校特色的重要平台，是规范办学的重要体现，也是学校德育工作中亟待加强的重要方面。通知强调，要充分认识校园文化建设在中小学德育工作中的重要作用，积极推进中小学校校园文化建设，切实保障中小学校园文化建设取得实效。中小学校园文化建设要全面开展校风、教风、学风建设，组织开展形式多样的校园文化活动。重视校园绿化、美化和人文环境建设，制定本地区校园文化建设的具体规划。

0621 | **4 月 25 日**

教育部印发《关于大力发展民办中等职业教育的意见》。《意见》进一步明确民办中等职业教育发展的目标任务是："十一五"期间，全国民办中等职业教育的办学规模要进一步扩大，学校数和在校生数占职业学校的比例有较大幅度的提高；建成一批办学规模大、办学条件好、教育质量高、特色鲜明、社会信誉度高的民办中等职业学校；初步形成公办与民办中等职业教育优势互补、共同发展的格局。

0622 | **4 月 29 日**

教育部办公厅印发《关于加强民办学校卫生防疫与食品卫生安全工作的通知》。通知要求，要加强对民办学校特别是民工子弟学校卫生防疫与食品卫生安全工作的管理，保障民办学校师生的身心健康。

0623 | **5月9日**

教育部办公厅印发《关于进一步加强中小学幼儿园安全保卫和管理工作的紧急通知》。通知要求，各级教育行政部门和中小学幼儿园要牢固树立“珍爱生命，安全第一”的观念。针对当前校园治安和刑事案件多发特点，切实加强学校安全保卫工作，认真落实门卫、值班、巡逻等内部管理工作制度，及时发现和制止外来人员随意进入校园。防止针对师生的违法犯罪活动，督促学校尽快建立健全安全保卫和管理制度，落实各项安全措施。

0624 | **5月17日**

教育部印发《关于进一步规范普通高中建设兴办节约型学校的通知》。通知要求，规范普通高中建设行为，兴办节约型学校，防止豪华建校之风蔓延，保障高中教育事业健康发展。

0625 | **5月30日**

上海市教科院举行教育部基础教育监测中心揭牌仪式。教育部副部长陈小娅在揭牌仪式上表示，希望监测中心紧紧围绕全国基础教育改革与发展这个中心，积极开展监测工作，发挥上海教科院“启动快、起点高、应用性强”的优势，开拓进取，勇于创新，以良好的精神风貌迎接挑战，努力建成全国性、高水平、为基础教育服务的监测中心。

0626 | **6月4日**

教育部印发《关于进一步加强中小学班主任工作的意见》。《意见》指出，中小学班主任工作是学校教育中极其重要的育人工作，既是一门科学、也是一门艺术。要做好中小学生的教育引导工作，要做好班级的管理工作，要组织好班集体活动，要关注每一位学生的全面发展，班主任岗位是具有较高素质和人格要求的重要专业性岗位，应由取得教师资格、思想道德素质好、业务水平高、身心健康、乐于奉献的教师担任。每个班必须配备班主任。中小学班主任一般应由学校从任课教师中选聘，聘期由学校确定。

0627 | **6月7日**

教育部办公厅印发《关于切实解决农村边远山区交通不便地区中小学生上学远问题有关事项的通知》。通知要求，要高度重视农村边远山区、交通不便地区中小学生上学远问题，进一步加强对农村边远山区、交通不便地区中小学校布局调整、寄宿制学校建设等方面的调查研究工作，慎重对待撤点并校，确保当地学生方便就学，充分发挥农村中小学现代远程教育工程“模式一”的作用。

0628 | **6月19日**

国家发改委、教育部、劳动和社会保障部印发《关于编制中等职业教育基础能力建设规划的通知》。通知提出，中等职业教育基础能力建设规划，由中央和地方人民政府共同投入和组织实施。中央下拨专项资金60亿元，重点支持建设1000所左右县级职业教育中心（或县级职业学校）和1000所左右示范性中等职业学校，改善办学条件，扩大培养规模，提高办学质量和效益。

0629 | **6月26日至27日**

教育部在北京召开全国中小学人事制度改革工作座谈会。会议提出以农村教师队伍建设为重点，全面实行新任教师公开招聘制度、完善以岗位设置管理为基础的聘任制度、大力推进城乡教师交流制度、建立岗位绩效工资制度，是“十一五”时期中小学人事制度改革的重点内容。

0630 | **6月30日**

教育部、公安部、司法部、建设部、交通部、文化部、卫生部、国家工商总局、国家质检总局、新闻出版总署发布《中小学幼儿园安全管理办法》。《管理办法》分9章共66条，对中小学幼儿园安全管理作出较为全面的规定。《管理办法》明确学校安全管理的原则和方针；规范部门安全管理职责与校园周边管理职责；明确校内安全管理制度、管理要求，以及学校对学生进行安全教育的职责；明确事故处理要求与责任追究原则。

0631 | **7月24日**

财政部、教育部印发《关于完善中等职业教育贫困家庭学生资助体系的若干意见》《中等职业教育国家助学金管理暂行办法》。《意见》提出，从 2006 年起，中央财政安排专项资金，建立中等职业教育国家助学金，用于资助中等职业学校贫困家庭学生；各地财政安排相应的专项资金设立助学金。《暂行办法》指出，国家助学金用于中等职业学校特困家庭学生的生活补助，补助标准为每生每学年 1000 元。

0632 | **8 月 21 日**

河北省教育厅印发《关于加强公办中小学校教育机构编制和岗位管理的指导意见》。《指导意见》提出，河北省将逐步实行中小学校长任期制及任期目标责任制。校长每届任期 4 年，可以连聘连任，但在同一学校任职一般不超过两届。50 岁以下的男教师和 45 岁以下的女教师，在一所学校任教分别不超过 6 年、8 年。

0633 | **8 月 31 日**

教育部办公厅发布《全国中小学班主任培训计划》。《计划》提出，从 2006 年 12 月起，建立中小学班主任岗位培训制度，今后凡是担任中小学班主任的教师，在上岗前或上岗后半年时间内均需接受不少于 30 学时的专题培训，2006 年 12 月底之前已担任班主任工作，但未参加班主任专题培训的教师，需在近年内采取多种方式进行补修。培训内容包括班主任工作基本规范、学生心理健康教育指导、班前活动设计与组织、班级管理、未成年人思想道德教育、相关教育法规等。

0634 | **9 月 12 日**

据《中国教育报》报道，曾以大面积实施素质教育而闻名全国的湖南省汨罗县再创佳绩：提前一年实现"普高"。2006 年秋季开学，该市高中阶段共招生 9700 人，其中普通高中 3400 人，职业高中 6300 人，招生人数约占应届初中毕业生总人数的 90%，超过"普高"国家标准近五个百分点。

0635 | **9 月 28 日**

教育部印发《关于建立中等职业学校教师到企业实践制度的意见》。《意见》要求，中等职业学校专业课教师、实习指导教师每两年必须有两个月以上时间到企业或生产服务一线实践；职业学校文化课教师和相关管理人员也应定期到企业进行考察、开展调研，了解企业的生产情况及其对职业教育的需求，不断改进职业学校的教育教学和管理工作。

0636 | **10月8日至11日**

党的十六届六中全会在北京举行。全会全面分析了当前的形势和任务，提出新世纪新阶段，中国共产党要带领人民抓住机遇、应对挑战，把中国特色社会主义伟大事业推向前进，必须坚持以经济建设为中心，把构建社会主义和谐社会摆在更加突出的地位。全会审议并通过了《中共中央关于构建社会主义和谐社会若干重大问题的决定》。《决定》强调，坚持教育优先发展，促进教育公平。全面贯彻党的教育方针，大力实施科教兴国战略和人才强国战略，全面实施素质教育，深化教育改革，提高教育质量，建设现代国民教育体系和终身教育体系，保障人民享有接受良好教育的机会。坚持公共教育资源向农村、中西部地区、贫困地区、边疆地区、民族地区倾斜，逐步缩小城乡、区域教育发展差距，推动公共教育协调发展。明确各级人民政府提供教育公共服务的职责，保证财政性教育经费增长幅度明显高于财政经常性收入增长幅度，逐步使财政性教育经费占国内生产总值的比例达到4%。加快发展城乡职业教育和培训网络，努力使劳动者人人有知识、个个有技能。保持高等院校招生合理增长，注重增强学生的实践能力、创造能力和就业能力、创业能力。完善高等教育和高中阶段国家奖学金、助学金制度，落实国家助学贷款政策，鼓励社会捐资助学。规范学校收费项目和标准，坚决制止教育乱收费。切实减轻中小学生课业负担。提高师资特别是农村师资水平。改进学校思想政治工作和管理工作，提高师生思想道德素质。引导民办教育健康发展。积极发展继续教育，努力建设学习型社会。

0637 | **10月26日**

据《中国教育报》报道，福建省教育厅规范中小学生作息时间安排，要求各地各校保证小学生早上到校时间不早于 7 点 50 分，中学生不早于 7 点 30 分。冬、春季节还应适当推迟学生早上到校时间。

0638 | **11 月 14 日**

教育部印发《关于进一步加强中小学校校舍建设与管理工作的通知》。通知要求，要加强指导，提高对建设标准重要性的认识；要强化地方人民政府领导，完善中小学校舍建设机制；要合理规划中小学校布局，科学选定校舍建设校址；要做好校园校舍规划，合理确定建设规模；要严格执行基本建设程序，确保校舍建设质量；要加强制度建设，完善校舍建设与安全管理长效机制。

0639 | **11 月 17 日**

教育部印发《关于在全国中小学开展创建和谐校园的意见》。《意见》强调，要注重校园文化建设，提高校园文明水平；强化安全与健康教育，提高师生安全卫生防护能力；加强安全卫生设施建设，保障学校安全卫生基本条件等。

0640 | **11 月 18 日至 19 日**

国务委员陈至立在湖南考察教育工作。陈至立强调，要深入贯彻党的十六届六中全会精神，努力办好让人民群众满意的教育，促进社会主义和谐社会建设。

0641 | **11 月 20 日**

国务院召开全国加强中小学管理工作电视电话会议。会议强调，要贯彻落实党的十六届六中全会的精神，以学校安全工作为重点，加强学校管理，共建和谐校园，促进中小学生健康成长。

0642 | **12 月 20 日**

教育部、国家体育总局、共青团中央印发《关于开展全国亿万学生阳光体育活动的通知》。通知要求，各地开展阳光体育运动，要以“达标争优、强健体魄”为目标，全面实施《学生体质健康标准》，与体育课教学相结合，营造良好的舆论氛围。

0643 | 12 月 20 日

教育部、国家体育总局印发《关于进一步加强学校体育工作，切实提高学生健康素质的意见》。《意见》要求，学校教育要树立健康第一的指导思想，切实贯彻落实国家对学校体育工作的要求，完善学校体育的保障机制，完善学生体质健康和学校体育的评价制度，加强学校体育的督导检查和服务支持。

0644 | 12 月 23 日

教育部、国家体育总局在北京召开全国学校体育工作会议。会议宣布启动“全国亿万学生阳光体育运动”。会议强调，要认真贯彻党的教育方针，全国推进素质教育，大力加强学校体育工作，把学校体育工作作为全民健身运动的重点，切实提高青少年健康素质；号召广大青少年抓住我国举办 2008 年北京奥运会的机遇，掀起体育运动的热潮。

0645 | 12 月 24 日至 25 日

教育部在北京召开 2007 年度教育工作会议。会议回顾、总结 2006 年的教育工作，研究、部署 2007 年的教育工作，提出进一步统一思想，振奋精神，扎实推进我国教育事业持续协调健康发展。会议指出，2007 年，要全力做好全国教育工作会议的筹备和会议精神的贯彻落实工作，以优异的工作成绩迎接党的十七大的召开；加强和改进学校德育、智育、体育、美育工作，在切实推进素质教育方面取得实质性的进展；全面推进农村义务教育经费保障机制改革，圆满完成西部地区“两基”攻坚任务，认真实施新的《义务教育法》；认真抓好教师队伍建设，加大吸引优秀人才从教的工作力度，全面提升教师队伍的素质和水平；推进教育的体制改革与制度创新，不断扩大教育的对外开放，建设和谐校园；解决人民群众关心的教育热点、难点问题，提高教育管理水平，加强教育系统党的建设，切实维护稳定。

0646 | 12 月 27 日

国务院总理温家宝主持召开国务院常务会议。会议审议并原则通过《国家教育事业发展“十一五”规划纲要》。会议强调，各级人民政府必须切实把教育摆在优先发展的战略地位。要坚持全面贯彻党的教育方针，坚持教育的公益性原则、促进教育公平，坚持教育为社会主义现代化建设服务、为人民服务。要统筹城乡、区域教育，统筹各级各类教育，统筹教育发展的规模、结构、质量和效益，构建现代国民教育体系和终身教育体系，保障人民群众接受良好教育的机会，办好让人民群众满意的教育。会议提出，“十一五”时期我国教育发展的目标是，巩固和普及九年义务教育，大力发展职业教育，提高高等教育质量，保持教育事业持续健康发展，教育体系更加完善，区域发展趋于协调，城乡差距逐步缩小，国民受教育水平进一步提高。

0647 | **12 月 28 日**

据中国教育网报道，福建省印发《普通高中学生综合素质评价实施指导意见》。《指导意见》规定，高中学生在校 3 年的综合素质评价结果，将作为高考录取的重要参考依据。从 2006 年秋季入学起，福建省所有高中全面进入新课程改革。根据规定，每学期对学生进行一次评价。评价包含综合素质评价、获奖情况和教师寄语三部分。其中，综合素质评价的内容包括道德品质、公民素养、学习能力、交流与合作、运动与健康、审美与表现等六个维度。

0648 | **12 月 29 日**

十届全国人大常委会第二十五次会议表决通过修订后的《未成年人保护法》。全国人大常委会经过三次审议，对《未成年人保护法》作了全面修订，进一步强化家庭、学校、社会、国家的保护责任。

0649 | **12 月 31 日**

教育部在北京召开高中新课程实验工作座谈会。教育部部长周济参加座谈会并讲话。周济强调，推进素质教育，深化课程改革的本质是培养什么人和怎样培养人的问题，是把沉重的人口负担转化为人力资源、建设创新型国家的必然要求。各地要进一步提高认识，把新课程改革作为教育工作的主题和核心内容来抓。

2007年

改革进行时

·重要文件

中共中央、国务院《关于加强青少年体育增强青少年体质的意见》

国务院批转教育部《国家教育事业发展“十一五”规划纲要》

中宣部等四部门《中小学法制教育指导纲要》

教育部《关于在大中小学全面开展廉洁教育的意见》

教育部、总参谋部、总政治部《学生军事训练工作规定》

教育部《中小学公共安全教育指导纲要》

科技部等八部门《关于加强国家科普能力建设的若干意见》

人事部、教育部《关于中等职业学校、普通高中、幼儿园岗位设置管理的指导意见》

教育部办公厅、财政部办公厅《关于组织实施中等职业学校专业骨干教师培训工作的指导意见》《中等职业学校中等专业师资培养培训方案、课程和教材开发项目实施办法》《中等职业学校紧缺专业特聘兼职教师资助项目实施办法》

教育部办公厅《中小学学生学籍信息化管理基本信息规范》

• 重要政策

扩大高中新课程改革实验

公办普通高中招收“择校生”继续严格执行“三限”政策

建立和完善高中阶段国家奖学金、助学金制度

加强公共安全教育

组织实施中等职业学校专业骨干教师培训工作

教育部直属师范大学实行师范生免费教育制度

• 重要会议

教育部等七部门召开全国进一步治理教育乱收费工作电视电话会议

教育部、财政部召开贯彻落实中等职业教育国家助学政策座谈会

• 改革亮点

党的十七大将教育纳入民生范畴，提出加快普及高中阶段教育的要求。高中新课程改革实验范围进一步扩大，加快推进考试评价制度改革，做好首批高中课改与高考改革的有机衔接。各地尝试建立普通高中家庭经济困难学生资助政策。同时，尝试采取将普通高中招生名额分配到初中校的改革举措。普通高中在校生规模达到历史最高值。

0701 | 1月1日

教育部发布《教育部2007年工作要点》。2017年工作要点有：强调进一步深化教育教学改革，着力提高学生科学文化素质，重点培养学生的创新精神和实践能力；关心学生学习，注重学生全面发展，克服片面追求升学率的错误倾向，切实减轻中小学生过重的课业负担；加大基础教育课程改革推进力度；进一步扩大高中新课程改革实验范围。加快推进考试评价制度改革；做好首批高中课改实验省（自治区）高考命题工作，推动高中课改与高考改革的有机衔接。

0702 | 1月5日

教育部办公厅印发《关于2007年推进普通高中新课程实验工作的通知》。通知要求，普通高中新课程实验省份由去年的5个增加到10个，到2010年普通高中新课程将在全国全面推行。

0703 | 1月8日

据《中国教育报》报道，上海市教委召开两次招生工作会议，决定高中阶段采取既巩固30%“推优生”免试进入实验性示范性高中的比例，又试行10%比例名额分配到每所初中的新办法。

0704 | 1月17日

科技部、中宣部、教育部等八部门印发《关于加强国家科普能力建设的若干意见》。《意见》提出，完善中小学科学教育体系，提高科学教育水平。积极倡导并要求各地初级中学逐步规划开设科学课程，推进以科学探究为核心的科学教育改革，定期开展中小学科学教育质量评价，推广优秀的科学教育改革经验，促进科学课程教育质量的不断提高。建立健全科学教育实验室，使中小学校尤其是边远农村学校实验室数量、实验室的仪器设备，能够基本满足科学课程教学的需要。

0705 | 1月20日

据《中国教育报》报道，天津市普通高中从2007年秋季开始大面积推行选课制度。天津市教研室要求学校结合实际科学合理制定课程方案，开发有特色的个性化课程，建立合理、有序、高效的选课机制，尽快实现教师教学方式和学生学习方式的转变。

0706 | **1月25日**

教育部等七部门召开全国进一步治理教育乱收费工作电视电话会议。会议回顾总结了2006年全国治理教育乱收费的工作情况，对2007年的工作任务进行了全面部署。

0707 | **2月7日**

教育部发布《中小学公共安全教育指导纲要》。《指导纲要》提出，学校要在教学中开展公共安全教育，使学生养成在日常生活中和突发事件中正确的应对习惯，最大限度地预防事故发生和减少安全事件对中小学生造成的伤害。

0708 | **2月10日**

据《中国教育报》报道，江西省中高考录取率不再列入学校工作的考评指标。江西省将探索学校、家庭、社会共同推进素质教育的新机制，积极推行普通高中招生制度改革，试行将一定比例的普通高中招生指标按生源分布情况均衡分配到初中学校。

0709 | **2月14日**

据新华社报道，新疆维吾尔自治区2007年扩大内地高中班的招生规模，内地高中班录取的农牧民子女比例逐年增高，为更多偏远贫困地区的农牧民子女创造赴内地上高中的机会。新疆2007年还将在区内一些教育条件较好的城市，开设区内高中班，使更多偏远贫困地区的少数民族优秀学生享受更好的教育。此外，新疆还继续保持区内初中班每年5000人的招生规模，为内地高中班培养更多的优秀人才。

0710 | **3月5日**

十届全国人大五次会议在北京人民大会堂开幕，国务院总理温家宝作《政府工作报告》。《报告》指出2006年是我国实施“十一五”规划并实现良好开局的一年，国民经济和社会发展取得重大成就，教育事业继续发展。关于2007年教育工作，《报告》提出加快教育事业发展。《报告》指出，教育是国家发展的基石，教育公平是重要的社会公平。要坚持把教育放在优先发展的战略地位，加快各级各类教育发展。总体布局是，普及和巩固义务教育，加快发展职业教育，着力提高高等教育质量。《报告》提出，要把发展职业教育放在更加突出的位置，使教育真正成为面向全社会的教育。重点发展中等职业教育，健全覆盖城乡的职业教育和培训网络。深化职业教育管理体制改革，建立行业、企业、学校共同参与的机制，推行工学结合、校企合作的办学模式。支持和规范民办教育发展，发挥社会力量办学的积极性。为了促进教育发展和教育公平，将采取两项重大措施：一是从2007年新学年开始，在普通本科高校、高等职业学校和中等职业学校建立健全国家奖学金、助学金制度，进一步落实国家助学贷款政策，使困难家庭的学生能够上得起大学、接受职业教育。二是在教育部直属师范大学实行师范生免费教育制度，进一步形成尊师重教的浓厚氛围，让教育成为全社会最受尊重的事业；培养大批优秀的教师；提倡教育家办学，鼓励更多的优秀青年终身做教育工作者。

0711 | **3月13日**

国家发改委、教育部、劳动和社会保障部发布《中等职业教育基础能力建设规划（2005—2010年）》。《规划》涉及项目学校2781所，其中县级职教中心1244所，中等职业学校1537所。中央专项资金重点支持其中1000所左右县级职教中心和1000所左右示范性中等职业学校建设。

0712 | **3月22日**

教育部、总参谋部、总政治部发布《学生军事训练工作规定》。《规定》是各级教育行政部门、军事机关、普通高等学校、高中阶段学校和承训部队组织实施学生军事训练工作的基本依据。《规定》要求，教育行政部门和军事机关应当建立联席会议制度或联合办公制度；普通高等学校、高中阶段学校应当把学生军事训练工作纳入学校教育、教学计划，统筹安排。

0713 | **3月24日**

据《中国教育报》报道，河南省规定，除民办学校和经省教育厅批准的实验班、“宏志班”外，任何学校不得跨省辖市单独进行招生考试，严禁采取不正当手段争抢生源。

0714 | **3月27日**

教育部印发《关于在大中小学全面开展廉洁教育的意见》。《意见》指出，高中阶段主要引导学生学习我国廉政条规和相关法律法规基本要点，结合正反两方面的典型进行讨论，引导学生树立公民道德和法律意识、诚信意识，培养高尚的道德情操；中等职业学校还要加强以诚信、敬业为重点的职业道德教育。科学把握各教育阶段开展廉洁教育的方法，发挥课堂教学在廉洁教育中的重要作用，把学生课外活动作为廉洁教育的重要载体，努力形成学校教育、家庭教育、社会教育在廉洁教育中的整体合力。

0715 | **4月4日**

教育部、国家体育总局印发《关于实施〈国家学生体质健康标准〉的通知》。通知要求，要切实加强学校体育工作，促进学生积极参加体育锻炼，提高学生体质健康水平。

0716 | **4月26日**

教育部、国家体育总局、共青团中央印发《关于全面启动全国亿万学生阳光体育运动的通知》。4月29日，全国亿万青少年学生阳光体育运动全面启动。教育部部长周济等参加启动仪式。

0717 | **5月7日**

中共中央、国务院印发《关于加强青少年体育增强青少年体质的意见》。《意见》提出，经过五年左右的时间，我国青少年普遍达到国家体质健康的基本要求，耐力、力量、速度等体能素质明显提高，营养不良、肥胖和近视的发生率明显下降。《意见》要求，全面实施《国家学生体质健康标准》，把健康素质作为评价学生全面健康发展的重要指标。广泛开展“全国亿万学生阳光体育运动”。切实减轻学生过重的课业负担，确保学生每天锻炼一小时。举办多层次多形式的学生体育运动会，积极开展竞技性和群众性体育活动。帮助青少年掌握科学用眼知识和方法，降低青少年近视率。确保青少年休息睡眠时间，加强对卫生、保健、营养等方面的指导和保障。加强学校体育设施建设。加强体育安全管理，指导青少年科学锻炼。6月4日，教育部印发《关于学习贯彻〈中共中央、国务院关于加强青少年体育增强青少年体质的意见〉的通知》。

0718 | **5月7日**

人事部、教育部印发《关于中等职业学校、普通高中、幼儿园岗位设置管理的指导意见》。《指导意见》明确规定几类学校中岗位类别设置、岗位等级设置、专业技术岗位名称及岗位等级、岗位基本条件等事项。

0719 | **5月11日**

教育部办公厅印发《关于做好预防中小学生溺水事故工作的通知》。通知要求，要进一步加强对学生的安全教育和日常管理工作。各地教育行政部门和学校要通过播放安全教育光盘、开展主题班队会等多种方式和途径，对学生深入开展一次预防溺水的安全教育。

0720 | **5月18日**

国务院批转教育部《国家教育事业发展“十一五”规划纲要》。《规划纲要》指出，“十五”时期教育事业发展取得明显成就。高中阶段教育规模继续增加，在校生达4031万人。职业教育在改革中加快发展。《规划纲要》提出，“十一五”期间，高中阶段教育遍及程度显明提高，在校生规模达到4510万人，毛入学率达到80%左右，中等职业教育与普通高中规模基本相当。欠发达地区与全国教育平均水平的差距逐步缩小。中等职业教育较快发展，基本建立城乡职业教育和培训网络，高中阶段教育规模稳步扩大。中等发达地区教育发展水平显明提高。多种形式的职业教育得到较大发展，建立比较完善的城乡职业教育与培训网络。高中阶段教育毛入学率达到80%左右，城乡之间教育发展的差距显明缩小。发达地区初步实现教育现代化。在高质量普及九年义务教育的基础上，基本普及高中阶段教育，高中阶段教育毛入学率均达到85%以上，建立起较为完善的城乡一体化教育体系。

0721 | **5月23日**

教育部办公厅、财政部办公厅印发《关于组织实施中等职业学校专业骨干教师培训工作的指导意见》。《指导意见》提出，“十一五”期间，国家实施中等职业学校专业骨干教师培训，分为国家和省两级进行，培训中等职业学校专业骨干教师15万人，其中，国家级培训3万人，省级培训12万人，为中等职业学校造就一大批专业理论水平高、实践教学能力强，在教育教学工作中起骨干示范作用的“双师型”优秀教师和一批高水平的职业教育教学专家。

0722 | **5月24日**

教育部印发《关于确定首批中等职业教育德育工作实验基地学校的通知》，确定北京市商业学校等107所学校为首批中等职业教育德育工作实验基地。

0723 | **5月30日**

教育部印发《关于加强和改进中小学艺术教育活动的意见》。《意见》提出，中小学艺术教育活动要以育人为宗旨，坚持先进文化导向，体现“向真、向善、向美、向上”的校园文化特质，引导学生树立正确的审美观念，帮助学生培养健康的审美精趣，陶冶情操，提高感受美、鉴赏美、表现美、创造美的能力，促进学生全面发展。

0724 | **6月1日**

教育部印发《关于切实落实中小学安全工作的通知》，要求切实预防，做好安全防御工作，保护中小学生安全，严防对中小学生的生命安全造成威胁。

0725 | **6月7日**

教育部印发《关于建立健全高中阶段教育学校招生工作机构的通知》。通知要求，理顺高中阶段教育学校招生管理体制，加强统筹管理，积极推进高中阶段教育学校招生制度建设，进一步规范招生秩序，创造公平、公正、公开的招生环境。

0726 | **6月11日**

教育部、财政部召开贯彻落实中等职业教育国家助学政策座谈会。会议的主要任务是推进中等职业教育助学政策体系建设，落实好2007年国家助学金的发放和管理工作。

0727 | **6月12日**

教育部举行2007年第十次新闻发布会，决定于9月1日起向全国中小学推广《第一套校园集体舞》。

0728 | **6月20日**

据新华社报道，江西省对乱收费严重的地方和学校采取酌减专项经费支持。江西省要求公办普通高中招收“择校生”继续严格执行“限分数、限人数、限钱数”的“三限”政策。要把“择校生”纳入统一招生计划，实行以学校为单位计算的办法，规定每所学校招收“择校生”的比例要控制在本校当年招收高中学生计划总数的30%以下。今后将逐年降低“择校生”比例和“择校生”收费标准。

0729 | **7月24日**

中宣部、教育部、司法部、全国普法办发布《中小学法制教育指导纲要》并印发通知。通知要求，将中小学法制教育工作纳入实施“五五”普法规划目标责任制的考核范围，加强督促检查，推动各项工作落到实处。地方各级教育行政部门和中小学校要采取切实措施，确保中小学法制教育的质量。《指导纲要》从中小学法制教育的总体要求、基本原则和主要任务，中小学法制教育的内容，中小学法制教育的实施途径，中小学法制教育的措施等方面作了详细说明。

0730 | **7月27日**

据《中国教育报》报道，西安市教育局出台《普通高中综合实践活动课程实施与管理指导意见》。《指导意见》要求高中生在高中学习的3年内，应参加不少于10个工作日的社区服务。

0731 | **8月8日**

据《中国教育报》报道，广东省珠海市出台《中共珠海市委、珠海市人民政府关于推进教育现代化若干问题的实施意见》。《实施意见》提出，教育的免费范围扩大到高中阶段。从2007年秋季起，对本市户籍的中小学实施免费教育。义务教育阶段免学费、书杂费，高中教育阶段免学费。

0732 | **8月26日**

据新华网报道，新疆维吾尔自治区为解决区内初中班毕业生继续教育问题，决定从2007年秋季开始在新疆8个城市举办区内高中班。这是新疆首次在自治区内开办区内高中班，首批161人于9月入学。

0733 | **8月29日**

教育部办公厅、财政部办公厅发布《中等职业学校中等专业师资培养培训方案、课程和教材开发项目实施办法》和《中等职业学校紧缺专业特聘兼职教师资助项目实施办法》，旨在提升中等职业学校教师素质，缓解紧缺专业教师不足的问题，优化教师队伍结构，创新职业学校用人制度，促进中等职业教育扩大规模、提高质量。

0734 | **8月31日**

全国优秀教师代表座谈会在中南海怀仁堂举行。中共中央总书记、国家主席胡锦涛出席会议并发表重要讲话。胡锦涛对广大教师提出四点希望：一是希望广大教师爱岗敬业、关爱学生；二是希望广大教师刻苦钻研、严谨笃学；三是希望广大教师勇于创新、奋发进取；四是希望广大教师淡泊名利、志存高远。①

0735 | **9月4日**

教育部办公厅发布《中小学学生学籍信息化管理基本信息规范》。《规范》收录了中小学学生学籍管理中涉及入学、转学、借读、休学、复学、升级、毕业、综合素质评价、学业考试、奖励、处分等管理工作所需的基本信息。

① 参见《人民日报》，2007年9月1日。

0736 | **9月5日**

山东省人民政府办公厅印发《关于实施普通高中家庭经济困难学生资助政策的意见》。《意见》决定，从2007年秋季开始，设立普通高中家庭经济困难学生政府助学金，资助标准有3档，分别为500元、1000元、1500元，平均每生每年享受资助标准为1000元。

0737 | **9月11日**

据《中国教育报》报道，江苏省提出普通高中收费规范要求。高中阶段教育以政府投入为主，高中收费项目由国家和省制定，学校除收取学费、择校费、代办费、服务性收费和省规定的考试费用外，未经省价格、财政、教育部门批准，不得擅自立项再向学生收取其他任何费用。

0738 | **9月26日**

据《中国教育报》报道，2007年广东、山东、海南和宁夏4个省（自治区）顺利完成首轮高中新课改实验，123万名高中毕业生参加高考。改革经受住了社会考验，实现了高考的平稳过渡。

0739 | **9月28日**

江西省发布《中小学校长管理暂行规定》，对中小学校长的任聘、职责、义务、权利与考核办法等作出明确规定。《暂行规定》指出，完全高中、高级中学校长应具有大学本科以上学历。同时，《暂行规定》要求中小学校长必须接受任职资格培训，并获得任职资格培训合格证书。

0740 | **10月15日至21日**

党的十七大在北京人民大会堂开幕。大会的主题是：高举中国特色社会主义伟大旗帜，以邓小平理论和“三个代表”重要思想为指导，深入贯彻落实科学发展观，继续解放思想，坚持改革开放，推动科学发展，促进社会和谐，为夺取全面建设小康社会新胜利而奋斗。中共中央总书记胡锦涛作题为《高举中国特色社会主义伟大旗帜，为夺取全面建设小康社会新胜利而奋斗》的报告。胡锦涛指出，党的十六大以后，“各级各类教育迅速发展，农村免费义务教育全面实现。”[①]“在新的发展阶段全国建设小康社会、发展中国特色社会主义，必须坚持以邓小平理论和“三个代表”重要思想为指导，深入贯彻落实科学发展观。”[②]胡锦涛强调：“优先发展教育，建设人力资源强国。教育是民族振兴的基石，教育公平是社会公平的重要基础。要全面贯彻党的教育方针，坚持育人为本、德育为先，实施素质教育，提高教育现代化水平，培养德智体美全面发展的社会主义建设者和接班人，办好人民满意的教育。优化教育结构，促进义务教育均衡发展，加快普及高中阶段教育，大力发展职业教育，提高高等教育质量。重视学前教育，关心特殊教育。更新教育观念，深化教学内容方式、考试招生制度、质量评价制度等改革，减轻中小学生课业负担，提高学生综合素质。坚持教育公益性质，加大财政对教育投入，规范教育收费，扶持贫困地区、民族地区教育，健全学生资助制度，保障经济困难家庭、进城务工人员子女平等接受义务教育。加强教师队伍建设，重点提高农村教师素质。鼓励和规范社会力量兴办教育。发展远程教育和继续教育，建设全民学习、终身学习的学习型社会。”[③]

0741 | **11月1日**

教育部办公厅印发《关于中小学学习贯彻党的十七大精神的通知》。通知要求，基础教育战线站在培养中国特色社会主义建设者和接班人的战略高度，抓住课堂教学、社会实践、校园文化和教师特别是班主任队伍的
0741 建设等关键环节，认真做好中小学学习贯彻党的十七大精神的工作。通知指出，要充分利用“形势教育大课堂”资源向学生宣讲党的十七大精神，要把根据党的十七大精神制作的“形势教育大课堂”作为面向中小学学生生动形象宣传党的十七大精神的重要教材。通知要求，德育课程教学要有机融入党的十七大精神的宣传教育。

---

① 《胡锦涛文选》第二卷，人民出版 2016 年版，第 615 页。
② 同上，第 621—622 页。
③ 同上，第 642 页。

0742 | **11月9日**

成都市教育局印发《关于贯彻落实党的十七大精神全面推进素质教育，切实减轻中小学生课业负担的若干规定》，要求学生的家庭作业量减少1小时，课外活动时间多1小时、睡眠时间多1小时，通过直观效果把“减负”工作落到实处。《规定》要求，高中学生每天坚持收看半小时《新闻联播》。

0743 | **11月17日**

据《中国教育报》报道，河北省建立普通高中贫困家庭学生资助制度。2007年以来，河北省从全省普通高中学校所收取的学费、择校费中，提取5%作为贫困生助学金、奖学金。2007年秋季开学后，这项制度已在各普通高中开始实行。

0744 | **11月30日**

教育部基础教育质量监测中心揭牌仪式在北京师范大学举行。教育部部长周济出席仪式并讲话指出，要深刻认识当前基础教育面临的形势与任务；要建立健全基础教育质量保障体系；要扎实认真地开展基础教育质量监测工作。

0745 | **12月5日**

共青团中央办公厅、全国少工委办公室、教育部办公厅印发《关于进一步学习宣传贯彻〈未成年人保护法〉的通知》。通知要求，各级共青团、少先队组织，教育部门要把学习贯彻《未成年人保护法》作为维护青少年合法权益的重要工作内容，开展富有成效的工作。

0746 | **12月26日**

人事部、财政部印发《关于调整特级教师津贴标准的通知》。通知规定，从2008年1月1日起，特级教师津贴标准由每人每月80元调整为每人每月300元，公办学校所需经费全额纳入财政预算。

0747 | **12月26日至27日**

教育部在北京召开2008年度教育工作会议。教育部部长周济出席会议并讲话指出，要认真学习和贯彻党的十七大精神，高举中国特色社会主义伟大旗帜，以邓小平理论和“三个代表”重要思想为指导，深入贯彻落实科学发展观，进一步统一思想，振奋精神，推进我国教育事业科学发展，为建设人力资源强国而奋斗。当前和今后一个时期，建设人力资源强国主要从以下六个方面：坚持教育优先发展；全面贯彻党的教育方针，全国实施素质教育；优化教育结构，提高教育质量；切实加强教育队伍建设；大力促进教育公平，办好人民满意的教育；坚持教育改革开放，构建中国特色社会主义现代化教育体系。

0748 | **12 月 29 日**

据《中国教育报》报道，从 2007 年秋季开学起，南京市投入 450 万元，对全市高中阶段经济困难家庭学生发放“助学券”。至此，南京市人民政府助学的“绿色通道”延伸到高中阶段，提前实现 12 年基础教育政府扶困助学全覆盖。

0749 | **12 月 29 日**

据《中国教育报》报道，新疆维吾尔自治区 5847 名农村贫困高中生首次享受到国家的资助，每生将领到一次性补助 1000 元，从而填补国家助学政策在高中阶段的空白。

2008年

改革进行时

• 重要文件

教育部《关于普通高中新课程省份深化高校招生考试改革的指导意见》

教育部《关于深入推进和进一步完善中考改革的意见》

中央文明委《全国未成年人思想道德建设工作测评体系（试行）》

教育部办公厅、国家民委办公厅《学校民族团结教育指导纲要（试行）》

教育部办公厅《中小学廉洁教育指导纲要》

教育部、卫生部、财政部印发《国家学校体育卫生条件试行基本标准》

卫生部、教育部《中小学生健康体检管理办法》

教育部《中小学体育工作督导评估指标体系（试行）》

教育部《中小学健康教育指导纲要》

教育部《关于进一步加强中小学艺术教育的意见》

教育部等部门《中小学教师职业道德规范（2008年修订）》

教育部《关于中等职业学校德育课课程设置与教学安排的意见》《关于进一步深化中等职业教育教学改革的若干意见》

教育部、财政部《关于进一步加强中小学财务管理工作的意见》

• 重要政策

全面推进普通高中招生制度改革

开展中小学体育工作督导评估

加强中小学艺术教育

进一步加强中小学财务管理

推行校方责任保险

• 重要会议

中央文明委召开全国未成年人思想道德建设工作经验交流会

教育部召开全国基础教育工作会议

国家科技教育领导小组召开第一次会议

教育部、卫生部召开全国学校卫生工作电视电话会议

• 改革亮点

党的十七大对基础教育改革提出新要求，我国基础教育站到了一个新的历史起点。

汶川大地震后，国家紧急启动国家资助高中学生工作，普通高中学生资助问题进入国家教育政策视野。国家在加快普及高中阶段教育的同时，进一步扩大普通高中新课程实验范围。

0801 | **1月3日**

山东省教育厅印发《关于深化基础教育课程改革全面提高教育质量的意见》。《意见》提出，提高认识，增强深化课程改革的责任感和紧迫感；落实课程方案，加强教材管理，完善三级课程管理制度；强化课程实施，加强教学研究，提高课程实施质量和水平；创新机制，整合资源，推进校外教育和实践活动的开展；加强教师队伍建设，提高教师实施新课程的能力和水平；深化评价考试制度改革，构建符合素质教育的评价体系；加强监督和管理，为课程改革创造良好的实施环境。

0802 | **1月10日**

教育部印发《关于普通高中新课程省份深化高校招生考试改革的指导意见》。《指导意见》提出，全面落实科学发展观，加强对高校招生考试、录取和中学综合评价的统筹，推进综合改革。促进高校招生考试改革与高中课程改革相结合，促进国家统一考试改革与高中综合评价改革相结合，促进考试改革与高校录取模式改革相结合，逐步建立和完善在国家统一考试录取基础上的全面、综合、多元化的考试评价制度和高等学校多样化的选拔录取制度。

0803 | **1月30日**

教育部、国务院台湾事务办公室印发《关于进一步做好台湾同胞子女在大陆中小学和幼儿园就读工作的若干意见》。《意见》指出，对台胞子女在大陆中小学和幼儿园就读实行“欢迎就读、一视同仁、就近入学、适当照顾”的政策；经批准设立的公办和民办普通中小学、幼儿园和中等职业教育机构原则上都可以接收台胞子女就读；地方各级教育行政和对台工作部门要加强对此项工作的领导，建立工作机制，完善工作措施，健全管理制度。

0804 | **2月17日**

教育部发布《教育部2008年工作要点》。2008年工作要点有：一、认真学习贯彻党的十七大精神，推动教育事业科学发展；二、切实推进素质教育，进一步把立德树人的任务落到实处；三、以农村义务教育为重点，促进义务教育均衡发展；四、大力发展职业教育，把工作重点放在提高质量上；五、切实提高高等教育质量，进一步提高创新人才培养水平；六、进一步加强教师队伍建设，重点提高农村教师素质；七、研究解决人民群众关心的教育问题，着力促进教育公平；八、深入推进教育改革开放，进一步提高教育管理水平。

0805 | **3月4日**

教育部办公厅、国家民委办公厅印发《关于在中小学切实抓好民族团结教育工作的通知》。通知要求，要统一思想，提高进一步做好中小学民族团结教育工作的思想认识；要加强领导，把中小学民族团结教育工作纳入重要工作安排；要加大力度，把中小学民族团结教育工作进一步抓好、抓实、抓出成效。

0806 | **3月5日**

十一届全国人大一次会议在北京人民大会堂开幕，国务院总理温家宝作《政府工作报告》。《报告》在回顾十届全国人大一次会议以来的五年的教育工作成就时指出，农村义务教育已全面纳入财政保障范围；更加重视职业教育发展，2007年中、高等职业教育在校生分别达到2000万人和861万人；建立健全中等职业学校国家奖学金助学金制度，中等职业学校资助面超过90%，资助标准大幅度提高。关于2008年教育工作，《报告》指出，在教育方面要着重抓好以下工作，坚持优先发展教育，在全国城乡普遍实行免费义务教育；大力发展职业教育；提高高等教育质量。办好各级各类教育，必须抓好三项工作：一要全面实施素质教育，推进教育改革创新。深化教学内容和方式、考试和招生制度、质量评价制度等改革。切实减轻中小学生课业负担。二要加强教师队伍特别是农村教师队伍建设，完善和落实教师工资、津贴补贴制度。三要加大教育事业投入。中央财政增加教育的投入，地方财政也都要增加投入。进一步规范教育收费。鼓励和规范民办教育发展。《报告》指出，没有全民教育的普及和提高，便没有国家现代化的未来。要让孩子们上好学，办好人民满意的教育，提高全民族的素质。

0807 | **3月12日**

上海市教委、市公安局印发《关于实施中小学、幼儿园安全技防设施完善工程的通知》。通知指出，完善中小学、幼儿园安全技防设施，保障广大师生人身、财产安全，是学习贯彻党的十七大精神，以科学发展观为统领，维护好、发展好广大人民群众最关心、最直接、最现实利益的必然要求，是构建社会主义和谐社会的必然要求，也是依法履行政府职能的必然要求。各区县教育行政部门、公安部门要坚持以人为本和统筹协调、可持续发展的要求，立足全局，针对实际，采取切实有效的措施，确保实事工程的顺利完成。

0808 | **3月31日**

北京市青少年科技创新学院正式成立并推出首个培养项目——“翱翔计划”，吸纳首批来自全市68所示范校的132名高一学生，进入15所项目基地申报校和近70所高校实验室，参与科学研究。

0809 | **4月2日**

教育部办公厅发布《中小学廉洁教育指导纲要》。《指导纲要》对中小学廉洁教育工作的指导思想、基本原则、目标任务、主要内容、实施途径等进行了规定。《指导纲要》提出，高中廉洁教育工作的目标任务是：知道廉洁所需要的基本意识和观念，初步了解在经济生活、政治生活、文化生活和社会生活中廉洁的意义和内容，感受廉洁对成长和人生的意义。

0810 | **4月3日**

教育部印发《关于深入推进和进一步完善中考改革的意见》。《意见》指出，普通高中招生要切实改变将分数简单相加作为高中录取唯一标准的做法。必须坚持综合评价、择优录取的原则，将初中学业考试成绩和综合素质评价结果作为普通高中招生的主要依据，将优质高中名额中的大部分均衡分配到普通初中，同时积极推行多种形式的招生录取办法。

各地应根据本地实际情况，采取划等统招、差额投档、推荐保送、特长录取及必要的面试考查等多种招生办法，逐步扩大普通高中学校招生自主权。

0811 | **4月3日**

教育部、财政部、中国保险监督管理委员会印发《关于推行校方责任保险完善校园伤害事故风险管理机制的通知》。通知提出，建立和完善校园意外伤害事故风险管理机制，在全国各中小学校中推行意外伤害校方责任保险制度。通知规定了推行校方责任保险制度的基本原则和推进校方责任保险制度建设的基本要求。

0812 | **4月14日至15日**

教育部在浙江杭州召开全国基础教育工作会议。教育部副部长陈小娅在会上强调，各地教育行政部门要规范办学行为，更好地履行责任，加强管理，分类指导；各级各类学校要把课程改革放到更加重要的位置，大力推进素质教育；要立足国情，立足改革创新，推动基础教育特别是义务教育均衡发展、科学发展。

0813 | **4月16日**

浙江省人民政府新闻办举行新闻发布会，发布《浙江省新课改高考方案》。《方案》以现行的高考为基础，改单一的统一选拔考试为学业水平测试（高中会考）、综合素质评价和统一选拔考试三位一体的多元化招生考试评价体系。

0814 | **5月13日**

教育部印发《关于全力做好抗震救灾工作的紧急通知》。通知指出，全国教育系统特别是灾区教育部门和各级各类学校要坚决贯彻落实中央要求，紧急行动起来，把抗震救灾作为当前的首要任务，不怕困难，顽强奋战，全力抢救伤员，切实保障灾区师生生命安全，尽最大努力把地震灾害造成的损失减少到最低程度。

0815 | **5月17日**

中国民办教育协会在北京正式成立。它是经国务院同意，由教育部和民政部正式批准成立的国家一级社团法人单位。中国民办教育协会是由全国各级各类民办教育机构和民办教育工作者自愿结成的、行业性非营利社会组织。

0816 | **5月19日至23日**

教育部副部长袁贵仁率教育部工作组赴四川地震灾区，协助教育系统开展抗震救灾工作。这期间，教育部和四川省教育部门讨论制定《关于做好四川省2008高考工作的意见》《关于开展地震灾区中小学生心理援助工作的意见》《关于灾区孤儿救助工作的意见》《关于地震灾区学生资助的意见》《关于加强教育系统防震救灾宣传工作的意见》《关于进一步做好灾区学校安全防疫工作的意见》和《关于灾后学校重建的初步考虑》等文件。

0817 | **5月26日**

教育部发布《教育系统做好灾区师生安置和恢复重建准备工作的方案》。《方案》提出，要高度警惕和切实防范余震和次生灾害，始终把师生生命安全放在第一位；切实加强学校卫生防疫工作；积极创造条件帮助灾区学生恢复上课；积极开展灾区学生心理援助工作；认真做好灾区孤、残学生救助工作；妥善做好灾区学生升学考试工作；切实做好灾区学生资助和帮扶工作；积极做好灾区学校恢复重建准备工作；抓紧落实教育系统对口支援灾区工作；开展向抗震救灾英雄师生学习活动。

0818 | **5月29日**

教育部发布《关于表彰首批中小学抗震救灾优秀学生和先进集体的决定》。阿坝州汶川县映秀镇中心小学的林浩等11位同学、绵阳市北川县陈家坝学校等3所学校受到表彰。教育部要求各级教育行政部门和中小学要把抗震救灾优秀学生和先进集体的感人事迹作为生动教材，深入进行爱国主义教育，弘扬中华民族的伟大精神和美德。

0819 | 5月30日

人社部、教育部印发《关于表彰教育系统抗震救灾英雄集体和抗震救灾英雄的决定》，授予四川省绵阳市北川中学优秀教师群体、四川省汶川县映秀镇小学优秀教师群体"教育系统抗震救灾英雄集体"荣誉称号；授予周汝兰、王敏同志"教育系统抗震救灾英雄"荣誉称号，追授谭千秋同志"教育系统抗震救灾英雄"荣誉称号；被授予"教育系统抗震救灾英雄"荣誉称号的人员，享受省部级劳动模范和先进工作者待遇。

0820 | 6月4日

国务院常务会议通过《汶川地震灾后恢复重建条例》。《条例》指出，对学校等人员密集的公共服务设施，应当按照高于当地房屋建筑的抗震设防要求进行设计，增强抗震设防能力。国家在安排建设资金时，应当优先考虑地震灾区的教育等公共服务设施建设。

0821 | 6月5日

教育部印发《关于切实防范洪涝等自然灾害确保中小学生安全的紧急通知》。通知指出，各地教育行政部门和中小学校、幼儿园要切实防范洪涝等灾害对广大师生的危害；各地教育行政部门要立即对本行政区域内，尤其是农村地区和边远山区中小学校、幼儿园进行一次全面排查，要特别检查地处低凹地段学校、幼儿园；各地中小学校要在放暑假前对全体师生集中开展一次安全教育。

0822 | 6月6日

教育部召开教育系统地震灾后重建对口支援工作电视电话会议。会议贯彻落实党中央、国务院关于对口支援地震灾区重建工作的要求，布置教育系统对口支援地震灾区工作。

0823 | 6月6日

教育部印发《关于做好教育系统灾后恢复重建对口支援工作的通知》。通知提出，教育系统对口支援灾后学校恢复重建工作，要做好以下几方面工作：一是帮助灾区做好学校重建规划，特别是帮助做好学校合理布局和选址工作。二是帮助灾区 9 月 1 日前实现全面复学复课。三是支持灾区中等职业教育发展。四是帮助灾区恢复和建设校舍与校园，选派管理人员和专家等支持学校重建工作。五是对口支援双方协商的其他内容，如科技支持服务等。

0824 | **6 月 9 日**

教育部、卫生部、财政部发布《国家学校体育卫生条件试行基本标准》。《标准》从体育教师、体育场地器材、教学卫生、生活设施、卫生保健室配备以及学生健康体检等方面明确了开展学校体育卫生工作所必不可少的条件。这些条件是国家对开展学校体育卫生工作的最基本要求，是中小学校办学应达到的最基本标准，是教育检查、督导和评估的重要内容。

0825 | **6 月 19 日**

教育部、国家发改委、财政部、文化部、国家广电总局印发《关于进一步开展中小学影视教育的通知》。通知指出，将影视教育纳入中小学教学计划，充分发挥优秀影片的育人功能。各地教育行政部门和中小学要把影视教育列入爱国主义和革命传统专题教育，保障每个中小学生至少每学期观看 2 次优秀影片，使观看爱国主义影视作品成为每个中小学生的“必修课”。要把影视教育与各学科教学相结合，根据德育、语文、科学、历史、地理等学科教学的需要播放相关的影片，提高课堂教学的效果。要把影视教育作为美育的重要内容，有条件的地区和学校可以开设影视教育的地方和校本课程，培养学生对影视作品的审美和鉴赏能力。要采取多种方式，促进影视教育的均衡发展。要加大支持和扶持力度，为影视教育提供保障。

0826 | **6 月 26 日**

中央文明办、教育部、共青团中央、全国妇联表彰了林浩等 20 名“抗震救灾英雄少年”和马小凤等 30 名“抗震救灾优秀少年”，并印发《关于开展向“抗震救灾英雄少年”和“抗震救灾优秀少年”学习活动的通知》。通知提出，要引导未成年人学习“抗震救灾英雄少年”“抗震救灾优秀少年”的先进事迹和可贵精神，从身边小事做起，从一点一滴做起，树立远大志向，养成良好品德，努力成长为德智体美全面发展的中国特色社会主义事业的合格建设者和接班人。

0827 | **6月27日**

卫生部、教育部发布《中小学生健康体检管理办法》。《管理办法》规定，学校应组织所有入学新生进行健康体检，建立健康档案。在校学生每年进行一次常规健康体检。义务教育阶段学生健康体检的费用由学校公用经费开支。

0828 | **6月30日**

为贯彻落实中共中央总书记胡锦涛提出的“将灾害预防等科学知识纳入国民教育”的重要指示精神，进一步加强中小学安全教育，保证学生度过一个平安而又有意义的暑假，教育部通过中国教育电视台专题栏目、中国教育卫星宽带网和教育部门户网站等相关媒体网络，面向全国中小学生播放预防地震、溺水、交通事故和奥运安全专题节目，全国中小学生同上一堂安全课。

0829 | **7月9日**

经教育部和天津市人民政府批准，天津市教委发布《天津市普通高等学校招生考试制度综合改革方案》。《方案》将普通高中学业水平考试制度、普通高中综合素质评价制度与高校招生考试制度组成合理的制度体系，逐步推进高考内容改革，稳步推进招生录取方式改革。

0830 | **7月13日**

山东省10万名高中教师“大培训”正式开始。山东省采取远程网络研修和校本培训相结合的模式，对全省10万名高中教师进行“大培训”。

0831 | **7月23日**

教育部印发《关于地震灾区中小学开展心理辅导与心理健康教育的通知》。通知要求，切实加强地震灾区中小学心理辅导与心理健康教育的组织管理和统筹协调；保证灾区学校正常有序地开展心理辅导与心理健康教育；发挥教育系统的优势，为灾区中小学心理辅导与心理健康教育提供专业支持。

0832 | **7月24日**

教育部与重庆市人民政府签署《建设国家统筹城乡教育综合改革试验区战略合作协议》。重庆市成为首个部市共建缩小城乡和区域差距的“试验田”。部市合作协议内容涉及城乡教育布局结构改革、城乡基础教育改革、城乡职业教育改革、高等教育改革、师资队伍建设制度改革、招生考试评价制度改革、城乡教育信息资源共享机制改革、教育帮扶机制改革、教育经费保障机制九大板块。

0833 | **7月28日**

山西省人民政府办公厅印发《关于全省中小学校舍安全工程的实施意见》。《实施意见》指出，以科学发展观为指导，立足当地中小学校建设总体规划，彻底消除中小学校舍安全隐患，进一步提高山西省中小学校舍建筑质量，推动建立中小学校舍维修长效机制，保障山西省教育事业健康发展。

0834 | **8月12日**

教育部发布《中小学体育工作督导评估指标体系（试行）》并印发通知。指标体系包括教育管理、条件保障、评价机制、体质状况4个一级指标，11个二级指标和34个三级指标。通知指出，督导评估结果要向社会公布，并作为考核领导干部政绩的重要内容和进行表彰奖励或责任追究的重要依据。国家教育督导团将根据情况，对各地中小学体育工作进行专项督导检查，并通报督导检查结果。

0835 | **8月18日**

四川省教育厅印发《关于进一步加强灾后中小学生心理辅导与心理健康教育工作的实施意见》。《实施意见》指出，从2008年9月1日全面复课后，四川省39个地震重灾县（市、区）将开设“灾后心理健康教育”必修课。高中各年级每学期不少于10课时。

0836 | **8月26日**

中央文明委发布《全国未成年人思想道德建设工作测评体系（试行）》。测评体系包括“基本指标”和“浮动指标”两个部分。“基本指标”包括

6个测评项目、21个测评指标、75个测评内容。“浮动指标”包括2个测评指标。

0837 | **8月26日**

公安部交通管理局印发通知，要求全国公安交通管理部门从2008年9月1日起至10月31日，在全国范围内组织开展中小学、幼儿园校车交通安全集中整治工作。

0838 | **8月29日**

中共中央政治局常委、国务院总理、国家科技教育领导小组组长温家宝主持召开国家科技教育领导小组第一次会议，听取教育部关于制定《国家中长期教育改革和发展规划纲要（2010—2020年）》工作情况的汇报，审议并原则通过《规划纲要》制定工作方案。会议强调，《规划纲要》应从我国现代化建设的总体战略出发，对未来十二年教育改革和发展作出全面规划和部署。一要在优先发展教育、促进教育公平、培养创新型人才、提高教育服务经济社会发展的能力等方面，提出符合国家战略和群众需求、反映教育规律和发展趋势的指导方针。二要贯彻科学发展观，体现面向未来、面向世界、面向现代化，立足国情，改革创新。三要以提高国民素质、建设人力资源强国为核心，科学确定到2020年我国教育改革与发展的战略目标、总体任务和重大部署，对教育规模、结构、质量以及分阶段和分地区的目标提出具体要求。四要综合考虑人口变化、学龄人口结构、经济结构、就业结构和社会发展的特点，对各级各类教育的改革与发展作出专题性规划。五要系统研究基础教育、职业教育、高等教育的体制改革和教学改革、教师培养、教育发展保障等重大问题，找准症结，提出思路，使《规划纲要》具有战略性、前瞻性、针对性、操作性。

0839 | **8月29日**

财政部、教育部印发《关于对汶川地震重灾区家庭经济困难学生实施特别资助政策的通知》，决定对生源地为51个地震重灾县的高中阶段和高校家庭经济困难学生，在2008年秋季学期至2009年春季学期实施免除学费、补助生活费的特别资助政策。在国务院抗震救灾总指挥部的领导下，中央财政分两批拨付专项资金 18.82 亿元，共资助 61.31 万名学生。

0840 | **9 月 1 日**

中共中央政治局常委、国务院总理温家宝来到设在四川长虹集团培训中心的北川中学临时学校，参加秋季开学典礼。

0841 | **9 月 1 日**

教育部、中国教科文卫体工会全国委员会发布《中小学教师职业道德规范（2008 年修订）》。《规范》的内容包括爱国守法，爱岗敬业，关爱学生，教书育人，为人师表，终身学习等，首次将“保护学生安全”加入其中。

0842 | **9 月 3 日**

教育部发布《中小学学生近视眼防控工作方案》。《方案》对中小学学生近视眼防控工作提出具体意见：一是加强规章制度建设，规范管理“防近”工作。二是开展视力保护宣传教育，培养学生良好的用眼卫生习惯。三是积极改善教学条件，为学生创建良好的视觉环境。教育部同时发布《中小学学生近视眼防控工作岗位职责》和《中小学学生预防近视眼基本知识与要求》。

0843 | **9 月 5 日**

教育部印发《关于进一步加强中小学艺术教育的意见》。《意见》指出，从我国基础教育发展的整体水平来看，艺术教育仍然是学校教育中的薄弱环节。地方各级教育行政部门和中小学校要切实把艺术教育摆在学校教育应有的位置上。要以全面提高教育教学质量为中心，以农村学校为重点，实现区域内的均衡发展。要严格执行课程计划，开展课外艺术活动，提高艺术教育师资水平，优化资源配置、改善艺术教育教学条件，加强管理、完善艺术教育保障机制。普通高中按《普通高中课程方案（实验）》的规定，保证艺术类必修课程的 6 个学分（相当于 108 课时）。

0844 | **9 月 8 日**

据《中国教育报》报道，国家发改委等七部门印发《关于开展全国教育收费专项检查的通知》，部署全国第 6 次教育收费专项检查工作。专项检查从9月20日开始，至11月底结束。检查时限为2007年秋季开学以来发生的收费行为。重点对义务教育阶段公办学校免除学杂费、取消借读费等政策落实情况；公办高中“三限”政策落实情况；学校以改制、中外合作办学为名乱收费现象等。

0845 | **9月16日**

教育部、卫生部召开全国学校卫生工作电视电话会议。教育部部长周济讲话指出，要提高认识，进一步增强做好学校卫生工作的责任感和紧迫感；要明确任务，切实把加强学校卫生工作的各项要求落到实处；要加强领导、齐抓共管，努力开创学校卫生工作的新局面。

0846 | **10月9日至12日**

党的十七届三中全会在北京召开。会议审议通过《中共中央关于推进农村改革发展若干重大问题的决定》。《决定》提出，大力办好农村教育事业。培育有文化、懂技术、会经营的新型农民。巩固农村义务教育普及成果，提高义务教育质量，完善义务教育免费政策和经费保障机制，保障经济困难家庭儿童、留守儿童特别是女童平等就学、完成学业，改善农村学生营养状况，促进城乡义务教育均衡发展。加快普及农村高中阶段教育，重点加快发展农村中等职业教育并逐步实行免费。保障和改善农村教师工资待遇和工作条件，健全农村教师培养培训制度，提高教师素质。健全城乡教师交流机制，继续选派城市教师下乡支教。发展农村学前教育、特殊教育、继续教育。加强远程教育，及时把优质教育资源送到农村。

0847 | **10月15日**

教育部办公厅、卫生部办公厅、国家食品药品监管局办公室印发《关于开展学校食品卫生安全专项整治行动的通知》。通知要求，各地要对各级各类学校食堂、校内食品小卖部等进行全面检查，要特别加强对农村寄宿制学校的重点检查。

0848 | **11 月 1 日至 2 日**

中央文明委在浙江杭州召开全国未成年人思想道德建设工作经验交流会。会议指出，进一步加强和改进未成年人思想道德建设，必须深入贯彻党的十七大精神，坚持以邓小平理论和“三个代表”重要思想为指导，贯彻落实科学发展观，以社会主义核心价值体系建设为根本，把树立正确的世界观、人生观、价值观作为重要任务。推动学校、家庭、社会“三结合”教育网络进一步健全。坚持以人为本，贴近未成年人群体，多办未成年人欢迎、作用大、影响大的好事实事。着力抓好社会文化环境净化、校外活动场所免费开放、特殊群体未成年人教育管理等工作任务的落实。

0849 | **11 月 5 日**

国务院第三十四次常务会议修订通过《营业税暂行条例》。《条例》规定，学校和其他教育机构提供的教育劳务，学生勤工俭学提供的劳务等项目免收营业税。

0850 | **11 月 13 日**

湖南省教育厅发布《湖南省普通高中学业水平考试实施方案（试行）》。《实施方案》决定，湖南省从 2009 年开始试行普通高中学业水平考试制度，取消普通高中毕业会考制度，各级教育行政部门不再举行高中毕业会考。

0851 | **11 月 16 日**

据《中国教育报》报道，从 2009 年春季新学期开始，火灾、地震、传染病等安全应急教育作为北京市地方课程被纳入高中必修课。一学年 30 个学时。

0852 | **11 月 24 日**

中共新疆维吾尔自治区党委召开七届七次全委（扩大）会议。会议提出，在国家的支持下，新疆将在南疆三地州率先实行高中阶段免费教育，在此基础上，力争 2015 年在全区基本普及 12 年免费义务教育。

0853 | 11月26日

教育部办公厅、国家民委办公厅联合发布《学校民族团结教育指导纲要（试行）》。《指导纲要》要求把民族团结教育贯穿于学校教育工作的各个环节，全国中小学要设置专门的民族团结教育课程，并根据不同年级开设不同课程、保证相应学时。《指导纲要》规定，高中阶段的普通高中每学年保证8至10个学时的教学活动时间，高中阶段的中等职业技术学校每学年保证12至14个学时的教学活动时间。

0854 | 12月1日

教育部发布《中小学健康教育指导纲要》。《指导纲要》提出，中小学生依照不同年龄要掌握一定的健康知识和技能，以促进其养成健康的行为和生活方式。中小学健康教育内容包括五个领域：健康行为与生活方式、疾病预防、心理健康、生长发育与青春期保健、安全应急与避险。

0855 | 12月3日

据《中国教育报》报道，广西壮族自治区对2008年高考英语口语考试进行改革。普通高校招生英语口语考试（英语科复试）首次引入计算机辅助考试模式（即“人机对话”的考试形式）。2009年，此项考试将继续实行“人机对话”，并进行一年两次考试改革。考生最多有两次考试机会，教育部门取最好的一次考试成绩记入高考信息档案。

0856 | 12月3日至6日

由教育部基础教育课程教材发展中心《基础教育课程》杂志社和海南省教育研究培训院共同主办的“全国高中学校新课程改革经验交流暨研讨会”在海口举行。

0857 | 12月10日

教育部印发《关于中等职业学校德育课课程设置与教学安排的意见》。《意见》指出，中等职业学校德育课是学校德育工作的主渠道，是各专业学生必修的公共基础课，是学校实施素质教育的重要内容。中等职业学校德育课分为必修课和选修课两部分。必修课包括职业生涯规划、职业道德与法律、经济政治与社会、哲学与人生四门课程。心理健康作为选修课纳入德育课课程体系。

0858 | **12 月 13 日**

教育部印发《关于进一步深化中等职业教育教学改革的若干意见》。《意见》指出，要进一步提高对深化教育教学改革紧迫性和重要性的认识；坚持以服务为宗旨、以就业为导向，进一步更新教育教学思想和观念；坚持育人为本，把德育工作放在首位；改革人才培养模式，大力推行工学结合、校企合作、顶岗实习；优化专业设置和结构，推进专业建设规范化；改革教学内容、教学方法，增强学生就业和创业能力；进一步完善教学管理，积极进行制度创新；加强教学保障条件建设，建立提高教学质量的长效机制。

0859 | **12 月 16 日**

据《中国教育报》报道，上海首次实行春季高考。上海大学、上海商学院主动提出申请，将首次试行"春考秋招"。凡是报考这两所高校的学生将参加 2009 年初的春考。通过考试的学生，于 2009 年 9 月与被秋季高考录取的学生一起入学。

0860 | **12 月 17 日**

据《中国教育报》报道，上海市召开首次郊区学校建设工作会议。上海市决定采取多种模式推动优质高中教育资源在郊区设点。第一种模式是整体迁建优质学校到郊区；第二种模式是名校开办分校；第三种模式是增加郊区自身的优质高中数量，在一些远郊地区建设并命名若干所上海市实验性、示范性高中。

0861 | **12 月 21 日至 22 日**

教育部在北京召开 2009 年度教育工作会议。中共教育部党组书记、教育部部长周济在会上强调，要全面贯彻党的十七大和十七届三中全会精神，以邓小平理论和"三个代表"重要思想为指导，深入贯彻落实科学发展观，全面贯彻党的教育方针，继续解放思想，坚持改革开放，谋划发展，提高质量，促进公平，加强管理，办好人民满意的教育，努力建设人力资源强国。会议提出，坚持育人为本、德育为先，把立德树人作为教育根本任务，着力培养学生创新精神和实践能力；广泛开展亿万学生阳光体育运动，深入推进招生评价制度改革，大力加强教育督导工作；营造有利于青少年学生成长的良好环境。会议强调，2009 年要大力发展职业教育，重点加快发展农村中等职业教育。

0862 | **12 月 24 日**

教育部、财政部印发《关于进一步加强中小学财务管理工作的意见》。《意见》强调，中小学校要严格加强预算内、外资金管理。所有预算外收入必须全额缴入财政专户，严格实行“收支两条线”管理。严禁私设“小金库”，严禁公款私存，严禁设立账外账，严禁坐收坐支。加强中小学资产管理和监督，定期组织资产清查工作，严防国有资产流失。中小学校要加强校办产业的管理，按照校办产业改制的要求，严格成本核算，明晰产权关系，及时完成改制工作。

0863 | **12 月 24 日**

据《中国教育报》报道，浙江省出台 2009 年新课改高考方案实施办法。从 2009 年开始，浙江省普通高校招生将实行以“分类测试、分批选拔、全面考核、综合评价”为选拔模式的新课改高考方案。

0862—63

2009年

改革进行时

• 重要文件

中宣部、教育部、国家民委《关于在学校开展民族团结教育活动的通知》

教育部《关于加强中小学管理规范办学行为的指导意见》

教育部《中小学班主任工作规定》

• 重要政策

福建、安徽、浙江、辽宁、天津等五省（直辖市）实行高考新方案

全面实施教师“特岗计划”

加强中小学管理规范办学行为

启动全国中小学校舍安全工程

• 重要会议

教育部召开全国基础教育课程改革经验交流会

教育部召开加强中小学管理规范办学行为交流会

- **改革亮点**

大力发展职业教育，扩大中职学校招生规模。国家要求，各地中等职业学校招生规模都要大于普通高中，要把高中阶段教育招生计划增量部分主要用于中等职业教育。要重点加快发展农村中等职业教育，扩大面向农村的中等职业教育招生规模。逐步实行中等职业教育免费，2009 年先从农村家庭经济困难学生和涉农专业做起。完善国家助学制度，加大对中等职业学校家庭经济困难学生的资助。

0901 | 1月4日

教育部办公厅印发《关于公布2008年认定的国家级重点中等职业学校名单的通知》。通知指出，经组织专家组对各地2008年申报的国家级重点中等职业学校备选学校进行评审，中国音乐学院附属中等音乐专科学校等110所学校被确立为2008年国家级重点中等职业学校。

0902 | 1月7日

教育部发布《教育部2009年工作要点》。2009年工作要点有：深入学习实践科学发展观，制定《国家中长期教育改革和发展规划纲要（2010—2020年）》；切实推进素质教育，着力培养学生创新精神和实践能力；大力办好农村义务教育，促进义务教育均衡发展；重点加强农村教师队伍建设，全面提高教师素质；落实教育惠民政策，努力办好人民满意教育；深入推进改革开放，进一步提高教育管理水平；加强教育系统党的建设，提高领导教育事业科学发展的能力等。

0903 | 1月7日

江苏省教育厅印发《关于完善微调我省2008高考方案的通知》。通知指出，延续江苏2008年高考方案的整体框架，在五个方面做局部微调：一是2009年将附加题40分计入总分。二是2009年选修科目测试等级要求由高校自主确定。三是从2009年起，进一步扩大高校招生自主权。四是2010年将“对第一次参加必修科目和选修科目测试，六门科目成绩均达到A级且技术科目测试合格的考生，在划线前加10分计入统考成绩”的规定调整为：对第一次参加必修科目测试且技术科目测试合格的考生，每1门必修科目成绩达到A级，在划线前加1分计入统考成绩；如4门必修科目成绩均达到A级，在划线前奖励1分，即加5分计入统考成绩。五是从2010年起，文科和理科实行分开计划、分开划线、分开录取。

0904 | 1月20日

上海市教委成立上海市学生德育发展中心。该中心承担学校德育研究与课题管理，为教育行政部门提供决策咨询服务，协调指导各类学生活动机构和场所开展有关德育活动，承担大中小学教师有关德育工作培训任务，承担学校德育工作信息搜集管理和数据库建设工作。

0905 | **1月21日**

福建省发布《2009年福建省高考考试说明》。《考试说明》对语文、数学、英语、文科综合和理科综合各科的考试范围、试卷结构和试题难易度比例等作了详细说明。与往年相比，2009年福建省高考绝大多数科目都将设置选考题，部分选修内容首次进入考查范围。2009年是福建省实施普通高中新课程高考改革的第一年，所有考试科目首次实行本省自主命题。

0906 | **2月18日**

教育部办公厅印发《关于中小学幼儿园安全工作2009年第1号预警通知》。通知要求，各地要把安全工作作为学校教育工作的重中之重，确保学校安全稳定和学生安全，并为2009年“两会”的召开营造良好的氛围。通知要求，一要开展中小学安全检查及整改工作。二要高度重视大型集体活动的安全管理工作。三要深入开展安全教育和演练活动。四要切实加强“两会”期间的安全管理工作。

0907 | **3月1日**

天津市教委印发《关于蓝印户口学生在我市入学就读及参加普通高考报名资格的通知》。通知指出，从2009年5月1日起，天津将按照新规管理处理蓝印户口学生问题，蓝印户口学生转入天津市初、高中学校就读，实行属地安置、属地管理。参加普通高考的考生，需在报考前三年的10月1日以前取得天津市蓝印户口，并取得天津市普通高中正式学籍，在学籍校就读三年，持有天津市高中毕业证书。

0908 | **3月3日**

教育部印发《关于做好2009年普通高等学校招生工作的通知》。通知指出，要统筹兼顾，平稳推进高校招生考试改革；完善工作机制，不断净化考试环境；加大信息公开力度，完善高校招生“阳光工程”；以打假治乱为重点，努力维护良好的招生秩序；不断优化服务，进一步提高考生和社会对高考的满意度；强化监督、严肃纪律，坚决查处各类违规行为。

0909 | **3月5日**

十一届全国人大二次会议在北京人民大会堂开幕，国务院总理温家宝作《政府工作报告》。《报告》在回顾2008年教育工作时强调指出，促进教育公平取得新进展。国家助学制度进一步完善，中央财政投入223亿元，地方财政也加大投入，资助学生超过2000万人；向中等职业学校中来自城市经济困难家庭和农村的学生提供助学金，每人每年1500元，惠及90%的在校生。关于2009年教育工作重点任务，《报告》提出，坚持优先发展教育事业。研究制定国家中长期教育改革和发展规划纲要，对2020年前我国教育改革发展作出全面部署。年内要重点抓好五个方面。一是促进教育公平。完善国家助学制度，加大对中等职业学校和高等院校家庭经济困难学生的资助，确保人人享有平等的受教育机会，不让一个孩子因家庭经济困难而失学。二是优化教育结构。大力发展职业教育，特别要重点支持农村中等职业教育。逐步实行中等职业教育免费，先从农村家庭经济困难学生和涉农专业做起。三是加强教师队伍建设。对义务教育阶段教师实行绩效工资制度，提高1200万名中小学教师待遇，中央财政为此将投入120亿元，地方财政也要增加投入。全面加强教师特别是农村教师培训，鼓励大学生、师范生到基层、农村任教。四是推进素质教育。各级各类教育都要着眼于促进人的全面发展，加快课程、教材、教育方法和考试评价制度改革，把中小学生从过重的课业负担中解放出来，让学生有更多的时间思考、实践、创造。五是实施全国中小学校舍安全工程，推进农村中小学标准化建设。要把学校建成最安全、家长最放心的地方。

0910 | **3月10日**

教育部印发《关于做好2009年中等职业学校招生工作的通知》。通知要求，2009年中等职业教育进一步扩大规模，在2008年招生810万人的基础上，再扩大招生50万人，达860万人。在安排2009年高中阶段教育学校招生计划时，原则上各地中等职业学校招生规模都要大于普通高中，要把高中阶段教育招生计划增量部分主要用于中等职业教育。要重点加快发展农村中等职业教育，扩大面向农村的中等职业教育招生规模。

0911 | **3月23日**

由中央教科所和美国安生文教交流基金会共同举办的中美高中特色办学研讨会在北京召开。中美两国专家和近400名普通高中校长，就如何举办有特色、高质量的普通高中进行了广泛深入的研讨。

0912 | **3月25日**

教育部印发《关于进一步做好中小学教师补充工作的通知》。通知指出，全面实施“特岗计划”，鼓励引导高校毕业生到农村学校任教。深化教师队伍补充机制改革，确保教师聘用质量，全面推行新任教师公开招聘制度，形成长效机制。严格实施教师资格制度，确保持证上岗。各地要把教师补充情况作为教育督导评估的重要内容。

0913 | **3月30日**

湖北省人口计生委、省教育厅、省公安厅、省监察厅发布《湖北省农村独生女高考加分政策性照顾暂行办法》。《暂行办法》规定，农村独生女参加高考报考省属高校时，可申请享受在文化成绩总分基础上增加10分投档的政策性照顾。

0914 | **4月1日**

国务院总理温家宝主持召开国务院常务会议，正式启动全国中小学校舍安全工程。会议指出，校舍安全直接关系广大师生的生命安全，关系社会和谐稳定。从2009年起，用三年时间，对地质灾害易发地区的各级各类城乡中小学存在安全隐患的校舍进行抗震加固、迁移避险，提高综合防灾能力，使学校校舍达到重点设防类抗震设防标准，并符合其他防灾避险安全要求；其他地区按抗震加固、综合防灾要求，集中重建整体出现险情的危房、改造加固局部出现险情的校舍，消除安全隐患。资金安排实行省级统筹，市县负责，中央财政补助。

0915 | **4月7日**

中国儿童少年基金会与瑞典利乐拉伐集团在四川德阳启动数额为2000万元的“高中生爱心助学项目”，旨在帮助1万名地震灾区贫困家庭高中生完成学业，同时为其中获得高等教育机会的学生继续提供帮助。

0916 | **4月9日**

山西省教育厅印发《普通高中通用技术课程实施指导意见》。《指导意见》规定，从2009年秋季开始山西省普通高中统一开设通用技术课程。通用技术课程设置9个模块，其中必修模块2个，选修模块7个，每周2课时，共72课时，一学年学完必修模块。经考核合格，记4个学分。修完必修的2个模块并获得4个学分，是高中毕业的最低要求。《指导意见》规定，为确保各普通高中学校按规定开好通用技术课程，省教育厅将其列入学业水平考试省统一考试科目。考试成绩将放入学生成长记录袋，作为高校录取的依据之一。

0917 | **4月22日**

教育部印发《关于当前加强中小学管理规范办学行为的指导意见》。《指导意见》指出，为进一步全面贯彻党的教育方针，大力推进素质教育，切实加强中小学管理，一要强化责任，进一步明确和落实地方各级教育行政部门和学校的管理职责和工作任务。二要抓住重点，认真解决好当前一些违背教育规律、影响正常教育教学秩序的突出问题。三要加强领导，建立和完善加强中小学管理规范办学行为的工作机制。

0918 | **4月24日**

广西壮族自治区人民政府召开普通高中助学金新闻发布会，宣布设立“广西普通高中助学金”，这在西部地区尚属首例。会议提出，从2009年起，广西将从本级财政安排4000万元，对家庭经济困难的普通高中生给予资助。

0919 | **4月28日**

上海市普教系统卓越校长培养基地、北京市普教系统先锋校长培养基地落户中国人民大学附属中学，中国人民大学附属中学校长刘彭芝被聘为两个基地的主持人。

0920 | **5月8日**

据《中国教育报》报道，北京市召开高中课程改革学生论坛暨2009年“翱翔计划”启动会。会议披露，2009年北京市把数学学科纳入“翱翔计划”，并首次面向全市300余所普通高中选拔学员。

0921 | **5月9日**

中国关工委在北京发布《当代中国青少年公益认知与行为调查报告》。《报告》显示，超过九成青少年认为参与社会公益活动是他们的责任和义务。在抗震救灾中，青少年表现积极，94.7%的青少年以各种方式支持救灾活动。有86%的青少年参加过公益活动，84.4%的青少年表示“将来会更加积极地参与社会公益活动”。对青少年公益行为影响最大的不是老师，而是家庭和同辈群体。41.7%的青少年受父母影响参与公益活动，56.9%的青少年学生认为学校教育应该鼓励学生参与社会公益实践。

0922 | **5月19日**

据《中国教育报》报道，中国学生营养与健康促进会发布《中国儿童少年营养与健康报告2009：关注儿童肥胖，远离慢性疾病》。《报告》指出，改革开放30年来，我国儿童少年营养和健康状况发生可喜的变化，生长发育水平稳步提高，贫血和营养不良率呈下降趋势。但是，由于膳食结构和生活方式的改变，我国儿童少年的健康状况也面临着营养不足和营养失衡的双重挑战，同时，肥胖给儿童少年健康带来心理上的负面影响，导致其学习能力下降，出现自卑、缺乏自信、抑郁、焦虑等异常心理。

0923 | **5月25日**

教育部办公厅印发《关于中小学幼儿园安全工作2009年第2号预警通知》，要求各地各学校把中小学、幼儿园安全工作做细、做实。通知要求重点预防溺水事故的发生，及时采取有效措施应对重大灾害，切实保障学生集体活动时的交通安全，严格防控校园伤害事件，持续深入开展安全教育。

0924 | **6月2日**

教育部高校学生司、教育部考试中心联合举行新闻通气会。会议提出，2009年高考及招生工作有6个新变化：平均录取率提高近5个百分点，新增5省（直辖市）（福建、安徽、浙江、辽宁、天津）实施高考新方案；加强对利用通信工具作弊的防范、识别能力和惩处力度；安排6万个招生名额，用于协作计划面向中西部6省（自治区）对口招生，免费师范生计划80%面向中西部地区招生；中央部门高校属地招生计划平均减少2%，新增和从属地调出的招生计划投向中西部生源大省；加大信息公开力度，重点规范保送生等特殊类型招生；新增10省（自治区）实行平行志愿，实行平行志愿改革的省份和考生人数“双过半”。

0925 | **6月11日**

据《中国教育报》报道，教育部、国家体育总局印发《关于开展全国青少年校园足球活动的通知》。通知要求，从2009年6月开始建立和完善小学、初中、高中和大学四级足球联赛，每个学生每周将至少保证有两个小时进行足球运动的时间。

0926 | **6月**

教育部面向全国中学生推出《科学发展观青少年学习读本》。《读本》较为全面准确、深入浅出地阐述了科学发展观的基本内容和主要观点，形式上通俗易懂，可读性较强，适合于青少年学习，是中学阶段学生学习理解科学发展观的重要辅助材料。

0927 | **7月7日**

教育部办公厅发布《2009年中小学教师国家级培训计划》。2009年中小学教师国家级培训的重点是加强农村教师培训，有中西部地区中小学骨干教师培训项目、边境民族地区中小学骨干教师培训项目、中西部地区农村义务教育学校教师远程培训项目、普通高中课改实验省教师远程培训项目、培训者培训项目、援助地震灾区中小学教师培训项目、中小学体育和艺术教师培训项目、知行中国—中小学班主任教师培训项目等8个项目。

0928 | **7月7日**

河北省发布《河北省普通高中课程改革实施方案》。《实施方案》提出，高中将设选修课，并实行学分制。高中学生每学年都应获得一定的学分，3年中获得116个必修学分，选修学分在28学分以上，总学分达到144分方可毕业。

0929 | **7月9日**

湖南省教育厅发布《关于进一步规范普通中小学办学行为的规定》。《规定》指出，普通高中必须确保学生完成所有必修课程和选修课程的学习，不得文、理分科。

0930 | **7月9日**

重庆市人民政府办公厅印发《关于资助城乡低保家庭普通高中学生学费的通知》。通知指出，为贯彻落实科学发展观，切实解决城乡低保家庭普通高中学生就学困难，推动城乡教育公平发展，对重庆籍城乡低保家庭普通高中学生实行学费资助政策。

0931 | **7月23日**

据《中国教育报》报道，从2009年秋季开学起，民族团结教育将成为乌鲁木齐市中小学生的必修课。此内容还会出现在中考、高考、会考和小学结业考试中，分值不低于政治试卷总分的15%。

0932 | **7月24日**

江苏省教育厅发布《江苏省学生阳光体育营地建设规划》。《建设规划》提出，到2010年，每个省辖市至少建有1个综合性学生阳光体育营地，基本满足直属及所属区域中小学学生校外体育活动需要；到2013年，所有县（市）至少建有1个具有地方特色的学生阳光体育营地。组织学生参加营地活动将被列入学校教育教学计划，学生平均每月有一天时间（也可集中使用）参加营地活动。

0933 | **8月6日**

河南省人民政府办公厅印发《关于规范中小学办学行为推进素质教育

的意见》。《意见》规定，高中生每天睡眠时间不少于 8 小时，走读生不上早晚自习。高中学生每天书面家庭作业控制在 2 小时内完成。确保学生每天 1 小时锻炼时间。

0934 | **8 月 10 日**

教育部办公厅印发《关于组织实施 2009 年中西部地区中小学骨干教师培训项目的通知》。通知指出，培训对象为中西部 22 个省（自治区、直辖市）的 10000 名中小学学科骨干教师，其中县以下小学和初中骨干教师不少于 70%，县以下高中骨干教师不少于 50%。围绕全面实施素质教育和基础教育课程改革要求，根据中小学教师队伍建设的实际需要，以学科为基础，以问题为中心，以案例为载体，理论与实践相结合，研究总结教育教学经验，帮助教师解决教育教学过程中所面临的实际问题。培训内容主要包括：实施素质教育的理论与实践、有效教学方式方法、现代教育技术的应用、师德教育和教师专业发展等。

0935 | **8 月 12 日**

教育部发布《中小学班主任工作规定》。《规定》指出，班主任是中小学日常思想道德教育和学生管理工作的主要实施者，从事班主任工作是中小学教师的重要职责。教师担任班主任期间应将班主任工作作为主业。加强班主任队伍建设是坚持育人为本、德育为先的重要体现。中小学每个班级应当配备一名班主任。班主任工作量按当地教师标准课时工作量的一半计入教师基本工作量。班主任津贴纳入绩效工资管理。教育行政部门建立科学的班主任工作评价体系和奖惩制度。

0936 | **8 月 18 日**

中共中央政治局委员、国务委员刘延东在内蒙古调研时强调，教育是边疆民族地区推进现代化的根本大计，必须将其摆在优先发展的战略地位。广大教师和教育工作者要增强责任感、荣誉感和使命感，为国家和人民培养合格的建设者和接班人。

0937 | **8月20日**

中宣部、教育部、国家民委印发《关于在学校开展民族团结教育活动的通知》。通知要求各级各类学校要紧紧围绕活动主题，抓住课堂教学、社会实践、校园文化等重要环节，把教育活动开展到每一个班级、覆盖到每一个学生。要组织学习《民族团结教育通俗读本》。充分发挥课堂教学的主渠道作用，扎实推进民族团结教育进教材、进课堂、进学生头脑。切实加强民族团结教育教材建设和师资队伍建设。充分运用多种形式、途径和方法开展民族团结教育。新疆维吾尔自治区各级各类学校要在自治区党委、政府的领导下，从当前实际出发，有针对性地开展民族团结教育活动。

0938 | **9月11日**

教育部中等职业学校和中小学深入学习实践科学发展观活动指导小组召开在中等职业学校和中小学开展深入学习实践科学发展观活动指导工作视频会议。会议指出，全国中等职业学校和中小学从2009年9月中旬陆续开始学习实践活动，到2010年2月基本结束，其中集中活动时间不少于4个月，另外安排2个月时间充分做好准备工作和巩固扩大学习实践活动成果。9月19日，中央深入学习实践科学发展观活动领导小组转发《关于中等职业学校和中小学开展深入学习实践科学发展观活动的指导意见》，正式在全国中等职业学校和中小学启动深入学习实践科学发展观活动，要求各地结合本地实际贯彻执行。

0939 | **9月21日**

国务院新闻办发表《新疆的发展与进步》白皮书。白皮书指出，新中国成立后，新疆教育事业取得历史性进步，目前义务教育实现了基本普及九年制和基本扫除青壮年文盲，各类成人教育、职业教育从无到有，稳步发展。2008年，新疆中等学校1973所，在校学生172.2万人。国家在农牧区建立了提供食宿和学习用品的寄宿制中小学校。在新疆，凡有文字的民族，均使用本民族的语言文字教学。多年来，国家拨付专款，专门用于编印维吾尔、哈萨克、蒙古、锡伯、柯尔克孜等5种少数民族文字教材，满足了少数民族学校主课教材的需要。开展“双语”教师培训，稳步推进学前“双语”教育。

0940 | **9月27日**

国务院新闻办发表《中国的民族政策与各民族共同繁荣发展》白皮书。白皮书指出，经过60年的努力，民族地区教育事业得到长足发展。截至2008年底，全国建有民族小学20906所、民族中学3536所。其他各级各类学校也全部面向少数民族招生并实行一定优惠。各级各类学校少数民族在校学生总数为2199.6万人，其中普通中学少数民族在校生数为680.2万人，占学生总数的8.5%。

0941 | **10月9日**

北京教育考试院举行新闻发布会。会议披露，经教育部批准，北京市新高考方案将于2010年正式实施。新方案在稳定国家统一考试科目设置的基础上，重点推进考试内容改革。高中会考成绩和综合素质评价将分别以等级和统一表格的形式记入考生电子档案，在统招录取、自主招生中作为高校录取的重要依据。其中，高职招生形式变化较大。

0942 | **10月30日至31日**

教育部在江苏南京召开全国基础教育课程改革经验交流会。会议全面总结八年来基础教育课程改革取得的成效和基本经验，部署下一阶段深化课程改革的重点任务。教育部副部长陈小娅在出席会议讲话时指出，经过八年的努力，基础教育课程改革取得明显的成效，但仍面临着环境和观念转变、制度完善、教师提高、投入和条件保障等方面问题和挑战。必须充分认识深化课程改革的重要性，进一步增强责任感和紧迫感，各级教育部门和中小学要以科学发展观为指导，以对党和国家，对民族未来高度负责的精神，积极应对新挑战和新要求，把基础教育课程改革作为有效推进素质教育的载体，努力把课程改革推向新阶段。

0943 | **11 月 10 日**

教育部、国家统计局和财政部联合发布《2008 年全国教育经费执行情况统计公告》。《公告》显示，全国教育经费保持了较大幅度的增长，但国家财政性教育经费占 GDP 的比例仍没有实现 4% 的目标。我国教育经费投入总量仍然偏少，难以满足教育需求。建立和完善教育经费投入的保障机制，切实解决我国长期存在的教育经费短缺问题，使教育经费投入基本与教育需求保持相对平衡，仍然是摆在我们面前的一个重大课题。

0944 | **12 月 17 日**

福建省教育厅发布《中小学教师职业道德考核办法（试行）》。《办法》指出，考核对象是普通中小学、中职学校和幼儿园在职教师，考核结果分为优秀、合格、不合格三个等次。为让考核切实发挥作用，师德考核结果作为教师绩效考核评价指标中“职业道德”部分的评价结果，按不低于教师绩效考核 30% 的权重计入。同时，考核结果作为教师资格认定、职务评审、岗位聘任、绩效工资发放、表彰奖励等的重要依据。

0945 | **12 月 26 日**

南京市第三中学利用该校业余电台的现有资源，率先在全国建立首家“中学生业余卫星监测站”。监测站以我国第一颗青少年科学实验卫星“希望一号”为平台，组织南京市学生开展卫星通信、监测等科学实践活动。

2010 年

改革进行时

• 重要文件

中共中央、国务院《国家中长期教育改革和发展规划纲要（2010—2020 年）》

国务院办公厅《关于开展国家教育体制改革试点的意见》

教育部《关于深化基础教育课程改革进一步推进素质教育的意见》

财政部、教育部《关于建立普通高中家庭经济困难学生国家资助制度的意见》

教育部《关于推进中小学信息公开工作的意见》

教育部办公厅《中等职业学校专业设置管理办法（试行）》

全国中小学校舍安全工程领导小组办公室《关于进一步加强中小学校舍综合防灾能力建设的若干意见》

• 重要政策

开展国家教育体制改革试点

开展普通高中多样化特色化发展试点

建立普通高中家庭经济困难学生国家资助制度

推进中小学信息公开

进一步加强中小学校舍综合防灾能力建设

• 重要会议

中共中央、国务院召开全国教育工作会议

教育部召开高中多样化办学座谈会

• 改革亮点

中共中央、国务院发布《国家中长期教育改革和发展规划纲要(2010—2020年)》。《规划纲要》提出“加快普及高中阶段教育”“全面提高普通高中学生综合素养”“推动普通高中多样化发展”三项任务，确立到2020年高中阶段教育毛入学率达到90%的目标。国家启动教育体制改革试点；建立普通高中学国家资助制度，扩大实施中等职业学校学生免学费政策范围；开展中高职教育贯通培养模式试点。

1001 | **1月5日**

江苏省教育厅印发《关于进一步规范义务教育阶段和普通高中招生工作的意见》。《意见》要求，公办高中一律不得跨省辖市招生，同时不得以任何名义招收没有参加中考的学生，不得举办初高中“直升班”，不得举办“高考复读班”或招收“复读插班生”，也不得接收民办高中的学生借读、转学。所有高中都必须按当地教育行政部门和发展改革部门下达的招生计划招生，不得超计划招生，更不得无计划招生；不得以各种名目在中考之前提前招生，干扰初中正常的教育教学秩序。四星级高中和当地教育行政部门确定的热点高中学校，须将不低于招生总数50%的招生指标，平均分配到当地所有的公办、民办初中。

1002 | **1月8日**

北京市教委、市科委在北京举行北京青少年科技创新“雏鹰计划”启动仪式。据了解，北京市确定100所左右的“雏鹰计划”项目实验校，在培养科技创新后备人才方面进行探索和尝试。

1003 | **1月11日至2月6日**

国务院总理温家宝在中南海先后主持召开五次座谈会，就正在制定的《国家中长期教育改革和发展规划纲要（2010—2020年）》听取社会各界人士的意见和建议。会议强调，教育的目的是培养德智体美全面发展的优秀人才，特别是拔尖人才。制定教育《规划纲要》必须坚持以下几点：一是积极推进教育体制改革。二是落实和扩大学校的办学自主权。三是努力促进教育公平。四是大力倡导教育家办学。

1004 | **1月13日**

教育部印发《关于加强中小学网络道德教育抵制网络不良信息的通知》。通知要求，各地教育行政部门要加强网络道德教育、网络法制教育，加强绿色网络建设，加强重点关注和引导，加强学校家庭合作，以有效抵制网络不良信息对中小学生的侵害，促进学生健康成长。

1005 | 1月14日至15日

教育部在北京召开2010年度教育工作会议。会议强调，要深入落实科学发展观，以提高质量、促进公平为重点，以解放思想、改革创新为动力，以服务社会、造福人民为使命，着力夯实基础，调整结构，优化布局，提升内涵，不断提高教育事业现代化水平。会议指出，要准确把握我国教育的阶段性特征，遵循教育规律教学规律和人才成长规律，科学谋划，大力推进教育改革发展。要破除传统观念束缚，树立全面发展、人人成才、多元选择、终身学习、系统培养的教育理念。要创新人才培养模式，改革教育评价和考试招生制度，注重学思结合、知行统一、因材施教，培养学生的社会责任感、创新精神和实践能力。要深化办学体制和管理体制改革，建立现代学校制度，形成充满活力、富有效率、更加开放的体制机制。要扩大教育对外开放，借鉴先进经验，引进优质资源，广泛开展教育国际合作。

1006 | 1月24日至26日

中共中央总书记、国家主席、中央军委主席胡锦涛到陕西考察工作。胡锦涛在考察宁强县天津高级中学时，希望同学们树立远大志向，勤奋刻苦学习，努力成长为建设国家、建设家乡的有用之才。

1007 | 1月29日

教育部发布《教育部2010年工作要点》。2010年工作要点有：一是推动教育事业优先发展、科学发展；二是全面提高教育质量，进一步促进教育公平；三是深化教育体制改革，扩大教育对外开放；四是进一步转变职能，树立良好作风。

1008 | 2月1日至4日

北京市高中通用技术冬令营开营。全市18个区县的97名高中生和36位通用技术学科的教研员和教师参加此次活动。

1009 | 2月4日

据《中国教育报》报道，广东省召开普及高中阶段教育工作现场会。会议宣布，2009年广东省中等职业技术教育招生人数首次超过普通高中，招生总量位居全国第一，在校生规模全国第二，实现了普通高中与中职学校规模比例大体相当。广东省拟以建设职业技术教育基地为抓手，构建现代职业技术教育体系，打造职业技术教育强省。

1010 | **2 月 4 日**

据《中国教育报》报道，教育部中小学心理健康教育专家指导委员会举行全体会议，就建立健全学校心理干预机制、推动学校有效开展心理健康教育提出政策建议。为了改变中小学心理健康教育合格师资缺乏的现状，教育部中小学心理健康教育专家指导委员会决定启动“全国中小学心理健康教育骨干教师培训”。

1011 | **2 月 10 日**

河南省财政厅、省发改委、省教育厅、省人社厅联合发布《河南省中等职业学校农村家庭经济困难学生和涉农专业学生免学费实施方案》。《方案》指出，从 2009 年秋季学期起，对中等职业学校农村家庭经济困难学生和涉农专业学生逐步免学费。享受免学费政策的农村家庭经济困难学生，按当地中等职业学校扣除涉农专业学生后在校生的 15% 确定。涉农专业为 2000 年教育部发布的《中等职业学校专业目录》中的农林类所有专业，具体包括种植、农艺等 21 类专业。

1012 | **2 月 22 日**

教育部在上海市格致中学召开高中多样化办学座谈会。教育部副部长陈小娅主持会议，就高中教育的未来发展走向、高中创新人才培养等问题听取建议。上海市 7 所中学校长和市教委有关部门、部分区（县）教育局同志参加座谈，介绍了学校的办学理念、特色定位、课程建设和创新人才培养等方面的情况，并对深化高中教育改革，推进多样化办学提出建议。

1013 | **2 月 24 日**

广西壮族自治区教育厅、区财政厅、区物价局联合印发《关于对就读普通高中的库区移民子女和在国家扶贫开发工作重点县就读的普通高中学生实施免除学费的通知》，决定从2010年春季学期起，对就读公办普通高中（含自治区示范性普通高中）的库区移民子女和在国家扶贫开发工作重点县就读的公办普通高中的学生全部免除学费。

1014 | **2月26日**

教育部办公厅印发《关于中小学安全工作2010年第1号预警通知》。通知要求，一是要切实加强安全教育，各校要在新学期开学初，充分利用班团队会、升旗仪式、专题讲座、墙报板报、校园网络等方式，采取多种途径和方法，对学生开展交通安全、食品卫生安全、防火、防盗、防拥挤踩踏等安全知识以及预防自然灾害的主题教育，尤其是及时强化防溺水教育。二是要积极落实极端天气安全防范措施。三是要深入开展疏散演练。

1015 | **3月2日**

山东省教育厅印发《关于改革普通高校招生考试工作的若干意见》，明确提出2010年山东省全部取消省内出台的加分等照顾性政策。

1016 | **3月3日**

教育部和上海市共建国家教育综合改革试验区战略合作协议签字仪式在北京举行。根据协议，双方将成立部市战略合作领导小组，建立部市战略合作协商会议制度。双方共建内容包括：探索教育公共管理新体制和新机制，提升教育公共管理水平；探索人才培养模式和招生考试制度改革，全面实施素质教育；探索教育支撑产业结构调整的机制与路径，增强教育服务能力；探索扩大教育对外开放的机制与模式，提升教育国际化水平；探索推动学习型社会建设的新机制，完善终身教育体系；建设教育发展战略性支持平台，增强教育基础研究的决策咨询与服务指导功能；增强上海教育辐射服务功能，探索建立教育区域合作联动发展的新格局。

1017 | **3月5日**

十一届全国人大三次会议在北京人民大会堂开幕，国务院总理温家宝作《政府工作报告》。《报告》强调，教育、科技和人才，是国家强盛、民族振兴的基石，也是综合国力的核心。优先发展教育事业。强国必先强教。只有一流的教育，才能培养一流人才，建设一流国家。要抓紧启动实施国家中长期教育改革和发展规划纲要。《报告》提出，2010年将着重抓好几个方面重点：一是推进教育改革。二是促进义务教育均衡发展。三是继续加强职业教育。四是推进高等学校管理体制和招生制度改革。五是加强教师队伍建设。

1018 | **3月10日**

江苏省发布《江苏省中等职业学校农村家庭经济困难学生和涉农专业学生免收学费实施办法（试行）》。《实施办法》规定，从2009年秋季学期起，对公办中等职业学校全日制正式学籍一、二、三年级在校生中农村家庭经济困难学生和涉农专业学生，以及在政府职业教育行政管理部门依法批准的民办中等职业学校就读的一、二、三年级符合免学费政策条件的学生免收学费。2009年秋季学期已收取的学费，在2010年春季学期开学后一个月内予以退还。

1019 | **3月31日**

武汉市召开学生资助工作会议。会议提出，从2010年起，武汉市首次设立公办普通高中政府助学金。由市、区两级人民政府和学校共同出资，资助8000名家庭贫困且品学兼优的公办高中在籍在校学生。2010年的普通高中政府助学金于4月发放到学生手中。

1020 | **3月31日**

江苏省教育厅、省财政厅印发《关于做好高中阶段残疾学生免收学费工作的通知》。通知决定，从2010年秋季学期起，江苏省对持有县级以上民政部门发放残疾人证并接受高中阶段全日制教育的残疾学生免收学费。

1021 | **4月3日**

据《中国教育报》报道，北京市五所示范性高中学校获批开办人才培养模式改革实验班，并在人才培养目标、课程设置、教师配备、教学方式、学生选拔等方面制定了详细方案。五所高中的改革实验班分别是北京市第十七中学“传媒特色实验班”、北京市第四中学“杰出创新后备人才培养道元班”、北京师范大学附属实验中学“理科拔尖创新人才培养实验班”、北京市十一学校“高中科学实验班”和北京一零一中学“高中文科实验班”。

1022 | **4月15日**

中共中央政治局常委、国务院总理、国家科技教育领导小组组长温家宝主持召开国家科技教育领导小组会议。会议审议并原则通过了《国家中长期教育改革和发展规划纲要（2010—2020年）》。

1023 | **4月20日**

据《中国教育报》报道，广东省招生委员会发布《广东省2010年普通高等学校招生工作规定》，对2010年广东省普通高校招生工作作出明确规定。广东省2010年首次设置高考科目“3+文科综合/理科综合”；由于“平行志愿”的实行，录取时本专科投档方式将有所不同；体育类专业首次安排在提前批次录取。

1024 | **4月21日**

教育部等七部门印发《关于2010年治理教育乱收费规范教育收费工作的实施意见》。《实施意见》要求，改革公办高中招生考试制度，积极推进和完善将优质高中和中等职业学校部分招生名额合理分配到区域内初中的办法。深入推进高中阶段改制学校清理规范工作，坚决禁止以改制为名乱收费的行为。继续严格执行公办普通高中招收“择校生”“三限”政策，招收“择校生”比例要严格控制在本校当年高中招生计划数（不包括“择校生”数）的30%以下，低于此比例的不得提高；公办高中招收“择校生”，收取择校费后一律不准再收取学费；有条件的地区要逐步降低公办高中招收“择校生”的比例和收费标准，直至全部取消。

1025 | **4月27日**

教育部印发《关于深化基础教育课程改革进一步推进素质教育的意见》。《意见》提出，一要充分认识深化基础教育课程改革的重要性。二是要进一步明确深化基础教育课程改革的主要任务。进一步完善基础教育课程体系，全面落实基础教育课程方案，大力推进教学改革，健全和完善考试评价制度，全面提升教师队伍实施新课程的能力，进一步加强教材使用管理，大力推进农村地区课程改革。三是要着力加强基础教育课程改革保障机制建设。

1026 | **5月5日**

国务院总理温家宝主持召开国务院常务会议。会议审议并通过《国家中长期教育改革和发展规划纲要（2010—2010年）》。会议指出，未来十年是我国实施现代化建设“三步走”战略的关键阶段。制定并实施《规划纲要》，在新的历史起点上加快推进教育改革和发展，对于建设人力资源强国、满足群众接受良好教育的需求、全面建成惠及十几亿人口的小康社会具有重大战略意义。今后十年，我国教育改革发展要贯彻优先发展、育人为本、改革创新、促进公平、提高质量的方针。第一，把教育摆在优先发展的战略地位，完善中国特色社会主义现代教育体系。第二，把育人为本作为教育工作的根本要求，尊重教育规律和学生身心发展规律。第三，把改革创新作为教育发展的强大动力，健全充满活力的教育体制。第四，把促进公平作为国家基本教育政策，保障公民依法享有平等受教育的机会。第五，把提高质量作为教育改革发展的核心任务，为国民提供更加丰富的优质教育。

1027 | **5月14日**

教育部印发《关于组织申报国家教育体制改革试点的通知》。通知要求，有关单位提出申报国家教育体制改革试点的方案。教育部有关部门从中优先选择改革目标明确、政策措施具体、支持力度大、示范性强的试点方案，综合形成国家总体方案。

1028 | **5月18日**

财政部印发《关于切实做好治理教育乱收费工作的通知》。通知要求，公办普通高中除按照国家规定收取学费、住宿费和择校费外，不得收取其他任何行政事业性收费。公办普通高中招收“择校生”要严格执行“三限”政策，收取择校费后不得重复收取学费。有条件的地区要逐步降低公办高中招收“择校生”比例和收取择校费标准。中等职业学校除按照规定收取学费和住宿费外，不得收取其他任何行政事业性收费。

1029 | **5月27日**

国务院印发《关于支持玉树地震灾后恢复重建政策措施的意见》。《意见》明确提出，对生源地为青海玉树地震重灾区的高等教育阶段全日制在校生和高中阶段学生，从2010年4月至2011年7月，发放国家助学金或生活费补助，并免除一个学年的学费。所需新增资金由中央财政负担。6月28日，财政部、教育部印发《关于对玉树地震重灾区学生实施特别资助政策的通知》。通知要求，对生源地为玉树地震重灾区的高中阶段和高等教育阶段学生，从2010年4月至2011年7月，全部发放国家助学金或生活费补助，并免除一学年的学费。新增资金全部由中央财政负担。

1030 | **6月1日**

国家发改委印发《关于严禁向学生收取安全管理费等有关问题的紧急通知》，明确规定严禁学校、幼儿园以加强安全保卫工作为由向学生收取任何费用。各地要对已出台的教育收费文件进行全面清理，凡不符合国家规定的一律废止，违规收取的费用要全额退还学生家长。

1031 | **6月11日**

教育部、财政部联合印发《关于实施“中小学教师国家级培训计划”的通知》，决定从2010年开始实施“中小学教师国家级培训计划”。6月25日，教育部办公厅、财政部办公厅印发《关于组织实施2010年“国培计划”——中西部农村骨干教师培训项目申报和发布项目招标指南的通知》，这标志着“国培计划”教师培训项目申报和招标工作正式启动。7月26日，全国中小学教师培训暨“国培计划”启动实施工作会议在北京召开。

1032 | **6月18日**

海南省人民政府办公厅印发《关于规范中小学办学行为的意见》，要求进一步规范中小学管理，严格控制班额，小学每班不超过45人，初中和高中每班不得超过50人。

1033 | **6月21日**

中共中央总书记胡锦涛主持中共中央政治局会议。会议审议并通过《国家中长期教育改革和发展规划纲要（2010—2020年）》。会议指出，教育是民族振兴、社会进步的基石，是提高国民素质、促进人的全面发展的根本途径。强国必先强教。中国未来发展、中华民族伟大复兴，关键靠人才，基础在教育。制定并实施《规划纲要》，优先发展教育，加快提高教育现代化水平，对满足人民群众接受良好教育需求，对全面实现小康社会目标、建设富强民主文明和谐的社会主义现代化国家具有决定性意义。会议要求，各级党委和人民政府要切实加强对教育工作的领导，把落实教育优先发展、推动教育事业科学发展作为重要职责，把《规划纲要》各项任务措施落到实处，形成全党全社会重视、关心、支持教育发展的良好氛围。

1034 | **6月28日**

四川省教育厅发布《四川省普通高中学分管理办法（试行）》，对高中学分认定条件及认定程序等作了规定。《办法》规定，四川省内各高中学分具有同等效力，学校之间可相互承认。普通高中通过学分描述学生的课程修习状况。学生每学年在每个学习领域都必须获得一定的学分，三年中需获得116个必修学分和至少28个选修学分，总学分达到144个方可毕业。

1035 | **7月8日**

江苏省残联、省财政厅发布《对高中和高等教育阶段残疾学生发放教育专项补贴实施方案》。《实施方案》决定，省财政从2010年秋季学期起，对高中阶段残疾学生发放教育专项补贴，每生每学年1000元。各市、县（市、区）残联应于每年8月底前一次性将补贴经费直接发放给残疾学生或其监护人。

1036 | **7月8日**

中共中央、国务院发布《国家中长期教育改革和发展规划纲要（2010—2020年）》。《规划纲要》明确了今后一个时期我国教育事业改革发展的工作方针是：优先发展，育人为本，改革创新，促进公平，提高质量。坚持把教育摆在优先发展的战略地位，把育人为本作为教育工作的根本要求，把改革创新作为教育发展的强大动力，把促进公平作为国家基本教育政策，把提高质量作为教育改革发展的核心任务。到2020年我国教育事业改革发展的战略目标是"两基本、一进入"，即基本实现教育现代化，基本建成学习型社会，进入人力资源强国行列。实现更高水平的普及教育、形成惠及全民的公平教育、提供更加丰富的优质教育、构建体系完备的终身教育、健全充满活力的教育体制。坚持以人为本、全面实施素质教育是教育改革发展的战略主题。核心是解决好培养什么人、怎样培养人的问题，目标是培养德智体美全面发展的社会主义建设者和接班人，重点是提高学生的社会责任感、创新精神和实践能力，推进思路是坚持德育为先、能力为重、全面发展。《规划纲要》提出要依法实施九年义务教育，巩固提高教育水平，重点推进均衡发展，消除辍学现象，夯实教育公平的基础。《规划纲要》对教育改革进行了总体设计，明确了六项改革任务：一是改革人才培养体制；二是改革考试招生制度；三是建设中国特色现代学校制度；四是改革办学体制；五是改革管理体制；六是扩大教育开放。7月29日，中共中央、国务院正式向社会公布《规划纲要》。

1037 | **7月12日**

北京市教委印发《关于2010年秋季起调整普通高中课程安排的通知》。通知要求，从2010年秋季开学起，对部分高中学科的教学进行调整。允许语文、数学、外语三科在高一开设选修课，美术课也将提前到高一开设。

1038 | **7月13日至14日**

中共中央、国务院在北京召开全国教育工作会议。中共中央总书记胡锦涛在会议上发表重要讲话。胡锦涛强调："推动教育事业科学发展，必须高举中国特色社会主义伟大旗帜，以邓小平理论和‘三个代表’重要思想为指导，深入贯彻落实科学发展观，实施科教兴国战略和人才强国战略，优先发展教育，完善中国特色社会主义现代教育体系，办好人民满意的教育，建设人力资源强国。要全面贯彻党的教育方针，坚持教育为社会主义现代化建设服务，为人民服务，与生产劳动和社会实践相结合，培养德智体美全面发展的社会主义建设者和接班人。要全面推动教育事业科学发展，立足社会主义初级阶段基本国情，把握教育发展阶段性特征，坚持以人为本，遵循教育规律，面向社会需求，优化结构布局，提高教育现代化水平。”① 胡锦涛指出：“优先发展教育是党和国家长期坚持的一项重大方针。我国未来发展、中华民族伟大复兴，关键靠人才，基础在教育。在党和国家工作全局中，必须始终把教育摆在优先发展的战略地位。”②“要加快普及高中阶段教育，合理确定普通高中和中等职业学校招生比例，全面提高普通高中学生综合素质，推动普通高中多样化发展。”③ 胡锦涛就推动教育事业科学发展提出五项要求，一是必须优先发展教育，二是必须坚持以人为本，三是必须坚持改革创新，四是必须促进教育公平，五是必须重视教育质量。中共中央政治局常委、国务院总理温家宝在讲话中阐述了中央制定《国家中长期教育改革和发展规划纲要（2010—2020年）》的主要考虑和确定的教育工作方针。温家宝特别指出，《规划纲要》提出到2012年实现教育财政性支出占国内生产总值4%的目标，表明了党和政府推动教育改革和发展的坚定决心。

1039 | 7月23日

国家发改委、教育部印发《关于规范中小学服务性收费和代收费管理有关问题的通知》。通知要求，中小学按照国家和本地区课程改革要求安排的教育教学活动、教学管理范围内的事项，不得被列入服务性收费和代

① 《胡锦涛文选》第三卷，人民出版社2016年版，第418页。

② 同上，第419页。

③ 同上，第419—420页。

收费事项。严禁将讲义资料、试卷、电子阅览、计算机上机、取暖、降温、饮水、校园安全保卫等作为服务性收费和代收费事项。

1040 | **7 月 28 日**

据《中国教育报》报道，从 2010 年秋季起，湖北省恩施高级中学将新办“珍珠班”。该班面向全州招收 50 名“双特”（成绩特优、家庭特困）初中毕业生，帮助他们免费完成高中学业。

1041 | **8 月 2 日**

河北省教育厅印发《河北省普通高中学业水平考试实施意见（试行）》。《实施意见》提出，河北省将从 2011 年开始进行普通高中学业水平考试，中等教育学历层次学校的在校生及达到初中毕业水平的社会人员均可参加学业水平考试。

1042 | **8 月 25 日**

国家教育体制改革领导小组召开第一次会议。会议审议《教育规划纲要任务分工方案》《国家教育体制改革试点总体方案》《国家教育咨询委员会章程》，部署下一阶段的重点工作。会议指出，深化教育体制改革是党中央、国务院的重大部署，是落实全国教育工作会议和《国家中长期教育改革和发展规划纲要（2010—2020 年）》的关键举措，是我国教育和人力资源由大变强的根本动力。要把教育改革摆在突出位置，科学设计、探索规律，全力以赴、狠抓落实，构建中国特色现代教育体系，扎实有序推进教育事业科学发展，为全面建设小康社会、建设创新型国家培养亿万适用合格、优质拔尖人才。会议强调，教育改革是一项系统工程，必须统筹谋划，整体设计，协同推进；教育改革是一个复杂艰巨的过程，必须试点先行，重点突破，有序开展；教育改革是一项重大的民生工程，必须通过扎实有效的工作，满足人民群众多样需求，给教育发展增添动力。为加强国家教育体制改革工作的组织领导，国务院决定成立国家教育体制改革领导小组，希望各成员单位以高度的政治责任感、强烈的历史使命感，积极主动做好各项工作，不负党中央、国务院重托，不负人民群众殷切期待。

1043 | **8月31日**

南京市第一中学“崇文班”开班典礼举行。第一届“崇文班”的56名高中生不仅拥有大学教授担任其导师，还可根据发展需要选修大学课程，部分拔尖学生将有机会参与高校的科学实验。在“崇文班”开班典礼上，南京大学、东南大学、南京师范大学等高校的11名知名教授被聘为班级学生导师，他们将和校内学生导师一起，为每名学生制定成长规划。导师通过每月一次的谈话帮助学生解决成长中遇到的问题，每学期作出书面综合评估，所有记录、评估结果将被放入每名学生的“成长档案袋”。

1044 | **9月4日**

据《中国教育报》报道，江西省德兴市将从2010年秋季新学期开始推行高中阶段免费教育，这是江西省首个推行高中阶段免费教育的县级市。

1045 | **9月6日**

据《中国教育报》报道，国家决定从2010年起，在天津、河北、辽宁等12个省（直辖市）的42所国家重点中等职业学校举办内地西藏中职班，专业设置涉及教育、现代农牧业、资源与环境、水利水电、交通运输、乡村卫生、旅游服务等九大类，学制为3年，对汉语水平较低需要强化培训的学生可适当延长学制，首批计划招生3000人。

1046 | **9月9日**

中共中央总书记、国家主席、中央军委主席胡锦涛到中国人民大学及其附属中学，看望慰问师生员工，实地考察学校教育改革发展情况，并亲切接见了全国教书育人楷模等教育系统先进模范代表。胡锦涛代表党中央、国务院，向全国广大教师和教育工作者致以节日的问候。

1047 | **9月10日**

教育部办公厅发布《中等职业学校专业设置管理办法（试行）》。《办法》提出，中等职业学校依照相关规定要求，可自主开设、调整和停办专业。

1048 | **9月15日**

中国关工委和新华人寿在北京举行“全国中小学生交通安全意外伤害保险”项目签约仪式。该项目是国内首次在政府指导下为全国中小学生引入交通安全保险的公益性保障项目。

1049 | **9月15日**

山东省印发《山东省普通高中学科教学内容调整意见（试行）》。《意见》提出，着力解决普通高中语文、数学等9个学科教学内容偏多、部分要求偏高、课程模块之间内容重复等问题，适当减少教学内容，降低教学难度，努力解决学科课程教学容量过大与课时紧张的矛盾，为学生创造充分的自由发展空间。

1050 | **9月17日**

据《中国教育报》报道，中共河南省新郑市委、新郑市人民政府决定，新郑市从2010年秋季开始，免除高中三年级学生学费，2011年秋免除高中二年级、三年级学生学费，2012年实现高中3个年级学生学费全免。

1051 | **9月19日**

财政部、教育部印发《关于建立普通高中家庭经济困难学生国家资助制度的意见》。《意见》决定，建立普通高中家庭经济困难学生资助政策体系，从2010年秋季学期起，中央与地方共同设立国家助学金，用于资助普通高中在校生中的家庭经济困难学生，平均资助标准为每生每年1500元。按照“加大财政投入、经费合理分担、政策导向明确、多元混合资助、各方责任清晰”的基本原则，建立以政府为主导，国家助学金为主体，学校减免学费等为补充，社会力量积极参与的普通高中家庭经济困难学生资助政策体系，从制度上基本解决普通高中家庭经济困难学生的就学问题。

1052 | **9月25日**

全国中小学校舍安全工程领导小组办公室印发《关于进一步加强中小学校舍综合防灾能力建设的若干意见》《关于当前进一步做实做细校舍安

全工程有关工作的通知》，要求各地既要提高校舍抗震能力，也要提高校舍综合防灾能力；不仅要确保工程实施进度，而且要保证正常的教育教学秩序。

1053 | **10月10日**

重庆市财政局、市教委发布《重庆市普通高中家庭经济困难学生资助实施方案》。为切实解决普通高中家庭经济困难学生就学问题，加快普及高中阶段教育，根据《财政部、教育部关于建立普通高中家庭经济困难学生国家资助制度的意见》精神，结合重庆实际，制定本《实施方案》。

1054 | **10月15日至18日**

党的十七届五中全会在北京召开。全会深刻认识并准确把握国内外形势新变化新特点，审议通过了《中共中央关于制定国民经济和社会发展第十二个五年规划的建议》。《建议》指出，加快教育改革发展。全面贯彻党的教育方针，保障公民依法享有受教育的权利，办好人民满意的教育。按照优先发展、育人为本、改革创新、促进公平、提高质量的要求，深化教育教学改革，推动教育事业科学发展。全面推进素质教育，遵循教育规律和学生身心发展规律，坚持德育为先、能力为重，促进学生德智体美全面发展。积极发展学前教育，巩固提高义务教育质量和水平，加快普及高中阶段教育，大力发展职业教育，全面提高高等教育质量，加快发展继续教育，支持民族教育、特殊教育发展，建设全民学习、终身学习的学习型社会。创新人才培养体制、教育管理体制、办学体制，改革教学内容、教学方法、质量评价、考试招生制度。促进教育公平，合理配置公共教育资源，重点向农村、边远贫困、民族地区倾斜，加快缩小教育差距。健全国家资助制度，扶助家庭经济困难学生完成学业。加强师德师风建设，提高教师业务水平，鼓励优秀人才终身从教。增加教育投入，鼓励引导社会力量兴办教育，以加强薄弱环节和关键领域为重点，实施重大教育改革和发展项目。

1055 | **10月23日**

广西壮族自治区教育厅在柳州召开全区基础教育学校教学改革试点工作启动大会，公布南宁市兴宁区等12个县（市、区）为首批教学改革试点县（市、区）。广西基础教育学校教学改革试点项目以中国教育学会有效教育模式为载体，支持每个试点县（市、区）4所初中、4所小学和1所普通高中推进基础教育学校教学改革。

1056 | **10月24日**

国务院办公厅印发《关于开展国家教育体制改革试点的通知》，决定在部分地区和学校开展国家教育体制改革试点。通知指出，在高中教育改革方面，确定开展普通高中多样化、特色化发展试验，建立创新人才培养基地，探索西部欠发达地区普及高中阶段教育的措施和办法，并确定北京市、天津市、黑龙江省、上海市、江苏省、陕西省、四川省、新疆维吾尔自治区、宁夏回族自治区部分市（县）为试点地区。

1057 | **10月25日**

福建省财政厅、省教育厅印发《关于建立普通高中家庭经济困难学生国家资助制度的意见》。《意见》提出，从2010年秋季学期起，福建省正式设立普通高中学生国家助学金，用于资助普通高中在校生中约10%的家庭经济困难学生。

1058 | **11月8日**

海南省与天津职业技术师范大学合作培养免费中职师范生启动仪式在天津职业技术师范大学举行。自2010年起，天津职业技术师范大学将连续两年，每年为海南省培养30名定向免费中职师范生。

1059 | **11月12日**

据《中国教育报》报道，为认真贯彻落实中央新疆工作座谈会精神，教育部决定成立教育部新疆教育工作领导小组，以加强对新疆教育工作的统筹、指导和协调，推进新疆教育事业跨越式发展。

1060 | **11月12日**

据《中国教育报》报道，上海市从2010年起开展中高职教育贯通培养模式试点工作，初中生参加中考之后进入中职学校，经过中职和高职的贯通培养，以高职文凭毕业。除在第一学年对是否适合继续接受中高职贯通教育的学生进行甄别外，学校不再进行任何形式的分流或筛选。

1061 | **11月13日**

据《中国教育报》报道，北京继开设内地西藏班、新疆班后，将首次开设内地青海高中班，每年招生80人，学制3年，连续招生3年。2010年秋季，北京师范大学大兴附属中学开始招收内地青海班学生，首批80人已经入学。内地青海高中班招生主要面向青海省六州农牧区，学生为六州户籍、品学兼优、有上进心，中考分数达到当地重点线以上的少数民族初中应届毕业生。

1062 | **11月14日**

教育部、国家民委、公安部、国家体育总局、中国科协联合印发《关于调整部分高考加分项目和进一步加强管理工作的通知》。通知指出，此次调整主要涉及中学生学科奥林匹克竞赛和部分科技类竞赛高考加分项目，以及体育特长生高考加分项目。2011年秋季进入高中阶段一年级的学生开始适用调整政策。2010年（含）以前已进入高中阶段学习的学生，仍可适用调整前的相关政策。

1063 | **12月3日**

甘肃省教育厅印发《关于甘肃省普通高等教育对口招收中等职业学校学生招生考试制度改革的通知》，启动中职生升学考试制度改革。从2010年起，甘肃省将取消原文化课“语文、数学、英语”单科考试，调整为“文化综合素质测试”，突出对中职生的技能和综合素质评价。

1064 | **12月7日**

上海市教委发布《上海市中小学健康教育实施方案》。《实施方案》规定，健康教育课程高中每周0.5课时。

1065 | **12 月 25 日**

教育部印发《关于推进中小学信息公开工作的意见》。《意见》提出，各地中小学要切实提高对信息公开重要意义的认识，牢固树立依法公开的观念，不断增强做好信息公开工作的责任感和紧迫感。中小学要认真贯彻信息公开的基本原则。要建立健全信息公开的制度机制，认真做好重要信息的主动公开工作，积极探索信息公开的有效形式，建立健全信息公开的管理体制，不断完善信息公开的保障措施，认真履行信息公开的监管职责。

2011年

改革进行时

• 重要文件

国务院《关于进一步加大财政教育投入的意见》

教育部《关于大力加强中小学教师培训工作的意见》

教育部《教师教育课程标准（试行）》

教育部《关于大力推进教师教育课程改革的意见》

教育部《切实保证中小学生每天一小时校园体育活动的规定》

教育部《关于中小学开展书法教育的意见》

教育部《学校教职工代表大会规定》

住建部、国家发改委《特殊教育学校建设标准》

• 重要政策

新疆普通高中多样化改革试点正式启动

山西、江西、河南、新疆等四省（自治区）进入高中新课程实验

中小学生每天一小时校园体育活动

中小学开展书法教育

加大财政教育投入力度

扩大中小学教师职称制度改革试点

大力加强中小学教师培训工作

进一步做好普通高中改制学校清理规范工作

• 重要会议

教育部召开全国教育宣传工作会议

人社部、教育部召开深化中小学教师职称制度改革试点工作总结会

教育部召开全国中小学德育工作经验交流会

共青团中共、教育部召开全国中学共青团工作会议

• 改革亮点

各地继续推进高考改革，采取“高考统考成绩＋普通高中学业水平考试成绩＋普通高中综合素质评价＋地方和学校考试（考查）”的多元化模式。浙江省、河北省、辽宁省等对本省部分高考加分项目进行清理和调整。部分省（直辖市）公办普通高中不再招收“择校生”。引导高中阶段学校办出特色，提高教育质量，增强学生就业创业能力。

1101 | **1月4日**

教育部印发《关于大力加强中小学教师培训工作的意见》。《意见》指出，新时期中小学教师培训的总体要求是：贯彻落实《国家中长期教育改革和发展规划纲要（2010—2020年）》，围绕教育改革发展的中心任务，紧扣培养造就高素质专业化教师队伍的战略目标，以提高教师师德素养和业务水平为核心，以提升培训质量为主线，以农村教师为重点，开展中小学教师全员培训，努力构建开放灵活的教师终身学习体系，加大教师培训支持力度，全面提高教师素质，为基本实现教育现代化，建设人力资源强国提供师资保障。

1102 | **1月4日**

浙江省教育考试院宣布，从2011年起对高考加分进行大幅“瘦身”，其中包括取消此前备受质疑的“三模三电”（航海建筑模型、航空航天模型、车辆模型与无线电测向、无线电通信、电子制作）加分项目、取消“奥赛”省级获奖者以及科技竞赛集体项目获奖者中除“第一作者”外的加分资格等。同时，包括体育、学科竞赛、思想品德等在内的所有奖励类项目高考加分的分值均由20分降为10分。

1103 | **1月10日至16日**

西藏自治区九届人大四次会议召开。会议宣布，2011年西藏将对农牧民子女的学前和高中教育实行“三包”政策。至此，西藏农牧民子女从幼儿园到高中的“三包”免费教育体系已经建立。

1104 | **1月24日**

新疆维吾尔自治区教育厅发布《普通高中学生综合素质评价实施细则（试行）方案》。《方案》规定，从2011年起，新疆高考将采取多元化的评价模式，即“高考统考成绩+普通高中学业水平考试成绩+普通高中综合素质评价+地方和学校考试（考查）”，综合素质评价结果成为高招录取的重要参考。

1105 | 1月24日至25日

教育部在北京召开2011年全国教育工作会议。会议强调要以科学发展为主题，创新和完善中国特色教育发展道路，狠抓《国家中长期教育改革和发展规划纲要（2010—2020年）》的贯彻落实，努力开创教育事业科学发展新局面。中共教育部党组书记、教育部部长袁贵仁在会上强调，全面落实《规划纲要》是当前教育系统的紧迫任务。“落实”是2011年全国教育工作的关键词、核心词。

1106 | 1月26日

教育部在北京召开全国教育宣传工作会议。会议要求，各地教育部门要高度重视宣传工作，善于运用教育宣传推动教育事业科学发展，努力开创教育宣传工作新局面。

1107 | 2月10日

教育部发布《教育部2011年工作要点》。2011年工作要点有：一是加强和改善对教育的宏观指导，推动教育事业科学发展；二是加强重点领域和关键环节建设，实施国家重大教育发展项目；三是深入推进教育体制改革，认真组织开展教育改革试点；四是切实转变工作职能，进一步加强和改进作风建设。

1108 | 2月12日

新疆维吾尔自治区发布《新疆2011年高考外(汉)语听力考试考务工作实施细则》，决定恢复暂停4年的普通高考外（汉）语听力考试。《实施细则》规定，2011年所有普通高考考生均须参加外（汉）语听力考试，考生听力考试成绩不计入考生高考外（汉）语总成绩。其中，外语分英语、俄语、日语、法语、德语、西班牙语6个语种，考生可任选其中一个语种参加考试。

1109 | 2月20日

中组部、中宣部、中央文献研究室、中央党史研究室、教育部、共青团中央印发《关于在党员、干部、群众和青少年中开展中共党史学习教育的通知》。通知决定，2011年在党员、干部、群众和青少年中开展中共党史的学习教育。通知要求，开展党史学习教育，要认真学习以毛泽东同志、邓小平同志、江泽民同志为核心的党的三代中央领导集体和以胡锦涛同志为总书记的党中央关于中共党史以及中国近现代史、中国革命史的重要论述。

1110 | **2月21日**

中共中央政治局就“优先发展教育、建设人力资源强国”进行第二十六次集体学习。中共中央总书记胡锦涛就做好当前教育改革和发展工作提出四点意见。第一，着力提高人才培养水平，全面贯彻党的教育方针，坚持育人为本、德育为先，把促进学生健康成长作为学校一切工作的出发点和落脚点，坚持文化知识学习和思想品德修养的统一、理论学习和社会实践的统一、全面发展和个性发展的统一，强化能力培养，创新人才培养模式，注重培育学生的主动精神和创造性思维。第二，着力深化教育体制改革，加快形成与社会主义市场经济体制和全面建设小康社会目标相适应的教育体制机制。第三，着力推进教育内涵式发展，坚持走以促进公平和提高质量为重点的内涵式发展道路，建立健全覆盖城乡的基本公共教育服务体系，坚持公共教育资源向农村、中西部地区、贫困地区、边疆地区、民族地区倾斜，促进城乡、区域教育协调发展，满足人民群众多层次、多样化的教育需求。第四，着力建设高素质教师队伍，增强广大教师教书育人的责任感和使命感，加强教师职业理想和职业道德教育，提高教师综合素质和业务水平，在全社会倡导和形成尊师重教的良好氛围。广大教师要学为人师、行为世范、教书育人，当好学生健康成长的指导者和引路人。①

1111 | **2月22日**

湖北省教育厅印发《关于启动高中新课程选课系统和新课程学分管理系统的通知》。通知提出，湖北省高中新课程选课系统和学分管理系统定

① 参见《人民日报》，2011年2月23日。

于2011年春季开学正式启动。该系统面向所有高中，供学生和教师在日常学习和工作中使用。

1112 | **3月5日**

十一届全国人大第四次会议在北京人民大会堂开幕，国务院总理温家宝作《政府工作报告》。《报告》指出，“十一五”时期是我国发展进程中极不平凡的五年。教育事业全面进步。加快实施国家助学制度，财政投入从2006年的18亿元增加到2010年的306亿元，覆盖面从高等学校扩大到中等职业学校和普通高中，共资助学生2130万名，还为1200多万名义务教育寄宿生提供生活补助。加快农村中小学危房改造和职业教育基础设施建设。《报告》提出“十二五”时期教育的主要目标和任务是：坚持优先发展教育，稳步提升全民受教育程度。《报告》指出，科技、教育和人才是国家发展的基础和根本，必须始终放在重要的战略位置。关于2012年教育工作，坚持优先发展教育。推动教育事业科学发展，为人们提供更加多样、更加公平、更高质量的教育。2012年财政性教育经费支出占国内生产总值比重达到4%。全面推进素质教育。加快教育改革，切实减轻中小学生过重课业负担，注重引导和培养孩子们独立思考、实践创新能力。保证中小学生每天一小时校园体育活动。大力发展职业教育。引导高中阶段学校和高等学校办出特色，提高教育质量，增强学生就业创业能力。落实和完善国家助学制度，无论哪个教育阶段，都要确保每个孩子不因家庭经济困难而失学。

1113 | **3月10日**

教育部召开教育信息化专家座谈会，并启动《教育信息化十年发展规划（2011—2020年）》编制工作。教育部副部长杜占元出席会议并就充分认识教育信息化的重要意义、编制《规划》的重要性、编制《规划》的指导思想和总体要求等作出重要指示。

1114 | **3月11日**

教育部和广东省人民政府在北京签署部省合作协议，共同推进广东教育体制综合改革。根据协议内容，教育部与广东省将合作共同推进广东教育体制综合改革，加快推进基础教育均衡协调发展，加快推进素质教育，加快推进职业教育发展壮大，加快推进高等教育内涵式发展，加快提升教育国际化水平，在全国率先基本实现教育现代化。双方将建立部省联席会议制度。广东省将加大教育投入力度，全面推进依法治教、依法治校，建立教育体制改革联席会议制度，设立广东省教育咨询委员会。

1115 | **3月16日**

国务院发布《中华人民共和国国民经济和社会发展第十二个五年规划纲要》。《规划纲要》指出，“十二五”时期是全面建设小康社会的关键时期，是深化改革开放、加快转变经济发展方式的攻坚时期。纲要指出，今后五年教育发展的主要目标，九年义务教育质量显著提高，九年义务教育巩固率达到93%，高中阶段教育毛入学率提高到87%。《规划纲要》强调，全面贯彻党的教育方针，保障公民依法享有受教育的权利，办好人民满意的教育。按照优先发展、育人为本、改革创新、促进公平、提高质量的要求，推动教育事业科学发展，提高教育现代化水平。一是统筹发展各级各类教育。二是大力促进教育公平。三是全面实施素质教育。四是深化教育体制改革。健全以政府投入为主、多渠道筹集教育经费的体制，2012年财政性教育经费支出占国内生产总值比例达到4%。

1116 | **3月21日**

上海市教委印发《关于2011年本市中等学校高中阶段招生考试工作的若干意见》。《意见》规定，到2012年，上海的公办高中将不再招收“择校生”。2011年，部分区（县）的公办普通高中（不含综合高中、转制高中）虽可继续按规定招收“择校生”，但“择校生”计划数不得超过本学校招生计划数的15%。

1117 | **3月28日**

国务院新闻办举行新闻发布会，教育部副部长杜玉波向中外记者介绍“十一五”期间我国教育改革发展取得的成就：城乡免费九年义务教育全面实现，全国初中三年巩固率达94%；高中阶段教育毛入学率达82.5%，实现中等职业教育与普通高中招生规模基本相当；教育公平迈出重大步伐，城乡和区域教育差距缩小，建立了覆盖各级各类教育的资助政策体系。

1118 | **3月31日**

据《中国教育报》报道，河北省对本省部分高考加分项目进行清理和调整。从2011年高考开始，高中阶段受省级表彰的优秀学生、优秀学生干部和“三好”学生不再具备高考加分资格。河北省取消的加分项目包括：高中阶段全国中学生学科奥林匹克竞赛省赛区获得一等奖的学生、省级体育竞赛获单项前六名或集体项目前三名的主力队员、获省青少年科技创新大赛一等奖的学生等。2010年以前已进入高中阶段学习的学生仍适用以前的相关政策。

1119 | **3月31日**

浙江省在杭州召开普通高校招生会议。2011年，浙江省首次由浙工大、杭师大尝试深化综合评价招生制度，探索把高中会考成绩和综合素质评价纳入高考评价体系，将考生的高中会考成绩、高校综合测试成绩、高考成绩按一定比例合成综合成绩。浙江省还将积极推进考试形式多样化。

1120 | **4月1日**

据《中国教育报》报道，贵州省人民政府印发《关于进一步加快高中阶段教育发展的意见》。《意见》明确提出，加快高中阶段教育发展的目标任务是：用四年时间集中力量攻坚，到2014年底，以县（市、区、特区）为单位，基本实现初中毕业生能够继续接受高中阶段教育的目标，应届初中毕业学生中85%以上能够升入高中阶段学校就读；到2015年，全省高中阶段教育毛入学率达到63%以上；中等职业教育和普通高中教育统筹协调发展，规模大体相当；建成一批示范性中等职业学校，力争部分学校进入国家级示范性中等职业学校行列。

1121 | **4月2日**

江苏省物价局、省财政厅印发《关于明确普通高中国际课程班收费有关问题的通知》，要求从2011年秋季学期起规范普通高中国际班收费标准，设立最高学费标准，每生每学期不得超过1万元。通知指出，实施学历教育的普通高中国际课程班，应当按学期收费，不得跨学期预收。

1122 | **4月2日**

宁夏回族自治区人民政府常务会议原则通过《宁夏“十二五”中南部地区教育移民实施方案》。《实施方案》提出，按照“山川相济”原则，区内各中职学校将与中南部地区各县（区）职教中心建立联合招生合作培养新机制，引导中南部地区移民子女有序向川区转移；完善东西部中职教育联合招生合作培养机制，通过采用“2+1”“1+2”等办学形式，优先保障移民子女接受职业教育，并在区外实现稳定就业；积极开展移民劳务产业技能培训和劳务移民培训，并以“订单培训，定向培养”的模式，确保移民群众移得出、稳得住、能致富。

1123 | **4月21日**

据《中国教育报》报道，中共广东省委教育工委、省教育厅印发《关于开展广东省教育综合改革试点的通知》，140个涵盖教育改革发展各重点领域和关键环节的综合改革试点项目全面启动。项目内容涵盖人才培养模式、办学体制、管理体制、保障机制等教育改革发展重点领域；涉及学前教育、义务教育、高中教育、学校治理模式、教育交流合作、教育信息化等教育改革发展关键环节。

1124 | **4月22日**

环保部、中宣部、中央文明办、教育部、共青团中央、全国妇联发布《全国环境宣传教育行动纲要（2011—2015年）》。《纲要》提出，要加强基础教育、高等教育阶段的环境教育和行业职业教育，推动将环境教育纳入国民素质教育的进程。

1125 | **4月28日至29日**

人社部、教育部在北京召开深化中小学教师职称制度改革试点工作总结会，中纪委驻教育部纪检组组长、中共教育部党组成员王立英出席会议并发表讲话。

1126 | 4月29日

北京科技大学、北京化工大学、中国传媒大学、北京工业大学、北京第二外国语大学等五所高校与广渠门中学签订"优质生源基地"协议。从2011新学期开始，五所签约高校将为广渠门中学提供十几门课程供学生选修，实验高中课程与高校基础课程实现对接。在同等条件下，广渠门中学学生将被签约高校优先录取，在自主招生时该校学生将享受签约高校的"照顾"。

1127 | 5月9日

上海市教委发布《上海市中等职业教育师资培养培训行动计划（2011—2015）》，以全面提高教师素质，优化师资培养培训体系。《计划》提出，到2015年，中职生师比达到14 ∶ 1，专任教师中具有高级专业技术职务人数不低于25%，专业教师数达到专任教师数的55%，每个专业至少配备具有本专业中级以上专业技术职务的专任教师2人。

1128 | 5月9日

据中国新闻网报道，2011年辽宁省普通高中首次实行市域内跨县（市、区）招生，以促进高中优质化发展。全省公办普通高中招生以市为单位统筹规划，跨市招生由省教育厅批准。

1129 | 5月18日

青海省发布《普通高中学业水平考试实施方案》。《实施方案》规定，从2010年秋季学期高一年级起，青海省将实施学业水平考试。普通高中学业水平考试的参考科目由考试科目和考查科目两部分组成。其中考试科目为语文、数学、英语等11门；考查科目为体育与健康、音乐等6门。每个学生可多次报考每门考试科目，最好一次成绩记入档案，并作为普通高中同等学力认定的基本依据。所有参考科目成绩均达到C等及以上，且考查科目4科以上达到合格者方能毕业。

1130 | 6月1日

国务院印发《关于促进牧区又好又快发展的若干意见》。《意见》提出，我国将加快普及牧区高中阶段教育，大力发展符合牧区发展需要的中等职业教育，逐步免除中等职业学校牧区学生学费。

1131 | **6月7日**

江苏省教育厅、省财政厅印发《关于启动普通高中课程基地建设的通知》。通知指出，建设课程基地旨在不断改进教学方式、引导学生高效学习，促进教师专业成长，推动学校特色发展。2011年，江苏省先行启动建设30个左右普通高中课程基地，到2015年建成200个左右普通高中课程基地。省教育厅组织专家对各市上报项目进行材料评审，并组织通过材料评审的学校进行现场答辩，综合确定当年的课程基地建设项目。8月16日，江苏省教育厅公布31个2011年普通高中课程基地建设项目名单。

1132 | **6月22日**

据《中国教育报》报道，新疆维吾尔自治区教育厅印发《自治区普通高中多样化发展改革试点方案》。《试点方案》指出，新疆将通过改革现有普通高中课程结构、教学方式、管理模式和评价标准，实现培养目标和课程的多样化。自治区教育厅将评选出15所至20所普通高中作为改革试点学校，并指导每所学校制定单独的课程计划，力争在选修课程中体现学校的特色；指导每所学校研究制定2011年至2014年课程方案，鼓励学校开展国家课程校本化尝试，适当增加校本教育内容，多种形式呈现教学内容。

1133 | **6月28日**

北京市教委印发《关于2011年北京市进一步规范教育收费工作的意见》。《意见》要求，从2012年秋季开始，北京市以学校为单位将招收高中“择校生”比例降到15%，并逐年降低比例，直到全部取消。

1134 | **6月29日**

国务院印发《关于进一步加大财政教育投入的意见》。《意见》要求各地各部门，采取有力措施，进一步加大财政教育投入，确保《国家中长期教育改革和发展规划纲要（2010—2020年）》提出的到2012年国家财政性教育经费支出占国内生产总值比例达到4%的目标按期实现。

1135 | **6月29日**

河北省招生委员会、省教育厅发布《河北省实施普通高中新课程改革后普通高等学校招生考试方案》。新《方案》的变化主要有：考试内容和范围的变化，考试内容和范围包括必考内容和选考内容，外语科目考试恢复了听力测试；招生录取方式的改革，国家示范性（骨干）高职和部分高职高专院校部分专业试行单独考试招生；将普通高中学业水平考试成绩和综合素质评价结果作为必备信息采集到考生电子档案,作为高校招生录取的重要参考。

1136 | **7月2日**

浙江省财政厅、省教育厅发布《浙江省普通高中国家助学金管理暂行办法》，确定从2011年秋季学期开始，建立普通高中国家助学金制度。

1137 | **7月8日**

教育部发布《切实保证中小学生每天一小时校园体育活动的规定》，要求各地制定具体实施细则，严格执行国家关于保证中小学生每天一小时校园体育活动的规定。中小学校要认真执行国家课程标准，保质保量上好体育课，高中每周2课时。

1138 | **7月10日**

据《中国教育报》报道，南京市重点打造四类特色普通高中。作为国家教育体制改革普通高中多样化办学改革试点地区，从2011年起，南京市将用十年时间，重点建设高水平综合发展高中、高水平特色发展高中、高水平普职融通高中和国际高中等四类富有鲜明办学特色的高中，构建符合学生多样化成长需要的普通高中发展新局面。

1139 | **7月25日**

公安部、教育部等八部门发布《全民消防安全宣传教育纲要(2011—2015年)》。《纲要》要求，在家庭、社区、学校、农村、人员密集场所、单位进行消防安全宣传教育。学校要落实相关学科课程中消防安全教育内容，利用“全国中小学生安全教育日”“防灾减灾日”“科技活动周”“119消防日”等集中开展消防宣传教育活动。

1140 | **7月28日**

浙江省教育厅发布《浙江省等级中等职业学校标准（试行）》，要求2020年前所有中等职业学校都要达到三级以上等级标准。《标准》把全省中等职业学校分为3个等级，评估内容包括办学方向与办学绩效、校企合作与社会服务、专业建设与课程改革、教师队伍、办学条件与教育经费、校园管理等6个方面27个子项目。

1141 | **8月2日**

教育部印发《关于中小学开展书法教育的意见》。《意见》要求，中小学校主要通过有关课程及活动开展书法教育。普通高中在语文等相应课程中设置与书法有关的选修课程。中小学校还可在综合实践活动、地方课程、校本课程中开展书法教育。

1142 | **8月21日**

据《中国教育报》报道，经国务院同意，内地部分省（直辖市）举办的内地新疆中等职业教育班开始招生，学制为3年。

1143 | **8月31日**

国务院总理温家宝主持召开国务院常务会议。会议决定扩大中小学教师职称制度改革试点。会议指出，在近两年山东省潍坊市、吉林省松原市、陕西省宝鸡市进行试点的基础上，再用一年左右时间，在全国部分地市开展深化中小学教师职称制度改革试点。改革的指导思想和主要任务是：遵循教育发展规律和教师成长规律，建立与事业单位岗位聘用制度相衔接、符合中小学教师职业特点的职称制度，形成以能力和业绩为导向、以社会和业内认可为核心、覆盖各类中小学教师的评价机制。改革的主要内容是：一是建立统一的中小学教师职称制度，并设置正高级职称。二是按照注重师德素养、教育教学工作实绩和一线实践经历的要求，完善教师专业技术水平评价标准条件。三是建立以同行专家评审为基础的业内评价机制，健全工作程序和评审规则，建立评审专家责任制，全面推行评价结果公示制度。四是实现与事业单位岗位聘用制度有效衔接。中小学教师职称评审在核定的岗位内进行，岗位出现空缺时教师可以跨校评聘。

1144 | 9月9日

江苏省印发《关于加快完善终身教育体系的实施意见》。《实施意见》提出了九项有力措施以加快完善终身教育体系。《意见》提出，推进高中特色发展，坚持多样特色、内涵发展的办学思路，深化课程和评价机制改革。到2015年，全省普通高中全部达到省优质学校标准。

1145 | 9月9日

中共中央总书记、国家主席、中央军委主席胡锦涛视察北京第八十中学，亲切看望师生员工，实地考察学校工作，代表党中央向全国广大教师和教育工作者致以节日的祝贺和诚挚的问候。胡锦涛指出，中学阶段是学生健康成长的重要阶段，中学教育是整个国民教育体系中承上启下的关键环节。办好教育关键在教师。希望广大教师以对国家、对人民高度负责的精神，加强师德修养，钻研教学业务，不断开拓创新，扎实做好教书育人工作，努力培养社会主义建设者和接班人。[①]

1146 | 10月8日

教育部发布《教师教育课程标准（试行）》《关于大力推进教师教育课程改革的意见》。《标准》体现国家对教师教育机构设置教师教育课程的基本要求。《意见》分创新教师教育课程理念、优化教师教育课程结构、改革课程教学内容、开发优质课程资源、改进教学方法和手段、强化教育实践环节、加强教师养成教育、建设高水平师资队伍、建立课程管理和质量评估制度、加强组织领导和条件保障等十部分内容。

1147 | 10月15日至18日

党的十七届六中全会在北京举行。中共中央总书记胡锦涛作重要讲话。

---

① 参见《人民日报》，2011年9月10日。

全会审议通过了《中共中央关于深化文化体制改革、推动社会主义文化大发展大繁荣若干重大问题的决定》。全会强调，坚持中国特色社会主义文化发展道路，深化文化体制改革，推动社会主义文化大发展大繁荣。要以科学发展为主题，以建设社会主义核心价值体系为根本任务，以满足人民精神文化需求为出发点和落脚点，以改革创新为动力，发展面向现代化、面向世界、面向未来的，民族的科学的大众的社会主义文化，培养高度的文化自觉和文化自信，提高全民族文明素质，增强国家文化软实力，弘扬中华文化，努力建设社会主义文化强国。

1148 | **10月18日**

山东省教育招生考试院印发《关于做好山东省2012年普通高等学校招生报名工作的通知》。2012年，山东省将实行春季和夏季两次高考。其中春季高考重点面向中等职业学校毕业生，同时面向普通高中毕业生，将由省里统一命题，统一组织考试，主要为高职院校选拔合格生源。

1149 | **10月25日**

据《中国教育报》报道，福建省教育厅决定，从2011年秋季学期起，福建省实施对中职学校一年级学生免学费政策，继续对中职教育一、二年级学生全部实行助学金制度，对中职学校所有涉农专业及家庭经济困难学生免除学费。至2014年，福建省将全面实现中职教育免学费。

1150 | **11月7日**

教育部、国家发改委印发《关于进一步做好普通高中改制学校清理规范工作的通知》，要求各地坚持因地制宜、因校制宜，宜公则公、宜民则民的原则，对普通高中改制学校进行清理规范工作。

1151 | **11月8日**

广西壮族自治区招生考试委员会、区教育厅印发《关于调整广西部分普通高考加分项目和进一步加强管理工作的通知》。通知提出，从2012年起，广西壮族自治区将逐步取消部分普通高考加分项目，调整部分加分分值，进一步加强普通高考加分政策执行过程的管理。从2012年起，广西陆续取消三项高考加分项目，分别为：从 2012 年起，取消自治区科技创新大赛一等奖加分项目；取消“高级中等教育阶段思想政治品德方面有突出事迹者”加分项目；从 2014 年起，取消全国中学生奥林匹克竞赛省级赛区一等奖加分项目。

1152 | **11 月 8 日**

青海省发布《青海省普通高考报名录取条件补充规定（暂行）》。《补充规定》指出，在坚持青海省现行高考政策的基础上，解决省外来青海经商务工人员本人及子女在青落户后，因高考报名条件所限，不能参加高考的问题。《补充规定》对其子女在青海报名参加考试、录取分数线、录取学校的范围等作出了明确规定，同时，又对省外落户青海考生参加高考从落户年限、在青海就读年限、报考院校批次等方面作了合理限制。

1153 | **11 月 16 日**

云南省教育厅召开新闻发布会，公布《云南省 2012 年新课改普通高等学校招生考试工作方案》。新《方案》有三点变化：一是考试模式有变化。由“3[语文 + 数学（文 / 理）+ 外语]+ 综合（文 / 理）”变为“3[语文 + 数学（文 / 理）+ 外语]+ 综合（文 / 理）+ 学业水平考试量化成绩 + 综合素质评价”，建立“三位一体”招生考试评价体系。二是考试内容和范围有变化。三是计分方式有变化。

1154 | **11 月 23 日至 24 日**

共青团中央、教育部在北京联合召开全国中学共青团工作会议。会议就充分发挥共青团组织在中学生思想道德建设、促进中学生全面发展中的重要作用，进一步加强中学共青团工作进行了研究部署。两部门印发《关于加强中学共青团工作的意见》。

1155 | **12 月 8 日**

教育部发布《学校教职工代表大会规定》。《规定》指出，教职工代表大会是教职工依法参与学校民主管理和监督的基本形式。学校应全面听取教职工代表大会提出的意见和建议，并合理吸收采纳；不能吸收采纳的，应当作出说明。学校工会为教职工代表大会的工作机构，学校应当为学校工会承担教职工代表大会工作机构的职责提供必要的工作条件和经费保障。

1156 | **12月8日至9日**

教育部在北京召开全国中小学德育工作经验交流会。会议强调，要深入贯彻落实党的十七届六中全会精神，全面总结《中共中央、国务院关于进一步加强和改进未成年人思想道德建设的若干意见》印发以来中小学德育工作的经验，把社会主义核心价值体系融入中小学教育全过程，努力开创中小学德育工作新局面。

1157 | **12月15日**

山东省招生委员会印发《山东省2012年春季高考工作实施意见》。《实施意见》提出，山东省于2012年5月19日至5月20日首次实行春季高考。自2012年起，山东省普通高校考试招生实行以国家统一考试为主、面向不同学生类型进行分类考试的办法，建立春季高考和夏季高考制度。

1158 | **12月23日**

上海市人民政府发布《上海市基础教育改革和发展"十二五"规划》。《规划》指出，推动普通高中教育"高质量、多样化、有特色、可选择"发展，开放、优质、多样的局面基本形成，学生成长渠道进一步拓宽、自主发展的空间进一步加大，有创新潜质的学生的培养机制更加健全。

2012 年

改革进行时

·重要文件

国务院《关于加强教师队伍建设的意见》

国务院《教育督导条例》

国务院办公厅《农村残疾人扶贫开发纲要（2011—2020 年）》

教育部《国家教育事业发展第十二个五年规划》

教育部《关于加强督学责任区建设的意见》

教育部、国家发改委、公安部、人社部《关于做好进城务工人员随迁子女接受义务教育后在当地参加升学考试工作的意见》

国务院转发教育部等部门《关于进一步加强学校体育工作的若干意见》

教育部《中学教师专业标准（试行）》

教育部《中小学心理健康教育指导纲要（2012 年修订）》

教育部《全面推进依法治校实施纲要》

教育部《关于建立中小学幼儿园家长委员会的指导意见》

教育部《关于鼓励和引导民间资金进入教育领域促进民办教育健康发展的实施意见》

教育部《教育信息化十年发展规划（2011—2020年）》

财政部、教育部《中小学校财务制度》

• 重要政策

逐步实施进城务工人员随迁子女在迁入地参加升学考试

实施面向贫困地区定向招生专项计划

鼓励和引导民间资金进入教育领域，促进民办教育健康发展

全面推进依法治校

建立中小学幼儿园家长委员会

加强督学责任区建设

• 重要会议

教育部召开全国推进学校体育工作电视电话会议

• 改革亮点

各地陆续推进“异地中考”“异地高考”改革。依照《关于做好进城务工人员随迁子女接受义务教育后在当地参加升学考试工作的意见》，各省、自治区、直辖市紧锣密鼓地制定随迁子女升学考试的方案，根据城市功能定位、产业结构布局和城市资源承载能力，根据进城务工人员在当地的合法稳定职业、合法稳定住所（含租赁），按照国家规定参加社会保险年限以及随迁子女在当地连续就学年限等情况，确定随迁子女在当地参加升学考试的具体条件，制定具体办法。随迁子女升学考试方案包括中考和高考方案。

1201 | 1月3日

国务院办公厅发布《农村残疾人扶贫开发纲要（2011—2020年）》。《纲要》提出，到2015年，农村适龄残疾儿童少年普遍接受义务教育，入学率达到90%以上，并逐步提高巩固率。切实保障残疾儿童少年和贫困残疾人家庭子女顺利完成学业。积极发展残疾儿童学前康复教育、残疾人职业教育、普通高中教育和高等教育。减少农村残疾人青壮年文盲。到2020年，农村适龄残疾儿童少年和残疾人家庭子女受教育状况达到当地平均教育水平。

1202 | 1月5日

教育部发布《关于修改〈国家教育考试违规处理办法〉的决定》。本次修改旨在进一步保障考试安全，维护考试秩序，规范对国家教育考试中违规行为的处理，保障参加国家教育考试人员的合法权益。

1203 | 1月5日

上海市部分大、中、小学及其所在区（县）教育局和体育局自愿结盟组成“上海市校园足球一条龙建设联盟”，致力于青少年足球人才“一条龙”培养。同济大学、东华大学等11所高校，35所高中，67所初中和110所小学参与此次联盟。

1204 | 1月6日至7日

教育部在北京召开2012年全国教育工作会议。会议强调，要坚持德育为先，能力为重，把社会主义核心价值体系融入国民教育全过程，创新人才培养模式，强化实践育人、协同培养，完善教育质量评价制度，提高教师育人能力和师德素养，促进学生德智体美全面发展。

1205 | 1月17日

国家及新疆维吾尔自治区教育体制改革试点项目启动仪式在新疆乌鲁木齐举行。新疆维吾尔自治区教育厅为此次普通高中多样化改革和农牧区基础教育课程改革试点项目中确定的试点项目县、试点学校以及基地学校进行命名、挂牌。乌鲁木齐八一中学、乌鲁木齐市第十二中学等20所高中成为首批多样化改革试点学校。

1206 | **2月2日**

教育部发布《教育部2012年工作要点》。2012年工作要点有：一是加强改进党的建设，着力维护教育系统和谐稳定；二是深化改革，完善教育事业科学发展的体制机制；三是转变教育发展方式，全面推进教育事业科学发展；四是全面提高教育质量，着力提升人才培养水平；五是促进教育公平，切实保障广大人民群众接受教育的权利。

1207 | **2月6日**

据《中国教育报》报道，湖北省教育厅发布普通高等学校招生考试改革方案。方案确定，高中生综合素质评价结果作为高校选拔新生的参考依据；录取中职生的高职统考，从公共文化课笔试模式改为以专业技能操作考试为主，文化测试为辅。

1208 | **2月8日**

教育部、新闻出版总署、国家发改委、国务院纠风办印发《关于加强中小学教辅材料使用管理工作的通知》。通知规定，各级行政部门，负责实施考试命题、监测评价的单位不得组织编写学生有偿使用的同步练习册、寒暑假作业、初中和高中毕业年级考试辅导类教辅材料。

1209 | **2月10日**

教育部发布《幼儿园教师专业标准（试行）》《小学教师专业标准（试行）》《中学教师专业标准（试行）》。这三个《标准》是教师实施教育教学行为的基本规范，是引领教师专业发展的基本准则，是教师培养、准入、培训、考核等工作的重要依据。

1210 | **2月16日**

成都市教育局发布《成都教育充分国际化三年行动计划（2012—2014年）》。《计划》提出，成都将依托中国联合国教科文组织全国委员会，全力打造“都江堰国际论坛”；大力支持职业教育开展国家（地区）合作，鼓励建立教师互派、学生互换、学分互认、“国内学习、国际认证”等国际化办学模式。

1211 | **2月17日**

教育部印发《关于建立中小学幼儿园家长委员会的指导意见》，要求有条件的公办和民办中小学和幼儿园都应建立家长委员会。《指导意见》指出，家长委员会应在学校指导下履行参与学校管理、参与教育工作、沟通学校与家庭的职责。

1212 | **2月29日**

山东省教育厅召开普通高校考试招生制度改革新闻通气会。会议提出，从2014年起，山东省将允许非户籍考生就地报名参加高考，并将高考考试科目由目前的“3+X+1”模式调整为“3+综合”模式，外语听力将不再作为夏季高考统一考试内容。从2012年起，山东省将在普通高校考试招生中增加体育测试内容。

1213 | **3月5日**

十一届全国人大五次会议在北京人民大会堂开幕，国务院总理温家宝作《政府工作报告》。《报告》提出2012年教育工作的主要任务是：深入实施科教兴国战略和人才强国战略。大力发展科技、教育事业，培养高素质的人才队伍，是国家强盛、民族复兴的必由之路。坚持优先发展教育。中央财政已按全国财政性教育经费支出占国内生产总值的4%编制预算，地方财政要相应安排，确保实现这一目标。教育经费要突出保障重点，加强薄弱环节，提高使用效益。深入推进教育体制改革，加强教师队伍建设，大力实施素质教育，逐步解决考试招生、教育教学等方面的突出问题。推进学校民主管理，逐步形成制度。完善国家助学制度，逐步将中等职业教育免学费政策覆盖到所有农村学生，扩大普通高中家庭经济困难学生资助范围。大力发展民办教育，鼓励和引导社会资本进入各级各类教育领域。

1214 | **3月13日**

教育部发布《教育信息化十年发展规划（2011—2020年）》。《规划》提出，针对各级各类教育的不同需求，建设20000门优质网络课程及其资源，遴选和开发500个学科工具、应用平台和1500套虚拟仿真实训实验系统。

2020 年，基本实现所有地区和各级各类学校宽带网络的全面覆盖，实现校校通宽带，人人可接入。

1215 | 3 月 14 日

湖北省教育厅印发《关于开展 2011—2012 学年度普通高中课程开设情况评价工作的通知》。通知指出，通过普通高中课程开设评价，建立普通高中课程开设常态评价体系和动态评价机制，落实县（市）教育行政部门推进普通高中课程改革的主要责任，促进普通高中学校开齐课程、开足课时。

1216 | 3 月 15 日

教育部发布《教育管理基础代码》《教育管理基础信息》《教育行政管理信息》《普通中小学校管理信息》《中职学校管理信息》《高等学校管理信息》《教育统计信息》共七个教育信息化行业标准，自发布之日起施行。

1217 | 3 月 19 日

教育部、国家发改委、财政部、人社部、国务院扶贫办联合印发《关于实施面向贫困地区定向招生专项计划的通知》。通知提出，自 2012 年起，组织实施面向贫困地区定向招生专项计划，即在普通高校招生计划中专门安排适量招生计划，面向集中连片特殊困难地区生源，实行定向招生，引导和鼓励学生毕业后回到贫困地区就业创业和服务。

1218 | 3 月 22 日

《中国教育报》报道，同济大学推出“苗圃计划”，携手全国 20 所知名高中，选拔兴趣特长突出、富有发展潜质的优秀高中生。

1219 | 3 月 26 日

上海市教委等八部门发布《上海市教育培训机构学杂费专用存款账户管理暂行规定》，旨在建立非经营性教育培训机构学杂费专用存款账户监管制度，防止教育培训机构挪用、滥用学杂费，维护受教育者和教师的合法权益。

1220 | **3 月 29 日**

据《中国教育报》报道，上海市教委发布《2012 年普通高校招生考试工作办法》。《办法》指出，考试科目将从 2011 年的“3+ 综合 +1”改为“3+1”，总分从 630 分降为 600 分，考试时间有望从两天半缩短为两天。

1221 | **3 月 29 日**

据《中国教育报》报道，湖北省从 2012 年秋季学期开始，将正式启动实施“飞翔计划”。全省 102 所省级示范性高中在原有招生数量的基础上，增设农村生源计划，每校每年专门招收 50 名农村籍学生，并补助农村籍学生学费和生活费。

1222 | **4 月 5 日**

据《中国教育报》报道，2012 年秋季学期起广西壮族自治区开始推行实施高中课改。广西是全国普通高中课程改革的最后一站，此前全国其他省份均已启动高中课改。

1223 | **4 月 19 日**

国家发改委、新闻出版总署、教育部联合印发《关于加强中小学教辅材料价格监管的通知》。通知指出，通过建立健全公开透明、科学有效的价格机制，规范教辅材料出版发行市场价格行为，指导出版单位合理定价，切实降低教辅材料价格，减轻学生经济负担，促进新闻出版行业和教育事业健康有序发展。

1224 | **4 月 25 日**

教育部等七部门印发《关于 2012 年治理教育乱收费规范教育收费工作的实施意见》。《实施意见》要求各地在 2012 年秋季开学前，全面完成普通高中改制学校的清理规范工作。继续严格执行公办普通高中招收“择校生”“三限”政策，从 2012 年秋季学期开始，每个学校招收“择校生”的比例最高不得超过本校当年招收高中学生计划数（不包括“择校生”数）的 20%。各地在加大投入、合理调整收费标准的同时，要采取有力措施，制定时间表、路线图，在三年内取消公办普通高中招收“择校生”。严禁在“择校生”之外以借读生、自费生等名义招收高收费学生。

1225 | **5月4日**

教育部印发《关于加强督学责任区建设的意见》。《意见》要求各地按照“因地制宜、分级负责、全面覆盖、推动工作”的原则，在省、市、县三级分别设立督学责任区。一个责任区内的学校数一般应控制在20所以内，并覆盖所有中小学校，确保督导工作质量。

1226 | **5月21日**

四川省招生考试委员会发布《四川省2012年普通高等学校招生实施规定》。《实施规定》指出，2012年四川省高考将全部在标准化考点进行，对所有考场进行全程监控录像，同时加大对高考作弊行为的处罚力度。

1227 | **5月23日**

江苏省教育厅召开新闻发布会，提出将实施国际游学计划，用10年时间，全额资助1000所中学1000名品学兼优的家庭经济困难学生，赴国外开展短期文化及教育交流活动。

1228 | **5月28日**

福建省教育厅召开新闻通气会，提出从2014年起，凡在福建高中有3年完整学习经历的外省务工人员随迁子女（即非户籍考生），可在福建就地报名参加普通高考，允许其参加本科、专科层次录取，并与福建考生享受同等的录取政策。由此，福建成为全国第二个允许外省务工人员随迁子女在本省参加高考和录取工作的省份。7月，福建省教育厅发布《关于晋江市荆山外来工子弟学校“六省一市”异地高中班学生学籍问题的批复》，正式批准泉州晋江市荆山外来工子弟学校异地高中班2011年秋季入学的高一学生，于2012年秋季将学籍由所在省份转入晋江市，具备2014年在福建参加高考的资格。

1229 | **6月14日**

教育部发布《国家教育事业发展第十二个五年规划》。《规划》提出，“十二五”时期教育改革发展的总体目标是：全面提高教育服务现代化建设和人的全面发展的能力，为到2020年基本实现教育现代化，基本形成学习型社会，进入人力资源强国行列奠定坚实基础。《规划》在构建更加完善的教育体系、创新国家教育制度、调整人才培养与供给结构、扩大和保障公平受教育机会、提高人才培养质量、促进区域和城乡教育协调发展、实施教育对外开放战略、建设高素质专业化教师队伍、加强教育条件保障等方面都提出了具体要求。

1230 | **6月18日**

教育部印发《关于鼓励和引导民间资金进入教育领域促进民办教育健康发展的实施意见》。《实施意见》提出，充分发挥民间资金推动教育事业发展的作用，拓宽民间资金参与教育事业发展的渠道，制定完善促进民办教育发展的政策，引导民办教育健康发展，健全民办教育管理与服务体系。《实施意见》强调，要清理并纠正对民办学校的各类歧视政策，落实民办学校教师待遇，保障民办学校学生权益。

1231 | **6月18日**

上海市教委、市人社局发布《上海市中等职业教育“双证融通”专业改革试点实施方案》。《实施方案》提出，上海市启动部分中等职业学校开展“双证融通”专业改革试点工作。

1232 | **6月18日**

浙江省教育厅发布《浙江省深化普通高中课程改革方案》，决定于2012年秋季学期在全省普通高中全面实施《方案》。根据《方案》，选修课程学分占总学分的比例将大幅度提高至1/3。课程设置权交给学校，全省不再有统一课表。

1233 | **6月20日**

天津市教委发布《天津市普通高中现代化建设标准（2012—

2015）》，对普通高中学校办学条件、学校管理、教师队伍和素质教育等方面作出了具体要求。

1234 | **7 月 19 日**

中国人民银行、财政部、教育部联合印发《关于全面推行普通高中学生资助卡加强普通高中国家助学金发放监管工作的通知》。通知指出，从 2012 年秋季学期起，在全国入学新生中开始推广普通高中学生资助卡，促进助学金发放的及时、真实、准确。

1235 | **8 月 10 日**

中央财政从 2012 年起将“普通高中改造计划”实施范围从西部集中连片特殊困难地区扩大到中西部集中连片特殊困难地区，并下拨 2012 年“普通高中改造计划”补助资金 20 亿元。

1236 | **8 月 11 日**

据《中国教育报》报道，福建省将建立中小学生课业负担监测制度。通过开展片区督导、加强日常巡察等，切实强化对学校办学行为的指导监督，重点监测中小学生课外活动时间和睡眠时间。

1237 | **8 月 20 日**

国务院印发《关于加强教师队伍建设的意见》。《意见》就加强教师队伍建设的指导思想、总体目标和重点任务；加强教师思想政治教育和师德建设，大力提高教师专业水化，建立健全教师管理别制；切实保障教师合法权益和待遇，确保教师队伍政策措施落到实处等问题作了说明。

1238 | **8 月 24 日**

上海市教委发布《上海市教育国际化工程“十二五”行动计划》。《行动计划》指出，上海市鼓励优质高中与国外知名高中和教育集团合作，设立独立设置的中外融合的合作高中，即“洋高中”，招收本国学生和外国学生，设置本土课程和国际课程，增强学生的国际理解、国际交往与国际竞争能力，满足市民、海归人员和外籍人员子女对优质高中教育的需求。

1239 | **8月26日**

国务院办公厅印发《关于成立国务院教育督导委员会的通知》。通知指出，为进一步健全我国教育督导体制，国务院决定成立国务院教育督导委员会，其办公室设在教育部，承担委员会日常工作。国务院教育督导委员会的主要职责是：研究制定国家教育督导的重大方针、政策；审议国家教育督导总体规划和重大事项；统筹指导全国教育督导工作；聘任国家督学；发布国家教育督导报告。

1240 | **8月30日**

教育部、国家发改委、公安部、人社部联合印发《关于做好进城务工人员随迁子女接受义务教育后在当地参加升学考试工作的意见》。《意见》要求各地，根据进城务工人员在当地的合法稳定职业、合法稳定住所（含租赁）和按照国家规定参加社会保险年限，以及随迁子女在当地连续就学年限等情况，确定随迁子女在当地参加升学考试的具体条件。

1241 | **9月9日**

国务院发布《教育督导条例》。它是新中国第一部专门的教育督导法规。制定实施《条例》，是国家推进教育管理改革、强化教育监督的重要举措，也是我国教育督导制度建设的里程碑，对于保证教育法律、法规和国家教育方针、政策的贯彻执行，实施素质教育，提高教育质量，促进教育公平，推动教育事业科学发展，具有十分重要的意义。《条例》对督学、督导的实施、法律责任等内容作了详细说明。

1242 | **9月24日**

安徽省人社厅、省教育厅发布《安徽省中小学教师职称制度改革试点工作实施方案》。《实施方案》指出，安徽省的亳州市、淮南市和马鞍山市将作为首批试点市，具体实施范围包括普通中小学、职业中学、幼儿园、特殊教育学校、工读学校及市、县（市、区）教研室、电教馆和校外教育机构，社会力量举办的中小学（幼儿园）可参照本《实施方案》组织教师参加职称评审。

1243 | **10月10日**

南京市教育局发布《关于禁止中小学在职教师从事有偿家教的规定》。《规定》明确界定四种有偿家教行为：利用晚上、双休日、寒暑假或法定节假日，在校内、本人住房或租借房屋及学生家里等场所给学生补课并从中获取报酬的；利用学科不同相互介绍或提供家教生源、为退休教师和校外办学机构介绍生源并从中获得报酬的；利用职务之便暗示、诱导、动员或强制学生参与有偿辅导并从中获取报酬的；在校外社会办学机构兼职从事学科类教学、文化补习并从中获取报酬的。

1244 | **10月12日**

浙江省教育厅印发《浙江省高等学校面向普通高中学生开发开设大学先修课程的指导意见》。《指导意见》提出，积极鼓励省内各类高校以多种形式参与全日制普通高中选修课建设，特别是参与开发开设面向普通高中学生的大学先修课程。

1245 | **10月19日**

甘肃省人民政府办公厅发布《甘肃省普通高等学校招生考试改革方案（试行）》。《方案》引入普通高中学生综合素质评价，内容包括学生的学业水平考试成绩、基础素质评价结果和学校三年总评。

1246 | **10月22日**

国务院转发教育部、国家发改委、财政部、国家体育总局《关于进一步加强学校体育工作的若干意见》。《意见》提出，我国将实施学校体育三年行动计划。各地要结合本区域经济社会发展状况，找准学校体育的突出问题、重点领域和薄弱环节，以县为单位编制加强学校体育三年行动计划。

1247 | **10月31日**

教育部向全国大中小学学生推出《社会主义核心价值体系青少年学习读本》。《读本》由教育部中国特色社会主义理论体系研究中心编写，对社会主义核心价值体系的产生背景、理论地位、内在结构做出概述，论述了社会主义核心价值体系的灵魂、主题、精髓、基础。

1248 | 11月8日

党的十八大在北京人民大会堂开幕。中共中央总书记胡锦涛代表第十七届中央委员会向大会作题为《坚定不移沿着中国特色社会主义道路前进，为全面建成小康社会而奋斗》的报告。大会的主题是：高举中国特色社会主义伟大旗帜，以邓小平理论、“三个代表”重要思想、科学发展观为指导，解放思想，改革开放，凝聚力量，攻坚克难，坚定不移沿着中国特色社会主义道路前进，为全面建成小康社会而奋斗。胡锦涛强调：“努力办好人民满意的教育。教育是民族振兴和社会进步的基石。要坚持教育优先发展，全面贯彻党的教育方针，坚持教育为社会主义现代化建设服务、为人民服务，把立德树人作为教育的根本任务，培养德智体美全面发展的社会主义建设者和接班人。全面实施素质教育，深化教育领域综合改革，着力提高教育质量，培养学生社会责任感、创新精神、实践能力。办好学前教育，均衡发展九年义务教育，基本普及高中阶段教育，加快发展现代职业教育，推动高等教育内涵式发展，积极发展继续教育，完善终身教育体系，建设学习型社会。大力促进教育公平，合理配置教育资源，重点向农村、边远、贫困、民族地区倾斜，支持特殊教育，提高家庭经济困难学生资助水平，积极推动农民工子女平等接受教育，让每个孩子都能成为有用之才。鼓励引导社会力量兴办教育。加强教师队伍建设，提高师德水平和业务能力，增强教师教书育人的荣誉感和责任感。”①

1249 | 11月12日

江苏省财政厅、省教育厅印发《关于建立健全普通高中经费保障机制的通知》。通知指出，从2013年春季学期起，各市、县（市）应制定公办普通高中年生均公用经费财政拨款标准，原则上不低于500元，苏中、苏南地区及苏北地区有条件的市、县（市）应分别在此基础上适当增加，并建立与办学成本、物价水平、财力情况联动的稳定增长机制。

---

① 《胡锦涛文选》第三卷，人民出版社2016年版，第641页。

1250 | **11月22日**

教育部发布《全面推进依法治校实施纲要》。《实施纲要》指出，要加强章程建设，健全学校依法办学自主管理的制度体系；健全科学决策、民主管理机制，完善学校治理结构；健全学校权利救济和纠纷解决机制，有效化解矛盾纠纷等。

1251 | **12月7日**

教育部发布《中小学心理健康教育指导纲要（2012年修订）》。《指导纲要》对心理健康教育的指导思想和基本原则、目标与任务、主要内容、途径和方法、组织实施等进行了规定。《指导纲要》指出，高中年级心理健康教育的主要内容包括：帮助学生确立正确的自我意识，树立人生理想和信念，形成正确的世界观、人生观和价值观；培养创新精神和创新能力，掌握学习策略，开发学习潜能，提高学习效率，积极应对考试压力，克服考试焦虑；正确认识自己的人际关系状况，培养人际沟通能力，促进人际间的积极情感反应和体验，正确对待和异性同伴的交往，知道友谊和爱情的界限；帮助学生进一步提高承受失败和应对挫折的能力，形成良好的意志品质；在充分了解自己的兴趣、能力、性格、特长和社会需要的基础上，确立自己的职业志向，培养职业道德意识，进行升学就业的选择和准备，培养担当意识和社会责任感。

1252 | **12月8日**

重庆市教委发布《重庆市普通高考方案》。《方案》提出，从2013年起，重庆高校选拔人才将由唯统一高考分数论的单一模式，逐步过渡到“三位一体”的全面评价、择优录取的新模式，强调统一高考与普通高中新课程实验和中等职业技术教育有效衔接，注重考生高中阶段学习结果及其成长过程评价与终结性考核相结合。

1253 | **12月21日**

财政部、教育部发布新修订的《中小学校财务制度》。新《制度》分13章77条，于2013年1月1日起施行。

1254 | **12月21日**

湖南省教育厅发布《湖南省综合高中建设标准(试行)》，启动省综合高中建设试点，明确综合高中为普通高中的一种办学模式。学校获评省综合高中，将享受省示范性普通高中同等待遇。

1255 | **12月24日**

教育部在北京召开全国推进学校体育工作电视电话会议。会议提出，要按照党的十八大对教育提出的总体要求，采取更加有力的措施，推动学校体育工作取得突破性进展、学生体质健康水平得到明显提升。会议提出，从2013年起，全面开展学生体质健康监测。

1256 | **12月28日**

教育部在北京举行“国家教育资源公共服务平台”开通仪式，全面推进数字教育资源共建共享。

1257 | **12月30日**

广西壮族自治区人民政府办公厅转发区教育厅、区发改委等部门《关于外来务工人员随迁子女和外省户籍学籍迁入人员在广西参加升学考试的意见》，就外来人员在广西参加升学考试工作作出明确规定。

1258 | **12月31日**

江苏省教育厅召开新闻发布会，正式发布来苏务工就业人员随迁子女接受义务教育后在该省参加升学考试的政策。发布会披露，从2013年起，凡具有江苏省义务教育阶段学籍的应届初中毕业随迁子女，均可参加当地中考和普通高中、中等职业学校录取，具体办法由各省辖市制定。凡在江苏省取得普通高中学籍并有完整的普通高中学习经历，其监护人在江苏省有合法稳定职业、合法稳定住所（含租赁）的随迁子女，均可在江苏省报名参加普通高考和本科、专科层次录取。参加江苏省普通高考的随迁子女，须参加江苏省高中学业水平测试并符合高考报名资格要求，与江苏籍考生享受同等录取政策。

1259 | **12月31日**

云南省教育厅、省发改委、省公安厅、省人社厅联合印发《关于做好随迁子女接受义务教育后在云南参加升学考试工作的实施意见》。《实施意见》提出，考生在云南参加高考需具有云南户籍，并在云南高中就读满三年。对已在云南就读但不符合报名条件的学生，学校应及时告知考生回原户籍所在省份参加高考。

2013年

改革进行时

·重要文件

国务院办公厅转发教育部等七部门《关于实施教育扶贫工程的意见》

国务院办公厅转发教育部等十二部门《关于建立中小学校舍安全保障长效机制的意见》

中共教育部党组《关于在全国各级各类学校深入开展“爱学习、爱劳动、爱祖国”教育的意见》

中共教育部党组《关于建立健全中小学师德建设长效机制的意见》

教育部等五部门《关于进一步加强青少年学生法制教育的若干意见》

教育部《中小学书法教育指导纲要》

教育部《关于深化中小学教师培训模式改革 全面提升培训质量的指导意见》

教育部《关于推进中小学教育质量综合评价改革的意见》《中小学教育质量综合评价指标框架（试行）》

教育部《中小学生学籍管理办法》

国务院教育督导委员会《中小学校责任督学挂牌督导办法》

• 重要政策

积极推进进城务工人员随迁子女参加异地中高考

做好高中学业水平考试及综合素质评价改革试点

深化高中办学模式多样化试验

全面推进依法治校

建立全国统一的学籍信息管理制度

• 重要会议

国务院教育督导委员会举行第一次全体会议

教育部召开首届全国教育科研工作会议

教育部等部门召开全国教育管理信息化工作电视电话会议

• 改革亮点

推行中小学教育质量综合评价改革。为扭转单纯以学生学业考试成绩和学校升学率评价中小学教育质量的倾向，国家开始推行中小学教育质量综合评价改革，建立体现素质教育要求、以学生发展为核心、科学多元的中小学教育质量评价制度，促进学生全面发展、健康成长。高中教育改革稳步推进，大学先修课程“试水”，中职免学费政策扩大实施范围。贵州省出台教育“9+3”计划，探索普及高中阶段教育的可能途经。

1301 | **1月4日**

据《中国教育报》报道，四川省成都市教育局发布《中小学依法治校评价标准（试行）》。《标准》包括7大核心指标、28条细则。

1302 | **1月9日至10日**

2013年全国教育工作会议在北京召开。中共教育部党组书记、教育部部长袁贵仁指出，2013年度教育事业将重点做好七项工作。一是发挥教育系统优势，把学习研究宣传贯彻党的十八大精神引向深入。二是坚持立德树人，促进学生德智体美全面发展。三是创新工作方式，推动教育发展走上不断提升质量的良性轨道。四是加强薄弱环节，着力缩小教育差距。五是突出工作重点，推进各级各类教育协调发展。六是切实提高保障能力，为教育事业科学发展提供有力支撑。七是深化教育领域综合改革，确保重点领域和关键环节取得实质性突破。

1303 | **1月14日**

贵州省人民政府印发《关于实施教育“9+3”计划的意见》，决定在全省实施“9+3”义务教育及三年免费中等职业教育计划，以进一步巩固提高义务教育水平，用三年时间基本普及高中阶段教育。贵州省提出，全省各级党政机关将压缩行政经费的5%约13.29亿元用于支持实施“9+3”计划。

1304 | **1月17日**

北京大学招办联合北京十一学校、北大附中、浙江省杭州第二中学，正式宣布将与全国范围内的部分中学合作试点开设“中国大学先修课程”。中学生选修该课程的成绩将作为北大自主选拔录取综合评价的重要依据之一。该项目的规划、指导及组织工作将由中国大学先修课程委员会负责实施。从2013年春季学期开始，全国部分中学将在现有高中选修课体系中，在数学、物理、化学、中文和历史等基础学科领域开设微积分、电磁学、大学化学、中国古代文化、中国通史（古代部分）首批5门“中国大学先修课程”。

1305 | **1月18日**

教育部发布《中小学书法教育指导纲要》。《指导纲要》指出，高中阶段要巩固提高义务教育阶段书法学习成果，继续用毛笔临摹经典碑帖；结合语文、历史、美术、艺术等相关学科的学习，认识中国书法的丰富内涵和文化价值，提升文化修养；可以通过书法选修课深入学习，发展特长；可尝试书法作品的创作。

1306 | **1月22日**

教育部发布《教育部2013年工作要点》。2013年工作要点有：一是深入学习贯彻党的十八大精神，全面加强教育系统党的建设；二是深化教育领域综合改革，推动重点领域和关键环节取得实质性突破；三是加快转变教育发展方式，推进各级各类教育协调发展；四是把立德树人作为教育工作的根本任务，着力提高教育质量；五、大力促进教育公平，让每个孩子都能成为有用之才；六、切实改进工作作风，全面保障教育事业持续健康发展。

1307 | **1月26日**

教育部印发《关于2013年深化教育领域综合改革的意见》。《意见》指出，要充分认识深化教育领域综合改革的紧迫性；准确把握深化教育领域综合改革的总要求；进一步聚焦深化教育领域综合改革突破口，在重点领域和关键环节取得重要进展；进一步完善推进机制，形成推进教育领域综合改革的整体合力。

1308 | **1月28日**

新疆维吾尔自治区教育厅宣布，从2013年起，将区教育厅组织编写的《中华民族大团结（试用）》作为普通高中课程标准地方教材，供全区高中阶段一、二年级使用。

1309 | **1月30日**

教育部办公厅印发《初中思想品德课和高中思想政治课贯彻党的十八大精神的教学指导建议》。《教学指导建议》提出，高中思想政治课，应基于各模块的具体内容，统筹安排，将总体建议贯彻到教学中。各必修模块应基于课程标准的相关要求，结合相应的教学内容贯彻《教学指导建议》。高中各选修模块，可结合各自的教学内容，贯彻《教学指导建议》中的有关精神。

1310 | **1月31日**

教育部在北京召开首届全国教育科研工作会议。教育部部长袁贵仁出席会议并讲话强调，教育科研要在办好人民满意教育过程中发挥创新理论、服务决策、指导实践、引导舆论的功能，全面提升创新能力和服务水平。要突出教育科研工作的主攻方向，深入研究中国特色社会主义教育发展规律，为教育事业科学发展提供智力支持，服务地方、学校教育改革发展，宣传先进理念，回应群众关切，为教育持续健康发展营造良好氛围；要不断增强教育科研能力和服务水平，增强大局意识，坚持理论联系实际，大力推进协同创新，高度重视成果转化；要营造有利于教育科研事业发展的良好环境，把教育科研作为教育改革发展重要的基础工作来抓，着力建设一支充满活力的高素质专业化教育科研队伍。教育科研工作者要努力成为探索教育规律、创新教育理论的“思想库”，成为提出政策建议、服务教育决策的“智囊团”，成为开发教育策略、服务教育实践的“设计师”，成为引导教育舆论、更新教育观念的“宣传队”，努力开创教育科学研究新局面。

1311 | **2月22日**

中共教育部党组印发《关于在全国各级各类学校深入开展“我的中国梦”主题教育活动的通知》。通知提出，要通过丰富多彩、生动活泼的形式，教育引导广大学生深刻领会实现中华民族伟大复兴是中华民族近代以来最伟大的梦想；深刻领会每个人的前途命运都与国家和民族的前途命运紧密相连；深刻领会空谈误国，实干兴邦，“中国梦”的实现需要广大学生坚定理想信念，励志刻苦学习，积极投身实践，为把我们的国家建设好、发展好而努力奋斗。

1312 | **2月26日**

教育部印发《关于勤俭节约办教育建设节约型校园的通知》。通知要求，各级教育行政部门和各级各类学校要高度重视，认真部署勤俭节约办教育，建设节约型校园工作。要把执行情况纳入教职员工管理和考核，对浪费现象进行批评处罚，对违反规定的开支不予报销，对违反规定的单位和个人进行严肃处理。

1313 | **2月27日**

浙江省教育厅办公室公布首批省数字校园示范建设学校名单。其中，中等职业学校6所，普通中小学校71所。

1314 | **3月5日**

十二届全国人大一次会议在北京人民大会堂开幕，国务院总理温家宝作《政府工作报告》。《报告》在回顾过去五年教育工作时指出，坚持实施科教兴国战略，增强经济社会发展的核心支撑能力。加快实施国家中长期科学和技术发展规划纲要，制定实施国家中长期教育改革和发展规划纲要、国家中长期人才发展规划纲要和国家知识产权战略，推动科技、教育、文化事业全面发展，为国家长远发展奠定了坚实基础。国家财政性教育经费支出五年累计7.79万亿元，年均增长21.58%，2012年占国内生产总值比例达到4%。教育资源重点向农村、边远、民族、贫困地区倾斜，教育公平取得明显进步。国家助学制度不断完善，建立了家庭经济困难学生资助体系，实现从学前教育到研究生教育各个阶段全覆盖，每年资助金额近1000亿元，资助学生近8000万人次。实施中等职业教育免学费政策，覆盖范围包括所有农村学生、城市涉农专业学生和家庭经济困难学生。《报告》指出，2013年是全面贯彻落实党的十八大精神的开局之年，是实施“十二五”规划承前启后的关键一年，是为全面建成小康社会奠定坚实基础的重要一年。要继续推进教育优先发展。目前我国年度财政性教育经费支出总额已经超过2万亿元，今后还要继续增加，必须把这些钱用好，让人民满意。要进一步深化教育综合改革，切实解决社会普遍关注的重大问题。着力推动义务教育均衡发展，加快发展现代职业教育，提高各级各类教育质量，进一步促进教育公平，为国家发展提供强大的人力资源支撑。

1315 | **3 月 23 日**

新疆维吾尔自治区发布《来疆务工人员随迁子女在新疆参加普通高考实施方案（试行）》。《方案》规定，自 2014 年起，来疆务工人员本人及其随迁子女在疆有常住户口，且户口迁入新疆的时间不少于两年，普通高中阶段在疆连续实质性就读 3 年并有 3 年完整学籍，可报考区内外本专科院校。非新疆户籍来疆务工人员随迁子女，小学、初中、普通高中阶段在疆连续实质性就读 12 年并有 12 年完整学籍，父母在疆有 12 年及以上合法稳定职业和居住证，有在疆社保缴费记录或纳税证明，可报考区内外本专科院校。

1316 | **4 月 6 日**

据《中国教育报》报道，北京市发布 2013 年高中招考政策。从 2013 年起，符合条件的进城务工人员子女可在北京考中职学校；高中“择校生”规模整体将比 2012 年下降 1/3；全市示范性高中的名额分配比例从 10% 至 12% 提高到 12% 至 15%。

1317 | **4 月 15 日**

教育部印发《关于开展“教育经费管理年”活动进一步用好管好教育经费的通知》。通知提出，2013 年为“教育经费管理年”，各地在安排使用教育经费时要落实“四个倾斜”，即向农村、边远、贫困和民族地区倾斜，向农村义务教育、职业教育和学前教育倾斜，向资助家庭经济困难学生倾斜，向建设高素质教师队伍倾斜。

1318 | **4 月 19 日**

2013 年长江中游城市群暨长沙、合肥、南昌、武汉教育合作推进会在长沙市举行。四城市签署《长江中游城市群暨长沙、合肥、南昌、武汉教育合作协议》和实施方案，决定建立教育局局长联席会议制度，研究协调教育合作交流的重大事宜，推进教育合作交流平台建设。

1319 | **4月27日**

浙江省召开普通高校招生视频会议。会议提出，2013年共有984名进城务工人员随迁子女首次在浙江就地报考，其中普通高考417人，高职单考单招567人。浙江省将于2014年取消高中会考，2013年全省首次实施学业水平考试制度。为减轻学生考试负担，从2013年9月起，技术科目（包括信息技术和通用技术）、英语听力考试，实行高考与普通高中学业水平考试“二考合一”，考试成绩既用于高校招生录取，又用于高中学业水平评定。

1320 | **5月6日**

全国中小学校舍安全工程领导小组办公室印发通知，要求各地在校安工程项目中进一步加强应急避难场所建设。要积极争取地震、国土、建设等专业部门的支持，加强应急避难场所建设的技术指导，同时加强相关演练和培训工作，保证关键时候能管用。

1321 | **5月6日**

教育部印发《关于深化中小学教师培训模式改革 全面提升培训质量的指导意见》。《指导意见》指出，国家将制定培训质量标准，定期开展培训质量评估，发布年度监测报告，将教师培训作为对各地教育督导的重要内容。中小学按照年度公用经费预算总额的5%安排培训经费，保障经费投入。

1322 | **5月9日**

上海市教委印发《关于开展普通高中国际课程试点工作的通知》，决定开展首批上海市普通高中国际课程试点工作。通知指出，试点工作引进的“国际课程”是指有关国家（地区）或国际组织设置的国民教育体系高中阶段或大学预科（先修）课程，不含语言类课程。开展试点工作的学校须为本市全日制普通高中。采取选择部分国际课程科目在拓展型、研究型课程中试用和开展中外融合课程试点的方式。国际课程班学生学籍纳入本市普通高中学籍管理。学生按照课程方案经过完整的高中学习经历达到相关课程学习的要求，并通过本市语文、思想政治、历史和地理科目的高中学业水平考试达到合格水平者，发布本市普通高中毕业文凭（加注“国际课程班”）。

1323 | **5月30日**

教育部印发《关于2013年扩大实施农村贫困地区定向招生专项计划的通知》。通知指出，为贯彻落实国务院常务会议精神，进一步提高重点高校招收农村学生比例，经征求有关部门同意，教育部决定2013年继续实施并扩大农村贫困地区定向招生专项计划。一是扩大规模，2013年专项计划总招生规模扩大至32100名。二是扩大区域，由2012年的680个集中连片特殊困难县，扩大到832个贫困县以及重点高校录取比例相对较低的河南、广东、广西等10省（自治区）。三是增加高校，由2012年的222所扩大到263所，覆盖所有“211工程”高校和108所中央部属高校。四是鼓励地方采取措施，各省（自治区、直辖市）在国家扩大实施专项计划基础上，依据本地实际情况，制定地方所属重点高校进一步提高招收农村学生比例的政策措施。

1324 | **6月3日**

教育部印发《关于推进中小学教育质量综合评价改革的意见》，发布与其配套的《中小学教育质量综合评价指标框架（试行）》。《意见》提出，建立健全中小学教育质量综合评价体系。评价体系包括学生品德发展水平、学业发展水平、身心发展水平、兴趣特长养成、学业负担状况等5个方面20个关键性指标。指标体系强调综合考查学生发展状况，既关注学生的学业水平，又关注其品德发展和身心健康；既关注共同基础，又关注兴趣特长；既关注学习结果，又关注学习过程和学习效益。

1325 | **6月13日**

教育部、司法部等五部门印发《关于进一步加强青少年学生法制教育的若干意见》。《意见》强调，要将法制教育纳入学校总体教育计划，普通中小学要落实好品德与社会课、思想品德课、思想政治课中的法制教育内容；中等职业学校要落实好职业道德与法律课中的法制教育内容，会同实习单位有针对性地做好实习学生的法制教育。鼓励学校组织模拟法庭、法制征文、法制绘画等活动。探索在中小学设立法制教育专职岗位。中小学要聘用 1 名至 2 名法制教育专任或兼任教师。

1326 | **6 月 18 日**

宁夏回族自治区人民政府批转区财政厅、区教育厅《关于扩大中等职业教育免学费政策范围进一步完善国家助学金制度意见的通知》。通知提出，对所有中等职业学校学生，都给予免学费资助。具体的资金来源为：在国家免学费政策范围以内，免学费资金由中央财政和自治区财政按照 8 ：2 的比例共同承担；政策扩大部分所需资金由自治区财政全额承担。2013 年秋季学期全区有近 7 万名学生享受免学费资助。

1327 | **6 月 20 日**

教育部与中国载人航天工程办公室、中国科学技术协会共同主办“神舟十号”航天员太空授课活动。在大约 40 分钟的授课中，航天员王亚平通过质量测量、单摆运动、陀螺运动、水膜和水球等 5 个基础物理实验，展示了失重环境下物体运动特性等物理现象，并通过视频与设在中国人民大学附属中学的地面课堂进行互动交流。包括少数民族学生、进城务工人员随迁子女及港澳台地区学生代表在内的 330 余名中小学生参加了地面课堂活动。全国 6000 余万名中小学生通过电视直播同步收看，其余学生通过教育网视频收看。

1328 | **6 月 28 日至 29 日**

教育部党的群众路线教育实践活动督导培训工作会议在北京召开。中共教育部党组书记、教育部部长袁贵仁出席会议并讲话指出，要深刻认识开展党的群众路线教育实践活动的重大意义和现实紧迫性，高度重视对活动的督促检查和指导。

1329 | **6 月 29 日**

据《中国教育报》报道，宁波市发布《宁波市职普融通育人模式改革试点的实施办法（试行）》。《实施办法》提出，2013 秋季学期将首次在宁波市甬江职业高级中学、宁波四中、宁波市经贸学校与宁波市李惠利中学四所学校试点招收职普融通班。试点学校将在课程对接、教材开发、教学评价、师资配备、实训调度、技能考核等环节实现资源共享、优势互补。试点学校还将互设选修课程，试点通普中高推进职业学校知识拓展、人文素养类课程建设，试点职业学校推进普通高中职业技能类选修课程建设。融通班有一定比例的中职学生可以通过考试转学到普通高中就读。

1330 | **7月17日**

教育部办公厅印发《关于组织申报国家中小学教育质量综合评价改革实验区的通知》。通知指出，经组织专家评审，确定上海市等30个地区为国家中小学教育质量综合评价改革实验区。实验区将先行先试，进一步完善评价指标、标准和相关配套政策，发挥示范带动作用。

1331 | **7月22日**

据《中国教育部》报道，山西省教育厅印发《关于加强山西省普通高中学校中外合作办学项目管理的意见》。《意见》规定，今后普通高中举办国际班等中外合作办学项目须经省教育厅审批，其他教育主管部门不得越权审批。

1332 | **7月24日**

教育部等五部门联合印发《关于2013年规范教育收费治理教育乱收费工作的实施意见》。《实施意见》指出，各地要重点检查就近入学比例、优质普通高中招生名额分配到区域内初中的比例、招生信息公开落实情况。严格查处与升学挂钩的捐资助学行为、以特长生为名乱收费、公办学校以民办名义乱收费等行为，严禁地方人民政府、有关单位和学校以任何名义收取与入学挂钩的捐资助学款。坚决纠正与升学挂钩的“奥数”等各种类型的培训班和各种形式的升学考试行为。

1333 | **7月24日**

云南省十二届人大常委会第四次会议通过《云南省少数民族教育促进条例》。《条例》规定，在边远贫困地区乡(镇)及其以下中小学、幼儿园工作满五年的教师，其子女在报考普通高中和中等职业学校时，享受当地少数民族考生待遇。对报考高等学校的本省少数民族高中毕业生，按照规定实行加分或者定向录取的优惠政策。县级以上人民政府应当逐步提高寄宿制民族学校贫困学生的生活补助标准；扩大普通高中少数民族贫困学生的补助面，并提高补助标准。

1334 | **7 月 26 日**

国务院教育督导委员会举行第一次全体会议。会议要求，要认真做好教育质量监测工作，科学合理地确定义务教育、高中教育、职业教育、高等教育等阶段不同的监测内容和重点。

1335 | **7 月 29 日**

国务院办公厅转发教育部、国家发改委、财政部、国务院扶贫办、人社部、公安部、农业部等部门《关于实施教育扶贫工程的意见》，强调要充分发挥教育在扶贫开发中的重要作用，培养经济社会发展需要的各级各类人才，促进集中连片特殊困难地区从根本上摆脱贫困。《意见》提出，到 2015 年，学前三年毛入园率达到 55% 以上，少数民族双语地区基本普及学前一至两年双语教育，义务教育巩固率达到 90% 以上，高中阶段毛入学率达到 80% 以上，视力、听力、智力三类残疾儿童义务教育入学率达到 80%。到 2020 年，基本普及学前教育，义务教育水平进一步提高，基本普及视力、听力、智力三类残疾儿童义务教育，普及高中阶段教育，基础教育普及程度和办学质量有较大提升。《意见》提出，推动普通高中多样化发展。民族地区教育基础薄弱县普通高中建设项目和普通高中改造计划优先支持片区普通高中教育。改善普通高中的办学条件，加强图书馆（室）、实验室、体育场所建设和教学仪器设备配备。支持片区推进人才培养模式多样化，鼓励普通高中办出特色，促进学生全面有个性地发展。

1336 | **7 月 31 日**

教育部、财政部、人社部联合召开全国教育管理信息化工作电视电话会议，系统部署当前和今后一个时期教育管理信息化工作，加快推进教育管理公共服务平台建设，确保 2013 年取得突破性进展。

1337 | 8月1日

国务院印发《“宽带中国”战略及实施方案的通知》。通知提出，到2015年，学校、图书馆、医院等公益机构基本实现宽带接入。

1338 | 8月11日

据《中国教育报》报道，国家新闻出版广电总局印发《关于禁止利用中小学教辅材料非法牟利的紧急通知》。通知强调，严禁出版发行单位派员进入学校、班级，向老师、中小学生和家长推荐、征订、搭售教辅材料。

1339 | 8月11日

教育部发布《中小学生学籍管理办法》。《办法》提出，建立全国统一规范的学籍信息管理制度。

1340 | 8月15日

教育部印发《关于扩大中小学教师资格考试与定期注册制度改革试点的通知》，决定在河北、上海等6个省份试点的基础上，从2013年下半年开始，新增山西、安徽、山东、贵州等4个省参加中小学教师资格考试。

1341 | 8月15日至24日

黑龙江省1176名高一新生在哈尔滨陆军预备役炮兵旅接受了为期10天的军事训练。他们是2013年全国高中生军事训练营试点的首批学生。本次试点工作是根据教育部体卫艺司的要求，由黑龙江省教育厅和省军区司令部共同主办的。

1342 | 8月25日

上海市教委宣布，自2013年秋季学期起试点开设公共安全行为指南课程，以推进学生安全教育。预计到2015年，上海市实现安全教育课程全覆盖。

1343 | 8月26日

教育部教育督导办公室、语言文字应用管理司印发《关于开展中小学校语言文字工作督导评估的通知》，决定开展中小学校语言文字工作督导评估。

1344 | 8月27日

公安部办公厅、教育部办公厅印发《关于进一步加强中小学消防安全宣传教育工作的通知》。通知要求，各中小学每学期开学第一周和寒（暑）假前安排不少于4课时的消防知识教育课程，高中重点开展消防法律法规、防火灭火基本知识、灭火器材使用、火灾自救互救知识和火灾案例教育。每学期组织一次火灾疏散逃生演练，每学年参观一次消防队站或消防科普教育基地，每学年布置一次由学生与家长共同完成的家庭消防作业。

1345 | 8月31日

中共教育部党组印发《关于在全国各级各类学校深入开展“爱学习、爱劳动、爱祖国”教育的意见》。《意见》指出，爱学习、爱劳动、爱祖国，简明清晰地明确了青少年健康成长的要求。《意见》要求，各地各学校要将“三爱”教育纳入课堂教学中，贯穿于国民教育全过程，把“三爱”的内容融入高校思想政治理论课教学、高校形势与政策教育宣讲、中等职业学校德育课程教学、中小学德育课程教学等教育环节中。10月，教育部在天津召开“三爱”教育座谈交流会，围绕推进“三爱”教育，进一步研讨工作思路，交流工作经验。

1346 | 9月2日

中共教育部党组印发《关于建立健全中小学师德建设长效机制的意见》。《意见》指出，创新师德教育，引导教师树立远大职业理想。加强师德宣传，营造尊师重教社会氛围。严格师德考核，促进教师自觉加强师德修养。突出师德激励，促进形成重德养德良好风气。强化师德监督，有效防止失德行为。规范师德惩处，坚决遏制失德行为蔓延。注重师德保障，将师德建设工作落到实处。建立健全教育、宣传、考核、监督与奖惩相结合的中小学师德建设长效机制。

1347 | 9月3日

辽宁省教育厅印发《关于加强普通高中学生社团工作的实施意见》。《意见》提出，普通高中学生社团工作的基本要求是：全面贯彻党的教育方针，以提高学生综合素质和实践能力为目标，坚持以人为本，全面推进素质教育；充分发挥学生自我教育、自我管理、自我服务的积极性；努力发挥学生社团在繁荣校园文化、丰富学生课余生活、陶冶学生情操、锻炼学生能力、加强和改进高中学生思想品德教育、促进学生身心健康等方面的积极作用。

1348 | **9 月 9 日**

教师节前夕，中共中央总书记、国家主席、中央军委主席习近平向全国广大教师致慰问信，“希望广大教师牢固树立中国特色社会主义理想信念，带头践行社会主义核心价值观，自觉增强立德树人、教书育人的荣誉感和责任感，学为人师，行为世范，做学生健康成长的指导者和引路人；牢固树立终身学习理念，加强学习，拓宽视野，更新知识，不断提高业务能力和教育教学质量，努力成为业务精湛、学生喜爱的高素质教师；牢固树立改革创新意识，踊跃投身教育创新实践，为发展具有中国特色、世界水平的现代教育作出贡献。”① 9 月 10 日，中共教育部党组印发《关于教育系统学习贯彻习近平总书记教师节前夕致全国广大教师慰问信精神的通知》。

1349 | **9 月 17 日**

国务院教育督导委员会发布《中小学校责任督学挂牌督导办法》。《办法》明确规定，县级教育督导部门为区域内中小学校设置责任督学，在校门以标牌的形式公布责任督学信息和督导事项，对学校进行经常性督导。12 月 19 日，教育部印发《中小学校责任督学挂牌督导规程》《中小学校责任督学工作守则》，进一步规范中小学校责任督学挂牌督导工作。

1350 | **9 月 20 日**

教育部发布《中等职业学校教师专业标准（试行）》。《标准》在内容和结构上突出体现中等职业学校教师“双师型”特色。其基本理念是：师德为先、学生为本、能力为重、终身学习。其基本内容包括专业

① 参见《人民日报》，2013 年 9 月 10 日。

理念与师德、专业知识、专业能力 3 个维度，分为 15 个领域，细化为 60 个条目。

1351 | **9 月 23 日**

国家网信办召开视频会议，部署开展绿色网络行动。绿色网络行动由国家网信办、教育部、共青团中央、全国妇联等四单位联合组织开展。集中清理网上不良信息，大力净化网络环境，使网上面貌进一步改观，为青少年提供绿色健康、积极向上的网络空间，维护青少年合法权益，促进青少年健康成长。

1352 | **9 月 26 日**

教育部办公厅印发《关于全面加强教师法制教育工作的通知》。通知提出，要重点加强中小学教师的法制教育，突出未成年人权益保护法律法规的学习宣传，切实增强教师尊重学生、爱护学生、平等对待学生的意识，提高依法维护学生权益和抵制侵害学生行为的能力。要在各级各类学校教师中深入开展宪法的宣传教育，使教师深入了解宪法的基本精神、原则和制度，维护宪法权威，进一步增强公民意识和责任意识，树立权利义务相统一的观念。要在广大教师中系统、深入地宣传《教育法》《义务教育法》《教师法》等教育法律法规的基本制度、重要规定和行为规范，有针对性地宣传民商法、行政法、社会法、刑法、诉讼与非诉讼程序法等方面的法律原则与一般规则。

1353 | **9 月 27 日**

教育部印发《关于深入开展节粮节水节电活动的通知》。通知要求，要将“三节”教育贯穿于国民教育全过程，用好修订完善的大中小学德育和思政课教材，把“三节”的内容融入高校形势与政策教育宣传、中等职业学校德育课程教学、中小学德育课程教学等教育环节之中。

1354 | **9 月 27 日**

教育部教育装备工作领导小组在北京召开第一次工作会议。会议指出，要建立完善领导、技术与决策支持“三位一体”教育装备工作新格局；要统筹规划，系统推进教育装备工作，切实提高保障能力，为全面加强教育装备工作提供有力支撑。会议讨论通过《教育部教育装备工作领导小组工作规则》。

1355 | **10月8日**

教育部全国教育普法领导小组办公室印发《关于举办教育部中小学校长、骨干教师法制教育专题培训班的通知》。通知提出，为深入贯彻落实党的十八大精神，全面实施《国家中长期教育改革和发展教育规划纲要（2010—2020年）》和国家教育普法规划，整体提升中小学校长、教师法制教育素质，加快建设现代学校制度，进一步推进依法治校、依法执教，决定于2013年11月至12月委托国家教育行政学院、华东政法大学、重庆师范大学、华中师范大学、陕西师范大学举办“教育部中小学校长、骨干教师法制教育专题培训班”。

1356 | **10月17日**

据《中国教育报》报道，北京市海淀区教委披露，国内基础教育阶段首个跨校选修平台开发完成。首批4所学校千余名学生已经上线选课，修到学分的学生已有200余名。未来海淀区还将适时在高中阶段对这一平台进行更大范围的试验和推广。跨校选修平台首批上线学校为人大附中、北大附中、清华附中和首师大附中。

1357 | **10月24日**

教育部召开视频调度会。会议披露，29个省、自治区、直辖市已完成全国中小学生学籍信息管理系统的安装，全国中小学生超过半数数据进入全国系统数据库。作为试点省份的贵州省，全省学生已率先获得全国学籍号。

1358 | **10月25日**

教育部印发《关于实施全国中小学教师信息技术应用能力提升工程的意见》。《意见》指出，到2017年底完成全国1000多万中小学(含幼儿园)教师新一轮提升培训，提升教师信息技术应用能力、学科教学能力和专业自主发展能力；开展信息技术应用能力测评，以评促学，激发教师持续学习动力；建立教师主动应用机制，推动每个教师在课堂教学和日常工作中有效应用信息技术，促进信息技术与教育教学融合取得新突破。

1359 | **11月6日**

山东省潍坊市发布《普通高中教育与中等职业教育融合贯通实施方案》。《实施方案》提出，开展普通高中和中等职业学校互转试点，互转学籍，互认学分，构建普通教育与职业教育开放衔接的教育“立交桥”。

1360 | **11月7日**

国务院办公厅转发教育部、国家发改委、公安部、监察部、财政部、国土资源部、住建部、水利部、审计署等十二部门《关于建立中小学校舍安全保障长效机制的意见》。《意见》提出，明确和落实各级人民政府及其相关部门责任，综合考虑城镇化发展、人口变化等因素，紧密结合教育事业发展、防灾减灾、校园建设等规划和各类教育建设专项工程，统筹实施校舍安全保障长效机制。坚持建管并重，逐步使所有校舍满足国家规定的建设标准、重点设防类抗震设防标准和国家综合防灾要求，同时加强对校舍的日常管理和定期维护。加强对中小学校舍规划布局、安全排查、施工建设、使用维护、信息公告、责任追究等各环节的管理，建立健全符合国情的中小学校舍安全保障制度体系。

1361 | **11月9日至12日**

党的十八届三中全会在北京举行。中共中央总书记习近平发表重要讲话。全会听取和讨论了习近平受中央政治局委托作的工作报告，审议通过《中共中央关于全面深化改革若干重大问题的决定》。《决定》提出，深化教育领域综合改革。全面贯彻党的教育方针，坚持立德树人，加强社会主义核心价值体系教育，完善中华优秀传统文化教育，形成爱学习、爱劳动、爱祖国活动的有效形式和长效机制，增强学生社会责任感、创新精神、实践能力。强化体育课和课外锻炼，促进青少年身心健康、体魄强健。改进美育教学，提高学生审美和人文素养。大力促进教育公平，健全家庭经济困难学生资助体系，构建利用信息化手段扩大优质教育资源覆盖面的有效机制，逐步缩小区域、城乡、校际差距。加快现代职业教育体系建设，深化产教融合、校企合作，培养高素质劳动者和技能型人才。推进考试招生制度改革，探索招生和考试相对分离、学生考试多次选择、学校依法自主招生、专业机构组织实施、政府宏观管理、社会参与监督的运行机制，从根本上解决一考定终身的弊端。推行初高中学业水平考试和综合素质评价。加快推进职业院校分类招考或注册入学。逐步推行普通高校基于统一高考和高中学业水平考试成绩的综合评价多元录取机制。探索全国统考减少科目、不分文理科、外语等科目社会化考试一年多考。

1362 | **11月11日**

据《中国教育报》报道，北京市教委启动高中生职业适应力培养项目试点教学，东城和丰台两个试点区的21所试点校将开设职业认知课程，职业认知、职业适应、学业规划、职业体验四大教学创新主题将被引入高中校本课程。

1363 | **11月27日**

广东省发布《进城务工人员随迁子女在广东省参加高校招生考试实施办法（试行）》。《实施办法》规定，异地务工人员、高技能人才及其随迁子女在本省取得入户的，随迁子女不受入户年限、就学年限等限制，2013年起可在本省报名参加高考。随迁子女在本省就读中等职业学校，并同时符合相关条件的，2014年起可在本省报名参加高等职业学院招收中职学校毕业生招生考试。随迁子女在本省就读普通高中，并同时符合相关条件的，2016年起可在本省报名参加高考。

1364 | **12月2日**

国务院教育督导委员会办公室印发《关于做好中小学校责任督学岗前培训的通知》，要求各地在2013年底完成对本区域内责任督学全员岗前培训的任务。通知要求，要加强对法律法规的培训，帮助责任督学提高法制意识和依法督导的能力；要加强对教育及教育督导相关政策和理论的培训，帮助责任督学提高教育政策理论水平；要加强对督导业务的培训，围绕如何督导中小学校校务管理、学生管理、教师队伍建设、教育教学工作、学校资源配置、安全卫生管理等进行具体指导，提高责任督学业务工作能力；要加强责任督学职业道德教育，要求责任督学自觉遵守职业规范，严格执行廉洁自律的各项规定。

1365 | **12月11日**

上海市教委、市公安局等部门印发《关于来沪人员随迁子女就读本市各级各类学校的实施意见》。《实施意见》提出，以“合法稳定就业、合法稳定居住”为基本条件，完善权责对等、梯度赋权的随迁子女公共教育服务制度。

1366 | **12月18日**

陕西省教育厅、省发改委、省财政厅、省体育局发布《陕西省加强学校体育工作三年行动计划（2013—2015年）》。《计划》提出，普通高中、中等职业学校每8个至9个班配备1名体育教师；高中每周开设2课时的体育课。

1367 | **12月30日**

教育部印发《关于加强乡村教师生活补助经费管理有关工作的通知》。通知要求，要切实加强组织领导；要实行实名制管理，严格“以岗定补”；要坚持阳光操作；要加强全过程监督；要完善配套措施；要按时报告实施情况和工作计划。

2014年

改革进行时

·重要文件

国务院《关于深化考试招生制度改革的实施意见》

国务院《关于加快发展现代职业教育的决定》

教育部《教育部职能转变方案》《落实〈教育部职能转变方案〉任务分工》

国务院教育督导委员会《深化教育督导改革转变教育管理方式的意见》

教育部《关于普通高中学业水平考试的实施意见》

教育部、财政部、国家发改委、工信部、中国人民银行《构建利用信息化手段扩大优质教育资源覆盖面有效机制的实施方案》

教育部《关于加强和改进普通高中学生综合素质评价的意见》

教育部《关于全面深化课程改革落实立德树人根本任务的意见》

教育部《关于培育和践行社会主义核心价值观进一步加强中小学德育工作的意见》

教育部《完善中华优秀传统文化教育指导纲要》

• 重要政策

深化考试招生制度改革

加强和改进普通高中学生综合素质评价

上海市、浙江省开展高考综合改革试点

全面深化课程改革落实立德树人根本任务

完善中华优秀传统文化教育

深化教育督导改革

• 重要会议

教育部召开中小学教育质量综合评价改革实验区启动会

教育部召开全国学校体育工作座谈会

教育部召开普通高中课程标准修订工作启动会

• 改革亮点

深化考试招生制度改革，积极稳妥破解考试招生制度难题。教育部陆续出台总体方案和关于高考、外语一年多考、高中学业水平考试、综合素质评价、考试招生违规处理等五个配套文件。开展改革试点，改进考试内容，确保公平公正，加强宣传引导。上海市、浙江省率先开展高考综合改革试点。

1401 | **1月2日**

江西省人民政府教育督导委员会审议通过《江西省中小学校责任督学挂牌督导规程》。《规程》指出，将省属高等院校、科研院所举办的附属学校按照所在行政区域由设区市教育督导部门负责挂牌督导工作，使责任督学挂牌督导覆盖到全省所有中小学校。

1402 | **1月10日**

教育部印发《关于推进学校艺术教育发展的若干意见》。《意见》要求，严格执行课程计划，开齐开足艺术课程，确保艺术课程课时总量不低于国家课程方案规定占总课时9%的下限，鼓励有条件的学校按总课时的11%开设艺术课程。普通高中按《普通高中课程方案（实验）》的规定，保证艺术类必修课程的6个学分。中等职业学校按照《中等职业学校公共艺术课程教学大纲》要求，将艺术课程纳入公共基础必修课，保证72学时。教育部从2015年起对中小学校和中等职业学校学生进行艺术素质测评，并将测评结果记入学生成长档案，作为综合评价学生发展状况的内容之一，以及学生中考和高考录取的参考依据。

1403 | **1月11日**

教育部发布《中小学教师违反职业道德行为处理办法》。《办法》规定，对教师违反职业道德的十种行为，可以给予警告、记过、降低专业技术职务等级、撤销专业技术职务或者行政职务、开除等处分。

1404 | **1月15日至16日**

教育部在北京召开2014年全国教育工作会议。中共教育部党组书记、教育部部长袁贵仁讲话指出，要全面落实中央决策部署、适应教育形势变化、破解热点难点问题，必须加快推进教育治理体系和治理能力现代化。根据教育发展的自身规律和教育现代化的基本要求，以构建政府、学校、社会新型关系为核心，以推进管办评分离为基本要求，以转变政府职能为突破口，建立系统完备、科学规范、运行有效的制度体系，形成政府宏观管理、学校自主办学、社会广泛参与，职能边界清晰、多元主体“共治”

的格局，更好地调动中央和地方两个积极性，更好地激发学校的活力，更好地发挥社会的作用。积极稳妥破解考试招生制度难题。出台总体方案和关于高考、外语一年多考，高中学业水平考试，综合素质评价，考试招生违规处理等五个配套实施意见。开展改革试点，改进考试内容，确保公平公正，加强宣传引导。

1405 | **1月22日**

教育部发布《教育部2014年工作要点》。2014年工作要点有：一是深化教育领域综合改革，加快推进教育治理能力现代化；二是改革人才培养方式，把立德树人的根本任务贯彻始终；三是改革资源配置方式，大力促进教育公平；四是改革教育发展方式，促进各级各类教育协调发展；五是加强和改进作风建设，切实维护教育系统和谐稳定。

1406 | **2月7日**

国务院教育督导委员会办公室印发《深化教育督导改革转变教育管理方式的意见》。《意见》明确了深化教育督导改革的总体思路、主要任务、具体措施和工作要求，对全面加强督政、督学和评估监测工作作出部署。同日，国务院教育督导委员会发布《教育重大突发事件专项督导暂行办法》。《暂行办法》提出，要建立教育重大突发事件专项督导制度，建立督导问责机制。

1407 | **2月19日**

教育部召开中小学教育质量综合评价改革实验区启动会。会议强调，中小学教育质量综合评价改革要与深化课程改革相结合，推进立德树人工作，引导中小学校更加注重学生发展核心素养的培养，为学生的终身发展打下坚实的基础；要与考试招生制度改革相结合，使人才选拔的目标与人才培养的目标相一致，引导素质教育实施；要与推进管办评分离相结合，充分依靠专业机构和社会组织开展评价，充分调动学校和教师推进素质教育的积极性、主动性，提高社会对教育的满意度。

1408 | 2月26日

国务院总理李克强主持召开国务院常务会议，部署加快发展现代职业教育。会议认为，发展职业教育是促进转方式、调结构和民生改善的战略举措。以改革的思路办好职业教育，对提升劳动大军就业创业能力、产业素质和综合国力，意义重大。会议要求，建立学分积累和转换制度，打通从中职、专科、本科到研究生的上升通道。

1409 | 2月27日

宁波市教育局印发《普通高中多样化发展三年提升行动计划（2014—2016年）》，计划用3年时间推动普通高中多样化特色发展，使特色示范性高中达到50%以上。

1410 | 3月5日

十二届全国人大二次会议在北京人民大会堂开幕，国务院总理李克强作《政府工作报告》。《报告》回顾了2013年教育工作。2013年，教育领域取得新进步。《报告》确定了2014年教育领域重点工作。2014年，要加强教育建设。促进教育事业优先发展、公平发展。贫困地区农村学生上重点高校人数要再增长10%以上，使更多农家子弟有升学机会。加强农村特别是边远贫困地区教师队伍建设，扩大优质教育资源覆盖面，改善贫困地区农村儿童营养状况。继续增加中央财政教育投入，提高使用效率并强化监督。深化教育综合改革，积极稳妥改革考试招生制度，扩大省级人民政府教育统筹权和高校办学自主权，鼓励发展民办教育。加快构建以就业为导向的现代职业教育体系。我们要为下一代提供良好的教育，努力使每一个孩子有公平的发展机会。

1411 | 3月14日

教育部办公厅、农业部办公厅发布《中等职业学校新型职业农民培养方案试行》。《方案》提出，培养具有高度社会责任感和职业道德、良好科学文化素养和自我发展能力、较强农业生产经营和社会化服务能力，适应现代农业发展和新农村建设要求的新型职业农民。

1412 | **3月26日**

教育部发布《完善中华优秀传统文化教育指导纲要》。《指导纲要》提出，高中阶段以增强学生对中华优秀传统文化的理性认识为重点，引导学生感悟中华优秀传统文化的精神内涵，增强学生对中华优秀传统文化的自信心。

1413 | **3月30日**

教育部印发《关于全面深化课程改革落实立德树人根本任务的意见》。《意见》指出，全面深化课程改革，落实立德树人根本任务，要坚持系统设计，整体规划育人各个环节的改革，整合利用各种资源，统筹协调各方力量，实现全科育人、全程育人、全员育人。要坚持重点突破，聚焦课程改革的关键领域和主要环节，针对制约课程改革的体制机制障碍，集中攻关，重点推进。要坚持继承创新，注重课程改革的连续性和可持续性，适应新时期教育发展的新要求，积极开拓，大胆试验。《意见》强调，要着力实现"五大统筹"：一是统筹小学、初中、高中、本专科、研究生等学段（包括职业院校）；二是统筹各学科，特别是德育、语文、历史、体育、艺术等学科；三是统筹课标、教材、教学、评价、考试等环节；四是统筹一线教师、管理干部、教研人员、专家学者、社会人士等力量；五是统筹课堂、校园、社团、家庭、社会等阵地。

1414 | **4月1日**

教育部印发《关于培育和践行社会主义核心价值观进一步加强中小学德育工作的意见》，对中小学深入开展社会主义核心价值观教育作出全面系统部署。《意见》明确提出，将社会主义核心价值观融入中小学教育全过程。一是要充分体现时代性，加强中小学德育的薄弱环节。二是要准确把握规律性，改进中小学德育的关键载体。三是大力增强实效性，夯实中小学德育的基本保障。

1415 | **4月10日**

浙江省教育厅召开新闻通气会，公布第一批浙江省一级普通高中特色示范性学校。会议提出，将在三年内对这些学校进行再审查，审查没有通过的限期整改，整改未达标的将被降级或取消称号。

1416 | **4月19日**

第十二届全国基础教育学习论坛暨修学旅行全国论坛召开。会议宣布，教育部将启动“蒲公英行动计划”。“蒲公英行动计划”通过“建、管、用、宣、研、训、联”等多项措施，进一步推进中小学社会实践、修学旅行等校外教育，在全国建立150个青少年大型综合实践营地，积极探索建立青少年校外教育、社会实践和修学旅行的长效机制，制定校外教育规章制度，加大校外教育的投入和师资建设，尤其是确保校外教育、修学旅行的安全。

1417 | **4月21日**

教育部发布《学生体质健康监测评价办法》。《办法》要求各级教育行政部门以强化体育课程和课外锻炼为基础，以《国家学生体质健康标准》为依据，在本行政区域内统筹开展面向全体学生的体质健康测试，逐步建立健全包括学校测试上报、部门逐级审查、随机抽查复核、动态分析预测、信息反馈公示、评价结果应用等相关制度和管理措施在内的学生体质健康监测评价体系。同日，教育部发布《中小学校体育工作评估办法》。《办法》指出，评估内容主要包括学校体育的组织管理、教育教学、条件保障、学生体质、监督检查等，以《中小学校体育工作评估指标体系》为评估依据，逐项细化分解指标，全面反映学校体育工作的重要领域。学校每年组织一次体育工作自评，省级及以下教育行政部门对本行政区域内学校体育工作自评情况进行复核。同日，教育部发布《学校体育工作年度报告办法》。《办法》指出，年度报告重点反映本地区学校体育开课率、教学实施总体情况、“阳光体育运动”开展情况、学校体育经费投入、教学条件改善、教师队伍建设和学生体质健康状况等关键指标。

1418 | **4月30日**

教育部公布首批涉及14个专业类的95个《中等职业学校专业教学标准(试行)》，填补了我国中等职业教育专业教学标准领域的空白。12月22日，教育部公布第二批涉及16个专业类的135个《中等职业学校专业教学标准(试行)》。

1419 | **5月2日**

国务院发布《关于加快发展现代职业教育的决定》。《决定》提出，到2020年，形成适应发展需求、产教深度融合、中职高职衔接、职业教育与普通教育相互沟通，体现终身教育理念，具有中国特色、世界水平的现代职业教育体系。

1420 | **5月2日**

据《中国教育报》报道，青岛市教育局实施校长职级制改革试点，取消校长的行政级别，率先给48名校长摘掉“官帽”。青岛市到2014年6月将全部完成改革工作，涉及1200所中小学。11月28日，青岛市启动中小学班主任“职级制”试点，任职班主任将分为初级、中级和高级三个等级，学校还可以设立“首席班主任”。

1421 | **5月9日**

教育部发布《教育部职能转变方案》《落实〈教育部职能转变方案〉任务分工》。《方案》提出，取消22项职责，下放省级教育行政部门、高校和直属单位13项职责，转移、委托直属事业单位和社团组织承担50项职责，精简规范23项评审项目，理顺基础教育管理等9个方面职责关系，加强和改善教育督导等3个方面宏观管理，精简议事协调机构。

1422 | **5月30日**

广西壮族自治区教育厅印发《广西壮族自治区普通高中学籍管理实施办法》，首次提出允许学生在普通高中和中等职业学校之间双向转学。

1423 | **6月4日**

石家庄市教育局发布《普通高中多样化发展三年行动计划（2014—2016年）》。《计划》提出，利用3年时间培养学科建设项目类、职普融通项目类等四大类特色高中群体。

1424 | **6月11日**

天津市教委宣布启动实施加强中小学校体育工作三年行动计划。到2016年底，全市中小学体育运动场地设施全部达到国家标准，基本配齐体育教师。天津首次提出将学生体质健康水平纳入区（县）经济社会发展状况评价指标体系。

1425 | **6月16日**

教育部、国家发改委、财政部、人社部、农业部、国务院扶贫办等六部门发布《现代职业教育体系建设规划（2014—2020年）》。《规划》提出，现代职业教育体系建设的总体目标是：牢固确立职业教育在国家人才培养体系中的重要位置，到2020年，形成适应发展需求、产教深度融合、中职高职衔接、职业教育与普通教育相互沟通，体现终身教育理念，具有中国特色、世界水平的现代职业教育体系，建立人才培养立交桥，形成合理教育结构，推动现代教育体系基本建立、教育现代化基本实现。

1426 | **7月7日**

教育部发布《国家学生体质健康标准（2014年修订）》。新《标准》提出，每个学生每学年评定一次，学生毕业时的成绩和等级，按毕业当年学年总分的50%与其他学年总分平均得分的50%之和进行评定。学生测试成绩评定达到良好及以上者，方可参加评优与评奖；成绩达到优秀者，方可获体育奖学分。对于测试成绩评定不及格的学生，在本学年度准予补测一次，补测仍不及格，则学年成绩评定为不及格。普通高中、中等职业学校学生毕业时，测试成绩达不到50分者按结业或肄业处理。

1427 | **7月8日**

国家教育体制改革领导小组办公室印发《关于进一步扩大省级政府教育统筹权的意见》。《意见》强调，要坚持由省级人民政府管理更方便有效的教育事项一律下放省级人民政府管理的原则，明确扩大省级人民政府教育统筹权的主要内容，明确省级人民政府七个方面的教育统筹职责。《意见》首次以文件形式对扩大省级人民政府教育统筹权作出全面部署，进一步理顺中央与地方教育管理权限和职责范围，充分发挥地方的积极性、主动性、创造性，加快推进教育现代化。

1428 | **7月8日**

教育部发布《严禁教师违规收受学生及家长礼品礼金等行为的规定》。《规定》明确六条“红线”：严禁以任何方式索要或接受学生及家长赠送的礼品礼金、有价证券和支付凭证等财物；严禁参加由学生及家长安排的可能影响考试、考核评价的宴请；严禁参加由学生及家长安排支付费用的旅游、健身休闲等娱乐活动；严禁让学生及家长支付或报销应由教师个人或亲属承担的费用；严禁通过向学生推销图书、报刊、生活用品、社会保险等商业服务获取回扣；严禁利用职务之便谋取不正当利益的其他行为。对违规违纪的，发现一起、查处一起，对典型案件要点名道姓公开通报曝光。

1429 | **7月14日**

教育部发布《中小学学生赴境外研学旅行活动指南（试行）》。《活动指南》对中小学学生寒暑期赴境外“游学”团体的教学内容、时空跨度和安全责任机制等作出规定。《活动指南》特别指出，境外研学旅行的教育教学内容和学习时长所占比例一般不少于在境外全部行程计划的1/2。

1430 | **7月22日**

教育部印发《关于做好全国中小学生学籍信息管理系统全面应用工作的通知》。通知要求，必须提高学籍信息质量，全面应用系统功能，开发完善特色需求，健全各项管理制度，构建运维长效机制。同日，教育部发布《全国中小学生学籍信息管理系统关键业务应用指南》和《全国中小学生学籍信息管理系统运行维护管理规则》。8月25日，教育部在北京召开全国中小学生学籍信息管理系统建设应用推进会。会议披露，全国学籍系统已经在全国联网并稳定运行，截至8月20日，已有近1.6亿名学生信息入库，共完成省内转学206万例，完成跨省转学22万例。

1431 | **7月24日**

国务院印发《关于进一步推进户籍制度改革的意见》。《意见》提出，进一步调整户口迁移政策，统一城乡户口登记制度，全面实施居住证制度，加快建设和共享国家人口基础信息库，稳步推进义务教育、就业服务、基本养老、基本医疗卫生、住房保障等城镇基本公共服务覆盖全部常住人口。建立居住证制度，建立健全与居住年限等条件相挂钩的基本公共服务提供机制。居住证持有人享有与当地户籍人口同等的劳动就业、基本公共教育等权利。保障农业转移人口及其他常住人口随迁子女平等享有受教育权利；将随迁子女义务教育纳入各级人民政府教育发展规划和财政保障范畴；逐步完善并落实随迁子女在流入地接受中等职业教育免学费和普惠性学前教育的政策以及接受义务教育后参加升学考试的实施办法。

1432 | **7月28日**

教育部召开全国学校体育工作座谈会。会议指出，健康是青少年成长成才和幸福生活的根基，关系国家民族未来和亿万家庭福祉。各级党委、人民政府要认真贯彻习近平总书记关于增强青少年体质的重要论述精神，树立“健康第一”的理念，组织引导学校、社会和家庭为青少年强身健体创造良好条件，为实现中国梦提供人才保障。同日，教育部在上海召开新闻发布会，发布30年来中国学生体质与健康变化情况。数据显示，我国学生体质健康状况在持续20多年下滑的情况下，近年来出现积极变化，大部分指标止跌回升，个别指标出现连续上升的势头。

1433 | **8月8日**

教育部、国家发改委、财政部印发《关于加快西藏和四省藏区中等职业教育发展的指导意见》，旨在适应西藏和四川、云南、甘肃、青海四省藏区的工业化、信息化、城镇化、农业现代化需要，调整优化中等职业学校布局结构及专业结构。

1434 | **8月11日**

教育部等七部门印发《关于推进学习型城市建设的意见》，对学习型城市建设工作提出要求、作出部署。《意见》首次提出我国学习型城市建设的阶段性目标：推动全国各类城市广泛开展学习型城市创建工作，形成一大批终身教育体系基本完善、各级各类教育协调发展、学习机会开放多样、学习资源丰富共享的学习型城市，由此促进我国的学习型社会建设。

到2020年，东中西部地区市（地）级以上城市开展创建学习型城市工作覆盖率分别达到90%、80%和70%；各区域都要有一大批县级城市开展创建工作。

1435 | **8月18日**

教育部印发《关于实施卓越教师培养计划的意见》。《意见》提出，分类推进卓越教师培养模式改革。根据中学教育改革发展对高素质教师的需求，重点探索本科和教育硕士研究生阶段整体设计、分段考核、连续培养的一体化模式，培养一批信念坚定、基础扎实、能力突出，能够适应和引领中学教育教学改革的卓越中学教师。面向现代职业教育发展需要，建立健全高校与行业企业、中等职业学校的协同培养机制，探索高层次“双师型”教师培养模式，培养一批素质全面、基础扎实、技能娴熟，能够胜任理论和实践一体化教学的卓越中等职业学校教师。建立高校与地方人民政府、中小学“三位一体”协同培养新机制。

1436 | **9月3日**

国务院印发《关于深化考试招生制度改革的实施意见》。《实施意见》要求，2014年启动考试招生制度改革试点，2017年全面推进，到2020年，基本建立中国特色现代教育考试招生制度，形成分类考试、综合评价、多元录取的考试招生模式，健全促进公平、科学选才、监督有力的体制机制，构建衔接沟通各级各类教育、认可多种学习成果的终身学习立交桥。

1437 | **9月4日**

教育部发布《关于批准2014年国家级教学成果奖获奖项目的决定》。2014年国家级教学成果奖首次实现基础教育、职业教育、高等教育全覆盖。基础教育类国家级教学成果奖获奖项目有417项，其中特等奖2项，一等奖48项，二等奖367项。

1438 | **9月9日**

在第三十个教师节前，中共中央总书记、国家主席习近平到北京师范大学与师生代表进行座谈，发表题为《做党和人民满意的好老师》的重要讲话。习近平指出，每个人心目中都有自己好老师的形象。做好老师，是每一个老师应该认真思考和探索的问题，也是每一个老师的理想和追求。我想，好老师没有统一的模式，可以各有千秋、各显身手，但有一些共同的、必不可少的特质。第一，做好老师，要有理想信念。第二，做好老师，要有道德情操。第三，做好老师，要有扎实学识。第四，做好老师，要有仁爱之心。习近平强调，百年大计，教育为本。教育大计，教师为本。努力培养造就一大批一流教师，不断提高教师队伍整体素质，是当前和今后一段时间我国教育事业发展的紧迫任务。各级党委和人民政府要从战略高度来认识教师工作的极端重要性，把加强教师队伍建设作为基础工作来抓，满腔热情关心教师，改善教师待遇，关心教师健康，维护教师权益，充分信任、紧紧依靠广大教师，支持优秀人才长期从教、终身从教，使教师成为最受社会尊重的职业。要制定切实可行的政策措施，鼓励有志青年到农村、到边远地区为国家教育事业建功立业。要加强教师教育体系建设，加大对师范院校的支持力度，找准教师教育中存在的主要问题，寻求深化教师教育改革的突破口和着力点，不断提高教师培养培训的质量。要让全社会广泛了解教师工作的重要性和特殊性，让尊师重教蔚然成风。[1] 10 日，中共教育部党组召开党组扩大会，强调认真学习贯彻习近平重要讲话精神，采取切实有力措施不断完善体制机制，努力建设高素质一流教师队伍，营造优秀教师不断涌现的良好教育生态。要引导支持广大教师带头践行社会主义核心价值观，争做党和人民满意的好教师，做中华民族“梦之队”的筑梦人。11 日，中共教育部党组印发《关于教育系统学习贯彻习近平总书记教师节重要讲话精神的通知》。

1439 | **9 月 9 日**

浙江省人民政府批准《浙江省深化高校考试招生制度综合改革试点方案》。9 月 18 日，上海市人民政府批准《上海市深化高等学校考试招生综

---

① 参见《人民日报》，2014 年 9 月 10 日。

合改革实施方案》。两地试点改革都将从2014年秋季入学的高中新生开始，2017年全面实施。

1440 | **9月12日**

国务院印发《关于进一步做好为农民工服务工作的意见》，部署进一步做好新形势下为农民工服务工作，切实解决农民工面临的突出问题，有序推进农民工市民化。《意见》指出，要努力实现未升入普通高中、普通高等院校的农村应届初高中毕业生都能接受职业教育。

1441 | **9月30日**

教育部印发《中小学教科书选用管理暂行办法》。《暂行办法》指出，教科书选用应当坚持适宜性，符合本地中小学教学实际；坚持多样化，满足不同地区的需求；坚持公平、公正，保证选用过程规范、有序。教科书选用委员会应当由课程教材专家、教研员、中小学校长和教师等组成，其中一线教师不少于1/2。

1442 | **10月17日**

中共教育部党组、共青团中央联合印发《关于在各级各类学校推动培育和践行社会主义核心价值观长效机制建设的意见》，旨在推动社会主义核心价值观融入教育教学、融入社会实践、融入文化育人、融入制度建设。

1443 | **10月20日至23日**

党的十八届四中全会在北京召开。全会听取和讨论了习近平受中央政治局委托作的工作报告，审议通过了《中共中央关于全面推进依法治国若干重大问题的决定》。《决定》指出，增强全民法治观念，推进法治社会建设。把法治教育纳入国民教育体系，从青少年抓起，在中小学设立法治知识课程。

1444 | **11月13日**

教育部、中央编办、财政部印发《关于统一城乡中小学教职工编制标准的通知》，提出将县镇、农村中小学教职工编制标准统一到城市标准。通知强调，按照严控总量、盘活存量、优化结构、增减平衡的要求，由省级人民政府负总责，实行总量控制，确保核定后的中小学教职工编制不突破现有编制总量；考虑实际需求，对农村边远地区适当倾斜，重点对学生规模较小的村小、教学点，按照教职工与学生比例和教职工与班级比例相结合的方式核定教职工编制；深化后勤改革，加大政府购买服务力度；加强督查监管，严禁挤占、挪用和截留中小学教职工编制，严禁在有合格教师来源的情况下“有编不补”、长期聘用代课教师，严禁以各种形式“吃空饷”，严禁管理部门与中小学校混编混岗占用教职工编制。

1445 | **11 月 16 日**

教育部、财政部、国家发改委、工信部、中国人民银行发布《构建利用信息化手段扩大优质教育资源覆盖面有效机制的实施方案》。《实施方案》明确细化以“三通两平台”为核心的重点任务，并提出推进机制、政策环境、经费投入、管理体系、环境氛围五个方面的保障措施。

1446 | **11 月 20 日**

报《中国教育报》报道，南京市教育局印发《〈南京大屠杀死难者国家公祭读本〉课程纲要》。南京市将《读本》作为必修性地方课程进入南京市中小学课堂。从 12 月 1 日到 13 日，南京市 557 所学校的小学五年级、初中二年级、高中二年级，进行《读本》的学习。

1447 | **11 月 26 日**

石家庄市教育局发布《石家庄市普通高中教育与中等职业教育融合贯通试点工作方案》。《方案》提出，计划利用 3 年时间，在全市首批 15 所普通高中和中等职业学校，开展普职融通试点工作。

1448 | **12 月 8 日**

教育部在北京召开普通高中课程标准修订工作启动会。教育部副部长刘利民出席会议并讲话。刘利民强调，要深入贯彻党的十八大和十八届三中、四中全会精神和习近平总书记系列重要讲话精神，把修订普通高中课程标准修作为全面深化课程改革、落实立德树人根本任务的关键领域和重要环节，整体规划，系统设计，确保修订工作统筹推进，取得实效，为培养社会主义合格建设者和可靠接班人作出新贡献。要围绕落实立德树人根本任务，准确把握好高中课程标准修订的总体要求。要增强思想性，有机融入社会主义核心价值观的基本内容和要求，全面传承中华优秀传统文化，弘扬社会主义法治精神，充分体现民族特点。要增强科学性，在课程内容选择和呈现方式上，将学生的年龄特点和认知规律与学科规律、教育教学规律有机结合好。要增强可操作性，充分发挥课程标准对教材编写、教学、考试、评价等育人环节的统领和指导作用，确保协同推进，形成育人合力。要增强整体性，把跨学段整体育人、跨学科综合育人作为重要工作任务，做好统筹协调，强化与义务教育、高等教育的纵向有效衔接和相关学科间的横向协调配合。

1449 | **12 月 10 日**

教育部印发《关于普通高中学业水平考试的实施意见》。《实施意见》提出，坚持全面考核，促进学生完成国家规定的各门课程的学习；坚持自主选择，为每个学生提供更多的选择机会，促进学生发展学科兴趣与个性特长；坚持统筹兼顾，促进高中改进教学，服务高校选拔学生，减轻学生过重课业负担和学习压力。

1450 | **12 月 10 日**

教育部印发《关于加强和改进普通高中学生综合素质评价的意见》。《意见》指出，综合素质评价是对学生全面发展状况的观察、记录、分析，是发现和培育学生良好个性的重要手段，是深入推进素质教育的一项重要制度。评价内容主要是依据党的教育方针，反映学生全面发展情况和个性特长，注重考查学生社会责任感、创新精神和实践能力，包括思想品德、学业水平、身心健康、艺术素养、社会实践 5 个方面。高中学校要基于学生发展的年龄特征，结合当地教育教学实际，科学确定学生综合素质评价的具体内容和要求。

1451 | **12 月 10 日**

教育部、国家民委、公安部、国家体育总局、中国科学技术协会印发《关于进一步减少和规范高考加分项目和分值的意见》。《意见》提出，取消体育特长生加分、中学生学科奥林匹克竞赛加分、科技类竞赛加分、省级优秀学生加分等项目。保留“烈士子女”“边疆、山区、牧区、少数民族聚居地区少数民族考生”等加分项目。

1452 | **12月10日**

教育部印发《关于进一步完善和规范高校自主招生试点工作的意见》。《意见》明确规定，考生向试点高校提出申请，考生所在中学（单位）或原毕业中学、社会团体或专家个人等均可实名提供推荐材料并对其真实性负责。试点高校不得向中学分配推荐名额。从2015年起，自主招生考核安排在全国统一高考后进行。

1453 | **12月30日**

中共山东省委办公厅、山东省人民政府办公厅印发《关于推进基础教育综合改革的意见》。《意见》要求，实施德育综合改革，构建大中小学一体化德育课程体系，将德育目标融入各科课程，实现全科育人。深入开展法治教育，推进中小学学术指导中心建设，加强学生心理健康教育、职业生涯规划教育和高中生职业体验教育，形成引导、指导学生健康成长的长效机制。试点取消学校和校长行政级别，实行校长职级制管理，建立完善以校长职级制为核心的校长管理体制，合理确定校长职级序列。推进中小学教师“县管校聘”管理改革，保证专任教师“退补相当”。支持企业、社会团体和个人等社会力量通过独资、合资、合作等形式举办中小学校。探索发展国有民办、民办公助、混合股份等办学模式。

2015年

改革进行时

• 重要文件

中共中央、国务院《关于打赢脱贫攻坚战的决定》

国务院办公厅《乡村教师支持计划（2015—2020年）》

国务院办公厅《关于全面加强和改进学校美育工作的意见》

教育部《关于深入推进教育管办评分离 促进政府职能转变的若干意见》

财政部、教育部《改善普通高中学校办学条件补助资金管理办法》

教育部《中小学生守则（2015年修订）》

教育部《普通高中校长专业标准》《中等职业学校校长专业标准》

教育部《严禁中小学校和在职中小学教师有偿补课的规定》

教育部等部门《关于加快发展青少年校园足球的实施意见》

教育部《学校体育运动风险防控暂行办法》

教育部、共青团中央、全国少工委《关于加强中小学劳动教育的意见》

教育部《中小学心理辅导室建设指南》

教育部《学生志愿服务管理暂行办法》

教育部等部门《关于加强新时期中小学图书馆建设与应用工作的意见》

教育部等部门《关于进一步加强中小学生校服管理工作的意见》

• 重要政策

2015年起自主招生安排在全国统一高考后进行

完善国家助学贷款政策

实施乡村教师支持计划

深化中小学教师职称制度改革

严禁中小学校和在职中小学教师有偿补课

• 重要会议

教育部召开全面推动社会主义核心价值观进教材进课堂进头脑座谈会

教育部和联合国教科文组织举办国际教育信息化大会

教育部召开全国学校艺术教育工作会议

教育部召开全国中小学实验教学交流研讨会

教育部召开全国学校安全工作电视电话会议

• 改革亮点

加强全国中小学社会主义核心价值观教育，推动社会主义核心价值观进教材进课堂进头脑。全国中学社会主义核心价值观教育研讨会，发布中学社会主义核心价值观教育的“成都共识”。国家出台普通高中和中等职业学校校长专业标准。部分地区开展中职学校与普通高中学分互认、学籍互转试点工作。部分地区加强普通高中经费保障机制建设，明确生均拨款标准。

1501 | **1月8日**

教育部印发《关于成立全国青少年校园足球工作领导小组的通知》。通知指出，经国务院同意，教育部会同国家发改委、财政部、国家新闻出版广电总局、国家体育总局、共青团中央共同成立全国青少年校园足球工作领导小组。领导小组是全国青少年校园足球工作协调、议事和决策机构。2月11日，全国校园足球工作领导小组在北京召开第一次会议。领导小组组长、教育部部长袁贵仁在会上强调，要充分发挥领导小组的作用，统一思想、凝聚共识，科学谋划、突出重点，加强配合、形成合力，大力推动校园足球健康发展，为实现中国足球的腾飞梦想而努力奋斗。

1502 | **1月10日**

教育部发布《普通高中校长专业标准》《中等职业学校校长专业标准》。两个《标准》提出，校长须坚持"以德为先""育人为本""引领发展""能力为重""终身学习"的办学理念，履行规划学校发展、营造育人文化、领导课程教学、引领教师成长、优化内部管理、调适外部环境等六个方面职责。

1503 | **1月21日**

教育部通过全国中小学生学籍信息管理系统，为全国中小学生发放正式学籍号。这标志着全国中小学生学籍信息管理系统进入新的应用阶段。该系统将在中小学招生入学、学籍注册、学籍档案管理、学籍异动、升级、毕业、成长记录等方面发挥日益重要的作用。

1504 | **1月22日至23日**

教育部在北京召开2015年全国教育工作会议。会议强调，要全面贯彻党的十八大和十八届三中、四中全会精神，深入学习贯彻习近平总书记系列重要讲话精神，坚持稳中求进工作总基调，主动适应经济发展新常态，全面深化综合改革，全面推进依法治教，全面加强教育系统党的建设，着力促进教育公平、着力调整教育结构、着力提高教育质量，坚定不移沿着中国特色社会主义教育道路前进，为基本实现教育现代化而奋斗。

1505 | 1月25日

2015年上海市高中学业水平考试（高三科目）暨上海市普通高校春季招生统一考试开考。这是上海市高中学业水平考试与春季高考首次合并举行，共5.4万多名考生参加。

1506 | 2月10日

教育部召开全面推动社会主义核心价值观进教材进课堂进头脑座谈会。教育部副部长刘利民主持座谈会并讲话，强调要全面贯彻落实习近平总书记等中央领导关于培育和践行社会主义核心价值观的重要指示精神和中央有关决策部署，根据新形势新任务，结合基础教育自身规律和特点，在中小学进一步强化新时期社会主义核心价值观“三进”工作，确保落细落小落实，落地生根。会议提出，加快研制学生发展核心素养体系，全面推进普通高中课程修订。

1507 | 2月11日

教育部、公安部、总政治部发布《空军青少年航空学校建设实施办法》。《实施办法》确定从2015年起，在河北、辽宁、吉林、黑龙江、江苏、山东、河南、湖北、湖南、四川、陕西等空军招飞生源主要省份，依托优质高中建设空军青少年航空学校，每年招收1000名应届初中毕业生。3月，教育部发出通知，确定华中师范大学第一附属中学等16所高中为首批空军青少年航空学校承办中学。空军招飞机构将会同相关省级教育行政部门和承办中学，全面展开招生宣传和选拔工作。

1508 | 2月12日

教育部发布《教育部2015年工作要点》。2015年工作要点有：一是深入学习宣传习近平总书记系列重要讲话精神，切实加强党的建设；二是全面深化教育综合改革，推动基本实现教育现代化；三是全面推进依法治教，引领、保障教育事业改革发展；四是全面提高教育质量，促进各级各类教育内涵发展；五是大力促进教育公平，逐步缩小区域、城乡、校际差距。

1509 | 2月25日

国务院总理李克强主持召开国务院常务会议，决定提高中等职业学校和普通高中国家助学金补助标准，助力贫困学子和技能型人才成长。从2015年春季学期起，将中等职业学校和普通高中国家助学金标准由生均每年1500元提高到2000元，帮助更多经济困难家庭孩子完成学业，为国家培养更多有一技之长的建设者。

1510 | 2月26日

浙江省教育厅印发《关于推进普通高中和中职学校学生相互转学工作的指导意见》。《指导意见》明确规定，需要转学的普通高中学生或中职学校学生，可向就读学校所在地或户籍所在地中职学校或普通高中学校提出转学申请。

1511 | 3月2日

教育部在天津召开全国学校艺术教育工作会议。会议强调，推动学校美育工作，要积极构建科学的美育课程体系；创新活动内容与形式，确保每个学生都能参与美育活动；加强区域内统筹力度，多渠道解决美育师资短缺问题；整合各类教育教学资源，形成推进学校美育改革发展的合力；建立评价制度，促进学校美育科学发展。

1512 | 3月5日

十二届全国人大三次会议在北京人民大会堂开幕，国务院总理李克强作《政府工作报告》。《报告》总结回顾了2014年教育工作。2014年，继续促进教育公平。加强贫困地区义务教育薄弱学校建设，提高家庭经济困难学生资助水平，国家助学贷款资助标准大幅上调。中等职业学校免学费补助政策扩大到三年。28个省份实现了农民工随迁子女在流入地参加高考。全国财政性教育经费支出占国内生产总值比例超过4%。《报告》在部署2015年教育工作时，提出继续推进教育领域改革。促进教育公平发展和质量提升。要坚持立德树人，增强学生的社会责任感、创新精神、实践能力，培养中国特色社会主义建设者和接班人。深化省级人民政府教育统筹改革、高等院校综合改革和考试招生制度改革。全面推进现代职业教育体系建设。继续提高中西部地区和人口大省高考录取率。促进民办教育健康发展。加强教师队伍建设。为切实把教育事业办好，我们要保证投入，花好每一分钱。要畅通农村和贫困地区学子纵向流动的渠道，让每个人都有机会通过教育改变自身命运。

1513 | 3月12日

国务院教育督导委员会办公室发布《中小学校责任督学挂牌督导创新县（市、区）工作方案》。《方案》提出从2015年开始，教育部将在全国范围内开展中小学挂牌督导创新县（市、区）评估认定工作。

1514 | 3月16日

教育部发布《学生志愿服务管理暂行办法》。《暂行办法》指出，学生志愿服务，是指学生不以获得报酬为目的，自愿奉献时间和智力、体力、技能等，帮助他人、服务社会的公益行为。十周岁以上的未成年学生，经其监护人同意，可以申请成为学生志愿者。未成年学生参与志愿服务，根据实际情况应当在其监护人陪同下或者经监护人同意参与。学生志愿服务组织方式包括学校组织开展、学生自行开展两类。中小学生以学校组织开展为主。

1515 | 3月25日

上海市中小学依法治校工作推进会暨虹口区现代学校制度建设现场会召开。会议宣布，上海将全面推进学校规范化管理，2015年全部完成中小学、幼儿园章程制定与核准工作。

1516 | 3月26日

教育部在北京召开全国学校安全工作电视电话会议。会议强调，要牢固树立安全意识，强化底线思维，完善学校安全综合防控体系，坚决排除校园安全隐患，织密织牢学生安全网，努力为孩子们平安、健康、幸福成长创造良好环境。教育部部长袁贵仁出席会议并讲话强调，学校安全是最让人牵挂的公共安全，要以高度的责任感和求真务实的作风，全力以赴把学校安全工作抓紧抓实、抓出成效。

1517 | **3 月 26 日**

北京市招生考试委员会第一次会议审议通过《北京市 2015 年普通高等学校招生工作规定》。《规定》涉及深化高考考试内容改革、改进招生计划分配方式、调整高考志愿填报时间、调整本科志愿设置、调整自主选拔等特殊类型招生录取方式、减少和规范高考加分项目及分值六大重点改革事项。

1518 | **3 月 27 日**

湖北省教育厅印发《关于做好 2015 年高中阶段学校招生工作的通知》，全面规范高中阶段学校招生管理。通知指出，从 2015 年起，湖北省公办普通高中将取消“三限生”招收，省级示范性高中停止“飞翔计划”招生。

1519 | **4 月 10 日至 11 日**

由中国教科院、四川省教育厅主办的全国中学社会主义核心价值观教育研讨会在成都七中举行。来自全国的专家、校长以及一线教师围绕“中学社会主义核心价值观教育存在的问题”与“中学社会主义核心价值观教育如何践行”两个主题展开探讨。会议发布中学社会主义核心价值观教育“成都共识”。

1520 | **4 月 24 日**

上海市教委发布高考综合改革试点的两个重要配套文件，即《上海市普通高中学业水平考试实施办法（试行）》《上海市普通高中学生综合素质评价实施办法（试行）》。

1521 | **4 月 27 日**

教育部办公厅印发《关于做好 2015 年高中阶段学校招生工作的通知》。通知明确提出，严禁初中学校对初中毕业生封锁中职学校招生信息；严禁初中学校或教师干预学生填报志愿；严禁初中学校或教师买卖生源，向中职学校索要、收受任何名义的经费或实物；严禁社会劳动力中介组织利用中职学校进行招生。

1522 | **4月30日**

教育部发布《学校体育运动风险防控暂行办法》。《暂行办法》规定，教育行政部门和学校应当建立健全学校体育运动风险防控机制，预防和避免体育运动伤害事故的发生，但不得以减少体育活动的做法规避体育运动风险。

1523 | **5月1日**

上海市正式施行《上海市教育督导条例》。《条例》规定学生及其家长、教师和社会公众对学校规范办学情况的意见和建议，可以直接向责任督学反映。这是上海首次以地方法规形式对教育督导工作进行规范。

1524 | **5月4日**

教育部发布《关于深入推进教育管办评分离 促进政府职能转变的若干意见》。《意见》提出，到2020年，基本形成政府依法管理、学校依法自主办学、社会各界依法参与和监督的教育公共治理新格局，为基本实现教育现代化提供重要制度保障。

1525 | **5月19日**

据《中国教育报》报道，四川省、广西壮族自治区宣布2015年高考将本科第二批与本科第三批合并为本科第二批进行录取，湖北省2016年高考取消三本批次招生。这是2009年以来，继浙江、天津、山东、福建等省份取消三本批次招生后的又一次集体变动。

1526 | **5月19日**

浙江省教育厅印发《关于加强普通高中学生生涯规划教育的指导意见》，旨在加强对普通高中学生的心理、学业、职业指导。

1527 | **5月20日**

教育部、文化部和国家新闻出版广电总局三部门联合印发《关于加强新时期中小学图书馆建设与应用工作的意见》。《意见》提出，到2018年，有条件的地区要按照学校建设标准补充新建图书馆，改善不达标图书馆，不具备条件的农村中小学、教学点要建有图书柜、图书角。

到 2020 年，绝大部分中小学要按照国家规定标准建有图书馆。基本建成与深化课程改革、实施素质教育相适应的现代化中小学图书馆建设、管理和服务体系。

1528 | **5 月 23 日至 25 日**

由教育部和联合国教科文组织合作举办的国际教育信息化大会在山东青岛召开。国家主席习近平向大会发来贺信。习近平在贺信中强调："因应信息技术的发展，推动教育变革和创新，构建网络化、数字化、个性化、终身化的教育体系，建设人人皆学、处处能学、时时可学的学习型社会，培养大批创新人才，是人类共同面临的重大课题。"习近平指出："当今世界，科技进步日新月异，互联网、云计算、大数据等现代信息技术深刻改变着人类的思维、生产、生活、学习方式，深刻展示了世界发展的前景。"习近平表示："中国坚持不懈推进教育信息化，努力以信息化为手段扩大优质教育资源覆盖面。我们将通过教育信息化，逐步缩小区域、城乡数字差距，大力促进教育公平，让亿万孩子同在蓝天下共享优质教育、通过知识改变命运。"习近平强调："人才决定未来，教育成就梦想。中国愿同世界各国一道，开拓更加广阔的国际交流合作平台，积极推动信息技术与教育融合创新发展，共同探索教育可持续发展之路，共同开创人类更加美好的未来。"①

1529 | **5 月 25 日**

教育部发布《中小学生艺术素质测评办法》《中小学校艺术教育工作自评办法》《中小学校艺术教育发展年度报告办法》，旨在建立健全学校艺术教育工作评价制度，改进美育教学，提高学生的审美和人文素养，促进学生全面健康成长。

1530 | **6 月 1 日**

国务院办公厅发布《乡村教师支持计划（2015—2020 年）》。《计划》提出，到 2017 年，力争使乡村学校优质教师来源得到多渠道扩充，乡村

① 参见《人民日报》，2015 年 5 月 24 日。

教师资源配置得到改善，教育教学能力水平稳步提升，各方面合理待遇依法得到较好保障，职业吸引力明显增强，逐步形成“下得去、留得住、教得好”的局面。建立乡村教师荣誉制度，对在乡村学校从教30年以上的教师按照有关规定发布荣誉证书。

1531 | **6月3日**

教育部、国家发改委、财政部、审计署、国家新闻出版广电总局印发《关于2015年规范教育收费治理教育乱收费工作的实施意见》。《意见》强调，进一步扩大优质普通高中招生名额分配到区域内初中的比例。严禁以任何名义收取与入学挂钩的费用。规范普通高中涉外办学及收费行为。教育部将研究出台文件，规范普通高中开设国际课程。各地要按要求对普通高中国际班、国际部进行清理规范，在满足人民群众合理需求的基础上，推动高中涉外办学健康发展。

1532 | **6月12日**

据《中国教育报》报道，江苏省镇江中学成立由学校代表、家长代表、学生代表以及社会代表组成学生发展委员会。它是江苏省首个学生发展委员会。

1533 | **6月18日**

教育部、国家工商总局、国家质检总局、国家标准委四部门联合印发《关于进一步加强中小学生校服管理工作的意见》。针对当前校服管理工作中存在的校服标准分散、学生及家长参与度低等问题，《意见》提出，推动健全校服技术标准体系，规范校服采购秩序，提高教师、家长、学生民主参与程度，构建多部门联动的工作机制，以提高校服品质、保障学生安全、充分发挥校服育人的作用。

1534 | **6月28日至7月2日**

2015年世界中学生田径锦标赛暨第二届亚洲中学生田径锦标赛在武汉四中举行。这是该赛事首次走出欧洲、首次走进亚洲，首次在中学举行。

1535 | **6月29日**

教育部发布《严禁中小学校和在职中小学教师有偿补课的规定》。《规定》指出，严禁中小学校组织、要求学生参加有偿补课；严禁中小学校与校外培训机构联合进行有偿补课；严禁中小学校为校外培训机构有偿补课提供教育教学设施或学生信息；严禁在职中小学教师组织、推荐和诱导学生参加校内外有偿补课；严禁在职中小学教师参加校外培训机构或由其他教师、家长、家长委员会等组织的有偿补课；严禁在职中小学教师为校外培训机构和他人介绍生源、提供相关信息。对于违反上述规定的中小学校，视情节轻重，相应给予通报批评、取消评奖资格、撤销荣誉称号等处罚，并追究学校领导责任及相关部门的监管责任。对于违反上述规定的在职中小学教师，视情节轻重，分别给予批评教育、诫勉谈话、责令检查、通报批评直至相应的行政处分。

1536 | **7月20日**

教育部、共青团中央、全国少工委联合印发《关于加强中小学劳动教育的意见》。《意见》指出，用三年至五年时间，统筹资源，构建模式，推动建立课程完善、资源丰富、模式多样、机制健全的劳动教育体系，形成普遍重视劳动教育的氛围。推动在全国创建一批国家级劳动教育实验区，推动在地方创建一批省级劳动教育实践基地和劳动教育特色学校。抓好落实相关课程、开展校内劳动、组织校外劳动、鼓励家务劳动等工作。普通高中阶段严格执行通用技术课程标准，课时可视情况相对集中。高中每个学段要安排一定时间的农业生产、工业体验、商业和服务业实习等劳动实践。

1537 | **7月22日**

教育部、国家发改委、财政部、国家新闻出版广电总局、国家体育总局、共青团中央印发《关于加快发展青少年校园足球的实施意见》。《意见》提出，到2020年基本建成中国特色青少年校园足球发展体系。要不断提高校园足球普及水平，深化足球教学改革，加强足球课外锻炼训练，完善校园足球竞赛体系，畅通优秀足球苗子的成长通道等。

1538 | **7月27日**

江西省第四十六次省政府常务会议审议通过《江西省教育督导规定》。这是江西省第一部教育督导规章。

1539 | **7月29日**

教育部发布《中小学心理辅导室建设指南》。《指南》指出，心理辅导室是心理健康教育教师开展个别辅导和团体辅导，帮助学生疏导与解决学习、生活、自我意识、情绪调适、人际交往和升学就业中出现的心理行为问题，排解心理困扰和防范心理障碍的专门场所，是学校开展心理健康教育工作的重要阵地。心理辅导室建设应坚持科学、实用原则，保证基本配置，满足心理健康教育工作科学有效开展，有条件的地方可以结合实际情况，拓展心理辅导室功能区域和相关配置。

1540 | **8月3日**

国家新闻出版广电总局、教育部、国家发改委联合发布《中小学教辅材料管理办法》，旨在规范中小学教辅材料管理，切实减轻中小学生过重课业负担和学生家长的经济负担。

1541 | **8月18日**

教育部、公安部联合印发《关于加强中小学幼儿园消防安全管理工作的意见》。《意见》从落实责任、组织检查与巡查、加强管理、规范标识、加强培训与演练、严格追责等八个方面对学校消防安全管理工作作出规定。

1542 | **8月20日**

教育部发布《中小学生守则（2015年修订）》。新《守则》共9条，282字，涵盖学生德智体美劳全面发展的基本要求，补充了一些更具操作性、学生可以做到的具体行为规范内容，如主动分担家务、自觉礼让排队、不比吃喝穿戴等；增加了新时期学生成长发展中学校、社会和家庭高度关注的内容，如养成阅读习惯、文明绿色上网、低碳环保生活等。

1543 | **8月28日**

人社部、教育部印发《关于深化中小学教师职称制度改革的指导意见》。

《指导意见》指出，建立统一的中小学教师职务制度，统一职称（职务）等级和名称，确立中小学教师专业技术水平评价的基本标准条件，建立以同行专家评审为基础的业内评价机制。正高级教师数量，国家实行总量控制。

1544 | 9月8日

中共中央政治局常委、国务院总理李克强在北京会见全国教书育人楷模及优秀乡村教师代表并作重要讲话。李克强强调指出，教育承载民族的希望和未来，教师是国家大厦的基石。强国必先重教，重教必须尊师。李克强希望广大教师，一要坚守教书育人的神圣职责，二要播撒创新的火种，三要促进社会公平。[①]

1545 | 9月9日

中共中央总书记、国家主席、中央军委主席习近平给"国培计划(2014)"北京师范大学贵州研修班全体参训教师回信，对他们提出殷切希望，并向全国广大教师致以节日的祝贺和诚挚的祝福。习近平强调："发展教育事业，广大教师责任重大、使命光荣。希望你们（参训教师）牢记使命、不忘初衷，扎根西部、服务学生，努力做教育改革的奋进者、教育扶贫的先行者、学生成长的引导者，为贫困地区教育事业发展、为祖国下一代健康成长继续作出自己的贡献。"[②]

1546 | 9月15日

国务院办公厅印发《关于全面加强和改进学校美育工作的意见》。《意见》分总体要求、构建科学的美育课程体系、大力改进美育教育教学、统筹整合学校与社会美育资源、保障学校美育健康发展等5部分内容，共21条。《意见》提出学校美育工作的总体目标是：2015年起全面加强和改进学校美育工作。到2018年，取得突破性进展，美育资源配置逐步优化，

---

① 参见《人民日报》，2015年9月9日。
② 参见《人民日报》，2015年9月10日。

管理机制进一步完善，各级各类学校开齐开足美育课程。到2020年，初步形成大中小幼美育相互衔接、课堂教学和课外活动相互结合、普及教育与专业教育相互促进、学校美育和社会家庭美育相互联系的具有中国特色的现代化美育体系。《意见》指出，普通高中美育课程要满足学生不同艺术爱好和特长发展的需要，体现课程的多样性和可选择性，丰富学生的审美体验，开阔学生的人文视野。

1547 | **9月21日**

浙江省教育厅办公室印发《关于资助公办普通高中学校建设创新实验室的通知》，启动实施资助公办普通高中创新实验室建设项目。

1548 | **9月23日**

教育部在四川泸州召开全国中小学实验教学交流研讨会。会议认为，当前我国实验教学进入了从单纯配备到强调应用转变的新阶段，工作重点是提高教育装备使用效率，更好地为教育教学服务。

1549 | **9月23日**

浙江省教育厅印发《关于进一步做好普通高中学校统筹安排教学工作的意见》，旨在扭转在新高考背景下一些普通高中学校出现的强制要求学生在高一年级结束时确定选考科目、高二年级以选考科目组合分班集中时间赶进度搞“学考会战”等现象。

1550 | **9月28日**

据《中国教育报》报道，安徽省将在中小学校开设劳动与技术教育课，小学和初中每周分别不少于2个课时和1课时，普通高中劳动与技术教育课每学期不少于通用技术课总课时的1/3，同时建立学生劳动评价制度，将评价结果作为升学评优依据。

1551 | **9月30日**

财政部、教育部发布《改善普通高中学校办学条件补助资金管理办法》。《办法》规定，补助资金由财政部和教育部共同管理。补助资金使用管理遵循“总量控制、突出重点、省级统筹、规范透明”的原则。补助资金支持范围为中西部省份（含新疆生产建设兵团）贫困地区普通高中学校。补助资金主要用于支持普通高中学校校舍改扩建、配置图书和教学仪器设备以及体育运动场等附属设施建设。严禁将资金将资金用于偿还债务；严禁用于平衡预算、发放人员经费。

1552 | **10月10日**

全国中小学社会主义核心价值观教育经验交流暨德育工作会议在北京召开。中共教育部党组书记、教育部部长袁贵仁出席会议并讲话指出，要深刻领会习近平总书记关于培育和践行社会主义核心价值观的重要论述，全面贯彻党的教育方针，落实立德树人根本任务，教育引导中小学生扣好人生的第一粒扣子，德智体美全面发展，努力成为中国特色社会主义事业合格建设者和可靠接班人。

1553 | **10月26日至29日**

党的十八届五中全会在北京召开。全会审议通过《中共中央关于制定国民经济和社会发展第十三个五年计划的建议》。《建议》提出，提高教育质量。全面贯彻党的教育方针，落实立德树人根本任务，加强社会主义核心价值观教育，培养德智体美全面发展的社会主义建设者和接班人。深化教育改革，把增强学生社会责任感、创新精神、实践能力作为重点任务贯彻到国民教育全过程。普及高中阶段教育，逐步分类推进中等职业教育免除学杂费，率先从建档立卡的家庭经济困难学生实施普通高中免除学杂费。完善资助方式，实现家庭经济困难学生资助全覆盖。落实并深化考试招生制度改革和教育教学改革。建立个人学习账号和学分累计制度，畅通继续教育、终身学习通道。推进教育信息化，发展远程教育，扩大优质教育资源覆盖面。完善教育督导，加强社会监督。支持和规范民办教育发展，鼓励社会力量和民间资本提供多样化教育服务。

1554 | **11月4日**

青岛市教育局印发《关于深化中小学课程改革的意见》，提出要开展好中职学校与普通高中学分互认、学籍互转试点工作。

1555 | 11月17日

广东省教育厅、省发改委、省公安厅、省人社厅、省住建厅等五部门印发《关于做好2016年进城务工人员随迁子女在广东省参加高考有关工作的通知》。通知要求，在社会保险、居住证和完整学籍年限计算截止时间，以及办理居住证、合法稳定住所、三年完整学籍等四方面，适度放宽随迁子女在广东省高考报考条件的要求。从2016年起，符合条件的普通高中随迁子女可在广东省报名参加普通高考。

1556 | 11月27日

湖北省人民政府办公厅印发《关于进一步完善普通高中经费保障机制的通知》，明确提出普通高中实行以财政投入为主体、多渠道筹措经费的保障机制。通知要求，各地公办普通高中生均公用经费财政拨款标准中，市(州)中心城区生均拨款每学年不低于1200元，4个集中连片贫困山区县(市、区)不低于800元，其他地区不低于1000元。各地要按政策足额保障普通高中人员经费，确保普通高中教职工平均收入水平不低于当地公务员平均收入水平；全面审计清理普通高中债务，将政府性债务纳入当地政府债务统一管理、统筹化解。

1557 | 11月29日

中共中央、国务院发布《关于打赢脱贫攻坚战的决定》。《决定》指出，加快实施教育扶贫工程，让贫困家庭子女都能接受公平有质量的教育，阻断贫困代际传递。加大对乡村教师队伍建设的支持力度，“特岗计划”“国培计划”向贫困地区基层倾斜，为贫困地区乡村学校定向培养留得下、稳得住的一专多能教师，制定符合基层实际的教师招聘引进办法，建立省级统筹乡村教师补充机制，推动城乡教师合理流动和对口支援。全面落实连片特困地区乡村教师生活补助政策，建立乡村教师荣誉制度。普及高中阶段教育，率先从建档立卡的家庭经济困难学生实施普通高中免除学杂费、中等职业教育免除学杂费，让未升入普通高中的初中毕业生都能接受中等职业教育。加强有专业特色并适应市场需求的中等职业学校建设，提高中等职业教育国家助学金资助标准。

1558 | **12 月 4 日**

教育部举行全国中小学宪法晨读活动，使宪法走进学校，走进学生的日常学习和生活，让学生感受宪法的崇高和庄严，领会宪法在国家政治经济和社会生活中的重要地位，进而培养其对宪法的认同和尊重。

1559 | **12 月 10 日**

教育部在广东佛山召开 2015 年度基础教育信息化应用现场会。会议指出，通过继续推进“教学点数字资源全覆盖”项目，组织开展“一师一名课、一课一名师”活动，基本完成基础教育优质数字资源建设项目，基础教育信息化应用取得了显著成效。

1560 | **12 月 27 日**

十二届全国人大常委会第十八次会议通过并发布《全国人民代表大会常务委员会关于修改〈中华人民共和国教育法〉的决定》。新《教育法》第六条规定：“教育应当坚持立德树人，对受教育者加强社会主义核心价值观教育，增强受教育者的社会责任感、创新精神和实践能力。国家在受教育者中进行爱国主义、集体主义、中国特色社会主义的教育，进行理想、道德、纪律、法治、国防和民族团结的教育。第十一条规定：“国家适应社会主义市场经济发展和社会进步的需要，推进教育改革，推动各级各类教育协调发展、衔接融通，完善现代国民教育体系，健全终身教育体系，提高教育现代化水平。国家采取措施促进教育公平，推动教育均衡发展。国家支持、鼓励和组织教育科学研究，推广教育科学研究成果，促进教育质量提高。”

1561 | **12 月 30 日**

中共中央政治局就中华民族爱国主义精神的历史形成和发展进行第二十九次集体学习。中共中央总书记习近平在主持学习时强调，伟大的事业需要伟大的精神。实现中华民族伟大复兴的中国梦，是当代中国爱国主义的鲜明主题。要大力弘扬伟大爱国主义精神，大力弘扬以改革创新为核心的时代精神，为实现中华民族伟大复兴的中国梦提供共同精神支柱和强大精神动力。习近平指出，爱国主义是中华民族精神的核心。爱国主义精神深深植根于中华民族心中，是中华民族的精神基因，维系着华夏大地上各个民族的团结统一，激励着一代又一代中华儿女为祖国发展繁荣而不懈奋斗。弘扬爱国主义精神，必须把爱国主义教育作为永恒主题，必须坚持爱国主义和社会主义相统一，必须维护祖国统一和民族团结，必须尊重和传承中华民族历史和文化，必须坚持立足民族又面向世界。[①]

1561

① 参见《人民日报》，2015 年 12 月 31 日。

2016 年

改革进行时

· 重要文件

国务院《关于鼓励社会力量兴办教育促进民办教育健康发展的若干意见》

国务院办公厅《关于加快中西部教育发展的指导意见》

国务院办公厅《关于强化学校体育促进学生身心健康全面发展的意见》

教育部等六部门《教育脱贫攻坚“十三五”规划》

教育部、财政部《关于免除普通高中建档立卡家庭经济困难学生学杂费的意见》

财政部、教育部《改善普通高中学校办学条件补助资金管理办法》

教育部《关于进一步推进高中阶段学校考试招生制度改革的指导意见》

中组部、中共教育部党组《关于加强中小学校党的建设工作的意见》

教育部、司法部、全国普法办《青少年法治教育大纲》

教育部《全国教育系统开展法治宣传教育的第七个五年规划（2016—2020 年）》

教育部等九部门《关于防治中小学生欺凌和暴力的指导意见》

国务院教育督导委员会办公室《中小学（幼儿园）安全工作专项督导暂行办法》

教育部等十一部门《关于推进中小学生研学旅行的意见》

教育部《督学管理暂行办法》

教育部《教育信息化“十三五”规划》

教育部《关于新形势下进一步做好普通中小学装备工作的意见》

• 重要政策

坚持教育脱贫攻坚

加快中西部教育发展

免除普通高中建档立卡家庭经济困难学生学杂费

进一步推进高中阶段学校考试招生制度改革

强化学校体育工作，促进学生身心健康全面发展

推进中小学生研学旅行

• 重要会议

教育部召开中小学爱国主义教育座谈会

教育部召开中小学教育质量综合评价改革实验工作现场交流会

• 改革亮点

国家加快中西部教育发展，加快普及高中阶段教育，着力改善高中阶段学校办学条件，办好乡村高中，加大学生资助力度。进一步扩大普通高考综合改革实验范围。启动高中阶段学校考试招生制度改革，推行和完善初中学业水平考试、综合素质评价和自主招生相结合的考试招生制度。加强学校美育、法制教育和体育工作。

1601 | **1月11日**

教育部在北京召开中小学爱国主义教育座谈会，学习贯彻习近平总书记在中共中央政治局第二十九次集体学习时重要讲话精神。北京、天津、河北、江西、河南、四川等地中小学师生、校长代表、教育部门负责同志应邀参加会议并踊跃发言。教育部有关负责同志强调，习近平总书记的重要讲话，紧密结合爱国主义的历史形成和发展历程，深刻阐述其核心要义和时代内涵，明确提出大力弘扬爱国主义精神的“五个必须”，为唱响爱国主义主旋律厘清了思想认识、明确了方向任务。各地要围绕弘扬和践行社会主义核心价值观、落实立德树人根本任务，在广大中小学校开展深入、持久、生动的爱国主义宣传教育，培养青少年学生爱国之情，砥砺强国之志，实践报国之行，让爱国主义精神代代相传、发扬光大。

1602 | **1月11日**

上海市教委、市精神文明办等部门发布《关于加强上海市普通高中学生志愿服务（公益劳动）管理工作的实施意见（试行）》。《实施意见》提出，将高中生志愿服务纳入课程计划，学校是责任主体，校长是第一责任人。

1603 | **1月15日**

教育部在北京召开2016年全国教育工作会议。中共教育部党组书记、教育部部长袁贵仁作工作报告。袁贵仁指出，教育系统要在国家总体战略和宏伟蓝图指引下，牢牢把握提高教育质量的重点任务。一是落实立德树人的根本任务。要坚定不移加强理想信念教育，千方百计促进学生身心健康，多种形式提高学生实践能力。二是加快教育结构调整。要发展普惠性学前教育，普及高中阶段教育，鼓励具备条件的普通本科高校向应用型转变，推进世界一流大学和一流学科建设，推进全民继续教育。三是下大功夫抓好教育公平。要精准帮扶困难群体，加快改造薄弱学校，全面提升中西部教育。四是提升办学要素水平。要提升教师队伍整体素质，加快推进教育信息化，依法保证教育投入稳定增长。

1604 | **1月22日**

青海省召开2016年全省教育工作会议，决定从春季学期开始，对省内六州藏区所有学生及西宁、海东两市贫困家庭学生普及15年免费教育。在“十三五”末前，全省均将实行15年免费教育。

1605 | **2月2日**

教育部、公安部印发《关于做好综合治理“高考移民”工作的通知》，旨在进一步完善进城务工人员随迁子女接受义务教育后在当地参加升学考试政策，防范和打击违法违规跨省（自治区、直辖市）获取高考资格的“高考移民”行为，确保高校考试招生公平有序。通知要求，地方各级教育行政部门要认真履行监管责任，根据本省（自治区、直辖市）实际情况制定监管实施方案；各地公安机关要认真履行工作职责，结合深入推进户口登记管理清理整顿工作，进一步严格户口迁移办理程序；地方各级招生考试机构要严格进行高考报名资格审查；高中阶段学校要规范办学行为。

1606 | **2月3日**

教育部印发《关于同意河北等17个省（自治区、直辖市）深化考试招生制度改革实施方案备案的通知》，同意将河北等17个省（自治区、直辖市）作为第三批启动普通高考综合改革的省份，启动改革的时间是为2018年。

1607 | **2月4日**

教育部发布《教育部2016年工作要点》。2016年工作要点有：一是切实加强党的建设，全面维护教育系统和谐稳定；二是始终贯彻落实立德树人根本任务，着力提高教育质量；三是坚持改革创新，不断为教育事业发展注入动力活力；四是坚持协调发展，不断优化教育结构；五是坚持共享发展，切实保障广大人民群众接受教育的权利。

1608 | **2月17日**

“上海市高中名校慕课平台”上线试运行。平台由上海中学、华东师范大学第二附属中学、复旦大学附属中学、上海交通大学附属中学四所学校共同建设。现已有21门课程，涵盖了语言文学、数学、社会科学、自然科学、技术、艺术、综合实践等7个领域。

1609 | **2月21日**

河北省人民政府发布《关于深化考试招生制度改革的实施方案》。《实施方案》提出，继续推进义务教育阶段招生改革，健全和完善普通高中学业水平考试制度，不断深化高中教育教学改革。自2018年秋季入学的高一年级学生开始，全面启动高考综合改革，到2021年初步建立符合教育规律和人才培养规律的选拔机制，基本形成具有河北特色的分类考试、综合评价、多元录取的考试招生模式，健全促进公平、科学选才、监督有力的体制机制，构建衔接沟通各级各类教育、认可多种学习成果的终身学习“立交桥”。

1610 | **2月23日至24日**

陕西省召开教育工作会议。会议提出，“十三五”期间陕西省将全面推行13年免费教育政策。从2016年秋季学期起，陕西省实行高中三年免费。

1611 | **3月5日**

十二届全国人大四次会议在北京人民大会堂开幕，国务院总理李克强作《政府工作报告》。《报告》指出，2015年，加快改善贫困地区义务教育薄弱学校办学条件，深化中小学教师职称制度改革，重点高校招收贫困地区农村学生人数又增长10.5%。《报告》提出“十三五”时期教育的主要目标任务是：实施义务教育学校标准化、普及高中阶段教育、建设世界一流大学和一流学科等工程，劳动年龄人口平均受教育年限从10.23年提高到10.8年。《报告》强调，2016年的重点工作是发展更高质量更加公平的教育。教育承载着国家的未来、人民的期盼。公共教育投入要加大向中西部和边远、贫困地区倾斜力度。大力发展现代职业教育，分类推进中等职业教育免除学杂费。对贫困家庭学生率先免除普通高中学杂费。落实提高乡村教师待遇政策。加快推进远程教育，扩大优质教育资源覆盖面。继续扩大重点高校面向贫困地区农村招生规模，落实和完善农民工随迁子女在当地就学和升学考试政策。支持和规范民办教育发展。从家庭到学校、从政府到社会，都要为孩子们的安全健康、成长成才担起责任，共同托起明天的希望。

1612 | **3月16日**

十二届全国人大四次会议表决通过《中华人民共和国国民经济和社会发展第十三个五年规划纲要》。《规划纲要》提出，要把提升人的发展能力放在突出重要位置，全面提高教育、医疗卫生水平，着力增强人民科学文化和健康素质，加快建设人力资本强国。全面贯彻党的教育方针，坚持教育优先发展，加快完善现代教育体系，全面提高教育质量，促进教育公平，培养德智体美全面发展的社会主义建设者和接班人。加快基本公共教育均衡发展。普及高中阶段教育，率先从建档立卡的家庭经济困难学生实施普通高中免除学杂费，高中阶段教育毛入学率达到 90% 以上。

1613 | **3月28日**

吉林省举行中小学“时事新闻课”试点工作启动仪式，决定从 2016 年 4 月开始，在全省中小学开展“时事新闻课”教育试点工作。

1614 | **4月11日**

石家庄市教育局印发《深化普职融通育人模式改革工作的意见》。《意见》提出，要在普通高中教育与中等职业教育、普通高中教育与高等职业教育、义务教育与中高等职业教育、特殊教育与中高等职业教育之间构建通畅的适合学生职业生涯发展的四条通道，开展普职融通育人模式改革。从 2016 年起，特教与职教、普高与中职、普高与高职普职融通学校分年度逐步扩大范围；2018 年，全市举办 25 个普职融通班；到 2020 年，凡有意愿参与改革的学校全部纳入普职融通改革范围，实现职业教育与普通教育的开放与融合。

1615 | **4月16日**

上海市教委公布 2016 年普通高校考试招生工作办法，提出将合并本科第一、第二批次，首次设立自主招生控制分数线，开展综合评价录取改革的高校将扩至 9 所。

1616 | 4月18日

四川省人民政府发布《四川省深化考试招生制度改革实施方案》。《实施方案》提出，自2021年起，高校招生依据考生高考总成绩（3门必考科目+3门选考科目），参考其综合素质评价情况，择优录取。

1617 | 4月21日

国务院办公厅印发《关于强化学校体育促进学生身心健康全面发展的意见》。《意见》要求，到2020年，学校体育办学条件总体达到国家标准，体育课时和锻炼时间切实保证，教学、训练与竞赛体系基本完备，体育教学质量明显提高；学生体育锻炼习惯基本养成，运动技能和体质健康水平明显提升，规则意识、合作精神和意志品质显著增强；政府主导、部门协作、社会参与的学校体育推进机制进一步完善，基本形成体系健全、制度完善、充满活力、注重实效的中国特色学校体育发展格局。切实保证学生每天一小时校园体育活动落到实处。中小学校要组织学生开展大课间体育活动，寄宿制学校要坚持每天出早操。组织开展全国学校体育工作示范校创建活动。《意见》提出，中小学要把学生参加体育活动情况、学生体质健康状况和运动技能等级纳入初中、高中学业水平考试，纳入学生综合素质评价体系。

1618 | 4月24日

北京市八一学校和中国航天人才开发交流中心宣布，将于2017年发射一颗由航天专家指导、中学生主导的低轨道中学生科普卫星，以此提升中小学生对航空航天技术的认知。在专家指导下，中学生参与主导设计，成为这颗低轨道卫星的一大特色。中学生将在航天专家的带领下直接参与这颗科普卫星的设计、建造、测试、发射、地面站建设等科研工作。

1619 | 4月27日

国务院总理李克强主持召开国务院常务会议。会议部署加快中西部教育发展补“短板”，夯实发展基础、促进社会公平。会议提出，完善中职学校生均经费标准，逐步分类推进中职教育免除学杂费。加快普及高中阶段教育。新建和改扩建一批普通高中，提升乡村高中办学条件，加快实现宽带接入，率先对贫困家庭学生实施普通高中免除学杂费，到 2020 年使中西部地区高中阶段教育毛入学率达到 90%。

1620 | **4 月 28 日**

国务院教育督导委员会办公室印发《关于开展校园欺凌专项治理的通知》。通知要求，各地各中小学校针对发生在学生之间蓄意或恶意通过肢体、语言及网络等手段，实施欺负、侮辱造成伤害的校园欺凌进行专项治理。此次专项治理覆盖全国中小学校（包括中等职业学校）分为两个阶段进行，第一阶段为 4 月至 7 月，各校开展治理；第二阶段为 9 月至 12 月，开展专项督查。

1621 | **5 月 9 日**

国家发改委、国家体育总局、教育部、国务院足球改革发展部际联席会议办公室发布《全国足球场地设施建设规划（2016—2020 年）》。《规划》指出，到 2020 年，全国足球场地数量超过 7 万块，平均每万人拥有足球场地达到 0.5 块以上，有条件的地区达到 0.7 块以上。《规划》要求，在确保正常教学秩序和校园安全的前提下，加快推动校园场地在课余时间向学生开放、向社会开放，建立学校和社区场地资源共享机制，显著提高校园场地综合利用率。政府投资兴建的足球场地应免费或低收费向社会开放。引导厂矿企业、机关事业单位等所属的足球场地设施向社会开放。通过政府购买服务等方式引导营利性场地设施为群众健身服务。鼓励职业俱乐部以适当形式开放场地，供训练、比赛和参观学习。明确校园和公共足球场地开放的条件和要求，对设施状况、开放时间、收费价格等予以公开明示。《规划》要求各地将足球场地设施建设纳入当地国民经济和社会发展规划。

1622 | **5 月 11 日**

《中国高中生学科及高考专业倾向测评（ZGZC）》研讨暨新闻发布会在北京举行。ZGZC 是由北京师范大学、华东师范大学和上海交通大学三所高校共同研发的一套针对我国高中、初中、中职学生关于职业规划教育领域的心理测评工具，旨在为学生在选择学科和专业时提供科学、专业的建议和指导，最大程度地降低盲目性和随意性。

1623 | 5月11日

国务院办公厅印发《关于加快中西部教育发展的指导意见》。《指导意见》指出，加快普及高中阶段教育。统筹普通高中和中职教育协调发展，优化学校布局，改善办学条件，提高办学质量，完善经费投入机制，加大学生资助力度，不断提高高中阶段教育普及水平。国家继续实施普通高中改造计划、现代职业教育质量提升计划等项目，着力改善高中阶段学校办学条件。到2020年，集中连片特困地区高中阶段教育毛入学率超过85%，中西部地区达到90%。《指导意见》提出，新建、改扩建普通高中。在没有普通高中的县，根据人口变动趋势和实际情况，因地制宜新建、改扩建一批普通高中，方便学生在当地入学。人口5万人以上或初中在校生2000人以上的县，应建设一所高中。人口少于5万人且初中在校生较少的县，可将基础较好的初中学校改扩建为完全中学，或与其他县联办、合办普通高中。《指导意见》强调，办好乡村高中。各地要根据人口变化趋势和城镇化建设规划，合理布局普通高中，优先保障乡村高中，严禁建设超标准豪华学校。加快改善乡村高中办学条件，到2020年，乡村高中全部达到基本办学标准。

1624 | 5月25日

教育部在山东济南召开新闻发布会，介绍全国中小学德育工作情况，并解读《山东省中小学德育课程一体化实施指导纲要》。《指导纲要》包括“德育课程指导纲要”“学科德育指导纲要”“中华优秀传统文化指导纲要”“实践活动德育指导纲要”四部分。每个指导纲要还结合具体教学内容和教学特点，提出教学实施建议，并根据学科德育要求，给出3个至5个典型评价案例，供教师教学时参考。

1625 | **6 月 7 日**

教育部发布《教育信息化“十三五”规划》。《规划》提出，到 2020 年，基本建成“人人皆学、处处能学、时时可学”，与国家教育现代化发展目标相适应的教育信息化体系；基本实现教育信息化对学生全面发展的促进作用、对深化教育领域综合改革的支撑作用和对教育创新发展、均衡发展、优质发展的提升作用；基本形成具有国际先进水平、信息技术与教育融合创新发展的中国特色教育信息化发展路子。

1626 | **6 月 17 日**

陕西省人民政府召开新闻发布会，宣布陕西省将于 2019 年启动高考招生制度综合改革。2022 年起，高考成绩由普通高校招生全国统一考试的语文、数学、外语 3 个科目成绩和普通高中学业水平考试 3 个科目的等级性考试成绩组成。不分文理科，外语科目提供两次考试机会。

1627 | **6 月 28 日**

教育部、司法部、全国普法办印发《青少年法治教育大纲》。《大纲》提出，高中教育阶段法治教育的目标是使学生较为全面地了解中国特色社会主义法律体系的基本框架、基本制度以及法律常识，强化守法意识，增强法治观念，牢固树立有权利就有义务的观念，初步具备参与法治实践、正确维护自身权利的能力。高中教育阶段的法治教育内容是在义务教育阶段教学内容的基础上，根据学生成长需要和认知能力的发展，全面拓展法律常识、法律制度的内容，有针对性地增加重要的法律知识；加大法治原则、法律理念的教学深度，注重增加教育教学的实践性、参与性和思辨性，结合现实案例、法治实践，着重引导学生理解、认同法律背后的价值、宗旨，注重法治意识的培养。《大纲》指出，要将必要的法律常识纳入不同阶段学生学业评价范畴，在中、高考中适当增加法治知识内容，将法治素养作为学生综合素质的重要组成部分。

1628 | **6 月 29 日**

中组部、中共教育部党组印发《关于加强中小学校党的建设工作的意见》。《意见》要求，充分发挥中小学校党组织政治核心作用；健全完善中小学校党建工作管理体制；全面提升中小学校党组织建设水平；把抓好德育和思想政治工作为中小学校党组织重要任务；切实加强对中小学校党建工作的领导。

1629 | **7 月 11 日**

新疆维吾尔自治区人民政府召开新闻发布会，决定开设普通高中“杏林实验班”，采用“3+5”模式，培养中医、民族医后备人才。

1630 | **7 月 13 日**

教育部印发《关于新形势下进一步做好普通中小学装备工作的意见》。《意见》针对当前存在的装备标准体系不健全，区域、城乡、校际发展不平衡，不适应教育教学的需要等问题，创新性地提出了一系列措施，着力构建配备、管理、应用、创新、保障为一体的教育装备工作体系和政府部门、社会、学校共同参与的教育装备工作新格局。

1631 | **7 月 21 日**

教育部印发《全国教育系统开展法治宣传教育的第七个五年规划（2016—2020 年）》。《规划》提出，要贯彻落实国家“七五”普法规划任务要求，全面提升教育系统法治观念和法律素养；切实将法治教育纳入国民教育体系，形成学校、家庭、社会“三位一体”的青少年法治教育格局；坚持普法与法治实践相结合，不断提高教育系统依法治理水平。

1632 | **7 月 25 日**

广西壮族自治区教育厅印发《关于切实做好中小学（幼儿园）结对帮扶工作的通知》，要求所有公办幼儿园、小学、初中、普通高中、特殊教育学校全部参与结对帮扶工作。

1633 | **7 月 29 日**

教育部发布《督学管理暂行办法》。《暂行办法》从聘任、责权、监管、培训、考核等方面，强化国家教育督导，加强督学队伍建设，促进督学管理科学化、规范化、专业化，提高教育督导工作质量和水平，保障教育事业科学发展。《暂行办法》指出，督学可行使五项权力：一是就督导事项有关问题进入相关部门和学校开展调查。二是查阅、复制与督导事项有关的文件、材料。三是要求被督导单位就督导事项有关问题作出说明。四是采取约谈有关负责人等方式督促问题整改落实。五是对被督导单位的整改情况进行监督、检查。

1634 | 8月5日

山东省人民政府办公厅印发《关于贯彻国办发〔2015〕71号文件全面加强和改进学校美育工作的实施意见》，要求到2018年，按国家部署要求开齐开足开好美育课程，以学区为单位，配齐音乐、美术等美育课程专职教师。《实施意见》指出，到2020年初步建立起大中小幼美育相互衔接，课堂教学、课外活动、校园文化、艺术展演四位一体的美育实施体系。普通高中艺术课程开设不低于6个学分。

1635 | 8月16日

国务院总理李克强主持召开国务院常务会议。为贯彻《中共中央、国务院关于打赢脱贫攻坚战的决定》要求，推进教育公平，会议决定，从2016年秋季学期起，免除公办普通高中建档立卡家庭经济困难学生，包括非建档立卡家庭经济困难残疾学生的学杂费，对民办学校符合条件的学生，按照当地同类型公办学校标准给予补助。

1636 | 8月17日

据《中国教育报》报道，河北省石家庄市从2016年起，将在市属9所中职学校开设普职融通实验班。经过学期末的统一考核测试，在普职融通实验班中选拔不超过15%的优秀学生到所申报的普通高中就读。

1637 | 8月29日

教育部与北京、上海、江苏、福建、山东、重庆、四川、甘肃等八省（直辖市）签署学校美育改革发展备忘录，旨在推动中央部门和地方人民政府构建上下联动、统筹整合、协同推进的学校美育改革发展工作机制。

1638 | 8月30日

山东省教育厅发布《山东省依法治教实施规划（2016—2020年）》，明确提出22项举措，全面推进依法治教，着力提升教育治理能力和治理体系现代化。

1639 | 8月30日

教育部、财政部印发《关于免除普通高中建档立卡家庭经济困难学生学杂费的意见》。《意见》提出，按照“中央政策引导、地方统筹实施”的原则，从2016年秋季学期起，免除普通高中建档立卡等家庭经济困难学生（含非建档立卡的家庭经济困难残疾学生、农村低保家庭学生、农村特困救助供养学生）学杂费。

1640 | 9月9日

在第三十二个教师节前夕，中共中央总书记、国家主席、中央军委主席习近平到北京市八一学校看望慰问师生，向全国广大教师和教育工作者致以节日祝贺和诚挚问候。习近平强调，教育决定着人类的今天，也决定着人类的未来。基础教育在国民教育体系中处于基础性、先导性地位，必须把握好定位，全面贯彻落实党的教育方针，从多方面采取措施，努力把我国基础教育越办越好。广大教师要做学生锤炼品格的引路人，做学生学习知识的引路人，做学生创新思维的引路人，做学生奉献祖国的引路人。①

1641 | 9月13日

北京师范大学举行新闻发布会，宣布教育部委托课题——中国学生发展核心素养研究成果正式发布。该研究成果将中国学生发展核心素养分为文化基础、自主发展、社会参与3个方面，综合表现为人文底蕴、科学精神、学会学习、健康生活、责任担当、实践创新等6大素养，具体细化为国家认同等18个基本要点。

---

① 参见《人民日报》，2016年9月10日。

1642—46

1642 | 9月18日

新疆维吾尔自治区教育工委、区教育厅召开干部大会。大会宣布，新疆将全面落实南疆地区14年免费教育政策，推进其他地区14年免费教育，逐步实现全区15年免费教育。

1643 | 9月18日

教育部印发《关于进一步推进高中阶段学校考试招生制度改革的指导意见》。《指导意见》提出，到2020年左右初步形成基于初中学业水平考试成绩、结合综合素质评价的高中阶段学校考试招生录取模式和规范有序、监督有力的管理机制，促进学生全面发展健康成长，维护教育公平。推行初中学业水平考试，完善学生综合素质评价，改革招生录取办法，进一步完善自主招生政策，加强考试招生管理。

1644 | 9月

教育部考试中心印发《关于2017年普通高考考试大纲修订内容的通知》，对语文、数学、历史等学科考试内容进行调整。其中，语文、数学变化较大，语文将“文学类文本阅读”“实用类文本阅读”均设为必考内容，数学减少选考模块“几何证明选讲”。

1645 | 10月18日

上海学生运动会在上海交通大学开幕。本届运动会采用全过程信息化管理，首次把运动会成绩与上海市教委信息库对接。运动会成绩是学生高考综合素质评价的参考。

1646 | 10月18日

教育部办公厅等四部门发布《普通高中建档立卡家庭经济困难学生免除学杂费政策对象的认定及学杂费减免工作暂行办法》。《暂行办法》对普通高中阶段建档立卡家庭及建档立卡家庭经济困难学生、农村低保家庭学生、农村特困救助供养学生、残疾学生的认定及学杂费减免等作出具体规定。

1647 | **10 月 25 日**

中共中央、国务院发布《“健康中国 2030”规划纲要》。《规划纲要》提出，加大学校健康教育力度，将健康教育纳入国民教育体系，把健康教育作为所有教育阶段素质教育的重要内容。以中小学为重点，建立学校健康教育推进机制。构建相关学科教学与教育活动相结合、课堂教育与课外实践相结合、经常性宣传教育与集中式宣传教育相结合的健康教育模式。培养健康教育师资，将健康教育纳入体育教师职前教育和职后培训内容。

1648 | **10 月 27 日**

教育部在四川成都举行中小学教育质量综合评价改革实验工作现场交流会。这是 2013 年 12 月教育部启动教育质量综合评价改革实验工作以来召开的第一次工作总结和推进会议。

1649 | **11 月 1 日**

教育部、中央综治办、最高人民法院等九部门联合印发《关于防治中小学生欺凌和暴力的指导意见》。《指导意见》强调，要积极有效预防学生欺凌和暴力，依法依规处置学生欺凌和暴力事件，切实形成防治学生欺凌和暴力的工作合力。

1650 | **11 月 7 日**

十二届全国人大常委会第二十四次会议表决通过《关于修改〈中华人民共和国民办教育促进法〉的决定》。新《民办教育促进法》于 2017 年 9 月 1 日起施行。

1651 | **11 月 10 日**

一颗命名为“丰台少年一号暨少年梦想一号”的小卫星在酒泉卫星发射基地成功升空。这是我国首颗由中学生参与研制并成功升空的卫星。我国成为继美国、俄罗斯、法国、日本、印度之后第 6 个发射由青少年参与研制卫星并顺利升空的国家。北京市第十二中学、北京市第十八中学、北京市航天中学三所学校的六名学生在专家的指导下，参与“丰台少年一号暨少年梦想一号”小卫星课题研究。

1652—56

1652 | 11月24日

据《中国教育报》报道，新疆维吾尔自治区决定启动普通高中与职业高中融通发展改革试点，建立一批普职融通的综合高中。

1653 | 11月30日

国务院教育督导委员会办公室发布《中小学（幼儿园）安全工作专项督导暂行办法》。《暂行办法》规定，中小学（幼儿园）安全工作专项督导由国务院教育督导委员会办公室负责组织实施，主要检查地方各级人民政府、相关职能部门和学校安全工作治理体制、机制和治理能力、措施的建设、落实等情况。

1654 | 11月30日

教育部等十一部门印发《关于推进中小学生研学旅行的意见》。《意见》要求，规范研学旅行组织管理，各地教育行政部门和中小学要探索制定中小学生研学旅行工作规程，做到“活动有方案，行前有备案，应急有预案”。学校组织开展研学旅行可采取自行开展或委托开展的形式，提前拟定活动计划并按管理权限报教育行政部门备案，并做好学生活动管理和安全保障工作。学校自行开展研学旅行，要与家长签订协议书，明确学校、家长、学生的责任权利；学校委托开展研学旅行，要与有资质、信誉好的委托企业或机构签订协议书，明确委托企业或机构承担学生研学旅行安全责任。

1655 | 12月5日

财政部、教育部联合发布《改善普通高中学校办学条件补助资金管理办法》。《管理办法》旨在规范和加强改善普通高中学校办学条件补助资金管理，提高资金使用效益。

1656 | 12月7日

国家食药监总局、教育部印发《关于进一步加强中小学校和幼儿园食品安全监督管理工作的通知》。通知要求，严把中小学和幼儿园食堂食品经营许可准入关，进一步加强中小学和幼儿园食品安全监管工作。

1657 | **12月15日**

国务院发布《“十三五”国家信息化规划》。《规划》提出，实施在线教育普惠行动，到2020年，基本建成数字教育资源公共服务体系，形成覆盖全国、多级分布、互联互通的数字教育资源云服务体系。

1658 | **12月16日**

教育部、国家发改委、民政部、财政部、人社部、国务院扶贫办六部门印发《教育脱贫攻坚“十三五”规划》。《规划》指出，发展学前教育，巩固提高义务教育，普及高中阶段教育，到2020年，贫困地区教育总体发展水平显著提升，实现建档立卡等贫困人口教育基本公共服务全覆盖。保障各教育阶段从入学到毕业的全程全部资助，保障贫困家庭孩子都可以上学，不让一个学生因家庭困难而失学。每个人都有机会通过职业教育、高等教育或职业培训实现家庭脱贫，教育服务区域经济社会发展的能力显著增强。

1659 | **12月28日**

国务院总理李克强主持召开国务院常务会议，通过《国家教育事业发展“十三五”规划》。会议指出，要落实学校办学自主权，鼓励有条件的普通高中实行“选课制”“走班制”，推行产教融合的职业教育模式。新增高教资源向新的城镇化地区、产业集聚区等延伸。探索建立适应弹性学习、学分制和主辅修制的本科教学制度，逐步建立基于平时学业和统一考试、参考综合素质评价的普通高中和高校招生录取机制。

1660 | **12月29日**

国务院印发《关于鼓励社会力量兴办教育促进民办教育健康发展的若干意见》。《意见》提出，实行非营利性和营利性分类管理，实施差别化扶持政策，积极引导社会力量举办非营利性民办学校。统筹教育、登记、财政、土地、收费等相关政策，营造有利于民办教育发展的制度环境。

1661 | **12月30日**

教育部办公厅印发《关于做好2017年普通高等学校部分特殊类型招生工作的通知》。通知规定，在保送生招生方面，2017年，省级优秀学生、中学生学科奥林匹克竞赛国家集训队成员、部分外国语中学推荐优秀学生、公安英烈子女、退役运动员等五类人员仍具备高校保送资格。高校均可以从上述五类人员中招收保送生，其中公安英烈子女按有关规定只能保送至公安类院校。按照中央有关要求，为进一步清理和规范保送生项目，对2017年秋季及以后进入高中阶段一年级的学生，将取消省级优秀学生保送资格条件，2020年起所有高校停止省级优秀学生保送生招生；有关外国语中学推荐保送生限额将逐步减少，高校要安排外国语言文学类专业招收外
1661 国语中学推荐保送生，并向国家“一带一路”发展所需非通用语种专业倾斜。

2017年

改革进行时

• 重要文件

国务院《国家教育事业发展“十三五”规划》

中共中央办公厅、国务院办公厅《关于深化教育体制机制改革的意见》

国务院办公厅《关于加强中小学幼儿园安全风险防控体系建设的意见》

教育部等四部门《高中阶段教育普及攻坚计划（2017—2020年）》

国家发改委、教育部、人社部《教育现代化推进工程实施方案》

教育部《中小学德育工作指南》

教育部《中小学综合实践活动课程指导纲要》

教育部《关于全面推进教师管理信息化的意见》

教育部等十一单位《加强中小学生欺凌综合治理方案》

• 重要政策

深化教育体制机制改革

实施高中阶段教育普及攻坚计划

成立国家教材委员会

鼓励普通高中开设职业类选修课程

实施中小学综合实践活动课程

加强中小学幼儿园安全风险防控体系建设

全面推进教师管理信息化

• 重要会议

教育部召开全国高中阶段教育普及攻坚工作会议

教育部召开全国教研工作会议

教育部召开全国大中小学教材建设五年规划和管理办法研制工作会议

• 改革亮点

深化教育体制机制改革。为了全面贯彻党的教育方针，坚持社会主义办学方向，全面落实立德树人根本任务等，中共中央办公厅、国务院办公厅印发《关于深化教育体制机制改革的意见》。《意见》明确了我国深化教育体制机制改革的指导思想、基本原则和主要目标等，有助于破除当前教育事业发展中各种体制机制障碍。

实施高中阶段教育普及攻坚计划，设定提高普及水平、优化教育结构、加强条件保障、提升教育质量等四项重点任务。教育部与四川省等省份签定普及攻坚备忘录，建立部省协同推进机制。高考综合改革落地，多地改革本科录取批次、高考加分政策等。

1701 | **1月3日**

教育部基础教育二司发布《关于在中小学地方课程教材中全面落实“十四年抗战”概念的函》。函件要求，将教材中“八年抗战”一律改为“十四年抗战”。教材应全面反映日本侵华罪行，强调九一八事变后的十四年抗战历史是前后贯通的整体。

1702 | **1月10日**

国务院发布《国家教育事业发展“十三五”规划》。《规划》指出，“十二五”时期，我国教育总体发展水平进入世界中上行列，教育公平取得重要进展，教育质量稳步提升，服务经济社会发展能力显著增强。“十三五”时期教育改革发展的总目标是：教育现代化取得重要进展，教育总体实力和国际影响力显著增强，推动我国迈入人力资源强国和人才强国行列，为实现中国教育现代化2030年远景目标奠定坚实基础。到2020年，高中阶段教育毛入学率达到90%。

1703 | **1月13日**

为加强和改进中小学校领导人员管理，根据《事业单位领导人员管理暂行办法》， 中共中央组织部、教育部联合发布《中小学校领导人员管理暂行办法》。《办法》适用于公办中小学校和幼儿园的领导班子成员，就领导人员的“任职条件和资格、选拔任用、任期和任期目标责任、考核评价、职业发展和激励保障、监督约束、退出” 等提出规定。

1704 | **1月13日至14日**

教育部在北京召开2017年全国教育工作会议。中共教育部党组书记、教育部部长陈宝生作工作报告时指出，2017年是实施“十三五”规划的重要一年，是扎实工作以优异成绩迎接党的十九大胜利召开的关键之年，基本实现教育现代化进入全面攻坚阶段。面对我国教育改革发展的新形势新要求，要坚持稳中求进和内涵发展两个基本原则，牢牢坚持“六个根本”。要免除普通高中建档立卡家庭经济困难学生学杂费；深化考试招生制度改革，推动中高考改革相协调、相衔接；加快普通高中课程教材修订工作，启动普通高中思想政治、语文、历史教材修订工作；继续做好免除普通高中建档立卡家庭经济困难学生学杂费相关工作；加快实施以居住证为主要依据的随迁子女入学办法，督促有关省（自治区、直辖市）进一步完善随迁子女在当地参加高考政策，为符合条件的随迁子女提供平等考试录取机会；高考改革要顺利实施，密切跟踪指导高考综合改革试点工作，进一步指导上海、浙江完善改革方案和相关措施，确保2017年两地基于“两依据一参考”的新录取模式顺利实施。

1705 | **1月17日**

作为山东省唯一的教育综合改革实验区，青岛市发布《青岛市教育综合改革方案（2016—2020年）》。《方案》提出，在普通高中全面推行选课走班教学。

1706 | **2月4日**

青岛市人民政府发布《青岛市中小学校管理办法》。《管理办法》规定，中小学校可以在核准的进人计划内，自主招聘紧缺专业和高层次人才。中小学校可以通过购买服务的形式，配备中小学教学辅助人员、工勤人员和中等职业学校兼职教师。

1707 | **2月13日**

国家发改委、教育部、人社部联合发布《教育现代化推进工程实施方案》。《实施方案》明确将教育基础薄弱县普通高中建设列为五大建设任务之一。该任务的建设目标是普及高中阶段教育，高中阶段教育毛入学率达到90%。

1708 | **2月13日**

教育部印发《关于做好2017年普通高校招生工作的通知》。通知提出，启动第二批高考综合改革试点，北京、天津、山东、海南成为第二批高考综合改革的试点省（直辖市）。2017年9月，四省（直辖市）入学的高一新生不分文理科，使用新高考方案。

1709 | **2月14日**

教育部发布《教育部2017年工作要点》。2017年工作要点有：一是全面贯彻落实高校思想政治工作会议精神，切实加强教育系统党的建设；二是全面深化体制机制改革，不断激发教育发展活力；三是加快优化结构，促进各级各类教育协调发展；四是始终贯彻立德树人根本任务，着力提高教育质量；五是大力促进教育公平，切实缩小城乡、区域、校际、群体差距；六是全面提升教育保障水平，维护教育系统和谐稳定。

1710 | **2 月 17 日**

京津冀教育协同发展工作推进会在河北廊坊召开。京津冀三省（直辖市）教育部门发布了《京津冀教育协同发展“十三五”专项工作计划》。《计划》提出，三省（直辖市）在教育领域非首都功能疏解、北京城市副中心与津冀毗邻地区教育统筹发展、教育对口帮扶等十方面进行重点合作。

1711 | **2 月 17 日**

中国教科院、北京市海淀区教科院、北京理工大学附属中学教育集团三方签署合作协议，共同建设“基础教育研究基地”。中国教科院将按照科研引领、共建共享的合作机制，与海淀区教科院一同帮助北京理工大学附属中学全面深入推进“发现教育”的理论研究和实践探索，构建科学合理、可复制的“发现教育”理论体系和实践路径等。

1712 | **2 月 24 日**

教育部在北京召开全国教研工作会议。会议提出，普通高中课程方案和新修订的高中各科课程标准有三大变化：一是凝练各学科核心素养；二是融入学业质量标准的要求；三是理顺教学与高考的关系，实现“以学定考”。

1713 | **2 月 24 日**

教育部办公厅印发《关于做好中小学生课后服务工作的指导意见》。《指导意见》强调，把课后服务工作纳入中小学校考评体系，充分发挥中小学校课后服务主渠道作用，积极探索形成各具特色的课后服务工作模式。

1714 | **3 月 2 日**

山东省人民政府办公厅印发《关于加强高中阶段教育改革发展的意见》。《意见》指出，到 2020 年，全省高中阶段教育毛入学率稳定在

98% 以上，普通高中与中等职业教育结构更加合理，经费投入和成本分担机制更加完善，办学特色更加鲜明，教育质量明显提升，为全面展开新旧动能转换重大工程、全面建成小康社会奠定人才基础。

1715 | **3 月 5 日**

十二届全国人大五次会议在北京人民大会堂开幕，国务院总理李克强作《政府工作报告》。《报告》在回顾 2016 年教育工作时指出，财政性教育经费支出占国内生产总值比例继续超过 4%。重点高校招收贫困地区农村学生人数增长 21.3%。免除农村贫困家庭学生普通高中学杂费。全年资助各类学校家庭困难学生 8400 多万人次。《报告》在谈到 2017 年教育重点工作任务时强调，办好公平优质教育。继续扩大重点高校面向贫困地区农村招生规模。加快发展现代职业教育。支持和规范民办教育发展。支持和规范尼办教育发展加强教师队伍建设。制定实施《中国教育现代化 2030》。要发展人民满意的教育，以教育现代化支撑国家现代化，使更多孩子成就梦想、更多家庭实现希望。

1716 | **3 月 17 日**

天津市 2017 年高考考生参加高考英语科目“一年两考”首次考试。根据高考改革实施方案，从 2017 年高考开始，天津市在现有高考英语听力两次考试的基础上，实行高考英语笔试两次考试，取听力和笔试各两次考试中较高的分数计入高考英语总分。

1717 | **3 月 24 日**

教育部、国家发改委、财政部、人社部等四部门发布《高中阶段教育普及攻坚计划（2017—2020 年）》。《计划》提出，到 2020 年，全国普及高中阶段教育，适应初中毕业生接受良好高中阶段教育的需求。全国各省（自治区、直辖市）毛入学率均达到 90% 以上，中西部贫困地区毛入学率显著提升；普通高中与中等职业教育结构更加合理，招生规模大体相当；学校办学条件明显改善，满足教育教学基本需要；经费投入机制更加健全，生均拨款制度全面建立；教育质量明显提升，办学特色更加鲜明，吸引力进一步增强。

1718 | **3 月 27 日**

国务院教育督导委员会办公室发布《中小学校体育工作督导评估办法》。《办法》指出，督导评估内容包括统筹管理、教育教学、条件保障、评价考试、体质健康等方面。

1719 | **3 月 29 日**

北京市招生考试委员会召开 2017 年第一次会议，确认实施本科录取批次改革，取消本科三本，将本科二、三批合并为本科二批。同时，调整"少数民族"加分项目，加分考生范围为"从边疆、山区、牧区、少数民族聚居地区在高中教育阶段转学到本市的少数民族考生"，加分分值为 5 分，并仅适用于市属高校招生录取。

1720 | **3 月 31 日**

教育部印发《关于全面推进教师管理信息化的意见》。《意见》提出，将高效采集、有效整合教师系统及相关教育管理服务平台生成的教师信息，形成教师队伍大数据，作为教师工作决策的基础支撑和重要依据。

1721 | **4 月 5 日**

山东省人民政府召开 2017 年普通高校考试招生新闻发布会。发布会披露，从 2017 年起，山东省夏季高考将合并本科一批、二批录取批次，扩大本科高校综合评价招生试点，扩大高职院校单独招生规模。

1722 | **4 月 11 日**

教育部与内蒙古、吉林、黑龙江、陕西、青海等五省（自治区）以及山东省青岛市在北京签署开展"一带一路"教育行动国际合作备忘录。中共教育部党组书记、教育部部长陈宝生向有关负责同志表示，党中央、国务院领导高度重视"一带一路"人文交流机制建设工作，教育部也将继续支持各省（自治区、直辖市），全面搭建省部共建合作推进平台。

1723 | **4 月 11 日**

重庆市召开 2017 年普通高校考试招生工作会。会议提出，从 2017 年起，重庆市取消"农村独生女、三峡库区搬迁移民子女"两项地方性加分照顾政策，并调整高职对口招生中护理类、药剂类、教育类专业的报名条件。

1724 | **4月12日**

新疆维吾尔自治区公布2017年普通高等学校招生工作规定。从2017年起，新疆将取消双语班考生普遍性照顾加分政策。

1725 | **4月13日**

中共中央、国务院发布《中长期青年发展规划（2016—2025年）》。《规划》提出，到2020年，具有中国特色的青年发展政策体系和工作机制初步形成，广大青年思想政治素养和全面发展水平进一步提升，在决胜全面建成小康社会伟大实践中的生力军和突击队作用得到充分发挥。到2025年，具有中国特色的青年发展政策体系和工作机制更加完善，广大青年思想政治素养和全面发展水平明显提升，不断成长为志存高远、德才并重、情理兼修、勇于开拓，堪当实现中华民族伟大复兴中国梦历史重任的有生力量。《规划》从思想道德、教育、健康、婚恋、就业创业、文化、社会融入与社会参与、维护合法权益、预防违法犯罪、社会保障等十个方面提出了青年的具体发展目标，并提出了具体发展措施。

1726 | **4月17日**

上海市曹杨中学被命名为上海市特色普通高中。这是上海市自2011年设立特色高中建设与评估项目以来，命名的首所特色普通高中。

1727 | **4月24日**

教育部在四川成都召开全国高中阶段教育普及攻坚工作会议。会议强调，要深入贯彻党中央、国务院有关重大决策，全面实施《高中阶段教育普及攻坚计划（2017—2020年）》，努力办好公平优质多样的高中阶段教育，确保到2020年如期实现普及高中阶段教育的战略目标。中共教育部党组书记、教育部部长陈宝生出席会议并讲话指出，普及高中阶段教育，是继2011年全面普及九年义务教育之后，党中央、国务院作出的普及更高阶段教育的重大战略决策。推动高中阶段教育的普及发展，是中国梦的教育篇，对于应对国际竞争和未来挑战，对于进一步提升国民整体素质、建设人力资源强国，对于促进教育持续健康发展，满足人民群众对多样化、高质量教育的迫切需求，都具有重要意义。会后，教育部与四川、江西、河南、广西、海南、贵州、云南、西藏、青海、新疆等省（自治区）人民政府签署《关于高中阶段教育普及攻坚备忘录》，建立部省协同推进机制。

1728 | **4 月 25 日**

国务院办公厅印发《关于加强中小学幼儿园安全风险防控体系建设的意见》。《意见》提出，针对影响学校安全的突出问题、难点问题，进一步整合各方面力量，加强和完善相关制度、机制，深入改革创新，加快形成党委领导、政府负责、社会协同、公众参与、法治保障，科学系统、全面规范、职责明确的学校安全风险预防、管控与处置体系，切实维护师生人身安全，保障校园平安有序，促进社会和谐稳定。《意见》要求，完善学校安全风险预防体系，健全学校安全教育机制，积极培育可以为学校提供安全风险防控服务的专业化社会组织。健全学校安全风险管控机制，严厉打击涉及学校和学生安全的违法犯罪行为，实行专案专人制度。完善学校安全事故处理和风险化解机制，建立多元化的事故风险分担机制，积极构建学校依法处理安全事故的支持体系。

1729 | **4 月 26 日**

“北京十二中钱学森学校”揭牌。这是目前全国唯一一所以中国航天事业的奠基人钱学森先生名字命名的中学。北京十二中钱学森学校是在北京十二中“钱学森航天实验班”的基础上创办的。

1730 | **4 月 27 日**

据《中国教育报》报道，安徽省教育招生考试院公布 2017 年高考招生工作方案。自 2017 年起，安徽高考招生将合并普通文理科本科二批、本科三批。安徽高考文理科录取分本科提前批、高职(专科)提前批、本科第一批、本科第二批、高职(专科)批 5 个批次。根据新方案，本科第二批可填报 10 个院校志愿，本科第一批和高职(专科)批可填报 6 个平行志愿。此外，安徽高考加分政策新增“优先录取”项，经共青团中央青年志愿者守信联合激励系统认定，获得“5A级青年志愿者”称号的，在与其他考生同等条件下将被优先录取。

1731 | **5月15日**

河北省石家庄市教育局印发《石家庄市普通高中多样化发展全面提升行动计划》，旨在探索创建以重点项目为载体的综合学术型、学科特色型、普职融通型、国际教育型和其他类型等五类特色高中。

1732 | **5月19日**

教育部在北京召开全国大中小学教材建设五年规划和管理办法研制工作会议。会议旨在系统规划未来五年教材建设工作，加强教材管理基础性制度建设，落实党中央、国务院新的要求。研制任务主要包括大中小学教材建设五年规划和四个教材管理办法。教材管理办法覆盖中小学教育、中等职业教育、高等教育教材，以及引进教材选用，建立健全各级各类教材编写、审查、使用及引进等各环节的制度。

1733 | **5月22日**

湖南省教育厅发布《湖南省2017年普通高等学校招生工作实施办法》。《实施办法》指出，湖南省2017年所有平行志愿（包括军事院校志愿、贫困专项计划志愿等）的学校数从5个增加到10个。另外，《实施办法》对“农村学生专项计划”录取、艺术类招生、专科提前批、定向培养、直招士官志愿、机动计划使用等方面进行政策调整。

1734 | **5月25日**

河南省教育厅发布《关于做好2017年高中阶段学校招生工作的通知》，决定从2017年起，高中阶段学校招生取消体育、艺术等加分项目，试点启动中职学校、优质高中联合办学。

1735 | **5月26日**

2017年全国青少年校园足球工作研讨会在北京举行。教育部副部长田学军出席会议并讲话指出，2017年是校园足球深化改革、形成稳定机制的关键之年，要扩大足球人口基数，培养选拔高水平人才，把培养培训师资队伍作为重中之重，把足球场地建设作为基础保障。会议发布《全国青少年校园足球发展报告（2015—2017年）》《全国青少年校园足球师资培训报告》。

1736 | **6月14日**

河南省教育厅印发《关于在中等职业学校开展综合高中班试点工作的通知》，正式启动综合高中班试点工作。通知要求，综合高中班设在有条件的县级中等职业学校，每所中职学校可与当地1所至3所优质普通高中签订合作协议，联合举办综合高中班。合作校要共享教育教学资源，共同确定培养目标、课程体系、教学模式、管理方式、考核标准等。

1737 | **6月16日**

教育部印发《关于加强中小学（幼儿园）周边安全风险防控工作的紧急通知》，要求各地加强学校周边安全风险防控工作，确保广大师生生命安全。通知指出，各地教育部门和学校要会同综治、公安、工商、食药监、文化、城市管理等部门，全面开展一次安全隐患大排查，及时化解涉校涉生矛盾纠纷，消除各类安全隐患，确保学校周边环境安全、稳定、有序。

1738 | **6月23日**

山东省举行中小学中华优秀传统文化课程实施暨教科书审定工作新闻通气会。会议宣布，从2017秋季学期起，山东省中小学全面启用《中华优秀传统文化》教材。由此，山东省成为全国第一个在小学、初中和普通高中三个学段全面开设中华优秀传统文化课程的省份。

1739 | **7月3日**

国务院办公厅印发《关于成立国家教材委员会的通知》。通知指出，教材委员会的主要职责是指导和统筹全国教材工作，贯彻党和国家关于教材工作的重大方针政策，研究审议教材建设规划和年度工作计划，研究解决教材建设中的重大问题，指导、组织、协调各地区各部门有关教材工作，审查国家课程设置和课程标准制定，审查意识形态属性较强的国家规划教材。中共中央政治局委员、国务院副总理刘延东任主任，教育部部长陈宝生、中传副部长黄坤明任副主任，教育部副部长朱之文任秘书长。

1740 | **7月4日**

国家教材委员会召开第一次全体会议。会议强调，要落实党中央、国务院决策部署，坚持社会主义办学方向，推进大中小学教材建设，服务学生德智体美全面发展，为培养中国特色社会主义事业合格建设者和可靠接班人提供有力保障。

1741 | **7月5日**

北京市教委发布《北京市普通高中学业水平考试实施办法（试行）》《北京市普通高中学生综合素质评价实施办法（试行）》，对普通高中学业水平考试和普通高中学生综合素质评价作出具体规定。

1742 | **7月17日**

教育部、国家发改委、民政部、财政部、人社部、中国残联等单位发布《第二期特殊教育提升计划（2017—2020年）》。《计划》指出，到2020年，残疾儿童少年义务教育入学率达到95%以上，非义务教育阶段特殊教育规模显著扩大，各级各类特殊教育普及水平全面提高。特殊教育学校、普通学校随班就读和送教上门的运行保障能力全面增强。教育质量全面提升，建立一支数量充足、结构合理、素质优良、富有爱心的特教教师队伍，特殊教育学校国家课程教材体系基本建成，普通学校随班就读质量整体提高。《计划》提出，加快发展以职业教育为主的残疾人高中阶段教育。

1743 | **8月17日**

教育部发布《中小学德育工作指南》。《指南》提出分层次的德育目标，其中高中阶段的德育目标是：教育和引导学生热爱中国共产党、热爱祖国、热爱人民，拥护中国特色社会主义道路，弘扬民族精神，增强民族自尊心、自信心和自豪感，增强公民意识、社会责任感和民主法治观念，学习运用马克思主义基本观点和方法观察问题、分析问题和解决问题，学会正确选择人生发展道路的相关知识，具备自主、自立、自强的态度和能力，初步形成正确的世界观、人生观和价值观。

1744 | **8月31日**

国家工商总局、教育部印发《关于营利性民办学校名称登记管理有关工作的通知》，对营利性民办学校的命名规则和名称核准流程进行规范。通知规定，营利性民办学校不得以个人姓名作字号，法律、法规和国务院决定另有规定的从其规定，不得冠以“中国”“中华”“全国”“国际”“世界”“全球”等字样。其他企业未经法律、法规规定具有行政审批权限的审批机关审批并获得相应行政许可，名称中不得含有“大学”“学院”“学校”“高中”“幼儿园”“进修”“专修”等可能对公众造成误解或者引发歧义的内容和文字，但从事相关行业、作行业限定语等使用的除外。

1745 | **9月24日**

中共中央办公厅、国务院办公厅印发《关于深化教育体制机制改革的意见》。《意见》指出，深化教育体制机制改革的基本原则是：坚持扎根中国与融通中外相结合，坚持目标导向与问题导向相结合，坚持放管服相结合，坚持顶层设计与基层探索相结合。深化教育体制机制改革的主要目标是：到2020年，教育基础性制度体系基本建立，形成充满活力、富有效率、更加开放、有利于科学发展的教育体制机制，人民群众关心的教育热点难点问题进一步缓解，政府依法宏观管理、学校依法自主办学、社会有序参与、各方合力推进的格局更加完善，为发展具有中国特色、世界水平的现代教育提供制度支撑。具体任务是：健全立德树人系统化落实机制，创新学前教育普惠健康发展的体制机制，完善义务教育均衡优质发展的体制机制，完善提高职业教育质量的体制机制，健全促进高等教育内涵发展的体制机制，推进普通高中育人方式改革，创新教师管理制度，健全教育投入机制，健全教育宏观管理体制，做好深化教育体制机制改革的组织实施。

1746—47

1746 | 9月25日

教育部发布《中小学综合实践活动课程指导纲要》。《指导纲要》强调，综合实践活动课程是义务教育和普通高中课程方案规定的必修课程，与学科课程并列设置，从小学一年级至高中三年级全面实施。《指导纲要》要求，确保综合实践活动课程全面开设到位，坚持教育与生产劳动、社会实践相结合，充分发挥中小学综合实践活动课程在立德树人中的重要作用。

1747 | 10月18日至24日

党的十九大在北京召开。中共中央总书记习近平代表第十八届中央委员会向大会作题为《决胜全面建成小康社会 夺取新时代中国特色社会主义伟大胜利》的报告。习近平指出："经过长期努力，中国特色社会主义进入了新时代，这是我国发展新的历史方位。"[①] 在谈到教育工作时，习近平强调："要优先发展教育事业。建设教育强国是中华民族伟大复兴的基础工程，必须把教育事业放在优先位置，深化教育改革，加快教育现代化，办好人民满意的教育。要全面贯彻党的教育方针，落实立德树人根本任务，发展素质教育，推进教育公平，培养德智体美全面发展的社会主义建设者和接班人。推动城乡义务教育一体化发展，高度重视农村义务教育，办好学前教育、特殊教育和网络教育，普及高中阶段教育，努力让每个孩子都能享有公平而有质量的教育。完善职业教育和培训体系，深化产教融合、校企合作。加快一流大学和一流学科建设，实现高等教育内涵式发展。健全学生资助制度，使绝大多数城乡新增劳动力接受高中阶段教育、更多接受高等教育。支持和规范社会力量兴办教育。加强师德师风建设，培养高素质教师队伍，倡导全社会尊师重教。办好继续教育，加快建设学习型社会，大力提高国民素质。"[②]

---

① 《决胜全面建成小康社会 夺取新时代中国特色社会主义伟大胜利》，人民出版社2017年版，第10页。

② 同上，第45—46页。

1748 | **10 月 19 日**

党的十九大中央国家机关代表团会议讨论向中外记者开放。十九大代表、教育部部长陈宝生在发言时介绍了教育战线五年来取得的辉煌成就：一是教育总体水平已经进入世界中上行列，二是教育的质量明显提高，三是教育发展的条件有了历史性的改变，四是教育的国际影响力明显增强，中国成为亚洲最大、世界第三的留学生目的国，五是教育改革全面深化。教育体制"四梁八柱"的改革方案基本建立，教育改革进入"全面施工内部装修"阶段。

1749 | **11 月 3 日**

福建省教育厅印发《关于遴选培育福建省示范性普通高中建设学校的通知》。通知指出，所遴选培育对象必须是办学特色突出、管理科学规范、教师专业精湛、教育质量优异、社会认可度高的省级高中课程改革基地校或省一级达标高中。示范性高中实行任期制，一届三年，动态管理，形成"可上可下，优胜劣汰"的创新发展机制。

1750 | **11 月 9 日**

广东省教育厅、广东省招生委员会印发《关于 2018 年深入推进普通高等学校考试招生改革的通知》。通知提出，2018 年将原第一批本科、第二批本科两个招生录取批次合并为"本科批次"，设置本科和专科两个录取批次。

1751 | **11 月 20 日**

中共中央总书记、国家主席、中央军委主席、中央全面深化改革领导小组组长习近平主持召开十九届中央全面深化改革领导小组第一次会议。会议指出，全面深化新时代教师队伍建设改革，要全面贯彻党的教育方针，坚持社会主义办学方向，遵循教育规律和教师成长发展规律，全面提升教师素质能力，深入推进教师管理体制机制改革，形成优秀人才争相从教、教师人人尽展其才、好老师不断涌现的良好局面；要重视建好建强乡村教师队伍。会议审议通过《全面深化新时代教师队伍建设改革的意见》。

1752 | **11月22日**

教育部、中央综治办、最高人民法院、最高人民检察院、公安部、民政部、司法部、人社部、共青团中央、全国妇联、中国残联等十一单位发布《加强中小学生欺凌综合治理方案》。《方案》指出，要坚持教育为先、预防为主、保护为要、法治为基的原则，健全预防、处置学生欺凌的工作体制和规章制度，确保把中小学生欺凌防治工作落到实处，把校园建设成最安全、最阳光的地方。

1753 | **11月28日**

国家体育总局、教育部、中央文明办、国家发改委、民政部、财政部、共青团中央七单位发布《青少年体育活动促进计划》。《计划》提出，到2020年，广大青少年体育参与意识普遍增强，体育锻炼习惯基本养成。计划中提出了六个发展目标和七项主要任务。六个发展目标是：青少年体育活动蓬勃开展、青少年身体素质不断提高、青少年体育组织发展壮大、青少年体育场地设施明显改善、青少年体育指导人员培训广泛开展和青少年科学健身研究和普及成效显著。七项主要任务是：广泛开展青少年体育活动、加强青少年体育组织建设、统筹和完善青少年体育活动场地设施、强化青少年运动技能培训、推进青少年体育指导人员队伍建设、加强青少年科学健身研究与普及和加强对青少年的体育文化教育。

1754 | **12月5日**

国务院办公厅印发《关于深化产教融合的若干意见》。《意见》提出将动手实践内容纳入中小学相关课程和学生综合素质评价。鼓励有条件的普通中学开设职业类选修课程，鼓励职业学校实训基地向普通中学开放。“十三五”期间，支持一批中高等职业学校加强校企合作，共建共享技术技能实训设施。

1755 | **12月12日**

河南省教育厅印发《关于进一步推进高中阶段学校考试招生制度改革的实施意见》。《实施意见》提出，对全省中考招生考试实施基于初中学业水平考试、结合综合素质评价的招生录取改革。

1756 | **12 月 12 日**

国务院教育督导委员会办公室发布《加快中西部教育发展工作督导评估监测办法》。《办法》指出，评估监测包括 7 个方面内容，共设置 265 项指标。其中，高中阶段教育督导评估监测内容是：加快普及高中阶段教育，包括新建、改扩建普通高中；办好乡村高中；加大学生资助力度。

1757 | **12 月 12 日**

北京教育考试院发布消息称，北京市从 2018 年起，高考英语听力、中考英语听力和口语与统考笔试分离，采取计算机化考试。每个学生有两次参加考试的机会，取其中一次最高分计入总分。

1758 | **12 月 15 日**

教育部、国家发改委、财政部、人社部发布《援藏援疆万名教师支教计划实施方案》。《实施方案》提出，每年从内地学校选派一批优秀教师赴西藏、新疆支教，带动和培训当地教师，帮助西藏、新疆整体提升教育发展水平，为西藏、新疆经济社会发展和长治久安，培养爱党爱国的社会主义事业合格建设者和可靠接班人提供坚强保障。2018 年首批将向西藏、新疆、新疆生产建设兵团共援派教师 4000 人。

1759 | **12 月 20 日**

辽宁省教育厅、省编办、省发改委、省民政厅、省财政厅、省人社厅、省卫计委、省残联印发《辽宁省第二期特殊教育提升计划实施方案（2017—2020 年）》。《实施方案》提出，全面实施残疾学生从学前到高中阶段 15 年免费教育。在高中（含中职学校）阶段，残疾学生享受相关免学费及国家助学金政策。

1760 | **12 月 27 日**

山东省教育厅发布《山东省普通高中通用技术科目学业水平考试实施办法》《山东省普通高中艺术科目学业水平考试实施办法》《山东省普通高中体育与健康科目学业水平考试实施办法》。山东省首次统一将通用技术、艺术、体育与健康科目纳入高中学业水平考试考查范围。

1761 | **12 月 29 日**

教育部发布《普通高中课程方案》和语文等学科课程标准（2017 年版），并印发通知。通知指出，高中阶段教育是学生个性形成、自主发展的关键时期，对提高国民素质、培养担当民族复兴大任的时代新人，具有特殊意义。普通高中课程是实现高中阶段育人目标的重要载体，体现着国家意志，在落实立德树人根本任务中发挥着关键作用。通知提出，要切实加强组织领导，系统谋划、整体推进普通高中课程改革，不断提升教育教学质量。

1762 | **12 月 30 日**

北京市教委印发《普通高中学业水平考试合格性考试有关问题的补充意见》。《补充意见》明确规定，在原高中会考政策于 2019 年 6 月 30 日到期后，北京市将实行全市统一管理的高中学业水平合格性考试，不设免考。普通高中课程方案所设定的 13 门科目均被列入北京高中学业水平考试考查范围。高中学业水平考试分为等级性考试和合格性考试。

2018 年

改革进行时

• 重要文件

中共中央、国务院《关于全面深化新时代教师队伍建设改革的意见》

中共中央办公厅、国务院办公厅《关于分类推进人才评价机制改革的指导意见》

国务院办公厅《关于进一步调整优化结构提高教育经费使用效益的意见》

教育部、国务院扶贫办《深度贫困地区教育脱贫攻坚实施方案（2018—2020 年）》

教育部等五部门《教师教育振兴行动计划（2018—2022 年）》

教育部等四部门发布《关于加快发展残疾人职业教育的若干意见》

中共教育部党组《关于在教育系统大兴调查研究之风的意见》

教育部等部门《综合防控儿童青少年近视实施方案》

教育部《关于加强大中小学国家安全教育的实施意见》

教育部《教育信息化 2.0 行动计划》

教育部《关于做好普通高中新课程新教材实施工作的指导意见》

• 重要政策

实施深度贫困地区教育脱贫攻坚

全面深化新时代教师队伍建设改革

在教育系统大兴调查研究

推进普及高中阶段教育

开展校外培训机构专项治理行动

• 重要会议

中共中央、国务院召开全国教育大会

教育部召开全国普通中小学招生入学工作会

教育部召开全国基础教育工程计划推进会

教育部召开全国校外培训机构专项治理工作推进会

• 改革亮点

全面深化新时代教师队伍建设改革。为深入贯彻落实党的十九大精神，造就党和人民满意的高素质专业化创新型教师队伍，国家印发《全面深化新时代教师队伍建设改革的意见》，重点对师德师风、教师培训提出了明确要求。同时，国家发布《教师教育振兴行动计划》，提出经过五年左右时间，办好一批高水平、有特色的教师教育院校和师范类专业，基本健全教师培养培训体系。

1801 | **1月15日**

教育部、国务院扶贫办发布《深度贫困地区教育脱贫攻坚实施方案（2018—2020年）》。《实施方案》提出计划用三年时间，使深度贫困地区建档立卡贫困人口教育基本公共服务实现全覆盖。深入实施《高中阶段教育普及攻坚计划（2017—2020年）》，把“三区三州”尚未普及高中阶段教育的地区作为攻坚的重中之重。教育基础薄弱县普通高中建设项目、普通高中改造计划、现代职业教育质量提升计划、职业教育产教融合工程等优先支持“三区三州”扩大教育资源，改善办学条件，保障建档立卡贫困家庭学生接受高中阶段教育的机会。

1802 | **1月15日**

教育部、国务院扶贫办、国家语委发布《推普脱贫攻坚行动计划（2018—2020年）》。《计划》要求，到2020年，实现贫困家庭新增劳动力人口应全部具有国家通用语言文字沟通交流和应用能力，现有贫困地区青壮年劳动力具备基本的普通话交流能力，当地普通话普及率明显提升，初步具备普通话交流的语言环境。

1803 | **1月16日至17日**

教育部在北京举办新修订普通高中课程方案和课程标准第一期国家级示范培训班。会议指出，为抓好新课程实施，教育部制定了《普通高中课程方案和课程标准培训工作方案》，通过国家级示范培训、省级骨干培训、地市级培训、校本研修等方式，对地方各级教育行政部门相关人员、各级教研部门负责人和普通高中各学科教研员、普通高中学校校长和各学科教师进行全员培训。

1804 | **1月20日**

中共中央、国务院印发《关于全面深化新时代教师队伍建设改革的意见》。《意见》提出，全面贯彻落实党的十九大精神，以习近平新时代中国特色社会主义思想为指导，遵循教育规律和教师成长发展规律，加强师德师风建设，培养高素质教师队伍，倡导全社会尊师重教，形成优秀人才争相从教、教师人人尽展其才、好教师不断涌现的良好局面。经过五年左右努力，教师培养培训体系基本健全，职业发展通道比较畅通，事权人权财权相统一的教师管理体制普遍建立，待遇提升保障机制更加完善，教师职业吸引力明显增强。

1805 | **1 月 23 日至 24 日**

教育部在北京召开 2018 年全国教育工作会议。会议强调，要全面贯彻党的十九大精神，以习近平新时代中国特色社会主义思想为指导，紧紧围绕统筹推进“五位一体”总体布局和协调推进“四个全面”战略布局，坚持稳中求进总基调，按照高质量发展根本要求，贯彻党的教育方针，推进教育优先发展，落实立德树人根本任务，深化教育改革，推进教育公平，发展素质教育，加快教育现代化，努力培养德智体美全面发展的社会主义建设者和接班人，培养担当民族复兴大任的时代新人。中共教育部党组书记、教育部部长陈宝生作会议总结讲话时强调，要加大普及高中阶段教育攻坚力度。

1806 | **1 月 30 日**

教育部、国家体育总局、北京冬奥组委发布《北京 2022 年冬奥会和冬残奥会中小学生奥林匹克教育计划》。《计划》提出，全国中小学要将奥林匹克教育纳入学校常规教育教学工作。全国中小学要将奥林匹克教育纳入学校教育教学内容，通过综合实践活动课程、体育课程、德育活动等方式，开展奥林匹克主题教育。

1807 | **1 月 31 日**

教育部发布《教育部 2018 年工作要点》。2018 年工作要点有：一是深入学习贯彻习近平新时代中国特色社会主义思想和党的十九大精神，坚决维护党中央权威和集中统一领导；二是加强和改进党对教育工作的领导，推动全面从严治党向纵深发展；三是深化教育体制机制改革，充分激发教育发展活力；四是落实立德树人根本任务，大力发展素质教育；五是大力促进教育公平，完善公共教育服务体系；六是着力提升质量，扎实推进教育内涵式发展；七是全面加强教师队伍建设，培养高素质教师队伍；八是进一步提高保障能力，夯实教育可持续发展基础。加快普及高中阶段教育。

深入实施《高中阶段教育普及攻坚计划（2017—2020年）》。推动落实同中西部十省份签订的《高中阶段教育普及攻坚备忘录》。建立对各省（自治区、直辖市）普及高中阶段教育动态监测机制。完善全国高中阶段学校建设项目库。合理布局中等职业学校，加快改善办学条件，推动绝大多数城乡新增劳动力接受高中阶段教育。

1808 | **2月5日**

新疆维吾尔自治区教育厅发布《新疆维吾尔自治区、新疆生产建设兵团进一步推进高中阶段学校考试招生制度改革实施方案(试行)》。《实施方案》要求自治区各地（州、市）、兵团各师（市）要按照普职招生规模大体相当的要求，制定高中招生计划，实现以地（州、市）、兵团各师（市）为单位进行统一录取。

1809 | **2月11日**

教育部、国家发改委、财政部、人社部、中央编办等五部门发布《教师教育振兴行动计划（2018—2022年）》。《计划》明确当前和今后一段时期教师教育振兴发展的目标任务和十大行动。《计划》提出，提升教师培养规格层次，为普通高中培养更多专业突出、底蕴深厚的研究生层次教师，为中等职业学校（含技工学校）大幅增加培养具有精湛实践技能的“双师型”专业课教师。支持探索普通高中、中等职业学校教师本科和教育硕士研究生阶段整体设计、分段考核、有机衔接的培养模式。

1810 | **2月12日**

教育部办公厅印发《关于做好2018年普通中小学招生入学工作的通知》。通知明确提出，普通高中要在持续规范招生基础上，进一步推行初中学业水平考试和综合素质评价，完善优质普通高中招生指标合理分配到区域内初中的政策，确保分配比例不低于50%，并适当向薄弱初中、农村初中倾斜。要将民办学校招生入学工作纳入当地教育行政部门统一管理，严格规范招生计划和招生方式管理，引导其合理确定招生范围，并与公办学校同步招生。

1811 | **2 月 12 日**

教育部办公厅发布《关于规范管理面向基础教育领域开展的竞赛挂牌命名表彰等活动的公告》。《公告》要求各级教育行政部门要强化日常监管，对未经批准、违规举办的此类活动要发现一起、处理一起。对一些“山寨社团”“离岸社团”举办以营利为目的的所谓“国际”“全球”“大中华”赛事，教育行政部门要会同有关部门坚决予以查处。

1812 | **2 月 12 日**

教育部办公厅印发《关于组织开展全国青少年校园足球教练员国家级专项培训的通知》。通知对组织开展全国青少年校园足球教练员国家级专项培训工作的目标、内容与方式、推荐条件、有关要求等作了具体规定。

1813 | **2 月 13 日**

教育部办公厅、民政部办公厅、人社部办公厅、国家工商总局办公厅印发《关于切实减轻中小学生课外负担开展校外培训机构专项治理行动的通知》，决定联合开展校外培训机构专项治理行动，切实减轻中小学生课外负担。3 月 20 日，教育部办公厅印发《关于加快推进校外培训机构专项治理工作的通知》，要求各地尽快出台工作方案，4 月中旬前向社会公布。

1814 | **2 月 27 日**

据《中国教育报》报道，中共中央办公厅、国务院办公厅印发《关于分类推进人才评价机制改革的指导意见》。《指导意见》提出，健全教育人才评价体系，坚持立德树人，把教书育人作为教育人才评价的核心内容。适应中小学素质教育和课程改革新要求，建立充分体现中小学教师岗位特点的评价标准，重点评价其教育教学方法、教书育人工作业绩和一线实践经历。严禁简单用学生升学率和考试成绩评价中小学教师。

1815 | **2 月 26 日**

教育部印发《关于做好 2018 年重点高校招收农村和贫困地区学生工作的通知》。通知要求，继续实施国家专项计划、地方专项计划和高校专项计划，完善长效机制，进一步促进教育公平。

1816 | **2月26日**

中共教育部党组印发《关于在教育系统大兴调查研究之风的意见》。《意见》决定，把2018年作为教育系统“调查研究年”，推动在教育系统大兴调查研究之风，写好教育“奋进之笔”。

1817 | **3月2日**

山东省人民政府办公厅印发《关于加强高中阶段教育改革发展的意见》。《意见》要求，聚焦影响高中阶段学校发展的关键问题，破解体制机制障碍，深化人才培养模式改革，激发学校办学活力，促进教育公平，提高教育质量，推动高中阶段学校多样化发展，满足学生多样化学习需要。

1818 | **3月5日**

十三届全国人大一次会议在北京人民大会堂开幕，国务院总理李克强作《政府工作报告》。《报告》指出，十二届全国人大一次会议以来的五年，是我国发展进程中极不平凡的五年。教育事业全面发展。坚持教育优先发展，财政性教育经费占国内生产总值比例持续超过4%。改善农村义务教育薄弱学校办学条件，提高乡村教师待遇，营养改善计划惠及3600多万农村学生。启动世界一流大学和一流学科建设。重点高校专项招收农村和贫困地区学生人数由1万人增加到10万人。加大对各类学校家庭困难学生资助力度，4.3亿人次受益。劳动年龄人口平均受教育年限提高到10.5年。2018年是全面贯彻党的十九大精神的开局之年，是改革开放40周年，是决胜全面建成小康社会、实施“十三五”规划承上启下的关键一年。2018年，要发展公平而有质量的教育。推动城乡义务教育一体化发展，教育投入继续向困难地区和薄弱环节倾斜。切实降低农村学生辍学率，抓紧消除城镇“大班额”，着力解决中小学生课外负担重问题。继续实施农村和贫困地区专项招生计划。发展民族教育、特殊教育、继续教育和网络教育。加强师资队伍和师德师风建设。要加快推进教育现代化，办好人民满意的教育，让每个人都有平等机会通过教育改变自身命运、成就人生梦想。

1819 | **3月21日**

据新华社报道，中共中央发布《深化党和国家机构改革方案》，提出组建中央教育工作领导小组，将其作为党中央决策议事协调机构。其主要职责是：研究提出并组织实施在教育领域坚持党的领导、加强党的建设方针政策；研究部署教育领域思想政治、意识形态工作；审议国家教育发展战略、中长期规划、教育重大政策和体制改革方案；协调解决教育工作重大问题等。中央教育工作领导小组秘书组设在教育部。

1820 | **3月23日**

山东省人民政府办公厅发布《山东省深化高等学校考试招生综合改革试点方案》。《试点方案》提出，全面贯彻党的教育方针，坚持立德树人，遵循人才培养和选拔规律，按照有利于促进学生健康成长、有利于高校科学选拔人才、有利于教育教学改革、有利于维护社会公平的原则，2017年启动高等学校考试招生综合改革试点，2020年整体实施，形成分类考试、综合评价、多元录取的高校考试招生模式，健全促进公平、科学选才、监督有力的高校考试招生体制机制。

1821 | **3月26日**

在第二十三个“全国中小学生安全教育日”到来之际，公安部、教育部在北京举行“做自己的首席安全官——平安校园行”主题宣传活动启动仪式。此项活动通过组织全国担任法制副校长、法制辅导员的30余万名公安民警集中走进学校，以防骗、防拐、防校园欺凌、远离“黄赌毒”、抵制传销、交通安全及消防安全、反恐防爆、危险感知和逃生自救等方面的常识和技能为重点，开展法治安全教育和互动交流，全面提升广大师生安全防范能力，营造全社会共同关注校园安全的良好氛围。

1822 | **4月2日**

教育部召开全国普通中小学招生入学工作会。会议全面部署2018年全国普通中小学招生入学工作，进一步巩固和深化治理义务教育阶段“择校热”，推动普通高中招生入学更加规范有序。

1823 | **4月3日**

上海市人民政府印发《关于进一步深化本市高考综合改革试点工作的若干意见》。《意见》提出，健全选学选考机制，促使学生选考情况与国家人才选拔培养需求相统一。

1824 | **4月4日**

教育部办公厅印发《关于做好创建示范活动集中清理工作的通知》。通知提出，此次集中清理的范围是：教育部内各司局、直属单位以及部主管社会组织（含原由教育部主管、现已脱钩的行业协会）开展的，面向各地区各部门或者各系统各行业的创建示范活动。为加强党的建设，各级党组织面向党员和基层党组织开展的创建示范活动，不纳入清理范围；各单位面向本单位内设机构和人员开展的创建示范活动，不纳入清理范围。

1825 | **4月9日**

教育部印发《关于加强大中小学国家安全教育的实施意见》。《实施意见》要求各地学校结合教育系统实际，做好大中小学国家安全教育相关工作，明确提出八项大中小学国家安全教育重点工作：构建完善国家安全教育内容体系、研究开发国家安全教育教材、推动国家安全学学科建设、改进国家安全教育教学活动、推进国家安全教育实践基地建设、丰富国家安全教育资源、加强国家安全教育师资队伍建设、建立健全国家安全教育教学评价机制。

1826 | **4月9日**

全国160家校外培训机构在河南省郑州市共同签署《校外培训机构自律公约》，承诺依法、诚信、规范办学，避免“超纲教学”“强化应试”，绝不组织中小学生等级考试及竞赛等，坚决抵制将培训结果与中小学校招生入学挂钩的行为，坚决抵制与中小学校及其教师建立不正当经济利益关系等。

1827 | **4月13日**

教育部发布《教育信息化2.0行动计划》。《计划》提出，通过实施教育信息化2.0行动计划，到2022年基本实现“三全两高一大”的发展目标，即教学应用覆盖全体教师、学习应用覆盖全体适龄学生、数字校园建设覆盖全体学校，信息化应用水平和师生信息素养普遍提高，建成“互联网＋教育”大平台，推动从教育专用资源向教育大资源转变、从提升师生信息技术应用能力向全面提升其信息素养转变、从融合应用向创新发展转变，努力构建“互联网＋”条件下的人才培养新模式、发展基于互联网的教育服务新模式、探索信息时代教育治理新模式。

1828 | **4月19日**

国务院教育督导委员会办公室印发《关于开展中小学生欺凌防治落实年行动的通知》。通知要求，各教育部门要明确学生欺凌防治工作机构，明确学生欺凌防治工作负责人和联系人。学校要成立学生欺凌治理委员会，每学期至少开展一次关于学生欺凌专题教育，结合思想道德教育、法制教育和心理健康教育，普及防治学生欺凌知识和反欺凌技能。

1829 | **4月20日**

教育部办公厅印发《关于做好预防中小学生沉迷网络教育引导工作的紧急通知》。通知要求各地教育行政部门切实增强责任感紧迫感，迅速开展一次全面排查，集中组织开展专题教育，严格规范学校日常管理，推动家长履行监护职责，切实做好预防中小学生沉迷网络教育引导工作。

1830 | **4月20日**

教育部发布《中等职业学校职业指导工作规定》。《工作规定》要求，中等职业学校应在核定的编制内至少配备1名具有一定专业水准的专兼职教师从事职业指导。鼓励选聘行业、企业优秀人员担任兼职职业指导教师。

1831 | **4月23日**

教育部等四部门印发《关于加快发展残疾人职业教育的若干意见》。《意见》提出，要大力发展残疾人中等职业教育，让完成义务教育且有意愿的残疾人都能接受适合的中等职业教育。职业院校要通过随班就读、专门编班等形式，逐步扩大招收残疾学生的规模，不得以任何理由拒绝接收符合规定录取标准的残疾学生入学。要不断提高残疾人职业教育的质量，为残疾人提供更多个性化教育、适合的教育。

1832 | **4月24日**

山东省教育厅等五部门发布《山东省切实减轻中小学生课外负担专项行动实施方案》。《实施方案》要求各地市有关部门开展专项行动，从开展校内办学行为规范治理、开展教师有偿补课治理、开展校外培训机构规范治理、扎实做好中小学生课后服务工作及加强家长教育引导五大重点方面，减轻中小学生课外负担，促进中小学生身心健康发展。

1833 | **4月25日**

教育部办公厅印发《关于2018年中小学教学用书有关事项的通知》。通知要求，中小学教材中不得夹带任何商业广告或教学辅助资料的链接网址、二维码等信息。

1834 | **5月8日**

教育部会同国家教育统一考试工作部际联席会议成员单位召开电视电话会议。会议深入学习贯彻落实党的十九大精神，分析研判高考安全工作面临的新形势，全面动员和部署2018年高考安全工作，确保圆满完成考试招生各项工作任务，严禁宣传高考状元。

1835 | **5月8日**

浙江省教育厅印发《关于开展中职与应用型本科一体化培养试点工作的通知》，正式启动中职与应用型本科一体化人才培养试点工作。通知提出，根据试点工作安排，首批参与一体化人才培养的学生，在中职入学及升本科入学时均实行统一考试、统一录取。中职招生纳入各市统一中考，按计划招生，根据当地中考成绩、所填志愿从高到低择优录取。2018年浙江省15所中职学校将与省内8所本科院校联手培养学生，首批590名中职学生将通过中考选拔，接受七年制中职与应用型本科一体化人才培养。

1836 | **5月9日至15日**

教育部、民政部、人社部、国家工商总局联合派出7个督查组，分大区对全国31个省、自治区、直辖市以及新疆生产建设兵团校外培训机构治理工作进行专项督查，进一步压实地方责任，确保校外培训机构治理工作取得决定性成效。

1837 | **5月12日**

北京市教委印发《关于做好新高考背景下普通高中教学组织管理工作的通知》。通知明确要求学校不得为学生确定选考科目。学校要依据学生选课情况，合理排课编班和安排教学计划，避免任意增减课时、增加教学时间、排课前紧后松、班额超45人等现象，保障教学秩序稳定。

1838 | **5月14日**

教育部办公厅印发《关于在中小学校开展“崇尚英雄 精忠报国”主题班会活动的通知》。通知要求各地各中小学开展一次以“崇尚英雄 精忠报国”为主题的班会活动。本次主题班会要集中在5月21日至27日，以班级为单位组织召开。

1839 | **5月19日**

全国“中小学语文示范诵读库”首批100篇音频作品正式上线发布。该诵读库由中央广播电视总台、教育部合作，集结70多位中央广播电视总台优秀播音员、主持人和顶级录音师共同录制完成，内容涵盖教育部审定的全部中小学语文课文，是一部高标准、高品质的“有声语文教材”，将惠及全国1.5亿名中小学生和900多万名教师。

1840 | **5月20日至22日**

中共中央政治局委员、国务院副总理孙春兰在浙江调研高考综合改革情况。孙春兰在高考改革座谈会上指出，要坚定高考改革方向，落实立德树人根本任务，优化考试内容，突出综合素质和能力考查，完善多元录取机制，联动推进基础教育和高等教育改革，让高考更好发挥引导素质教育、促进学生全面发展的重要作用。孙春兰强调，2018年高考在即，各地要加强责任落实，做好考试安全、考生服务保障等工作，确保实现公正考试、平安考试、诚信考试目标。

1841 | **5 月 22 日**

国家教材委员会专家委员会工作研讨会暨课程教材研究所成立大会举行。会议的召开标志着国家教材委员会专家委员会全面开始运转，课程教材研究所的成立标志着我国教材建设在专业化方面迈出了重要一步。

1842 | **5 月 23 日**

李克强主持召开国务院常务会议。会议确定加大对困难地区和薄弱环节教育的投入。会议确定，2018 年至 2020 年中央财政新增安排 70 亿元，重点支持“三区三州”教育脱贫攻坚。中央预算内投资加大支持贫困县、民族自治县等改善教育设施；2018 年中央财政新增 130 亿元，通过转移支付重点用于中西部、贫困地区和农村义务教育、职业教育等；新增 1 万名“特岗计划”教师名额，重点向深度贫困地区倾斜；逐步全面实现义务教育教师平均工资水平不低于当地公务员平均工资水平，规范教师编制管理。

1843 | **5 月 28 日**

教育部在广东广州召开全国基础教育工程计划推进会。会议通报第三期学前教育行动计划、高中阶段教育普及攻坚计划、第二期特殊教育提升计划实施情况，交流各地经验做法，部署下一阶段推进工作。

1844 | **5 月 28 日**

教育部在广东广州召开全国校外培训机构专项治理工作推进会。会议，认真总结开展专项治理以来的工作进展和成效，交流各地经验做法，全面部署下一阶段专项治理工作。

1845 | **5 月 30 日**

中共中央总书记、国家主席、中央军委主席习近平给陕西照金北梁红军小学的学生回信，勉励他们用实际行动把红色基因一代代传下去，怀着一颗感恩的心，珍惜时光，努力学习，将来做对国家、对人民、对社会有用的人。6 月 6 日，中共教育部党组印发《关于学习贯彻习近平总书记给陕西照金北梁红军小学学生重要回信精神的通知》，要求各地教育部门和各中小学校深入学习贯彻习近平总书记重要回信精神，坚持以习近平新时代中国特色社会主义思想为指导，把思想和行动统一到党中央对教育改革发展的新要求新任务上来，落实立德树人根本任务，不断提高教育质量，努力把基础教育越办越好，培养中国特色社会主义事业合格建设者和可靠接班人。

1846 | **6月6日**

北京市教委发布《北京市中小学校办学条件标准》(建设部分－试行)。《标准》自2005年来首次修订，明确城乡学校硬件指标将采取统一标准。新《标准》明确新建学校校园绿地率不得低于30%，中心城区外宜为35%以上。在校园体育用地方面，每校应设足球场，且每班每周必须有一天能安排大球（足球、篮球、排球）训练或比赛。

1847 | **6月21日**

陕西省教育厅办公室印发《关于进一步加强中小学生学籍管理的通知》。通知要求，各市（区）县教育部门要做好学籍建立工作，认真做好小学新生学籍注册工作，确保“一生一号，不漏一人”。严肃处置中小学在校生无学籍情况，对属于违规招生和起始年级建籍工作疏漏造成的无学籍问题，要倒查追责；严格审核非小学一年级学生注册建籍。

1848 | **6月25日**

教育部发布《教育统计管理规定》。《规定》从统计调查和统计分析两个维度、四个方面入手，细化业务流程，明确工作规范，切实将提高教育统计数据质量落实到可操作、可查证的层面上来。

1849 | **7月2日**

中共中央总书记、国家主席、中央军委主席习近平在中南海同团中央新一届领导班子成员集体谈话并发表重要讲话。习近平强调，青年一代有理想、有本领、有担当，国家就有前途、民族就有希望。新时代的青年工作要毫不动摇坚持党的领导，坚定不移走中国特色社会主义群团发展道路，紧紧围绕、始终贯穿为实现中国梦而奋斗的主题，让广大青年敢于有梦、勇于追梦、勤于圆梦。

1850 | **7月6日**

中央全面深化改革委员会召开第三次会议，审议通过《关于规范校外培训机构发展的意见》。会议指出，规范校外培训机构发展，要全面贯彻党的教育方针，坚持立德树人，发展素质教育，以建立健全校外培训机构监管机制为着力点，构建校外培训机构规范有序发展的长效机制，切实解决人民群众反映强烈的中小学生课外负担过重问题。要提高学校教学质量，强化学校教育的主阵地作用。

1851 | **7月27日**

中共江苏省委办公厅、江苏省人民政府办公厅印发《关于深化教育体制机制改革的实施意见》。《实施意见》提出推进中考制度改革，构建基于初中学业水平考试成绩、结合综合素质评价的高中阶段学校考试招生模式；研究制定新一轮高考方案，稳妥推进高考综合改革，推动教学、考试、招生一体化改革，健全科学育人、科学评价、科学选材的体制机制。

1852 | **7月30日**

国务院总理李克强主持召开国务院常务会议，研究优化教育经费使用结构和落实义务教育教师工资待遇。会议指出，办好人民满意的教育，必须在保障教育合理投入的同时，把义务教育作为投入的重中之重，优化教育支出结构，促进公平而有质量的教育发展。各地要制定区域内各级学校生均经费和财政拨款基本标准，并建立动态调整机制。引导社会力量加大教育投入。财政教育经费存量资金优先保障、增量资金更多用于支持深度贫困地区和贫困家庭子女。把教育经费的每一笔钱用到关键处。会议强调，要强化地方人民政府责任，确保义务教育教师平均工资收入不低于当地公务员平均工资收入水平。凡未达到上述要求的都要限期整改达标，财力较强的省（自治区、直辖市）尤其要加快进度，各地要定期向教育部、财政部报告落实情况，国务院适时开展督查。

1853 | **8 月 6 日**

由中国人工智能学会、中国教育技术协会等联合主办的首届中国智能教育大会在北京召开。会议旨在推动人工智能产品与教育深度融合，促进教育均衡发展。会议指出，当前我国教育系统中人工智能通识教育存在“普及脑科学和认知心理学在我国严重缺失、高中生的智能教育刚刚尝试”等现状，应从中学开始普及人工智能素质教育。

1854 | **8 月 7 日**

教育部办公厅印发《关于开展人工智能助推教师队伍建设行动试点工作的通知》。通知提出，在宁夏基础教育领域开展人工智能助推教师队伍建设行动试点，在北京外国语大学开展高等教育领域人工智能助推教师队伍建设行动试点。教育部将采取专项督查和第三方评估等方式，对试点工作进行检查评估和试点验收。

1855 | **8 月 15 日**

教育部印发《关于做好普通高中新课程新教材实施工作的指导意见》。《指导意见》提出，2018 年底完成新课程全员培训工作，2019 年上半年开始，分批分步完成新教材培训工作，普通高中校长和教师队伍组织实施新课程新教材的能力整体提高，教研机构和教研队伍的专业支撑能力进一步增强；2022 年秋季开学，全国各省（自治区、直辖市）均启动实施新课程新教材，相关工作推进机制和保障机制进一步健全；到 2025 年，新课程新教材的理念、内容和要求全面落实到普通高中教育教学各个环节。《指导意见》指出，从 2019 年秋季学期起，全国各省（自治区、直辖市）分步实施新课程、使用新教材。

1856 | **8 月 17 日**

国务院办公厅印发《关于进一步调整优化结构提高教育经费使用效益的意见》。《意见》强调，坚持“优先保障、加大投入，尽力而为、量力而行，统筹兼顾、突出重点，深化改革、提高绩效”的原则，对教育经费投入、使用、管理提出明确要求：一是完善教育经费投入机制；二是优化教育经费支出结构；三是科学管理使用教育经费。

1857 | **8 月 30 日**

中共中央总书记、国家主席、中央军委主席习近平给中央美术学院八位老教授回信。习近平在信中强调，美术教育是美育的重要组成部分，对塑造美好心灵具有重要作用。做好美育工作，要坚持立德树人，扎根时代生活，遵循美育特点，弘扬中华美育精神，让祖国青年一代身心都健康成长。①

1858 | **8 月 30 日**

教育部、国家卫生健康委员会等八部门发布《综合防控儿童青少年近视实施方案》。《实施方案》提出，到 2023 年力争实现全国儿童青少年总体近视率在 2018 年的基础上每年降低 0.5 个百分点以上，近视高发省（自治区、直辖市）每年降低 1 个百分点以上。到 2030 年，实现全国儿童青少年新发近视率明显下降、儿童青少年视力健康整体水平显著提升，高中阶段学生近视率下降到 70%以下。

1859 | **8 月 31 日**

江苏省教育厅印发《关于试办综合高中班的指导意见》，决定试点举办综合高中班。《指导意见》指出，在第一学年结束时，对综合高中班学生实行普职分流。根据个人意愿，学生可以选择继续学习普通高中课程，也可选择学习中等职业教育课程。

1860 | **9 月 10 日至 11 日**

中共中央、国务院在北京召开全国教育大会。中共中央总书记、国家主席、中央军委主席习近平出席会议并发表重要讲话。9 月 10 日是我国第三十四个教师节，习近平代表党中央，向全国广大教师和教育工作者致以节日的热烈祝贺和诚挚问候。习近平指出，党的十九大从新时代坚持和发展中国特色社会主义的战略高度，作出了优先发展教育事业、加快教育现代化、建设教育强国的重大部署。习近平强调，党的十八大以来，我们围

---

① 参见《人民日报》，2018 年 8 月 31 日。

绕培养什么人、怎样培养人、为谁培养人这一根本问题，全面加强党对教育工作的领导，坚持立德树人，加强学校思想政治工作，推进教育改革，加快补齐教育短板，教育事业中国特色更加鲜明，教育现代化加速推进，教育方面人民群众获得感明显增强，我国教育的国际影响力加快提升，13亿多中国人民的思想道德素质和科学文化素质全面提升。习近平指出，教育工作的根本任务是培养社会主义建设者和接班人，培养一代又一代拥护中国共产党领导和我国社会主义制度、立志为中国特色社会主义奋斗终身的有用人才。习近平指出，要努力构建德智体美劳全面培养的教育体系，形成更高水平的人才培养体系。习近平强调，建设社会主义现代化强国，对教师队伍建设提出新的更高要求，也对全党全社会尊师重教提出新的更高要求。做老师就要执着于教书育人，有热爱教育的定力、淡泊名利的坚守。习近平指出，要深化教育体制改革，健全立德树人落实机制，扭转不科学的教育评价导向，坚决克服唯分数、唯升学、唯文凭、唯论文、唯帽子的顽瘴痼疾，从根本上解决教育评价指挥棒问题。①

中共中央政治局常委、国务院总理李克强出席会议并发表讲话。李克强指出，要认真学习领会和贯彻落实习近平总书记重要讲话精神，以习近平新时代中国特色社会主义思想为指导，准确把握教育事业发展面临的新形势新任务，全面落实教育优先发展战略，在经济社会发展规划上优先安排教育、财政资金投入上优先保障教育、公共资源配置上优先满足教育和人力资源开发需要。李克强强调，要增强教育服务创新发展能力，培养更多适应高质量发展的各类人才。李克强要求，要深化教育领域“放管服”改革，充分释放教育事业发展生机活力。②

9月11日，中共中央政治局委员、国务院副总理孙春兰出席闭幕式并作总结讲话。孙春兰强调，各地各部门要把深入学习贯彻习近平总书记重

① 参见《人民日报》，2018年9月11日。
② 同上。

要讲话和大会精神作为当前的重要任务，提高思想认识，制定具体方案，确保党中央决策部署落地见效。孙春兰指出，习近平总书记关于教育的重要论述，是系统科学的新时代中国特色社会主义教育理论体系，为做好新时代教育工作提供了根本遵循。学习贯彻大会精神，最重要的是深入学习领会、全面准确把握科学内涵和精神实质，更好地武装头脑、指导实践、推动工作。①

1861 | **9月12日**

中共教育部党组召开党组扩大会暨部党组理论学习中心组学习扩大会，认真学习领会在全国教育大会上习近平总书记重要讲话以及李克强总理讲话和孙春兰副总理总结讲话精神，研究部署贯彻落实工作。中共教育部党组书记、教育部部长陈宝生主持集体学习。会议决定，印发《关于认真学习贯彻全国教育大会精神的通知》和《学习宣传贯彻全国教育大会精神工作方案》，指导教育系统迅速掀起学习宣传贯彻习近平总书记重要讲话和大会精神的热潮。

1862 | **9月26日**

据《中国教育报》报道，中共教育部党组决定成立“百人宣讲团”，由中共教育部党组书记、部长陈宝生担任团长，启动教育系统学习宣传贯彻全国教育大会精神宣讲对谈活动。“百人宣讲团”将围绕习近平总书记在全国教育大会上的重要讲话，面向教育系统领导干部和师生员工以及社会各界人士，着力宣讲习近平总书记关于教育的重要论述精神，从9月中旬起至12月底在全国各地各校开展面对面宣讲和互动化对谈活动。

① 参见《人民日报》，2018年9月12日。

《辉煌四十年：中国基础教育改革大事记·高中教育卷》索引表

（续表）

（续表）

（续表）

（续表）

（续表）

索引词拼音首字母	索引词	条　目
J	教育方针	8715、8738、8840、8941、8945、9053、9136、9206、9207、9212、9226、9355、9615、9621、9937、0008、0110、0116、0255、0261、0345、0447、0548、0611、0636、0936、1042、1110、1335、1434、1619、1623、1748、1842、
	教育费附加	8616、8901、9029、9338、0539
	教育改革	8305、8307、8322、8439、8628、8842、8916、9127、9307、9311、9424、9433、9439、9536、9645、9929、0122、0506、1003、1022、1026、1033、1036、1117、1123、1158、1307、1453、1705、1714、1817
	教育规划	8608、9116、0113、0135、0355、0413、0449、0613、0646、0720、0838、1003、1022、1026、1033、1036、1115、1158、1229、1612、1658、1659、1702、1717
	教育经费	8126、8128、8437、8438、8806、8811、8908、8943、9006、9056、9136、9239、9248、9502、9822、9931、0141、0943、1249、1317、1553、1852、1856
	教育纠风	9051、9325、0114、0313、0347、1816
	教育科研	7906、8317、8327、9116、9422、0704、0945、1327、1618、1651
	教育论著	8445、9038、9249、9254、9329、9607、9635
	教育评价	1324、1330、1407、1648
	教育实验	8121、0252、0352、0516、0702、0832、1016、1021
	教育试点	9726、0533、1055、1123、1132、1329、1362、1835

（续表）

（续表）

索引词拼音首字母	索引词		条　目
K	课　程	法　治	8115、8130、9550、0259、0729、1325、1558、1627
		化　学	8322、8331
		计算机	8302、8425、8620、8709、9230、9655、9709、9751、9901、
		劳动技术	8226、8621、8625、8713、8732、8920、9626、9739、9825、9942、1550
		历　史	8320、8939、9007
		美　育	7904、8103、8639、8708、8719、8938、8942、9436、9725、0161、0202、0226、0232、0241、0503、0723、0825、0835、0843、1402、1511、1529、1546、1634、1637、1857
		民族团结教育	0805、0853、0931、0937、1308
		生理与心理	8411、8837、9939、0245、0831、0854、1010、1064、1251、1539
		生　物	8009、8131
		数　学	8322、8331、8420、9304、9818
		体　育	7902、7925、8606、8940、9010、9111、9604、0040、0066、0153、0202、0350、0453、0538、0642、0643、0644、0716、0717、0834、1137、1203、1246、1255、1366、1424、1432、1501、1522、1537、1617、1647、1718、1735、1753、1806
		外　语	7824、7907、8213、8638、9633、9732、0060、1108
		物　理	8322、8329、8331、9818
		写字训练	0228、1141、1305

（续表）

（续表）

索引词拼音首字母	索引词	条　目
N	年度会议	7814、7818、8001、8035、8607、8704、8809、8905、9001、9105、9202、9302、9405、9505、9605、9701、9803、9902、9953、0064、0164、0269、0354、0460、0546、0645、0747、0861、1005、1105、1204、1302、1404、1504、1603、1704、1805
	农村教育	7901、7923、7926、8201、8214、8221、8314、8421、8441、8729、9348、9623、9712、0134、0234、0339、0341、0461、0534、0536、0605、0608、0627、0846、0912、1221、1323、1440、1530、1815
	农村教育综合改革	9034、9536
P	片面追求升学率	8137、8138、8202、8337、8740、8804、8820、8821
	普及高中教育	9253、9402、9426、9804、0024、0143、0256、0634、1009、1303、1623、1707
	普通高中教育	9306、9330、9424、9535、9537、9632、9645、9761、9828、0004、0047、0057、0115、0145、0151、0162、0216、0225、0239、0240、0250、0264、0267、0312、0322、0330、0332、0516、0520、0702、0732、0860、0928、1037、1049、1120、1132、1138、1144、1150、1233、1359、1409、1423、1447、1510、1547、1614、1714、1717、1727、1731、1817
	普通高中教育工作会议	9530、9544、9602、9634、0055、0240、0264
	普通话	7823、7911、8010、8207、8422、9308、9357、9638、9639、1802
Q	勤工俭学	8006、8209、8220、8304、8332、8427、8511、8615、8629、8748、8819、8846、8847、8904、9028、9211

（续表）

索引词拼音首字母	索引词	条　目
Q	青少年宫	8644、0541
	青少年教育	7920、8017、8019、8125、8312、8536、8602、9140、9149、9904、9948、0058、0157、0158、0455、0508、0545、0602、1725、1849
	青少年权益	8730、9948
	全国基础教育工作会议	9916、0018、0127、0302、0518、0812
	全国教育大会	8518、9428、9429、9928、1038、1860、1861、1862
	全国科学大会	7710、7811
	全国民族教育大会	9215、9309、0243
	全国招生工作会议	7702、7706、9310、9512、9513、9708、9713、9909
	全国职业教育工作会议	0244、0435
R	人口教育	8426、8935
S	三个面向	8328、8840、9342、9346
	三好学生	8212、8516、9349、9918
	三限政策	0102、0207、0249、0310、0321、0324、0329、0333、0412、0415、0616、0728、1024、1028、1224
	少年儿童读物	8739、9132、0926、1247
	社会力量办学	8416、8733、8734、8757、8843、8845、8933、9144、9213、9233、9519、9612、9618、9622、9628、9738、9750、0033、0223、0231、0239
	升学考试	9205、9218、9714、9920、0014、0308、0504、0810、1063、1240、1257、1258、1259、1316

（续表）

索引词拼音首字母	索引词	条　目
S	升学考试体育	9235、9511、9532、9723、9755、0112、0163
	师范教育	7828、8018、8022、8306、8927、9055、9354、9820、1058
	实践教育	8725、8746、8826
	实验教学	8334、8813、8814、8815、8816、9049、9718、1548
	示范性高中	9538、9924、9954、0004、0206、0212、0260、0542、1021、1409、1415、1749
	素质教育	9624、9717、9720、9724、9731、9737、9743、9753、9802、9834、9916、9927、9929、9934、9941、0018、0140、0159、0306、0933、1025
	随迁子女教育	1228、1240、1257、1258、1259、1315、1319、1363、1365、1431、1555
T	特殊教育	8910、9441、1741、1759
	体育合格标准	8742、8805、9004、9129
	体育竞赛	9032、9757
	图书馆	8902、9145、9719、0311、1527
W	外国语学校	7922、8005、8219
	网吧、网络整治	0407、0524、1351、1829
	文化设施免费开放	8925、9031、9926、9955、0219、0448
	五讲四美	8108、8109、8203、8217、8303、8310
	五年规划	8114、8534、9058、9542、0050、0543、1054、1553
X	现代教育技术实验学校	9765、9949、0052

（续表）

索引词拼音首字母	索引词		条　目
X	校　服		9319、1533
	校舍建设		7804、7825、8712、8735、8901、0638、0833、0860、0914、1052、1320、1360
	校外教育		0031、0049、0204、0505、0603、1416、1826、1836、1844、1850
	校园环境管理		8604、9225、0426、0507、0604、0620、0624、0639、1312
	校　长	培　训	8934、8944、9023、9033、9128、9252、9438、9549、9721、9763、9764、9945、9958、0118、0266、0344、0919
		任职、职责	8401、8409、8603、9134、9358、9524、9923、0440、0547、0632、0739、1420、1502、1703
	信息公开		0205、1065
	学分管理		1034、1111
	学籍、档案		8106、8407、8703、8831、9214、0154、0735、1339、1357、1422、1430、1503、1847
	学生体质健康		7822、8123、8646、8758、8926、9222、9238、9617、9805、9917、9932、9946、0109、0236、0421、0642、0715、0717、0827、1417、1426
	学生营养		9022、9911、9921、0922
	学校基本建设		8008、9913、0160、0201、1621
	学校体育、卫生工作		7813、7913、7928、8118、8215、8316、8753、8836、9025、9030、9052、9057、9147、9238、9332、9506、9541、9637、9758、9813、0234、0254、0303、0325、0327、0617、0622、0824、0845、0847、1656

（续表）

索引词拼音首字母	索引词	条　目
X	学校治安综合治理	8311、9227、9648、9735、0035、0247、0422
Y	依法治校	0331、1250、1301、1515、1638、
	艺术教育委员会	8651、8828、9432、9654
	优秀成果奖	8906、9014、1437
	语言文字工作	8601、9016、1343
Z	招　生	7713、7714、7817、8111、8412、8514、8517、8522、8647、8716、8722、8759、8808、8812、8818、8833、8907、8917、8924、9110、9135、9417、9423、9534、9552、9611、9715、9726、9728、9762、0003、0034、0120、0207、0220、0308、0436、0437、0458、0504、0515、0517、0528、0532、0703、0708、0713、0725、0908、0910、0924、1001、1015、1023、1116、1119、1128、1148、1217、1226、1319、1323、1436、1439、1452、1507、1517、1518、1521、1525、1606、1609、1615、1616、1643、1661、1708、1719、1721、1723、1724、1730、1733、1734、1750、1755、1808、1810、1815、1820、1822
	政府工作报告	7809、7915、8024、8139、8228、8318、8415、8512、8610、8717、8817、8911、9011、9115、9216、9315、9414、9517、9613、9711、9807、9908、0012、0111、0211、0309、0414、0514、0612、0710、0806、0909、1017、1112、1213、1314、1410、1512、1611、1715、1818
	治理“三乱”	9046、9101、9126、9337、9356、9507、9516、9520、9522、9526、9606、9627、9707、9815、0037、0128、0249、0310、0320、0324、0326、0333、0334、0412、0415、0523、0609、0616、0706、1024、1028、1224、1332、1531

（续表）

（续表）

索引词拼音首字母	索引词	条　目
Z	中小学守则、行为规范	7921、8127、8822、9113、0416、1542
	中小学危房	8113、8627、0342
	重点中小学	7802、7919、8020、8032、8116、9301、0315、0420、
	助学金、奖学金	7720、0606、0631、0726、0736、0743、0748、0749、0839、0915、0918、0930、1011、1013、1018、1019、1020、1035、1040、1044、1050、1051、1053、1057、1136、1149、1201、1227、1234、1235、1326、1509、1557、1604、1610、1635、1639、1642、1646、1801
	综合高中	9232、9418、1254、1652、1859
	最大失误问题	8912、8913、8915
	尊重知识、尊重人才	7701、8614